Thomas Theis

Einstieg in PHP 7 und MySQL

Liebe Leserin, lieber Leser,

dynamische Webseiten zu erstellen, das ist Ihr Ziel! Dieses Buch zeigt Ihnen, wie Sie das einfach mit PHP und MySQL realisieren – auch wenn Sie bislang noch nie programmiert haben.

Damit Ihnen der Einstieg sicher gelingt, lernen Sie zu Beginn die notwendigen Grundlagen der Programmierung mit PHP kennen. Anschließend zeigt Ihnen Thomas Theis, wie Sie »richtige« Internetanwendungen mit PHP erstellen: z. B. Daten aus HTML-Formularen auslesen und in MySQL-Datenbanken abspeichern, Cookies generieren, automatisch erzeugte E-Mails versenden, Chats, Blogs oder Foren in die eigene Website integrieren und vieles mehr.

Alles, was Sie zum Erstellen Ihrer Webseiten benötigen, lernen Sie Schritt für Schritt anhand vieler kleiner Anwendungsbeispiele. Sämtliche Code-Zeilen werden dabei erklärt, sodass Sie alles problemlos nachvollziehen können. Durch das Lösen der Übungsaufgaben können Sie Ihr neu gewonnenes Wissen anschließend überprüfen und festigen.

Auf dem beiliegenden Datenträger finden Sie alle Beispielprogramme aus diesem Buch und ein Software-Paket, das alles enthält, was Sie zum Start benötigen. Die Beispielprogramme können Sie auch von der Webseite zum Buch *www.rheinwerk-verlag.de/4352* herunterladen.

Dieses Buch wurde mit großer Sorgfalt geschrieben, geprüft und produziert. Sollte dennoch einmal etwas nicht so funktionieren, wie Sie es erwarten, freue ich mich, wenn Sie sich mit mir in Verbindung setzen. Ihre Kritik und konstruktiven Anregungen sind uns jederzeit herzlich willkommen!

Viel Spaß beim Programmieren Ihrer Webseiten wünscht Ihnen nun

Ihre Anne Scheibe
Lektorat Rheinwerk Computing

anne.scheibe@rheinwerk-verlag.de
www.rheinwerk-verlag.de
Rheinwerk Verlag · Rheinwerkallee 4 · 53227 Bonn

Auf einen Blick

Wir hoffen, dass Sie Freude an diesem Buch haben und sich Ihre Erwartungen erfüllen. Bitte teilen Sie uns doch Ihre Meinung mit. Eine E-Mail mit Ihrem Lob oder Tadel senden Sie direkt an die Lektorin des Buches: *anne.scheibe@rheinwerk-verlag.de*. Im Falle einer Reklamation steht Ihnen gerne unser Leserservice zur Verfügung: *service@rheinwerk-verlag.de*. Informationen über Rezensions- und Schulungsexemplare erhalten Sie von: *hendrik.wevers@rheinwerk-verlag.de*.

Informationen zum Verlag und weitere Kontaktmöglichkeiten finden Sie auf unserer Verlagswebsite *www.rheinwerk-verlag.de*. Dort können Sie sich auch umfassend und aus erster Hand über unser aktuelles Verlagsprogramm informieren und alle unsere Bücher versandkostenfrei bestellen.

An diesem Buch haben viele mitgewirkt, insbesondere:

Lektorat Anne Scheibe, Roman Lehnhof
Herstellung Norbert Englert
Typografie und Layout Vera Brauner
Einbandgestaltung Barbara Thoben, Köln
Titelbild Johannes Kretzschmar, Jena
Satz SatzPro, Krefeld
Druck und Bindung C.H. Beck, Nördlingen

Dieses Buch wurde gesetzt aus der TheAntiquaB (9,35/13,7 pt) in FrameMaker. Gedruckt wurde es auf chlorfrei gebleichtem Offsetpapier (90 g/m²).

Bibliografische Information der Deutschen Nationalbibliothek:
Die Deutsche Nationalbibliothek verzeichnet diese Publikation in der Deutschen National-bibliografie; detaillierte bibliografische Daten sind im Internet über *http://dnb.d-nb.de* abrufbar.

ISBN 978-3-8362-4496-1
© Rheinwerk Verlag, Bonn 2017
12., aktualisierte Auflage 2017, 1. Nachdruck 2018

Inhalt

2   Daten senden und auswerten   133

3   Datenbanken mit MySQL   185

5 Fehler behandeln, Sicherheit erhöhen

9   Datum und Zeit

12   Datenbanken mit SQLite3 und PDO   445

13   XML   461

14   Ajax   473

15   Grafiken programmieren 495

16   PDF-Dateien erstellen 521

17 Automatisierter E-Mail-Versand 541

18 Beispielprojekte 547

Anhang

Einführung

In dieser Einführung erfahren Sie, warum PHP eine gute Wahl ist. Ich stelle Ihnen die Vorzüge von PHP vor und beschreibe den Aufbau des Buchs. Damit der Einstieg leichtfällt.

Zu diesem Buch

PHP ist eine weitverbreitete Sprache zur Entwicklung dynamischer Internetanwendungen, deren Nutzung seit ihrer ersten Einführung stetig ansteigt. PHP wird auf Millionen Websites weltweit eingesetzt.

Dieses Buch erscheint mittlerweile in der zwölften Auflage, aktuell zu PHP 7.1. Es ist eine leicht verständliche Einführung in die wichtigsten Einsatzgebiete von PHP. Zahlreiche Kommentare und E-Mails zu diesem Bestseller haben gezeigt, dass es als Lehrbuch sehr gut angenommen wird. Viele Leser fühlen sich erfolgreich an die Hand genommen und in die PHP-Welt eingeführt. Das Buch wurde von Auflage zu Auflage ständig überarbeitet und erweitert.

Bestseller

Besondere Beachtung findet in diesem Buch die Zusammenarbeit zwischen PHP und dem Datenbanksystem MySQL. Es werden sowohl MySQL in der Version 5.7 als auch seine Abspaltung MariaDB in der Version 10.1 verwendet. Für die Beispiele dieses Buchs ist es unerheblich, ob Sie MySQL oder MariaDB nutzen. Falls ich mich im weiteren Verlauf dieses Buchs auf MySQL beziehe, so gilt die jeweilige Aussage auch für MariaDB.

MySQL, MariaDB

Die Software auf dem beiliegenden Datenträger können Sie sehr einfach installieren. Mit ihrer Hilfe können Sie schnell eigene PHP-Programme entwickeln und testen. PHP ist in vielen kostengünstigen Angeboten von Website-Providern enthalten, sodass Sie die erworbenen Kenntnisse dort erfolgreich einsetzen können.

Zum Erlernen von PHP anhand des vorliegenden Buchs werden von Ihnen, dem künftigen PHP-Programmierer, lediglich Grundkenntnisse auf Anwenderebene des Betriebssystems Ihres Rechners verlangt, also von Microsoft Windows, Ubuntu Linux oder macOS auf dem Mac. Sie sollten mit Dateien und Verzeichnissen sowie mit einem Browser arbeiten können.

PHP lernen

Machen Sie sich nun mit dieser erfolgreichen und einfachen Sprache vertraut!

Für die Hilfe bei der Erstellung dieses Buchs bedanke ich mich bei Anne Scheibe sowie dem ganzen Team des Rheinwerk Verlags.

PHP – eine Beschreibung

Dynamische
Internetseiten

PHP ist die Abkürzung für *PHP Hypertext Preprocessor*. PHP ermöglicht Entwicklern die Erzeugung dynamischer Internetseiten, mit denen sogenannte Web Applications erstellt werden, wie z. B. E-Commerce-Systeme, Chats oder Foren. Im Unterschied zu statischen Internetseiten kann sich der Inhalt aufgrund von Aktionen des Benutzers oder neuer Basisinformationen, die z. B. aus Datenbanken stammen, jederzeit ändern.

MySQL

PHP unterstützt insbesondere die einfache Auswertung von Formularen, mit denen ein Benutzer Daten an eine Website senden kann. Es ermöglicht die Zusammenarbeit mit vielen verschiedenen Datenbanksystemen. Die weitaus meisten PHP-Entwickler setzen das Datenbanksystem MySQL ein. Ein besonderer Schwerpunkt dieses Buchs ist daher der Zusammenarbeit von PHP und MySQL gewidmet.

PHP – Vorzüge

Gründe für die
Verwendung
von PHP

PHP bietet im Vergleich zu anderen Programmiersprachen viele Vorteile. Als wichtigste Gründe für die Nutzung von PHP sind zu nennen:

▶ Es wurde zur Entwicklung von Internetanwendungen erschaffen.

▶ Es ermöglicht die einfache Entwicklung von Programmen.

▶ Es unterstützt verschiedene Plattformen.

▶ Es arbeitet sehr gut mit dem verbreiteten Apache Webserver zusammen, auch innerhalb der vorgefertigten Installationspakete, die in diesem Buch beschrieben und genutzt werden.

▶ Es ist erschwinglich und flexibel.

Im Folgenden sollen einige Eigenschaften von PHP näher betrachtet werden: Erlernbarkeit, Einsatzbereich, Preis und Ausführungsort.

Erlernbarkeit

Leicht erlernbar

Im Vergleich zu anderen Sprachen ist PHP relativ leicht erlernbar. Dies liegt hauptsächlich daran, dass PHP im Gegensatz zu anderen Sprachen ausschließlich für die Webserverprogrammierung entwickelt wurde und nur die dafür notwendigen Bestandteile enthält.

Einsatzbereich

PHP wird von vielen Typen von Webservern einheitlich unterstützt. Andere Sprachen kommen nur auf bestimmten Servertypen zum Einsatz. Ein PHP-Programmierer kann also seine Kenntnisse später auf den unterschiedlichsten Systemen nutzen.

Auf vielen Systemen einsetzbar

Preis

PHP kostet nichts; Sie müssen weder einen Compiler noch ein Entwicklungssystem kaufen. Es kann u. a. auf dem ebenfalls frei verfügbaren und weitverbreiteten Apache Webserver unter verschiedenen Betriebssystemen eingesetzt werden.

Frei verfügbar

Ausführungsort

Eine Internetanwendung kann entweder auf einem Webserver (*Serverprogramm*) oder beim Betrachter einer Internetseite (*Clientprogramm*) ausgeführt werden. PHP-Programme sind stets Serverprogramme. Beim Betrachter wird also lediglich die Ausgabe der Programme dargestellt. Der Browser des Betrachters muss nur in der Lage sein, den vom Server gesendeten HTML-Code umzusetzen. Er muss keine besonderen Eigenschaften besitzen, die mit der Programmiersprache des Webservers zusammenhängen. Die Seiten können daher auch von älteren Browsern dargestellt werden.

Serverprogramm

Darüber hinaus haben Serverprogramme im Unterschied zu Clientprogrammen (z. B. in der Programmiersprache JavaScript) Zugriff auf Textdateien und Datenbanken, die auf dem Server liegen. Dies ermöglicht erst die Durchführung häufig vorkommender Vorgänge, wie z. B. die Suche nach bestimmten Daten oder die Übermittlung von Daten an den Server.

Dateien und Datenbanken

Der Betrachter kann nur wenige Rückschlüsse auf den erzeugenden Programmcode oder auf die Quelldaten ziehen. Die Programme können also vom Betrachter nicht einfach kopiert und zu eigenen Zwecken weiterverwendet werden.

Sicherheit

Aufbau dieses Buchs

Alle Kapitel des Buchs haben den folgenden lernfreundlichen Aufbau:

Grundlagen und Anwendung

▶ Schritt für Schritt werden den bis zum jeweiligen Zeitpunkt vorhandenen Grundlagen und Kenntnissen neue Elemente hinzugefügt. Ich beschreibe die Theorie und erläutere sie anhand von vollständigen, anschaulichen und ausführlich kommentierten Beispielen.

Übungen

▶ Sie haben die Möglichkeit, Übungsaufgaben zum jeweiligen Thema zu lösen. Sie sollen dabei das soeben erworbene Wissen umsetzen und haben damit eine unmittelbare Erfolgskontrolle. Sie können so selbst feststellen, ob Sie den betreffenden Abschnitt verstanden haben.

▶ Die Lösungen zu allen Übungsaufgaben finden Sie (zusammen mit dem Code aller Programmbeispiele) auf dem Datenträger zum Buch. Sollten Sie eine Übungsaufgabe nicht vollständig gelöst haben, kann Ihnen die dortige Lösung als Hilfestellung dienen.

▶ Sofern Sie selbst eine lauffähige Lösung gefunden haben, können Sie sie mit der vorgeschlagenen Lösung vergleichen. Beim Programmieren gilt der Grundsatz: Es gibt beliebig viele richtige Lösungen und nicht nur eine sogenannte Musterlösung. Allerdings soll mit dem Aufbau der Beispiel- und Übungsprogramme auch ein übersichtlicher und lesbarer Programmierstil vermittelt werden, der ein strukturiertes Erlernen und professionelles Programmieren ermöglicht.

Systemvoraussetzungen

Voraussetzungen

PHP läuft unter zahlreichen Betriebssystemen, u. a. unter Windows, macOS und Ubuntu Linux. Sie benötigen für Ihre Arbeit mit PHP neben einem Browser zum Betrachten bzw. Benutzen der Seiten die folgende Minimalausstattung:

▶ einen PHP-fähigen Webserver (z. B. Apache)

▶ PHP selbst

▶ das Datenbanksystem MySQL

Buch-Datenträger

Für die Programmentwicklung unter Windows können Sie eines der beiden leicht installierbaren Pakete *EasyPHP* oder *XAMPP* nutzen. Sie beinhalten jeweils alle notwendigen Bestandteile sowie weitere nützliche Software und sind bereits fertig vorkonfiguriert. Sie finden sie auf dem Datenträger zum Buch. Die Installationen beschreibe ich in Anhang B. Dort wird auch die Installation von *XAMPP* für Ubuntu Linux und *XAMPP* für macOS beschrieben, die Sie ebenfalls auf dem Datenträger zum Buch finden.

Kapitel 1
PHP-Programmierkurs

In diesem Kapitel lernen Sie, erfolgreich Programme in PHP zu schreiben. Sie lernen insbesondere Variablen und Felder, Operatoren, Kontrollstrukturen und Funktionen kennen. Die Auswertung von Formularen und einige umfangreichere Beispiele runden das Kapitel ab.

> **Hinweise**
>
> Dieses Buch soll Ihnen nicht nur die Kenntnisse der Sprache PHP vermitteln, sondern auch einen übersichtlichen und strukturierten Programmierstil. Das vereinfacht sowohl die Arbeit eines einzelnen Entwicklers als auch die Zusammenarbeit eines Entwicklerteams und die spätere Wartung der Programme.
>
> Für viele denkbare Anwendungsfälle biete ich jeweils nur eine Lösung an und erläutere den typischen Einsatzzweck, ohne Sie dabei durch eine allzu große Anzahl von Möglichkeiten zu verwirren.

[«]
Programmierstil

Typischer
Einsatzzweck

1.1   Einbettung von PHP in HTML

Sie sollten die folgende Methode verwenden, um PHP-Programme in HTML-Dateien einzubetten:

```
<?php
    [PHP-Anweisung]
    [PHP-Anweisung]
    [PHP-Anweisung]
?>
<?php ... ?>
```

Die Markierung `<?php` leitet eine einzelne PHP-Anweisung oder einen Block von PHP-Anweisungen ein. Diese werden bis zur Markierung `?>` bearbeitet, die das Ende des Blocks darstellt. PHP-Blöcke können im gesamten Dokument untergebracht werden. Der Code wird von oben nach unten abgearbeitet; es kann dabei mehrmals zwischen HTML und PHP gewechselt werden.

Es gibt noch weitere mögliche Markierungen, um PHP-Code in HTML einzubetten, diese sind jedoch nicht zu empfehlen. Seit PHP 7.0 führen einige dieser Möglichkeiten außerdem zu einem Fehler.

HTML-Kurs Zur Auffrischung bzw. Vertiefung Ihrer HTML-Kenntnisse soll an dieser Stelle auf die folgenden beiden Möglichkeiten verwiesen werden:

▶ auf den Schnellkurs »HTML für PHP« in Anhang A dieses Buchs, in dem die wichtigsten HTML-Themen, die zur PHP-Programmierung notwendig sind, erläutert werden.

▶ auf einen ausführlichen HTML-Kurs auf dem Datenträger zum Buch (Bonuskapitel »HTML ausführlich«).

Das folgende, vollständige Beispiel verdeutlicht die Einbettung von PHP-Code in HTML:

```
<!DOCTYPE html><html>
<head>
    <meta charset="utf-8">
    <title>Titelzeile der Datei</title>
</head>
<body>
Die 1. Zeile in HTML<br>
<?php echo "Die 2. Zeile in PHP<br>"; ?>
Die 3. Zeile in HTML<br>
<?php
    echo "Die 4. Zeile in PHP<br>";
    echo "Die 5. Zeile in PHP";
?>
</body>
</html>
```

Listing 1.1 Datei einbettung.php

echo Die PHP-Anweisung echo gibt den angegebenen Text auf dem Bildschirm aus. Der Text muss in doppelten Anführungszeichen oder einfachen Hochkommata geschrieben werden. Falls der Text HTML-Markierungen beinhaltet (hier <br> für einen Zeilenumbruch), werden diese ausgeführt. Die Ausgabe des Programms im Browser sehen Sie in Abbildung 1.1.

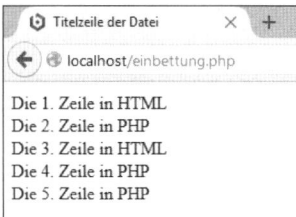

Abbildung 1.1 Einbettung von PHP in HTML

Um das Beispiel nachzuvollziehen, gehen Sie wie folgt vor:

▶ Starten Sie den Apache Webserver, wie es in den Installationen von *Easy-PHP* oder *XAMPP* in Anhang B beschrieben wird.

▶ Geben Sie den angegebenen Code in einem Editor ein und speichern Sie ihn in der Datei *einbettung.php* im Hauptverzeichnis des Webservers. Das jeweils passende Verzeichnis auf der Festplatte Ihres Rechners wird ebenfalls in Anhang B genannt.

▶ Geben Sie *http://localhost/einbettung.php* in der Adresszeile Ihres Browsers ein. Viele Browser blenden die Teilzeichenfolge *http://* anschließend aus. Lassen Sie sich nicht davon irritieren, sie gehört zur vollständigen Adresse.

Sollten Sie in Ihrem Browser nicht die gleiche Ausgabe wie in Abbildung 1.1 sehen, kontrollieren und korrigieren Sie gegebenenfalls die eingegebene Adresse. Falls diese stimmt, ist PHP möglicherweise nicht korrekt installiert. Schlagen Sie in dem Fall noch einmal in Anhang B nach.

Es wird häufig mit Einrückungen gearbeitet. Damit wird die Struktur eines Dokuments sowohl im HTML-Code als auch im PHP-Code für den Entwickler besser erkennbar.

Einrückung

In den Dokumenten dieses Buches wird die Codierung UTF-8 verwendet. Es ist wichtig, dass die Codierung, die im head-Container angegeben ist, mit der Codierung der Datei übereinstimmt. Sie können die Codierung einer Datei im Editor Notepad++ wie folgt auf UTF-8 umstellen, falls dies noch nicht der Fall ist: Menüpunkt KODIERUNG • KONVERTIERE ZU UTF-8. Anschließend ist in diesem Menü auch die Codierung UTF-8 markiert.

Codierung

Sie können die Codierung im Editor Notepad++ wie folgt auch automatisch für alle Dateien wählen, die Sie neu erstellen: Menüpunkt EINSTELLUNGEN • OPTIONEN • NEUE DATEIEN • KODIERUNG • UTF-8. Betätigen Sie als Letztes die Schaltfläche SCHLIESSEN.

UTF-8 *UTF-8* steht abkürzend für das *8-Bit UCS Transformation Format. UCS* steht abkürzend für *Universal Character Set*. UTF-8 ist die am weitesten verbreitete Codierung für Unicode-Zeichen. Sie enthält auch viele Sonderzeichen, z. B. die deutschen Umlaute und das scharfe ß.

1.2 Kommentare

Kommentare Mithilfe von Kommentaren wird ein Programm lesbarer. Kommentare werden nicht ausgeführt, sondern dienen nur der Information des Entwicklers, insbesondere bei umfangreichen Programmen. Sollte es sich um eine Gruppe von Entwicklern handeln oder sollte das Programm später von anderen Entwicklern weiterbearbeitet werden, ist es besonders notwendig, Kommentare zu schreiben.

[»] **Hinweis**
Erfahrungsgemäß gibt es immer wieder Entwickler, die ihre Programme nur minimal kommentieren. Dies stellt sich nach kurzer Zeit als Nachteil für sie selbst und ihre Kollegen heraus.

Man unterscheidet zwischen einzeiligen und mehrzeiligen Kommentaren.

// ▸ Ein einzeiliger Kommentar beginnt mit den Zeichen // und endet am Schluss der Zeile. Er wird im Allgemeinen zur Kommentierung einzelner Begriffe verwendet.

/* ... */ ▸ Ein mehrzeiliger Kommentar beginnt mit den Zeichen /* und endet mit den Zeichen */. Er wird üblicherweise zur Erläuterung eines Programmblocks verwendet.

Ein Beispiel hierzu:

```
<!DOCTYPE html><html><head><meta charset="utf-8"></head><body>
<?php
    echo "Das ist der Anfang";      // Kommentar
                                    // bis zum Zeilenende
    /* Ein Kommentar in
       mehreren Zeilen */
    echo " und hier das Ende des Programms.";
?>
</body></html>
```

Listing 1.2 Datei kommentar.php

Die Ausgabe des Programms im Browser sehen Sie in Abbildung 1.2. In diesem und den meisten nachfolgenden Beispielen werden der erste Teil und der letzte Teil der HTML-Markierungen aus Platzgründen jeweils innerhalb einer Zeile notiert.

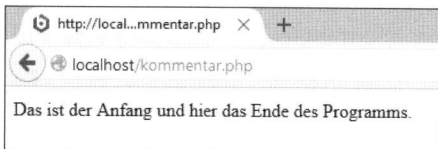

Abbildung 1.2 Programm (ohne sichtbare Kommentare)

Übung »u_ausgabe« [✏]

Schreiben Sie ein PHP-Programm innerhalb einer Webseite (Datei *u_ausgabe.php*) mit Kommentarzeilen. Speichern Sie die Datei im Hauptverzeichnis Ihres Webservers und testen Sie das Programm, indem Sie einen Browser aufrufen und die Adresse *http://localhost/u_ausgabe.php* eingeben. Die Ausgabe des Programms im Browser sollte aussehen wie in Abbildung 1.3.

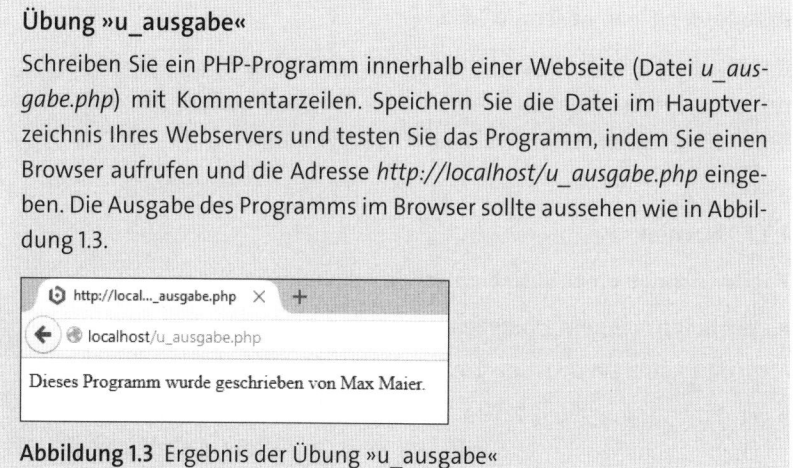

Abbildung 1.3 Ergebnis der Übung »u_ausgabe«

1.3   Variablen, Datentypen und Operatoren

Innerhalb eines Programms können Informationen zur späteren Verwendung in Variablen gespeichert werden. Diese Variablen unterscheiden sich in ihren Datentypen. PHP unterstützt Datentypen für:

Variablen

- ▶ ganze Zahlen
- ▶ Zahlen mit Nachkommastellen (auch genannt: Fließkommazahlen)
- ▶ Zeichenketten (Strings)
- ▶ Felder (ein- und mehrdimensionale Felder von Variablen)
- ▶ Objekte

Datentypen   Der Datentyp für eine Variable wird nicht vom Programmierer festgelegt, sondern richtet sich nach dem Zusammenhang, in dem die Variable verwendet wird. Eine Variable kann ihren Datentyp innerhalb eines Programms wechseln. Im Unterschied zu vielen anderen Programmiersprachen findet in PHP keine Variablendeklaration statt. Dies bedeutet, dass eine Variable bei ihrem ersten Erscheinen sofort benutzt werden kann und dem Programm vorher nicht bekannt gemacht werden muss.

Typhinweise   Seit PHP 7.0 gibt es die Möglichkeit, die Datentypen der benutzten Variablen beim Aufruf von Funktionen genauer zu prüfen. Dabei wird mit sogenannten Typhinweisen gearbeitet. Ihre Nutzung dient der Verbesserung der Lesbarkeit, des Ablaufs und der Pflege von PHP-Programmen. Mehr dazu finden Sie in Abschnitt 1.11.1.

Zunächst geht es um die *einfachen Datentypen* (Zahlen und Zeichenketten), mit denen viele Aufgaben bereits bei der Programmierung erledigt werden können. Später kommen Felder und Objekte hinzu.

1.3.1   Namen

Variablennamen   Für den Namen einer Variablen gelten folgende Regeln:

$ (Dollarzeichen)
- ▸ Er muss mit einem Dollarzeichen beginnen.
- ▸ Er darf keine Leerzeichen enthalten.
- ▸ Er darf nur aus Buchstaben und Ziffern bestehen, wobei das erste Zeichen ein Buchstabe sein muss. Es sind Groß- und Kleinbuchstaben erlaubt, zwischen denen jedoch unterschieden wird ($HokusPokus ist nicht das Gleiche wie $hokuspokus).
- ▸ Er darf keine deutschen Umlaute und kein ß (scharfes S) enthalten.
- ▸ Er darf als einziges Sonderzeichen den _ (Unterstrich) enthalten.
- ▸ Er darf nicht mit einem reservierten Wort, z. B. mit einem Befehl aus der Sprache PHP, identisch sein.

Sie sollten selbsterklärende Namen vergeben. Dies hat den Vorteil, dass sich jeder, der sich später mit dem Programm befasst, sofort zurechtfindet. Einige Beispiele sind: $Startmeldung, $Temperaturwert, $XKoordinate, $Ywert.

Ähnliche Regeln   Diese Regeln gelten in ähnlicher Form für die Namen von Konstanten (siehe Abschnitt 1.3.5), Funktionen (siehe Abschnitt 1.8) sowie Klassen und Methoden (siehe Kapitel 4). Eine wichtige Ausnahme: Nur die Namen von Variablen beginnen mit einem Dollarzeichen.

1.3.2 Variablen für Zahlen

Betrachten Sie einmal das folgende Programm, in dem der Preis für eine Tankfüllung Benzin berechnet wird:

```
<!DOCTYPE html><html><head><meta charset="utf-8"></head><body>
<?php
    $liter = 14;
    $preis = 1.35;
    $zahlung = $liter * $preis;
    echo $zahlung;
?>
</body></html>
```

Listing 1.3 Datei zahl_var.php

Die Aufgabe dieses Programms ist die Multiplikation zweier Zahlen und die Ausgabe des Ergebnisses. Dies wird wie folgt durchgeführt:

- Die Variable $liter wird eingeführt. Ihr wird der Wert 14 zugewiesen, **Zahlenvariable** wodurch $liter zu einer Variablen für eine ganze Zahl wird.

- Die Variable $preis wird eingeführt. Ihr wird der Wert 1.35 zugewiesen, also wird $preis zu einer Variablen für eine Zahl mit Nachkommastellen (dabei muss der Punkt als Dezimaltrennzeichen verwendet werden).

- Die Variable $zahlung wird eingeführt. Die Variablen $liter und $preis werden miteinander multipliziert; das Ergebnis wird der Variablen $zahlung zugewiesen. Damit wird $zahlung ebenfalls zu einer Variablen für eine Zahl mit Nachkommastellen.

- Der Wert von $zahlung (also 18.9) wird mit der Anweisung echo ausgegeben. Mit echo lassen sich nicht nur Texte, sondern auch Variablen sowie HTML-Code ausgeben. Dies wird in Abschnitt 1.3.4 erläutert.

Abbildung 1.4 zeigt die Ausgabe des Programms im Browser.

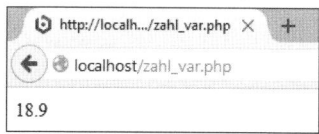

Abbildung 1.4 Ergebnis einer einfachen Berechnung

[»]

Hinweis

Eine Zahl mit Nachkommastellen kann auch als sogenannte *Exponentialzahl* dargestellt werden. Diese Schreibweise eignet sich besonders für sehr große oder sehr kleine Zahlen. Im oben angegebenen Programm hätten Sie für die Zahl 1.35 eine der Schreibweisen aus Tabelle 1.1 verwenden können, was zum gleichen Ergebnis geführt hätte.

Schreibweise	Berechnung	Ergebnis
$preis = 0.135e1;	$0.135 * 10^1 = 0.135 * 10$	1.35
$preis = 135e-2;	$135 * 10^{-2} = 135 * 0.01$	1.35

Tabelle 1.1 Beispiele für Schreibweisen von Exponentialzahlen

1.3.3 Rechenoperatoren für Zahlen

Rechenoperatoren
+ - * / %

Bei Zahlen können Sie die Rechenoperatoren (arithmetische Operatoren) aus Tabelle 1.2 verwenden.

Operator	Bedeutung
+	Addition
-	Subtraktion
*	Multiplikation
/	Division
%	Modulo-Operation: der Rest bei einer ganzzahligen Division. So ergibt z. B. 7 % 3 den Wert 1, denn 7 dividiert durch 3 ergibt 2, Rest 1.
**	Potenzieren mithilfe des Exponentialoperators (seit PHP 5.6). Ein Beispiel: 2 ** 3, gesprochen: 2 hoch 3. Mehr dazu in Abschnitt 10.2.

Tabelle 1.2 Rechenoperatoren in PHP

Zu erwähnen sind auch die kombinierten Zuweisungsoperatoren += und -=. Mit ihrer Hilfe kann eine Addition bzw. eine Subtraktion zusammen mit einer Zuweisung erfolgen. Hierzu zwei Beispiele:

▶ $x = 5; $x += 3; (jetzt hat $x den Wert 8)

▶ $x = 5; $x -= 3; (jetzt hat $x den Wert 2)

Ein weiteres Beispiel mit einer etwas umfangreicheren Berechnung:

```
<!DOCTYPE html><html><head><meta charset="utf-8"></head><body>
<?php
    $liter1 = 16;
    $liter2 = 23;
    $liter3 = 34;
    $preis = 1.35;
    $gesamtzahlung = ($liter1 + $liter2 + $liter3) * $preis;
    echo $gesamtzahlung;
?>
</body></html>
```

Listing 1.4 Datei zahl_operator.php

Beachten Sie, dass (wie in der Mathematik üblich) Multiplikation und Division Vorrang vor Addition und Subtraktion haben, also zuerst ausgeführt werden. Bei Operatoren mit gleicher Rangordnung werden die Ausdrücke von links nach rechts bearbeitet.

Rangordnung der Operatoren

Allerdings können Sie als Entwickler die Reihenfolge durch das Setzen von Klammern beeinflussen. Ausdrücke in Klammern werden zuerst vollständig ausgewertet; das Ergebnis fließt später in die restliche Berechnung ein.

Zum vorliegenden Programm: Die Variablen $liter1, $liter2, $liter3 und $preis werden eingeführt und mit Werten belegt. Die Variable $gesamtzahlung wird wie folgt errechnet:

▶ Die drei Literzahlen werden addiert (ergibt 73).

▶ Die Gesamtliterzahl wird mit dem Preis multipliziert (ergibt 98.55).

Die Ausgabe des Programms im Browser sehen Sie in Abbildung 1.5.

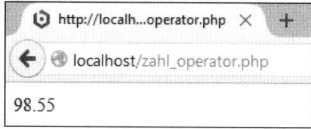

Abbildung 1.5 Ergebnis einer umfangreicheren Berechnung

Der Ausdruck $gesamtzahlung = $liter1 + $liter2 + $liter3 * $preis, also ohne Klammern, führt nicht zum richtigen Ergebnis, da in diesem Fall

▸ die Multiplikation zuerst ausgeführt wird (es ergibt sich der Preis für 34 Liter) und

▸ anschließend zu diesem Preis die beiden anderen Literzahlen hinzu-addiert werden.

[✎]   **Übung »u_zahl«**

Berechnen Sie in einem PHP-Programm (Datei *u_zahl.php*) den Bruttopreis eines Einkaufs. Es werden insgesamt drei Artikel eingekauft. Die Netto-preise der einzelnen Artikel betragen 22,50 €, 12,30 € und 5,20 €. Der Brut-topreis berechnet sich bekanntlich aus dem Nettopreis zuzüglich 19 % Umsatzsteuer. In die Berechnung muss also der Faktor 1.19 eingehen.

Speichern Sie die Datei im Hauptverzeichnis Ihres Webservers und testen Sie anschließend Ihr Programm, indem Sie einen Browser aufrufen und die Adresse *http://localhost/u_zahl.php* eingeben.

Die Ausgabe des Programms im Browser sollte wie in Abbildung 1.6 aus-sehen.

Abbildung 1.6 Ergebnis der Übung »u_zahl«

INF   Hinweis: Eine (mathematisch nicht erlaubte) Division einer positiven oder negativen Zahl durch 0 führt seit PHP 7.0 nicht mehr zu einem Abbruch des Programms. Als Ergebnis wird INF bzw. -INF angezeigt. INF steht als Ab-kürzung für *infinity* (deutsch: unendlich).

1.3.4   Variablen und Operatoren für Zeichenketten

Strings   Zeichenketten (Strings) müssen in doppelte Hochkommata (" ") oder in einfache Hochkommata (' ') eingeschlossen werden.

Hochkomma, Punkt   Das Zeichen . (Punkt) dient der Verkettung von Zeichenketten bzw. von Zahlen und Zeichenketten. Dies wird z. B. für eine kommentierte Ergebnis-ausgabe genutzt. Der Operator .= (Punkt gleich) kann zur Vergrößerung einer Zeichenkette eingesetzt werden. Falls die Zeichenketten HTML-Code enthalten, gelangt dieser HTML-Code zur Ausführung. Ein Beispielprogramm:

```
<!DOCTYPE html><html><head><meta charset="utf-8"></head><body>
<?php
    $liter = 14;
    $preis = 1.35;
    $zahlung = $liter * $preis;
    $einheit1 = "Liter";
    $einheit2 = 'Euro';

    $gesamt = "<p>" . $liter . " " . $einheit1;
    $gesamt .= " kosten " . $zahlung . " " . $einheit2 . "</p>";
    echo $gesamt;
    echo "<p>$liter $einheit1 kosten $zahlung $einheit2</p>";
    echo '<p>$liter $einheit1 kosten $zahlung $einheit2</p>';
?>
</body></html>
```

Listing 1.5 Datei zeichenkette.php

Erläuterung:

▶ Im ersten Teil des Programms findet die Berechnung des Preises statt.

▶ Den Variablen `$einheit1` und `$einheit2` werden Zeichenketten zugewiesen – in doppelten bzw. in einfachen Hochkommata.

▶ Der Variablen `$gesamt` wird eine Zeichenkette zugewiesen, die sich aus einzelnen Zeichenketten, Zahlen- und Zeichenkettenvariablen sowie HTML-Code zusammensetzt (Operator .).

▶ Die Zeichenkette `$gesamt` wird verlängert (Operator .=).

▶ Die Zeichenkette `$gesamt` wird ausgegeben.

▶ Der gleiche Ausgabetext soll auf zwei weitere Arten ausgegeben werden. Der Wert einer einzelnen Variablen wird auch ausgegeben, falls die Variable innerhalb einer Zeichenkette untergebracht wird. Diese Form wird häufig verwendet. Sie sollten allerdings darauf achten, dass die Zeichenkette zwischen doppelte Hochkommata gesetzt wird.

▶ Falls die Variable innerhalb einer Zeichenkette in einfachen Hochkommata steht, wird nur der Name der Variablen, nicht aber der Wert der Variablen im Text ausgegeben (siehe Ausgabe). Dies ist normalerweise nicht erwünscht.

Ein Tipp zum besseren Verständnis: Verfolgen Sie jeden einzelnen Schritt des Programms und notieren Sie den aktuellen Wert jeder Variablen, sobald sich dieser ändert.

[»]   **Hinweis**

Beim Schreiben eines Programms im Editor sollte innerhalb einer Zeichenkette, also innerhalb einfacher oder doppelter Hochkommata, kein Zeilenumbruch erfolgen. In diesem Buch ist dies aber aus drucktechnischen Gründen an manchen Stellen notwendig, da einige Zeichenketten schlicht zu lang sind.

Sie erkennen zusammengehörige lange Zeichenketten leicht an dem geringeren Abstand zwischen den einzelnen Zeilen und an der Einrückung ab der zweiten Zeile. An diesen Stellen wird kein Absatzumbruch, sondern ein manueller Zeilenwechsel durchgeführt. Falls Sie die betreffende Programmstelle übernehmen, sollten Sie sie unbedingt in eine einzelne Zeile schreiben.

Abbildung 1.7 zeigt die Ausgabe des Programms im Browser.

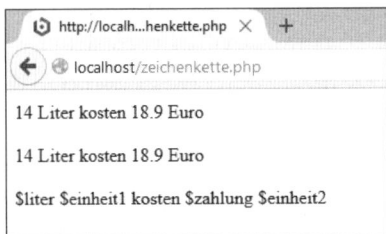

Abbildung 1.7 Arbeiten mit Zeichenketten

[/]   **Übung »u_zeichenkette«**

Schreiben Sie das Programm aus der vorherigen Übung *u_zahl* um (Datei *u_zeichenkette.php*). Das Zwischenergebnis und das Endergebnis sollen errechnet werden. Speichern Sie die Datei im Hauptverzeichnis Ihres Webservers und testen Sie Ihr Programm, indem Sie einen Browser aufrufen und die Adresse *http://localhost/u_zeichenkette.php* eingeben. Die Ausgabe des Programms im Browser sollte wie in Abbildung 1.8 aussehen.

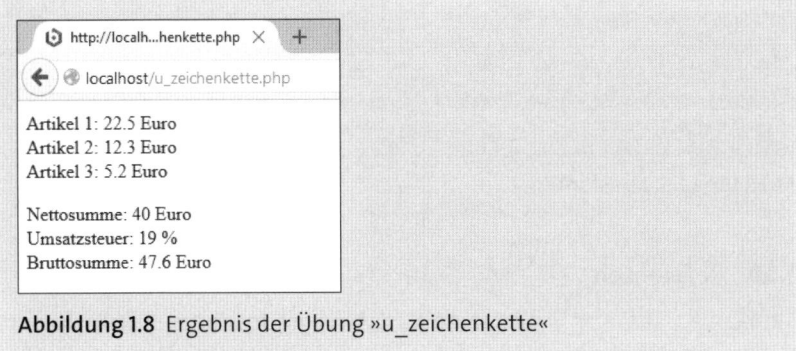

Abbildung 1.8 Ergebnis der Übung »u_zeichenkette«

1.3.5   Konstanten

Konstanten dienen der Speicherung von unveränderlichen Werten. Als Entwickler können Sie sich den Namen einer Konstanten meist leichter merken als den zugehörigen Wert. Nachfolgend ein kleines Beispiel:

Unveränderlich

```
<!DOCTYPE html><html><head><meta charset="utf-8"></head><body>
<?php
    const pi = 3.1415926;
    const gruss = "Guten Morgen";
    echo pi . "<br>";
    echo gruss . "<br>";
    // gruss = "Hallo";
?>
</body></html>
```

Listing 1.6 Datei konstanten.php

Mithilfe des Schlüsselworts const werden die Zahlenkonstante pi und die Zeichenkettenkonstante gruss definiert. Beachten Sie, dass im Unterschied zu Variablen kein $-Zeichen vor dem Namen notiert wird. Konstanten können nicht direkt innerhalb von Zeichenketten ausgegeben werden, da sie mangels $-Zeichen nicht vom restlichen Text unterschieden werden können. Beim Versuch, eine Konstante zu ändern, erscheint eine Fehlermeldung.

const, ohne $

In Abbildung 1.9 sehen Sie die Ausgabe des Programms.

Abbildung 1.9 Konstanten

1.3.6 Referenzen

Weiterer Name

Sie können auf eine vorhandene Variable eine sogenannte *Referenz* einrichten. Damit haben Sie die Möglichkeit, auf diese Variable über einen weiteren Namen zuzugreifen. Referenzen werden vor allem im Zusammenhang mit Funktionen und Methoden interessant (siehe Abschnitt 1.8.6). Eine erste Einführung bietet das nachfolgende Programm:

```
<!DOCTYPE html><html><head><meta charset="utf-8"></head><body>
<?php
    $orig = 12.3;
    echo "$orig<br>";

    $refe = &$orig;
    $refe = 5.8;
    echo "$orig<br>";
?>
</body></html>
```

Listing 1.7 Datei referenz.php

Operator &

Die Variable $orig wird erzeugt. Es wird ihr ein Wert zugewiesen und ausgegeben. Danach wird mithilfe des Operators & die Referenz $refe auf die Variable $orig eingerichtet. Eine anschließende Änderung des Werts über die Referenz entspricht einer Änderung des Werts der Variablen. In Abbildung 1.10 sehen Sie die Ausgabe des Programms.

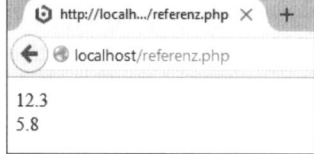

Abbildung 1.10 Referenzen

1.4   Einfache Formularauswertungen

In den bisher gezeigten Beispielen hat der Benutzer eines Programms noch keine Möglichkeit, eigene Eingaben vorzunehmen. Er kann das Programm lediglich aufrufen und das Ergebnis betrachten.

Formulare auswerten

Eine besondere Stärke und ein typischer Einsatzzweck von PHP ist jedoch die Auswertung von Benutzereingaben aus Formularen. Erst durch eine solche Auswertung wird die dynamische Informationsübermittlung zwischen Benutzer und Webserver ermöglicht. Dem Betrachter wird zunächst ein Formular vorgelegt, in dem er eigene Einträge vornehmen bzw. bei dem er aus bereits vorhandenen Einträgen auswählen kann. Er füllt das Formular aus, sendet es ab und erhält nach der Auswertung eine Antwort vom Webserver.

1.4.1   Eingabeformular

In diesem Abschnitt soll eine Informationsübermittlung mithilfe von einzeiligen Texteingabefeldern ermöglicht werden. Formulare können noch aus einer Reihe weiterer Elemente bestehen. Diese werden ausführlich in Kapitel 2, besprochen.

Texteingabefeld

Der HTML-Programmcode des Formulars:

```
<!DOCTYPE html><html><head><meta charset="utf-8"></head><body>
<p>Bitte tragen Sie Ihren Vornamen und Ihren Nachnamen ein.<br>
   Senden Sie anschließend das Formular ab.</p>
<form action = "eingabe.php" method = "post">
   <p><input name = "vor"> Vorname</p>
   <p><input name = "nach"> Nachname</p>
   <p><input type = "submit">
   <input type = "reset"></p>
</form>
</body></html>
```

Listing 1.8 Datei eingabe.htm

Die Ausgabe des Formulars im Browser, mit eingegebenen Beispieldaten, sehen Sie in Abbildung 1.11.

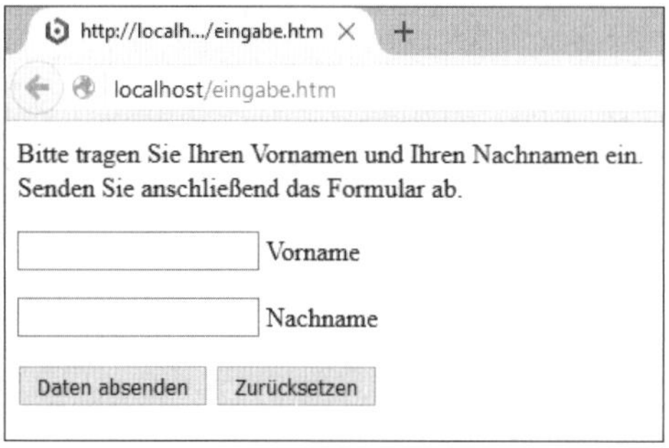

Abbildung 1.11 Eingabeformular mit Beispieldaten

form, action, method

Innerhalb des HTML-Dokuments befindet sich ein form-Container. Die Markierung <form> beinhaltet:

▸ das Attribut action, das auf die Datei mit dem PHP-Auswertungsprogramm (hier *eingabe.php*) verweist, und

▸ das Attribut method, das auf die Übermittlungsmethode zum Webserver (hier post) verweist.

Der form-Container beinhaltet die verschiedenen Formularelemente. Dabei handelt es sich um:

▸ zwei einzeilige Texteingabefelder mit den Namen vor bzw. nach für die Eintragung des Vornamens bzw. des Nachnamens,

submit

▸ eine Schaltfläche zum Absenden (englisch: *to submit*), beim Betätigen werden die eingetragenen Daten an den Server gesendet, und es wird das genannte PHP-Auswertungsprogramm angefordert,

reset

▸ eine Schaltfläche zum Zurücksetzen (englisch: *to reset*) des Formulars, beim Betätigen wird das Formular wieder in den Anfangszustand versetzt, wie es z. B. bei einer Fehleingabe notwendig sein kann.

Die Auswertung der Eingabedaten stelle ich im folgenden Abschnitt vor.

[📝]

Übung »u_eingabe«, Teil 1

Erweitern Sie das Beispiel dahingehend, dass eine vollständige Adresse eingegeben werden kann (Datei *u_eingabe.htm*). Es sollen zusätzlich drei weitere Eingabefelder für die Angaben zu Straße, Hausnummer, Postleitzahl und Ort innerhalb des Formulars vorhanden sein. Das Formular sollte wie in Abbildung 1.12 aussehen (mit Beispieldaten).

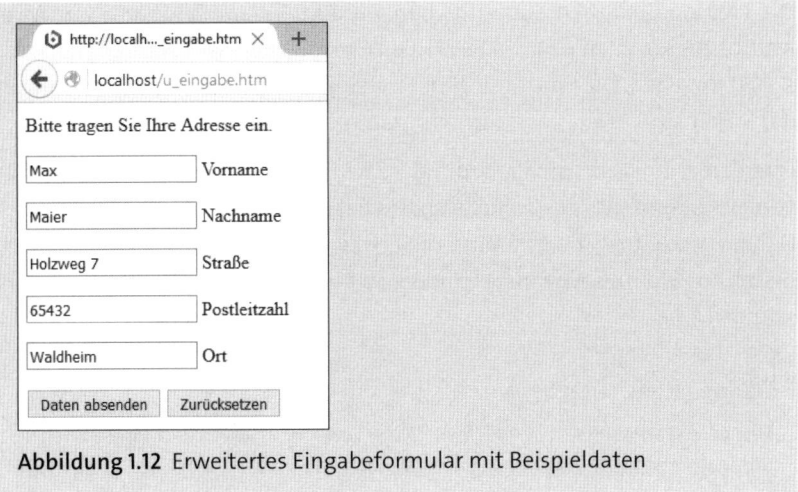

Abbildung 1.12 Erweitertes Eingabeformular mit Beispieldaten

1.4.2   Auswertung mit $_POST

Das antwortende PHP-Programm für das Formular in der Datei *einga-be.htm* sieht wie folgt aus:

```
<!DOCTYPE html><html><head><meta charset="utf-8"></head><body>
<?php
    echo "Guten Tag, " . $_POST["vor"] . " " . $_POST["nach"];
?>
</body></html>
```

Listing 1.9 Datei eingabe.php

Falls der Benutzer das obige Beispiel eingegeben hat, antwortet der Server wie in Abbildung 1.13 dargestellt.

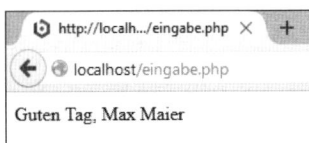

Abbildung 1.13 Auswertung eines einfachen Eingabeformulars

Es gibt in PHP einige vordefinierte Variablen, u. a. das assoziative Feld $_POST. Aus den Namen der Eingabefelder werden automatisch Elemente dieses Felds, falls die Übermittlungsmethode post verwendet wird.

$_POST

Die Elemente können angesprochen werden, indem Sie ihren Namen in Anführungszeichen und eckigen Klammern hinter dem Namen des Felds $_POST angeben. Die Eintragung im Texteingabefeld vor wird also zum Wert der Variablen $_POST["vor"] im Programm.

Feldelemente lassen sich allerdings nicht in einer Zeichenkette innerhalb von Hochkommata ausgeben, wie dies bei einzelnen Variablen der Fall ist. Daher ist die Ausgabezeile mit echo etwas umfangreicher. Weitere Einzelheiten zu Feldern sowie insbesondere zu assoziativen Feldern folgen in Abschnitt 1.10.2.

[𝟘]   **Übung »Code eingeben«**

Dieses Zusammenspiel von HTML-Datei und PHP-Datei stellt einen wichtigen Schritt dar. Daher zunächst eine »einfache« Aufgabe: Geben Sie das angegebene Beispiel in einen Texteditor ein und speichern Sie es unter den Dateinamen *eingabe.htm* und *eingabe.php* ab. Füllen Sie das Formular aus, senden Sie es ab und kontrollieren Sie die Reaktion des Webservers.

[𝟘]   **Übung »u_eingabe«, Teil 2**

Erstellen Sie (passend zum Formular aus der Übung *u_eingabe*, Teil 1) ein PHP-Programm, das die Daten des Benutzers bestätigt (Datei *u_eingabe.php*). Falls der Benutzer die oben angegebenen Beispieldaten eingegeben hat, soll die Ausgabe des Programms im Browser aussehen wie in Abbildung 1.14.

Abbildung 1.14 Auswertung des erweiterten Eingabeformulars

1.4.3   Umwandlung von Zeichenketten in Zahlen

Ein Texteingabefeld eines Formulars nimmt eine Zeichenkette auf; es wird dabei eine Zeichenkette an das PHP-Programm übermittelt. Häufig sollen jedoch Zahlen, z. B. zur Ausführung von Berechnungen, übermittelt werden. Zeichenketten werden nach den folgenden Regeln implizit konvertiert bzw. umgewandelt:

▶ Zeichenketten, die nach einem optionalen Vorzeichen nur Ziffern enthalten, werden in ganze Zahlen umgewandelt. Beispiele: "42", "-42" oder "+42". *Ziffern, Vorzeichen*

▶ Zeichenketten, die zusätzlich einen Dezimalpunkt oder am Ende nach einem optionalen Vorzeichen einen Exponenten nach einem e oder E enthalten, werden in Zahlen mit Nachkommastellen umgewandelt, also in Fließkommazahlen. Beispiele: "4.2", "-4.2", "42e3", "4.2e3", "4.2e-3" oder "-4.2E3". *Dezimalpunkt, Exponent*

▶ Andere Zeichen sollten vermieden werden.

▶ Falls innerhalb einer Zeichenkette andere Zeichen stehen, wird nur der vordere Teil der Zeichenkette bis zum Beginn der anderen Zeichen umgewandelt. Allerdings erfolgt eine Warnung, dass es sich nicht um einen wohlgeformten numerischen Wert handelt. Beispiele: "42abc23" (Zahlenwert: 42) oder "4.2 Liter" (Zahlenwert 4.2). *Warnung*

▶ Falls am Beginn einer Zeichenkette andere Zeichen stehen, ergibt sich der Zahlenwert 0, und es erfolgt ebenfalls die oben genannte Warnung. Beispiele: "abc42" oder "Summe 4.2". *Wert 0*

Sie können natürlich nicht wissen, was der Benutzer eingibt. Zur Vermeidung der oben genannten Warnung sollten Sie daher Eingaben oder andere Zeichenketten, aus denen Sie Zahlenwerte entnehmen möchten, explizit in Zahlen umwandeln. *Explizite Umwandlung*

Dazu dienen die beiden Funktionen doubleval() für Zahlen mit Nachkommastellen und intval() für ganze Zahlen. Ein Beispiel mit einigen Umwandlungen folgt: *intval(), doubleval()*

```
<!DOCTYPE html><html><head><meta charset="utf-8"></head><body>
<?php
   $a = 435;
   echo intval($a) . "<br>";

   $b = "22.6";
   echo doubleval($b) . "<br>";
   echo intval($b) . "<br>";
?>
</body></html>
```

Listing 1.10 Datei umwandlung.php

Im Fall von `intval("22.6")` werden die Nachkommastellen abgeschnitten, und es ergibt sich der Wert 22.

Eingabefehler   In den Einführungsbeispielen dieses Buchs werden Eingabefehler des Benutzers nicht immer abgefangen. Die Programme würden sonst unnötig umfangreich und schwer verständlich. Später werden wir Routinen in die Programme einbauen, die möglichst alle Eingabefehler abfangen. Aber es gilt immer der Grundsatz: Kein Programm ist vollständig gegen Eingabefehler gesichert.

1.4.4   Umwandlung von Eingaben

Im nachfolgenden Beispiel wird der Benutzer aufgefordert, zwei Zahlen in ein Formular einzugeben und das Formular abzusenden. Bei den Eingaben handelt es sich um Zeichenketten. Diese werden mithilfe der Funktion `doubleval()` in Zahlen umgewandelt. Ein PHP-Programm berechnet die Summe der beiden Zahlen und gibt das Ergebnis aus. Der HTML-Code des Formulars lautet:

```
<!DOCTYPE html><html><head><meta charset="utf-8"></head><body>
<p>Bitte zwei Zahlen eintragen und das Formular absenden</p>
<form action = "eingabe_zahl.php" method = "post">
    <p>Wert 1: <input name = "w1"></p>
    <p>Wert 2: <input name = "w2"></p>
    <p><input type = "submit">
    <input type = "reset"></p>
</form>
</body></html>
```

Listing 1.11 Datei eingabe_zahl.htm

Das PHP-Programm:

```
<!DOCTYPE html><html><head><meta charset="utf-8"></head><body>
<?php
    $w1 = doubleval($_POST["w1"]);
    $w2 = doubleval($_POST["w2"]);
    $erg = $w1 + $w2;
```

```
        echo "Die Summe von $w1 und $w2 ist $erg";
?>
</body></html>
```

Listing 1.12 Datei eingabe_zahl.php

Ein Aufruf mit den in Abbildung 1.15 dargestellten Eingabewerten ergibt die in Abbildung 1.16 gezeigte Antwort.

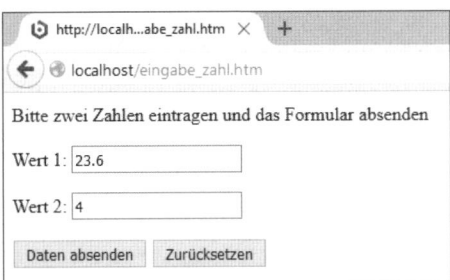

Abbildung 1.15 Senden von Zahlen

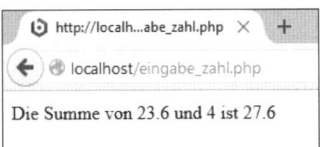

Abbildung 1.16 Umwandlung und Berechnung des Ergebnisses

Im Antwortprogramm werden die eingegebenen Zeichenketten nach den oben genannten Regeln implizit (automatisch) in Zahlen umgewandelt.

> **Übung »u_eingabe_zahl«**   [✎]
>
> Erstellen Sie ein Eingabeformular (Datei *u_eingabe_zahl.htm*) und ein dazu passendes PHP-Programm (Datei *u_eingabe_zahl.php*), mit dessen Hilfe das Quadrat einer Zahl berechnet werden kann. Die Zahl soll also mit sich selbst multipliziert werden. Vergessen Sie nicht, die eingegebene Zeichenkette in eine Zahl umzuwandeln.
>
> Formular und Ergebnis sollten wie in Abbildung 1.17 und Abbildung 1.18 aussehen.

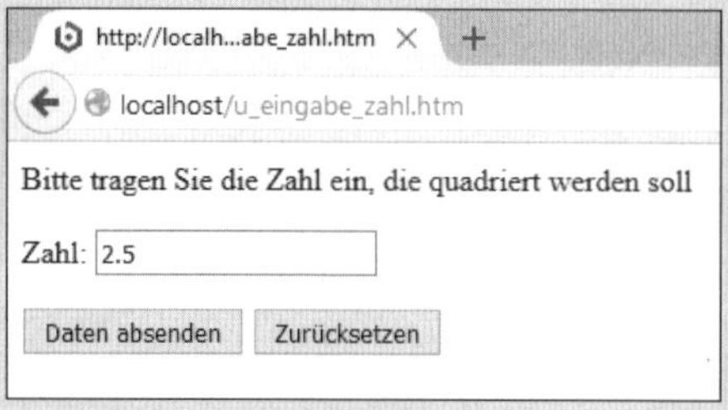

Abbildung 1.17 Eingabe der Übung »u_eingabe_zahl«

Abbildung 1.18 Ergebnis der Übung »u_eingabe_zahl«

1.5   Verzweigungen

Bisher werden die Dateien mit dem HTML-Code und dem PHP-Code rein sequenziell abgearbeitet, das heißt, es wird eine Anweisung nach der anderen durchgeführt. Programme sind aber auch in der Lage, auf unterschiedliche Bedingungen zu reagieren. Einzelne Anweisungen werden in diesem Fall nur in bestimmten Situationen ausgeführt.

if, if/else   Die Ausführung dieser Anweisungen wird in solchen Fällen von einer oder von mehreren Bedingungen (if-Anweisung) abhängig gemacht. Je nachdem, ob die Bedingung zutrifft, werden die entsprechenden Anweisungen ausgeführt oder nicht. Darüber hinaus können bei Nichterfüllung der Bedingung alternative Anweisungen (if/else-Anweisung) bearbeitet werden. Man nennt diese Stellen in einem Programm *Verzweigungen* oder auch *bedingte Anweisungen*.

Bedingung, wahr, falsch   Bedingungen werden mithilfe von Wahrheitswerten (wahr oder falsch) und Vergleichsoperatoren erstellt. Es folgt Tabelle 1.3 mit einer Übersicht über die Vergleichsoperatoren. Sie finden weitere Informationen über die Hintergründe von Wahrheitswerten in Abschnitt 1.6.2. Zunächst aber kommen wir zur praktischen Nutzung.

Operator	Bedeutung	Geltungsbereich
==	gleich	Zahlen und Zeichenketten
!=	ungleich	Zahlen und Zeichenketten
>	größer als	Zahlen
<	kleiner als	Zahlen
>=	größer als oder gleich	Zahlen
<=	kleiner als oder gleich	Zahlen

Tabelle 1.3 Vergleichsoperatoren in PHP

Bei der Überprüfung auf Gleichheit sollten Sie besonders auf das doppelte Gleichheitszeichen achten. Es handelt sich dabei um eine Bedingung und nicht um eine Zuweisung.

1.5.1 if-Anweisung

Ein Beispiel für eine Verzweigung mit einer if-Anweisung:

```
<!DOCTYPE html><html><head><meta charset="utf-8"></head><body>
<?php
    $preis = 0.98;
    if ($preis < 1) echo "Der Preis liegt unter 1 &euro;";
?>
</body></html>
```

Listing 1.13 Datei if.php

Falls $preis kleiner als 1 ist, wird der entsprechende Text in das Dokument geschrieben, andernfalls geschieht nichts. Die Bedingung (hier $preis < 1) muss in Klammern stehen. Die Ausgabe sehen Sie in Abbildung 1.19. Ändern Sie einmal kurzfristig den Preis im PHP-Programm, z. B. in 1.02. Es erfolgt keine Ausgabe mehr, da die Bedingung nicht erfüllt ist.

Alternativen testen

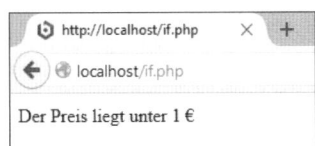

Abbildung 1.19 Einfache if-Bedingung

Ein weiteres Beispiel:

```
<!DOCTYPE html><html><head><meta charset="utf-8"></head><body>
<?php
   $preis = 0.98;
   if ($preis < 1)
   {
      echo "Der Preis liegt unter 1 &euro;.<br>";
      echo "Das ist billig.";
   }
?>
</body></html>
```

Listing 1.14 Datei if_block.php

Anweisungsblock
{..}

Falls aufgrund einer Bedingung mehrere Anweisungen ausgeführt werden sollen, müssen diese innerhalb von geschweiften Klammern { } stehen. Das nennt man einen Anweisungsblock. In diesem Programm werden zwei Ausgaben erzeugt, da $preis kleiner als 1 ist. Abbildung 1.20 zeigt die Ausgabe. Die geschweiften Klammern erreichen Sie auf der Tastatur mithilfe der Sondertaste Alt Gr .

Abbildung 1.20 Verzweigung mit Anweisungsblock

1.5.2 if/else-Anweisung

Ein Beispiel für eine Verzweigung mit einer if/else-Anweisung:

```
<!DOCTYPE html><html><head><meta charset="utf-8"></head><body>
<?php
   $preis = 1.02;

   if ($preis < 1)
   {
      echo "Der Preis liegt unter 1 &euro;<br>";
      echo "Das ist billig";
   }
```

1

```
    else
    {
        echo "Der Preis liegt bei 1 &euro; oder mehr<br>";
        echo "Langsam wird es teuer";
    }
?>
</body></html>
```

Listing 1.15 Datei ifelse.php

Falls die Bedingung hinter if nicht zutrifft, werden die Anweisungen hinter else ausgeführt. Auch hier gilt, dass bei mehreren Anweisungen geschweifte Klammern gesetzt werden müssen. Die Ausgabe sehen Sie in Abbildung 1.21.

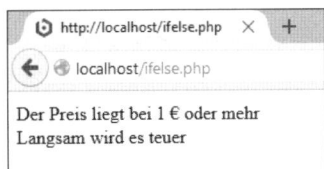

Abbildung 1.21 Verzweigung mit if und else

Ein weiteres Beispiel (mit Eingabeformular) verdeutlicht den Vergleich von Zeichenketten bei einer Bedingung. Es wird der Zugang zu einer Internetseite per Passwort (ausnahmsweise in sichtbarer Form) simuliert. Das PHP-Programm vergleicht die Eingabe mit dem gespeicherten Passwort und reagiert entsprechend. Der HTML-Code des Formulars sieht wie folgt aus:

Passwort

```
<!DOCTYPE html><html><head><meta charset="utf-8"></head><body>
<p>Bitte tragen Sie das Zugangspasswort ein</p>
<form action = "ifelse_zugang.php" method = "post">
    <p><input name = "pw"></p>
    <p><input type = "submit">
    <input type = "reset"></p>
</form>
</body></html>
```

Listing 1.16 Datei ifelse_zugang.htm

Das Auswertungsprogramm sieht so aus:

```
<!DOCTYPE html><html><head><meta charset="utf-8"></head><body>
<?php
   if ($_POST["pw"] == "bingo")
      echo "Zugang gestattet";
   else
      echo "Zugang verweigert";
?>
</body></html>
```

Listing 1.17 Datei ifelse_zugang.php

Falls der Benutzer das Passwort aus Abbildung 1.22 eingibt ...

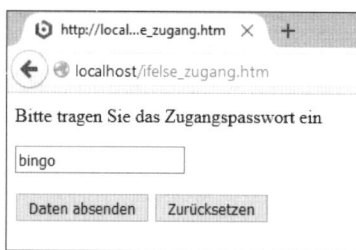

Abbildung 1.22 Eingabe des Passworts

... erhält er Zugang (siehe Abbildung 1.23) ...

Abbildung 1.23 Auswertung der Verzweigung

... andernfalls nicht.

[✎]   **Übung »u_ifelse1«**

Erstellen Sie ein Eingabeformular (Datei u_ifelse1.htm) und ein dazu passendes PHP-Programm (Datei u_ifelse1.php). Es soll der Preis für eine Tankfüllung berechnet werden. Es gibt zwei Sorten Benzin: Normal (Preis: 1,35 €) und Super (Preis: 1,40 €).

Der Benutzer gibt im ersten Eingabefeld die getankte Literzahl und im zweiten entweder ein großes N oder ein großes S ein. Das PHP-Programm ermittelt in Abhängigkeit von der Sorte und der getankten Menge den zu zahlenden Betrag. Es wird davon ausgegangen, dass der Benutzer keine Fehleingaben macht.

Falls der Benutzer also beispielsweise eingibt, dass er 15 Liter Super-Benzin tankt (siehe Abbildung 1.24) ...

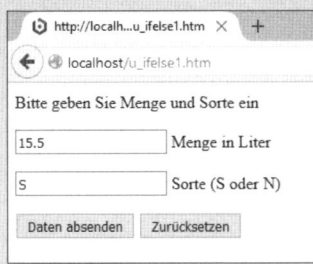

Abbildung 1.24 Eingabe des Tankvorgangs

... sollte die Ausgabe des Programms aussehen wie in Abbildung 1.25.

Abbildung 1.25 Ergebnis des Tankvorgangs

Übung »u_ifelse2«

Erweitern Sie die vorherige Übung. Großkunden, die 100 Liter oder mehr tanken, erhalten unabhängig von der Sorte an dieser Tankstelle 2 % Rabatt. Falls der Benutzer beispielsweise eingibt, dass er 120 Liter Normal-Benzin tankt (siehe Abbildung 1.26) ...

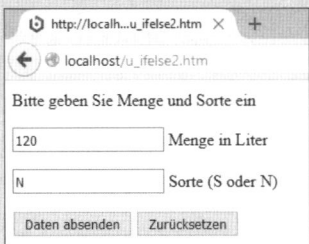

Abbildung 1.26 Eingabe der Übung »u_ifelse2«

... sollte die Ausgabe des Programms aussehen wie in Abbildung 1.27.

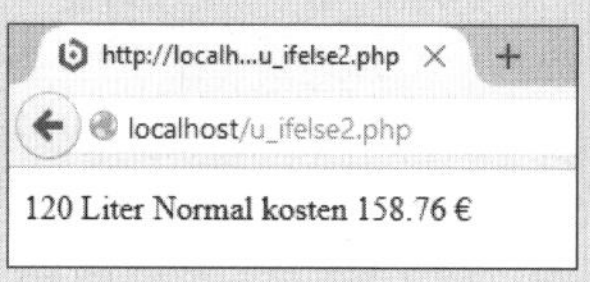

> http://localh...u_ifelse2.php × +
>
> ← localhost/u_ifelse2.php
>
> 120 Liter Normal kosten 158.76 €

Abbildung 1.27 Ergebnis der Übung »u_ifelse2«

1.5.3 Logische Operatoren

Logische Operatoren

Logische Operatoren dienen der Verknüpfung mehrerer Bedingungen, die zunächst einzeln untersucht werden müssen:

Logisches Oder

Logisches Oder (||)

Das *logische Oder* (Zeichenfolge ||) wird verwendet, wenn nur eine von mehreren Bedingungen zutreffen muss. Das Zeichen | erreichen Sie auf der Tastatur mithilfe der Sondertaste Alt Gr .

Zur Verdeutlichung wird das Beispiel mit der Passworteingabe (*ifelse_zugang.htm* und *ifelse_zugang.php*) erweitert. Es gibt nun zwei Passwörter, die zum erfolgreichen Zugang führen. Das Eingabeformular (in der Datei *oder.htm*) bleibt gleich, das Auswertungsprogramm sieht wie folgt aus:

```
<!DOCTYPE html><html><head><meta charset="utf-8"></head><body>
<?php
    if ($_POST["pw"] == "bingo" || $_POST["pw"] == "kuckuck")
        echo "Zugang gestattet";
    else
        echo "Zugang verweigert";
?>
</body></html>
```

Listing 1.18 Datei oder.php

Es gibt zwei Bedingungen, von denen eine zutreffen muss, damit der Zugang gestattet wird. Jede Bedingung muss vollständig formuliert werden. Der Ausdruck $_POST["pw"] == "bingo" || "kuckuck" würde zu einer Fehlermeldung führen, da die zweite Bedingung unvollständig ist.

Logisches Und

Das *logische Und* (Zeichenfolge &&) wird verwendet, wenn alle Bedingungen zutreffen müssen. Dies wird wiederum an einem erweiterten Beispiel der Passworteingabe verdeutlicht. Der Benutzer muss nun seinen Namen und sein Zugangspasswort eingeben. Der Zugang wird nur gestattet, wenn beide Angaben korrekt sind, es sich also um einen sowohl berechtigten als auch bekannten Benutzer handelt. Zunächst das geänderte Eingabeformular:

```
<!DOCTYPE html><html><head><meta charset="utf-8"></head><body>
<p>Bitte tragen Sie Name und Zugangspasswort ein</p>
<form action = "und.php" method = "post">
    <p><input name = "bname"> Name</p>
    <p><input name = "pw"> Passwort</p>
    <p><input type = "submit">
    <input type = "reset"></p>
</form>
</body></html>
```

Listing 1.19 Datei und.htm

Das Auswertungsprogramm sieht wie folgt aus:

```
<!DOCTYPE html><html><head><meta charset="utf-8"></head><body>
<?php
    if ($_POST["bname"] == "Maier" && $_POST["pw"] == "kuckuck")
        echo "Zugang gestattet";
    else
        echo "Zugang verweigert";
?>
</body></html>
```

Listing 1.20 Datei und.php

Gibt der Benutzer zwar den Namen Maier, aber ein falsches Passwort ein, wird der Zugang verweigert, da beide Angaben stimmen müssen. Das Gleiche trifft zu, wenn der Benutzer den Namen Meier (mit e statt mit a) und das Passwort kuckuck eingibt, da in diesem Fall nur die zweite Bedingung zutrifft (siehe das Formular in Abbildung 1.28 und die Ausgabe in Abbildung 1.29).

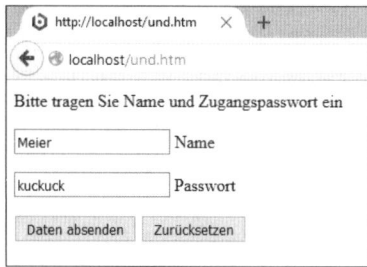

Abbildung 1.28 Eingabe von Name und Passwort

Abbildung 1.29 Richtiges Passwort, falscher Name

Logisches Nicht

Logisches Nicht (!) Mithilfe des *logischen Nicht* (Zeichen !) wird der Wahrheitswert von Bedingungen umgekehrt. Dies kann bei komplexen logischen Verknüpfungen hilfreich sein.

[✐] **Übung »u_oder_und«**

Testen Sie die Beispiele in den Dateien *oder.htm* und *oder.php* bzw. *und.htm* und *und.php* mit verschiedenen Passwörtern bzw. Name-Passwort-Kombinationen.

1.5.4 Rangordnung der Operatoren

Rangordnung der Operatoren Ausdrücke mit mehreren Operatoren werden von links nach rechts aufgelöst – unter Beachtung der Rangordnung. Nachfolgend sehen Sie in Tabelle 1.4 die Rangordnung der bisher verwendeten Operatoren. Es wird mit der höchsten Stelle der Rangordnung begonnen.

Operator	Bedeutung
( )	Klammern
! -	logisches Nicht, negatives Vorzeichen

Tabelle 1.4 Rangordnung der Operatoren

Operator	Bedeutung
* / %	Multiplikation, Division, Modulo-Operation
+ -	Addition, Subtraktion
< <= > >=	kleiner, kleiner oder gleich, größer, größer oder gleich
== !=	gleich, ungleich
&&	logisches Und
||	logisches Oder
=	Zuweisung

Tabelle 1.4 Rangordnung der Operatoren (Forts.)

Klammern stehen innerhalb der Rangordnung an erster Stelle. Mit ihrer Hilfe können Sie Ausdrücke in einer gewünschten Reihenfolge bearbeiten lassen. Zusätzlich können Sie Klammern verwenden, falls Sie sich bei der Rangordnung nicht sicher sind.

> **Übung »u_logisch«**   [✏]
>
> Erweitern Sie das Beispielprogramm aus dem vorherigen Abschnitt. Nur die beiden Benutzer Marten (Passwort Hamburg) und Schmitz (Passwort Berlin) sollen Zugang haben (Dateien *u_logisch.htm* und *u_logisch.php*).

1.5.5 Mehrfache Verzweigung

Verzweigungen mit if und else lassen sich verschachteln, sodass eine mehrfache Verzweigung möglich wird. Diese kann für mehr als zwei mögliche Fälle verwendet werden. Ein Beispiel hierzu:

Mehrfache Verzweigung

```
<!DOCTYPE html><html><head><meta charset="utf-8"></head><body>
<?php
    $preis = 1.12;

    if ($preis < 1)
    {
        echo "Unter 1 &euro;<br>";
        echo "Das ist billig";
    }
```

```
            else
            {
                if ($preis <= 1.2)
                {
                    echo "Zwischen 1 &euro; und 1.20 &euro;<br>";
                    echo "Langsam wird es teuer";
                }
                else
                {
                    echo "Mehr als 1.20 &euro;<br>";
                    echo "Das ist viel zu teuer";
                }
            }
        }
    ?>
    </body></html>
```

Listing 1.21 Datei if_schachtel.php

Falls $preis kleiner als 1 ist, trifft die erste Bedingung zu. Die restlichen Bedingungen müssen in diesem Fall nicht mehr geprüft werden. Andernfalls kann $preis nur noch größer oder gleich 1 sein, und es wird die nächste Bedingung ($preis <= 1.2) geprüft. Falls diese ebenfalls nicht zutrifft, kann $preis nur noch größer als 1.2 sein. Die Ausgabe sehen Sie in Abbildung 1.30.

Abbildung 1.30 Ergebnis mehrfacher Verzweigung

[✔]   **Übung »u_if_schachtel«**

Erweitern Sie das Programm aus der Übung *u_ifelse1*. Es soll der Preis für eine Tankfüllung ohne Rabatt für Großkunden berechnet werden. Es gibt drei Sorten Benzin: Normal (Preis: 1,35 €), Super (Preis: 1,40 €) und Diesel (Preis: 1,10 €).

Der Benutzer gibt im ersten Eingabefeld die getankte Literzahl und im zweiten Eingabefeld entweder ein großes N, ein großes S oder ein großes D ein. Das PHP-Programm ermittelt in Abhängigkeit von der Sorte und der getankten Menge den zu zahlenden Betrag. Es wird davon ausgegangen, dass der Benutzer keine Fehleingaben macht.

Falls der Benutzer 35 Liter Diesel tankt (siehe Abbildung 1.31) ...

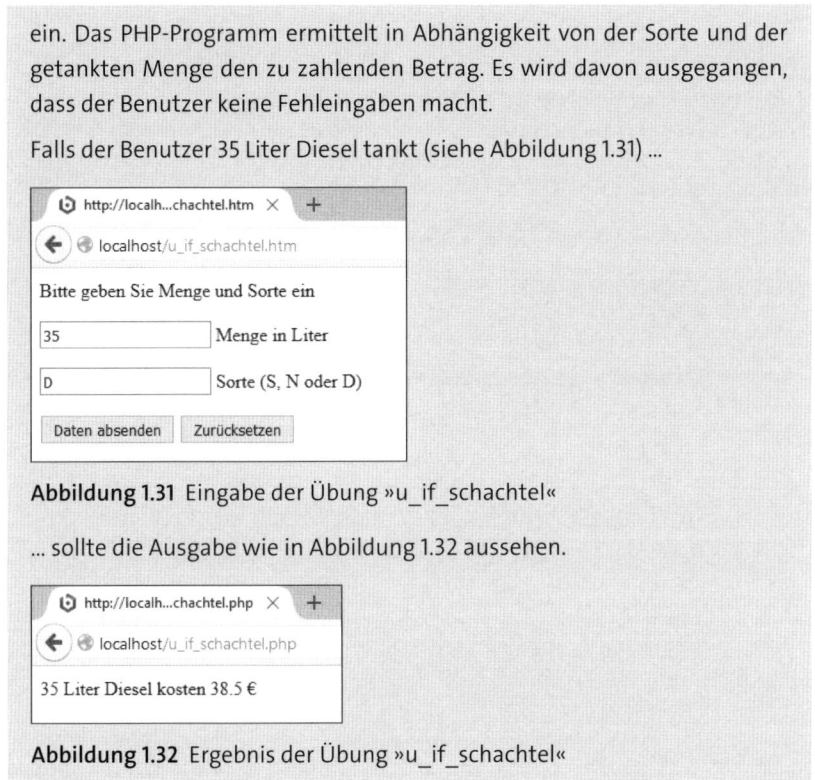

Abbildung 1.31 Eingabe der Übung »u_if_schachtel«

... sollte die Ausgabe wie in Abbildung 1.32 aussehen.

Abbildung 1.32 Ergebnis der Übung »u_if_schachtel«

1.5.6   switch/case-Anweisung

Die switch/case-Anweisung bietet für einen bestimmten Typ von mehrfachen Verzweigungen eine alternative Schreibweise. Sie kann eingesetzt werden, wenn eine bestimmte Variable auf mehrere feste Werte hin geprüft werden soll. Diese Form der mehrfachen Verzweigung kann übersichtlicher sein als eine geschachtelte Verzweigung, falls viele unterschiedliche Fälle vorliegen.

switch/case

Ein Beispiel bietet die Übungsaufgabe *u_if_schachtel* (siehe oben). Das Eingabeformular aus der Datei *u_if_schachtel.htm* können Sie übernehmen (in *switch_case.htm*).

Das Auswertungsprogramm mit der Anweisung switch/case sieht wie folgt aus:

```
<!DOCTYPE html><html><head><meta charset="utf-8"></head><body>
<?php
    $liter = doubleval($_POST["liter"]);
    switch($_POST["sorte"])
    {
        case "N":
            $zahlung = $liter * 1.35;
            echo "$liter Liter Normal kosten $zahlung &euro;";
            break;
        case "S":
            $zahlung = $liter * 1.4;
            echo "$liter Liter Super kosten $zahlung &euro;";
            break;
        case "D":
            $zahlung = $liter * 1.1;
            echo "$liter Liter Diesel kosten $zahlung &euro;";
            break;
        default:
            echo "Als Sorte nur N, S oder D eingeben!";
    }
?>
</body></html>
```

Listing 1.22 Datei switch_case.php

break   Es wird ein sogenannter switch-Block erzeugt. Innerhalb dieses switch-Blocks wird der Wert von $_POST["sorte"] untersucht. Die vorhandenen Fälle (englisch: *cases*), also die case-Blöcke, werden der Reihe nach mit diesem Wert verglichen. Sobald einer der Fälle zutrifft, werden alle weiteren Anweisungen bearbeitet, bis man auf die Anweisung break trifft. Die Anweisungen nach break werden nicht mehr ausgeführt.

default   Optional kann die Anweisung default benutzt werden. Diese wird benötigt, falls keiner der genannten Fälle zutrifft. Das wäre im oben angegebenen Programm der Fall, wenn der Benutzer als Sorte weder N noch S noch D eingeben würde. Vor PHP 7.0 war es möglich, mehrere default-Blöcke anzugeben, obwohl dies nicht sinnvoll war.

Falls der Benutzer 35 und P eingibt (siehe Abbildung 1.33) …

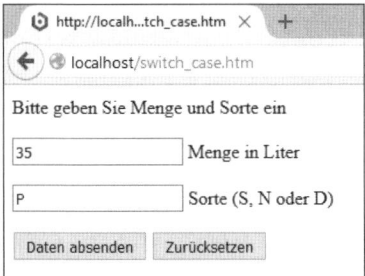

Abbildung 1.33 Eingabe für switch/case

... ergibt sich eine Ausgabe wie in Abbildung 1.34.

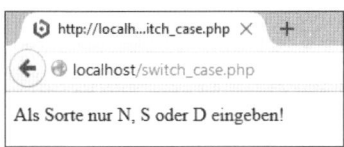

Abbildung 1.34 Default-Fall

1.6   Mehr über Verzweigungen

Nachdem Sie die Grundlagen zum Thema »Verzweigungen« kennengelernt haben, erläutere ich in diesem Abschnitt einige weitergehende Möglichkeiten. Sie könnten diesen Abschnitt auch zunächst überspringen und
unmittelbar mit Abschnitt 1.7 über das Thema »Schleifen« fortfahren.

1.6.1   HTML in Verzweigungsblöcken

Falls innerhalb einer einfachen oder mehrfachen Verzweigung jeweils nur
reiner HTML-Code ohne PHP-Variablen ausgegeben werden muss, ist eine
gemischte Schreibweise mit PHP und HTML recht nützlich. Ein Beispiel:

HTML und PHP
gemischt

```
<!DOCTYPE html><html><head><meta charset="utf-8"></head><body>
<?php
   $preis = 1.02;
   if ($preis < 1):
?>
Der Preis liegt unter 1 &euro;<br>
Das ist billig
<?php else: ?>
```

```
    Der Preis liegt bei mehr als 1 &euro;<br>
    Langsam wird es teuer
<?php endif; ?>
</body></html>
```

Listing 1.23 Datei if_html.php

Der Ablauf der Verzweigung wird auf mehrere PHP-Blöcke verteilt:

▶ Nach der Bedingung if ($preis < 1) wird ein Doppelpunkt notiert. Dies bedeutet, dass die Verzweigung noch »offen« ist. Der anschließende HTML-Code bis zum nächsten Teil der Verzweigung wird nur ausgeführt, sofern die Bedingung zutrifft.

▶ Es folgt die else-Anweisung, ebenfalls mit einem Doppelpunkt. Für den darauffolgenden HTML-Code gilt das Gleiche. Die Verzweigung ist nach wie vor »offen«.

▶ Sie wird erst durch die Anweisung endif abgeschlossen.

Dazwischen kann der HTML-Code ohne echo, Anführungszeichen, Semikolon usw. notiert werden. Diese gemischte Schreibweise aus PHP und HTML können Sie auch für andere Formen der Verzweigung und andere Kontrollstrukturen benutzen.

1.6.2 Wahrheitswerte

boolean   In diesem Abschnitt wird das Wissen über Wahrheitswerte vertieft, die z. B. innerhalb von Bedingungen benötigt werden. Diese Wahrheitswerte können in eigenen Variablen zwischengespeichert werden, um sie später zu nutzen. Dazu dient der Datentyp boolean. In den Variablen dieses Datentyps wird entweder true (wahr) oder false (falsch) gespeichert. Sie werden auch *boolesche Variablen* genannt.

boolval()   Zahlen, Zeichenketten und Variablen besitzen ebenfalls einen Wahrheitswert, den sie in Ihren Programmen nutzen können. Diese Nutzung kann implizit erfolgen, also durch eine automatische Umwandlung, sie kann aber auch explizit mithilfe der Funktion boolval() erfolgen, die Ihnen seit PHP 5.5 zur Verfügung steht.

===, !==   Mithilfe der Vergleichsoperatoren === und !== können Sie feststellen, ob zwei Werte übereinstimmen *und* denselben Datentyp haben.

Es folgen einige Wahrheitswerte, Umwandlungen und Vergleiche:

```php
<!DOCTYPE html><html><head><meta charset="utf-8"></head><body>
<?php
    $ww = 5>3;
    echo "Wahrheitswert: $ww<br>";
    if($ww) echo "Dieser Wert ist wahr<br><br>";

    echo "Implizit: 5>3: " . (5>3) . ", 5<3: " . (5<3) . "<br>";
    echo "Explizit: boolval(5>3): " . boolval(5>3) .
        ", boolval(5<3): " . boolval(5<3) . "<br><br>";

    echo "TRUE: " . TRUE . ", true: " . true . "<br>";
    echo "FALSE: " . FALSE . ", false: " . false . "<br><br>";

    echo "boolval(1): " . boolval(1) . ", boolval(0): " . boolval(0)
        . ", boolval(-1): " . boolval(-1) . "<br>";
    echo "boolval(0.0): " . boolval(0.0)
        . ", boolval(0.000000001): "
        . boolval(0.000000001) . "<br>";
    echo "boolval(''): " . boolval('')
        . ", boolval(' '): " . boolval(' ')
        . ", boolval('0'): " . boolval('0') . "<br><br>";

    $zahl = 42;
    $text = "42";
    if($zahl == $text) echo "==<br>";
    if($zahl != $text) echo "!=<br>";
    if($zahl === $text) echo "===<br>";
    if($zahl !== $text) echo "!==<br>";
?>
</body></html>
```

Listing 1.24 Datei wahrheitswert.php

In der Variablen $ww wird der Wahrheitswert einer Bedingung gespeichert und ausgegeben. Der Wahrheitswert true erscheint als 1. Er kann innerhalb einer Verzweigung genutzt werden, z. B. anstelle einer Bedingung oder verknüpft mit einer weiteren Bedingung.

Es wird sowohl der Wahrheitswert einer wahren als auch einer falschen Bedingung direkt ausgegeben, einmal nach impliziter Umwandlung, einmal nach expliziter Umwandlung mithilfe von `boolval()`. Für den Wahrheitswert `false` wird kein sichtbares Zeichen ausgegeben.

Sie können die Wahrheitswerte `true` und `false` auch direkt zuweisen. Dabei ist es egal, ob Sie Groß- oder Kleinschreibung anwenden.

Die Zahlenwerte `0` und `0.0`, die leere Zeichenkette und die Zeichenkette `"0"` bzw. `'0'` entsprechen dem Wahrheitswert `false`. Alle anderen Zahlen und Zeichenketten entsprechen `true`.

Bei einem Vergleich mit einem der beiden Operatoren `==` oder `!=` ist es nicht wichtig, ob die beiden Werte denselben Datentyp besitzen. Die Zahl 42 entspricht also einer Zeichenkette, die nach Umwandlung den Zahlenwert 42 liefert, also z. B. `"42"` oder `"42abc"`. Falls jedoch für den Wahrheitswert einer Bedingung auch der Datentyp entscheidend ist, müssen Sie einen der beiden Vergleichsoperatoren `===` oder `!==` verwenden.

Die Ausgabe des Programms sehen Sie in Abbildung 1.35.

Abbildung 1.35 Wahrheitswerte, Umwandlungen und Vergleiche

1.6.3   Ternärer Operator ?:

Der *ternäre Operator* `?:` kann in vielen Fällen als Schreibabkürzung im Fall einer Verzweigung dienen. Ein Beispiel sehen Sie in Listing 1.25.

```
<!DOCTYPE html><html><head><meta charset="utf-8"></head><body>
<?php
   $preis = 0.98;
   echo ($preis < 1 ? "Das ist billig" :
      "Langsam wird es teuer") . "<br>";
?>
</body></html>
```

Listing 1.25 Datei ternaer.php

Viele Operatoren arbeiten mit zwei Operanden. Das gilt z. B. für den Additionsoperator + im Ausdruck 3+5. Vor und hinter dem Operator stehen die beiden Operanden, die addiert werden, hier 3 und 5.

Zwei Operanden

Der ternäre Operator ?: arbeitet dagegen immer mit drei Operanden. Vor dem Zeichen ? steht eine Bedingung (hier $preis < 1). Trifft sie zu (wie beim if), wird als Ergebnis der Wert geliefert, der zwischen dem Zeichen ? und dem Zeichen : steht. Falls sie nicht zutrifft (wie beim else), wird als Ergebnis der Wert geliefert, der nach dem Zeichen : steht. In beiden Fällen ist das Ergebnis im vorliegenden Fall eine Zeichenkette. Das Ergebnis kann gespeichert oder auch direkt ausgegeben werden. Die Ausgabe sehen Sie in Abbildung 1.36.

Drei Operanden

Abbildung 1.36 Verzweigung mit ternärem Operator ?:

Die runden Klammern um den Ausdruck mit dem ternären Operator sind notwendig für den nachfolgenden Zeilenumbruch. Dieser soll in jedem Fall ausgegeben werden, unabhängig von der Bedingung. Falls Sie die Klammern weglassen, wird der Zeilenumbruch nur im else-Fall ausgegeben.

Klammern setzen

1.6.4   Spaceship-Operator <=>

Der *Spaceship-Operator* <=> wird mit PHP 7.0 eingeführt. Er zählt zu den Vergleichsoperatoren und steht in der Rangordnung der Operatoren auf gleicher Höhe mit den Operatoren == und !=.

Vergleichsoperator

Ein Vergleich mit dem Operator <=> ergibt

▶ den Wert 1, falls der erste Wert größer ist,

▶ oder den Wert -1, falls der zweite Wert größer ist,

▶ oder den Wert 0, falls beide Werte übereinstimmen.

Ein Beispiel:

```
<!DOCTYPE html><html><head><meta charset="utf-8"></head><body>
<?php
    echo "Erster Wert: " . (12 <=> 5) . "<br>";
    echo "Zweiter Wert: " . (5 <=> 12) . "<br>";
    echo "Werte sind gleich: " . (5 <=> 5)  . "<br>";
?>
</body></html>
```

Listing 1.26 Datei spaceship.php

Klammern setzen   Die Ausgabe sehen Sie in Abbildung 1.37. Falls Sie die runden Klammern um den Vergleich mit dem Spaceship-Operator weglassen, werden die beiden Zeichenketten davor bzw. dahinter in den Vergleich mit einbezogen. Das führt natürlich zu falschen Ergebnissen.

Abbildung 1.37 Auswertung mithilfe des Spaceship-Operators <=>

strcmp()   In Abschnitt 6.5, werden Sie die Funktion strcmp() zum Vergleich von zwei Zeichenketten kennenlernen. Sie liefert, nach derselben Logik, als Ergebnis ebenfalls 1, -1 oder 0. Der Spaceship-Operator trägt seinen Namen übrigens in Anlehnung an frühere textbasierte Computerspiele, in denen ein Raumschiff mithilfe der Zeichenfolge <=> angezeigt wurde.

1.6.5   Existenz einer Variablen

isset()   Sie können die Existenz einer Variablen mithilfe der Funktion isset() prüfen. Sie können auf diese Weise z. B. feststellen, ob bestimmte Werte aus einem Formular gesendet werden. Die Funktion isset() liefert einen Wahrheitswert, daher wird sie meist innerhalb einer Verzweigung eingesetzt und auch deshalb an dieser Stelle erläutert.

In engem Zusammenhang mit der Funktion isset() steht die Funktion unset(). Sie dient dem Löschen der Existenz einer Variablen. Eine Variable kann ebenso gelöscht werden, indem man ihr den Wert null oder NULL zuweist. Nachfolgend ein Beispiel:

unset(), null

```php
<!DOCTYPE html><html><head><meta charset="utf-8"></head><body>
<?php
    if (isset($preis)) echo "1: $preis<br>";
    else               echo "1: Nicht vorhanden<br>";

    $preis = 1.02;
    if (isset($preis)) echo "2: $preis<br>";
    else               echo "2: Nicht vorhanden<br>";

    unset($preis);
    if (isset($preis)) echo "3: $preis<br>";
    else               echo "3: Nicht vorhanden<br>";

    $preis = 1.02;
    if (isset($preis)) echo "4: $preis<br>";
    else               echo "4: Nicht vorhanden<br>";

    $preis = null;
    if (isset($preis)) echo "5: $preis<br>";
    else               echo "5: Nicht vorhanden<br>";
?>
</body></html>
```

Listing 1.27 Datei existenz.php

Die Existenz der Variablen $preis wird innerhalb des Programms mehrfach mithilfe der Funktion isset() geprüft. Die Verzweigung wird hier etwas kompakter innerhalb von zwei statt vier Zeilen notiert. Wenn die Variable $preis existiert, wird ihr Wert ausgegeben. Wenn sie noch nicht existiert oder gelöscht wurde, wird eine entsprechende Information ausgegeben.

Abbildung 1.38 Existenz einer Variablen prüfen

Die Ausgabe des Programms inklusive Nummerierung sehen Sie in Abbildung 1.38:

1. Vor der Zuweisung eines Werts existiert die Variable nicht.

2. Nach der Zuweisung eines Werts existiert die Variable.

3. Nach Löschung mithilfe von unset() existiert sie nicht mehr.

4. Nach erneuter Zuweisung existiert sie wieder.

5. Nach Löschung durch Zuweisung von null existiert sie nicht mehr.

Hinweis: Viele Funktionen liefern im Fehlerfall den Wert null zurück.

1.6.6   Typ prüfen

Es gibt eine Reihe von Prüffunktionen, mit deren Hilfe Sie den Typ einer Variablen oder eines Werts feststellen können:

▶ is_int() prüft, ob es sich um eine ganze Zahl handelt.

▶ is_float() prüft, ob es sich um eine Zahl mit Nachkommastellen, also um eine Fließkommazahl handelt.

▶ is_string() prüft, ob es sich um eine Zeichenkette handelt.

▶ is_numeric() prüft, ob es sich um einen gültigen Zahlenwert handelt oder um eine Zeichenkette, die einen gültigen Zahlenwert beinhaltet.

▶ is_bool() prüft, ob es sich um einen Wahrheitwert handelt.

Nachfolgend ein Programm mit einigen typischen Prüfungen:

```
<!DOCTYPE html><html><head><meta charset="utf-8"></head><body>
<?php
    if(is_int(42))    echo "42 ist eine ganze Zahl<br>";
    if(!is_int(42.0)) echo "42.0 ist keine ganze Zahl<br>";
```

```
    if(is_float(42.0)) echo "42.0 ist eine Fliesskommazahl<br>";
    if(!is_float(42))  echo "42 ist keine Fliesskommazahl<br><br>";

    if(is_string("42"))  echo "\"42\" ist eine Zeichenkette<br>";
    if(is_string('42'))  echo "'42' ist eine Zeichenkette<br>";
    if(!is_string(42))   echo "42 ist keine Zeichenkette<br><br>";

    if(is_numeric("42"))     echo "\"42\" ist numerisch<br>";
    if(is_numeric("42.0"))    echo "\"42.0\" ist numerisch<br>";
    if(is_numeric("-4.2e-3")) echo "\"-4.2e-3\" ist numerisch<br>";
    if(!is_numeric("42a"))
       echo "\"42a\" ist nicht numerisch<br><br>";

    if(is_bool(true))        echo "true ist boolean<br>";
    if(is_bool(5>3 && 7<12)) echo "5>3 && 7<12 ist boolean<br>";
    if(!is_bool("true")) echo "\"true\" ist nicht boolean<br><br>";
?>
</body></html>
```

Listing 1.28 Datei typ_pruefen.php

In Abbildung 1.39 sehen Sie die Ausgabe des Programms.

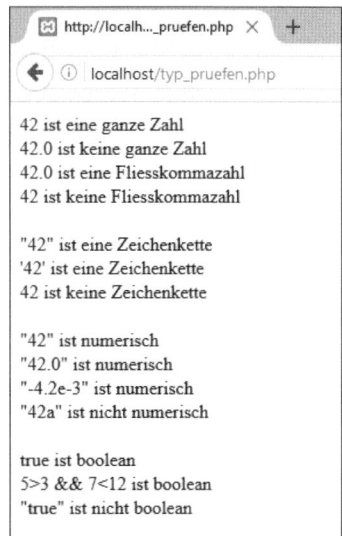

Abbildung 1.39 Das Ergebnis einiger Typ-Prüfungen

is_int(), is_float()	Sobald eine Zahl einen Dezimalpunkt mit einer Nachkommastelle hat, wird sie von der Funktion is_int() nicht mehr als ganze Zahl erkannt, wird aber von der Funktion is_float() als Fließkommazahl erkannt, selbst wenn die Nachkommastelle den Wert 0 hat.
is_string()	Alles innerhalb von einfachen oder doppelten Hochkommata wird von der Funktion is_string() als Zeichenkette erkannt.
is_numeric()	Ganze Zahlen, Zahlen mit Nachkommastellen oder Exponentialzahlen werden auch innerhalb einer Zeichenkette von der Funktion is_numeric() als gültige Zahlenwerte erkannt. Ebenso trifft das zu, wenn sie ein negatives Vorzeichen oder einen negativen Exponenten besitzen. Sobald innerhalb der Zeichenkette ein ungültiges Zeichen vorkommt, werden sie nicht mehr als gültige Zahlenwerte erkannt.
is_bool()	Die Werte true und false werden von der Funktion is_bool() als Wahrheitswerte erkannt. Das trifft auch für Bedingungen zu, die mithilfe von Vergleichsoperatoren und logischen Operatoren gebildet werden. Inhalte von Zeichenketten werden nicht als Wahrheitswerte erkannt.

Weitere Funktionen zur Typprüfung finden Sie in Abschnitt 4.2.2 und in Abschnitt 8.4.

1.6.7 Koaleszenzoperator ??

isset ternary Der Koaleszenzoperator ?? wird mit PHP 7.0 eingeführt. Er verschmilzt die Arbeitsweise der Funktion isset() mit der Arbeitsweise des ternären Operators ?: in stark verkürzter Form und wird daher auch *isset ternary*-Operator genannt. Ein Beispiel:

```
<!DOCTYPE html><html><head><meta charset="utf-8"></head><body>
<?php
    echo ($preis ?? "Nicht vorhanden") . "<br>";
    $preis = 1.02;
    echo ($preis ?? "Nicht vorhanden") . "<br>";
?>
</body></html>
```

Listing 1.29 Datei koaleszenz.php

Die Ausgabe des Programms sehen Sie in Abbildung 1.40. Existiert eine Variable, wird ihr Wert ausgegeben. Falls sie noch nicht existiert oder gelöscht wurde, wird eine entsprechende Information ausgegeben.

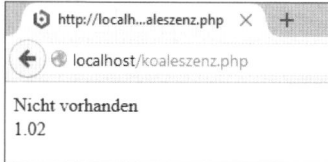

Abbildung 1.40 Auswertung mithilfe des Koaleszenzoperators ??

Der Koaleszenzoperator trägt seinen Namen in Anlehnung an die Verschmelzung (englisch: *coalescence*) von unterschiedlichen Flüssigkeiten.

1.7 Schleifen

Falls sich innerhalb eines Programms einzelne Anweisungen oder Blöcke von Anweisungen wiederholen, werden Schleifen verwendet. In PHP gibt es u. a. die for-Schleife, die while-Schleife und die do-while-Schleife. Welche Variante bei der Lösung eines aktuellen Problems die richtige ist, lässt sich leicht entscheiden:

Schleife, Wiederholung

▶ Sie verwenden die for-Schleife, wenn Ihnen die Anzahl der Wiederholungen bekannt ist oder diese sich eindeutig im Verlauf des Programms vor der Schleife ergibt (Zählschleife).

▶ Sie verwenden die while-Schleife oder die do-while-Schleife, wenn Ihnen die Anzahl der Wiederholungen nicht bekannt ist und diese sich nicht eindeutig im Verlauf des Programms vor der Schleife ergibt. Die Wiederholung oder der Abbruch der Schleife ergibt sich erst zur Laufzeit des Programms (bedingungsgesteuerte Schleife).

1.7.1 for-Schleife

Die for-Schleife wird verwendet, um eine feste Anzahl an Wiederholungen zu erzeugen. Entweder ist die Anzahl vorher bekannt, oder Start und Ende der Wiederholung sind bekannt bzw. können errechnet werden. Ein Beispiel:

for

```
<!DOCTYPE html><html><head><meta charset="utf-8"></head><body>
<?php
    for ($i=1; $i<=5; $i++)
    {
        echo "Zeile $i<br>";
```

```
    }
?>
</body></html>
```

Listing 1.30 Datei for.php

Mithilfe des Programms werden fünf Zeilen in das Dokument geschrieben, jeweils mit dem Inhalt Zeile: <Nummer>. Die Ausgabe sehen Sie in Abbildung 1.41.

Die for-Schleife besteht aus Kopf und Rumpf. Der Kopf der for-Schleife besteht wiederum aus drei Teilen, die durch Semikola voneinander getrennt sind:

▶ Startwert

▶ Bedingung zur Wiederholung

▶ Veränderung der Schleifenvariablen

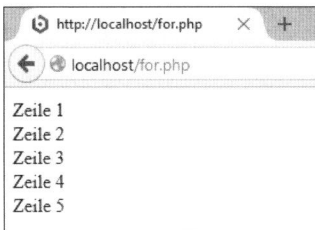

Abbildung 1.41 Schleife

In diesem Beispiel wird die Variable $i als sogenannte *Schleifenvariable* verwendet, das heißt, mithilfe von $i wird die Schleife gesteuert.

Die Variable $i bekommt zunächst den Wert 1. Es wird geprüft, ob die Bedingung zur Wiederholung erfüllt ist. Ist das der Fall, wird mit dem Anfangswert der Rumpf der Schleife durchlaufen. Dies liefert die Ausgabe Zeile 1. Danach wird die Variable durch die Veränderung der Schleifenvariablen mithilfe von $i++ auf 2 erhöht.

Anschließend wird geprüft, ob die Bedingung zur Wiederholung noch erfüllt ist. Ist das der Fall, wird der Rumpf der Schleife mit dem Wert $i (Ausgabe: Zeile 2) durchlaufen usw. Nach dem fünften Durchlauf wird $i auf 6 erhöht. Damit trifft die Bedingung zur Wiederholung nicht mehr zu; das Programm beendet die Schleife und läuft hinter der Schleife weiter.

Hinweis	[«]

Hinweis

$i++ ist eine Kurzform der Zuweisung $i=$i+1. Häufig wird auch $i-- verwendet. Dies ist eine Kurzform der Zuweisung $i=$i-1, also eine Verminderung von $i um 1.

Auch bei Schleifen gilt: Falls sich die Schleife auf mehrere Anweisungen bezieht, müssen diese in geschweifte Klammern gesetzt werden. Streng genommen wäre das also beim oben genannten Beispiel nicht notwendig gewesen; aber es schadet auch nicht.

++, --

1.7.2 Beispiele für for-Schleifen

Einige Beispiele für Schleifensteuerungen sind in Tabelle 1.5 aufgeführt:

Kopf der for-Schleife	Zur Verfügung stehende Werte
for ($i=10; $i<=15; $i++)	10, 11, 12, 13, 14, 15
for ($i=10; $i<15; $i++)	10, 11, 12, 13, 14
for ($i=10; $i>=5; $i--)	10, 9, 8, 7, 6, 5
for ($i=10; $i>5; $i--)	10, 9, 8, 7, 6
for ($i=3; $i<=22; $i=$i+3)	3, 6, 9, 12, 15, 18, 21
for ($i=32; $i>12; $i=$i-4)	32, 28, 24, 20, 16
for ($i=12; $i<12.9; $i=$i+0.2)	12.0, 12.2, 12.4, 12.6, 12.8
$a=6, $b=16, $c=2; for ($i=$a; $i<$b; $i=$i+$c)	6, 8, 10, 12, 14

Tabelle 1.5 Beispiele für Schleifensteuerungen

Zahlen mit Nachkommastellen sind nicht mathematisch genau. Aus diesem Grund wird im vorletzten Beispiel für die Bedingung zur Wiederholung der Wert 12.9 statt 13.0 gewählt. Das ist ein Wert, der auf »halbem Weg« zwischen dem letzten erlaubten Wert und dem ersten nicht mehr erlaubten Wert steht. Die fortlaufende Addition von 0.2 könnte statt des Werts 13.0 den Wert 12.99999 ergeben. In diesem Fall würde dieser Wert ebenfalls noch zur Verfügung stehen.

Bedingung richtig festlegen

Endlosschleife   Sie sollten immer darauf achten, dass Sie nicht aus Versehen eine Endlosschleife erzeugen. Dies könnten Sie z. B. mit dem folgenden Schleifenkopf
erreichen: for ($i=3; $i>2; $i=$i+3). Die Bedingung $i>2 ist für alle Zahlen,
die erzeugt werden, erfüllt. Demnach wird diese Schleife niemals beendet,
und das Programm »hängt sich auf«.

[⌨]   **Übung »u_for«**

Schreiben Sie ein Programm (Datei *u_for.php*), in dem mithilfe verschiedener for-Schleifen die in Abbildung 1.42 angegebenen Zeilen ausgegeben
werden. Ein Tipp: Für die letzte Zahlenreihe wird eine zusätzliche Verzweigung mit if benötigt.

Abbildung 1.42 Ergebnis der Übung »u_for«

1.7.3   Geschachtelte for-Schleifen

Geschachtelte   Schleifen können geschachtelt werden. Dabei befindet sich eine Schleife in-
Schleifen   nerhalb einer anderen Schleife (Schachtelung). Dadurch wird später die Bearbeitung einer zweidimensionalen Struktur, wie z. B. einer Tabelle oder
eines zweidimensionalen Felds (siehe Abschnitt 8.9), möglich. Ein Beispiel:

```
<!DOCTYPE html><html><head><meta charset="utf-8"></head><body>
<?php
    for ($z=1; $z<=5; $z=$z+1)
    {
        for ($s=1; $s<=3; $s=$s+1)
            echo "Ze$z/Sp$s ";
        echo "<br>";
    }
?>
</body></html>
```

Listing 1.31 Datei for_schachtel.php

Die erste (äußere) Schleife wird fünfmal durchlaufen. Innerhalb dieser Schleife befindet sich wiederum eine (innere) Schleife, die bei jedem Durchlauf der äußeren Schleife dreimal durchlaufen wird. Anschließend wird ein Umbruch erzeugt. Es ergeben sich insgesamt 5 × 3 = 15 Wiederholungen. Abbildung 1.43 zeigt die Programmausgabe.

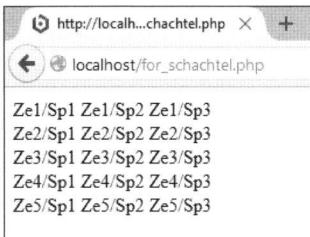

Abbildung 1.43 Geschachtelte Schleife

Übung »u_for_schachtel«   [✐]

Schreiben Sie ein Programm (Datei *u_for_schachtel.php*), in dem mithilfe zweier geschachtelter for-Schleifen das »kleine Einmaleins« ausgegeben wird. Die Ausgabe soll aussehen wie in Abbildung 1.44.

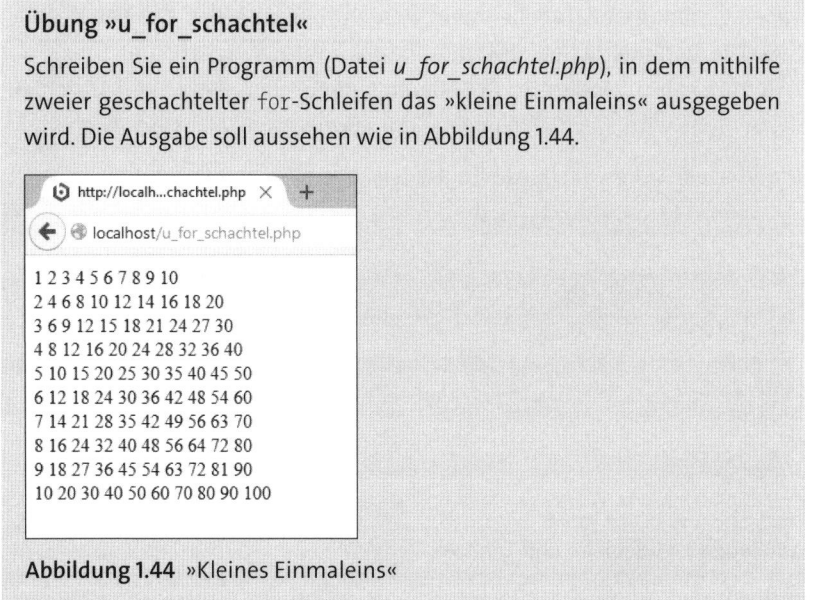

Abbildung 1.44 »Kleines Einmaleins«

1.7.4   Schleifen und Tabellen

Schleifen werden häufig im Zusammenhang mit HTML-Tabellen eingesetzt. Das erweiterte Beispiel aus der Datei *for.php* kann innerhalb einer Tabellenstruktur z. B. wie folgt angegeben werden:

Schleife mit HTML-Tabelle

```
<!DOCTYPE html><html><head><meta charset="utf-8"></head><body>
<table border="1">
<?php
   for ($i=8; $i<=13; $i++)
   {
      echo "<tr>";
      echo "<td>Zeile</td>";
      echo "<td align='right'>$i</td>";
      echo "</tr>";
   }
?>
</table>
</body></html>
```

Listing 1.32 Datei tabelle.php

Tabellenanfang und Tabellenende werden hier im HTML-Bereich angegeben. Die veränderlichen Bestandteile (Anzahl der Zeilen und Inhalt der
zweiten Spalte) werden im PHP-Bereich angegeben. Bei jedem Durchlauf
der Schleife wird eine Tabellenzeile mit jeweils zwei Zellen ausgegeben.

Die Ausgabe sehen Sie in Abbildung 1.45.

Abbildung 1.45 Schleife und Tabelle

[»]   **Hinweis**

Die Ausrichtung der Zellen (align='right') muss innerhalb der Zeichenkette (die zwischen doppelten Hochkommata steht) in einfachen Hochkommata angegeben werden, da in PHP ansonsten die Zeichenkette zu
früh beendet würde.

Das erweiterte Beispiel aus der Datei *for_schachtel.php* mit einer geschachtelten Schleife innerhalb einer Tabellenstruktur sieht wie folgt aus:

```
<!DOCTYPE html><html><head><meta charset="utf-8"></head><body>
<table border="1">
<?php
   for ($z=8; $z<=13; $z=$z+1)
   {
      echo "<tr>";
      for ($s=1; $s<=5; $s=$s+1)
         echo "<td align='right'>$z/$s</td>";
      echo "</tr>";
   }
?>
</table>
</body></html>
```

Listing 1.33 Datei tabelle_schachtel.php

Tabellenbeginn und Tabellenende werden hier wiederum im HTML-Bereich angegeben. Die äußere Schleife sorgt für das Erzeugen der Tabellenzeilen, die innere Schleife für das Erzeugen und Füllen der Zellen. Abbildung 1.46 zeigt die Ausgabe.

Abbildung 1.46 Geschachtelte Schleife und Tabelle

Übung »u_tabelle«   [✐]

Erweitern Sie das Programm aus der Übung *u_for_schachtel*. Betten Sie das »kleine Einmaleins« in eine Tabelle ein (*u_tabelle.php*). Die Ausgabe soll aussehen wie in Abbildung 1.47.

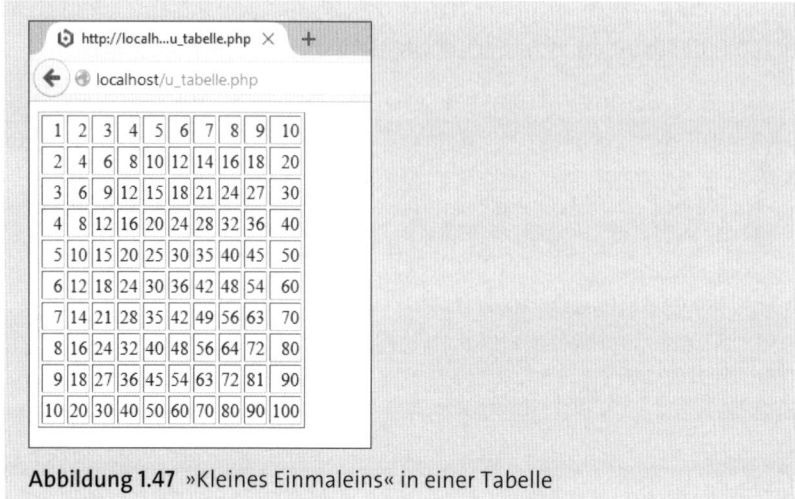

Abbildung 1.47 »Kleines Einmaleins« in einer Tabelle

1.7.5 while-Schleife

while
Die while-Schleife wird dazu benutzt, eine unbestimmte Anzahl an Wiederholungen zu erzeugen. Das Ende der Wiederholungen wird bei einem der Schleifendurchläufe erreicht. while-Schleifen werden häufig bei Datenbankabfragen eingesetzt (siehe Abschnitt 3.2).

Im nachfolgenden Beispiel wird gewürfelt. Die gewürfelten Zahlen werden addiert. Dies wird so lange wiederholt, bis die Summe der gewürfelten Zahlen 25 beträgt oder darüberliegt.

Zufallszahlen-
generator
Zum Erzeugen der »zufälligen« Würfelergebnisse wird der Zufallszahlengenerator von PHP verwendet. Er muss zunächst initialisiert werden, damit er tatsächlich »zufällige« Ergebnisse produziert. Innerhalb der Schleife wird jeweils ein Würfelergebnis erzeugt. Die dazu notwendigen Funktionen srand(), rand() und microtime() werden in Abschnitt 10.8, näher erläutert. Sie eignen sich für einfache Zwecke wie in diesen Beispielen, aber nicht für Verschlüsselungen.

Die Anzahl der Würfe ist sowohl dem Entwickler als auch dem Benutzer unbekannt, daher kann keine for-Schleife verwendet werden. Das Programm sieht wie folgt aus:

```
<!DOCTYPE html><html><head><meta charset="utf-8"></head><body>
<?php
```

```
    srand((double)microtime()*1000000);
    $summe = 0;

    while ($summe < 25)
    {
        $zufallszahl = rand(1,6);
        $summe = $summe + $zufallszahl;
        echo "Zahl $zufallszahl, Summe $summe<br>";
    }
?>
</body></html>
```

Listing 1.34 Datei while.php

Die Bedingung zur Wiederholung muss, wie bei einer Verzweigung, in Klammern stehen. Bei der ersten Prüfung der Bedingung hat $summe noch den Wert 0, deshalb darf die Schleife durchlaufen werden. Innerhalb der Schleife wird die gewürfelte Zufallszahl zur Variablen $summe addiert. Die gewürfelte Zahl und die aktuelle Zwischensumme werden ausgegeben.

Es wird wiederum überprüft, ob die Summe kleiner als 25 ist. Ist das der Fall, wird die Schleife erneut durchlaufen. Andernfalls wird mit der Anweisung hinter dem Schleifenende fortgefahren. Falls dort keine Anweisung mehr steht, ist das Programm zu Ende. Es wird also so lange eine Zahl addiert, bis die Bedingung für die Wiederholung nicht mehr erfüllt ist. Die Seite könnte wie in Abbildung 1.48 aussehen – natürlich abhängig von den zufällig ermittelten Werten.

Abbildung 1.48 while-Schleife mit Zufallswerten

[📎] **Übung »u_while«**

Erstellen Sie ein kleines Computerspiel. Zwei Spieler würfeln mithilfe des Zufallszahlengenerators gegeneinander. Die Würfe jedes Spielers sollen addiert werden. Sobald einer der beiden Spieler oder beide Spieler nach einer Spielrunde den Wert 25 erreicht oder überschritten haben, ist das Spiel zu Ende (Datei *u_while.php*).

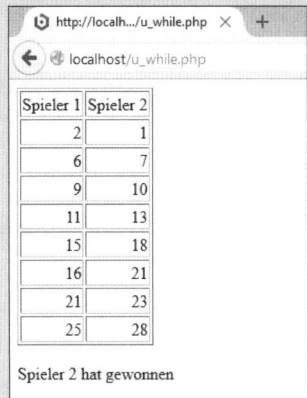

Abbildung 1.49 Übung »u_while«, Spiel

Der Gewinner ist der Spieler mit der höheren Punktzahl. Seine Nummer soll anschließend ausgegeben werden. Die Ausgabe könnte wie in Abbildung 1.49 aussehen.

1.7.6 do-while-Schleife

do while Die do-while-Schleife arbeitet wie die while-Schleife, es gibt aber einen wichtigen Unterschied: Die Prüfung für die Wiederholung wird erst am Ende der Schleife durchgeführt. Die Schleife wird also mindestens einmal ausgeführt. Das Würfelprogramm sieht damit wie folgt aus:

```
<!DOCTYPE html><html><head><meta charset="utf-8"></head><body>
<?php
   srand((double)microtime()*1000000);
   $summe = 0;

   do
   {
      $zufallszahl = rand(1,6);
```

```
      $summe = $summe + $zufallszahl;
      echo "Zahl $zufallszahl, Summe $summe<br>";
   }
   while ($summe < 25);
?>
</body></html>
```

Listing 1.35 Datei dowhile.php

Die Schleife wird selbst für den Fall ausgeführt, dass die Variable $summe bereits vor der Schleife den Wert 25 oder mehr hat.

1.7.7   Schleifenabbruch mit break

Mithilfe der Anweisung break, die Ihnen bereits aus der switch/case-Verzweigung bekannt ist, kann eine Schleife vorzeitig beendet werden. Damit wird eine zusätzliche Möglichkeit für eine Schleifensteuerung geschaffen, mit deren Hilfe Sie ein Programm lesbarer machen können.

break

> **Hinweis**
>
> Eine break-Anweisung, die nicht in einem switch-Block steht, aber innerhalb einer Schleife, wird immer gemeinsam mit einer Bedingung auftreten, da der vorzeitige Abbruch einer Schleife nur in einem »Sonderfall« erfolgen sollte.

[«]

Im folgenden Beispiel wird wiederum gewürfelt, solange die Summe kleiner als 25 ist. Allerdings soll höchstens sechsmal gewürfelt und anschließend abgebrochen werden.

```
<!DOCTYPE html><html><head><meta charset="utf-8"></head><body>
<?php
   srand((double)microtime()*1000000);
   $summe = 0;
   $zaehler = 0;

   while ($summe < 25)
   {
      $zufallszahl = rand(1,6);
      $summe = $summe + $zufallszahl;
      $zaehler = $zaehler + 1;
```

```
        echo "Nr. $zaehler, Zahl $zufallszahl,";
        echo " Summe $summe<br>";
        if ($zaehler >= 6) break;        // Sonderfall
    }
?>
</body></html>
```

Listing 1.36 Datei break.php

Es wird ein zusätzlicher Zähler (Variable $zaehler) verwendet. Diese Variable wird zunächst auf 0 gesetzt. Innerhalb der Schleife wird ihr Wert stets um 1 erhöht. Sie zählt also die Anzahl der Schleifendurchläufe. Wird dabei die Zahl 6 erreicht bzw. überschritten, bricht die Schleife unmittelbar ab. Dies geschieht auch, falls die Summe noch kleiner als 25 ist. Die Seite sieht aus wie in Abbildung 1.50, natürlich abhängig von den zufällig ermittelten Werten.

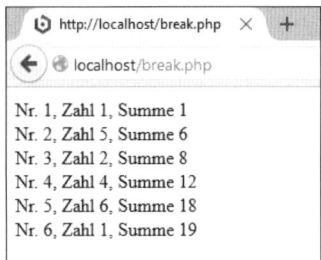

Abbildung 1.50 Beispiel zu break

[»]

> **Hinweis**
>
> Der Vergleich if ($zaehler == 6) hätte auch zu einem Abbruch geführt, allerdings nur bei einer Erhöhung um 1. Würde man z. B. den Zähler stets um 2 erhöhen, könnte der Wert 6 nicht exakt erreicht werden. Die Schleife würde über die vorgesehene Abbruchstelle hinausgehen. Daher arbeitet man in diesen Fällen gewöhnlich mit Bereichsangaben (>= oder <=).

1.7.8 Schleifenfortsetzung mit continue

continue Die Anweisung continue sorgt für den Abbruch des aktuellen Schleifendurchlaufs. Die Schleife wird anschließend unmittelbar mit dem nächsten Durchlauf fortgesetzt. Ein mögliches Programm sieht wie folgt aus:

```
<!DOCTYPE html><html><head><meta charset="utf-8"></head><body>
<?php
   for ($i=1; $i<=15; $i++)
   {
      if($i>=5 && $i<=12)
         continue;
      echo "Zeile $i<br>";
   }
?>
</body></html>
```

Listing 1.37 Datei continue.php

Für die Werte 5 bis 12 wird keine Ausgabe vorgenommen, dies zeigt Abbildung 1.51.

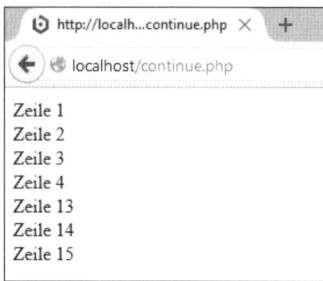

Abbildung 1.51 Beispiel zu continue

1.8   Funktionen

Es gibt in PHP zahlreiche vordefinierte Funktionen, die vom Entwickler eingesetzt werden können. Sie werden u. a. in Kapitel 6, Kapitel 9 und Kapitel 10 beschrieben. Darüber hinaus hat der Entwickler die Möglichkeit, eigene Funktionen zu schreiben, sogenannte *benutzerdefinierte Funktionen*. Diese haben die folgenden Vorteile:

▶ Gleiche oder ähnliche Vorgänge müssen nur einmal beschrieben und können beliebig oft ausgeführt werden.

▶ Programme können modularisiert werden. Dies bedeutet, dass sie in kleinere Bestandteile zerlegt werden können, die übersichtlicher sind und einfacher gewartet werden können.

Modularisierung

1.8.1   Ein erstes Beispiel

Ein Beispiel für eine einfache benutzerdefinierte Funktion:

```
<!DOCTYPE html><html><head><meta charset="utf-8">
<?php
    function trennstrich()
    {
        echo "<br>";
        for ($i=1; $i<=40; $i=$i+1)
            echo "-";
        echo "<br>";
    }
?>
</head><body>
<?php
    trennstrich();
    echo "Dies ist ein Programm,";
    trennstrich();
    echo "in dem mehrmals";
    trennstrich();
    echo "eine Funktion verwendet wird,";
    trennstrich();
    echo "die zu Beginn definiert wurde";
    trennstrich();
?>
</body></html>
```

Listing 1.38 Datei funktion_einfach.php

function   Eigene Funktionen werden mithilfe von function ... () { ... } definiert. Der Name der Funktion folgt nach dem Schlüsselwort function, und in runden Klammern folgen die Parameter, sofern welche vorhanden sind. Anschließend folgt in geschweiften Klammern der eigentliche Funktionsrumpf. Häufig wird die Funktion im Kopf eines HTML-Dokuments definiert, wie hier bei der Funktion trennstrich().

Die Aufgabe der Funktion trennstrich() ist die Darstellung eines Zeilenumbruchs, von 40 Bindestrichen und eines weiteren Zeilenumbruchs. Jedes Mal, wenn sie vom eigentlichen Programm im Rumpf des Dokuments (mit trennstrich()) aufgerufen wird, führt sie die genannte Aufgabe aus. Die Ausgabe sehen Sie in Abbildung 1.52.

Abbildung 1.52 Funktion »trennstrich()«

Übung »u_funktion_einfach«   [🖉]

Erstellen Sie eine Funktion vermerk(), die einen Entwicklervermerk erzeugt: Jedes Mal, wenn die Funktion aufgerufen wird, erscheint Ihr Name in einer Tabellenzelle mit Rahmen, wie hier dargestellt.

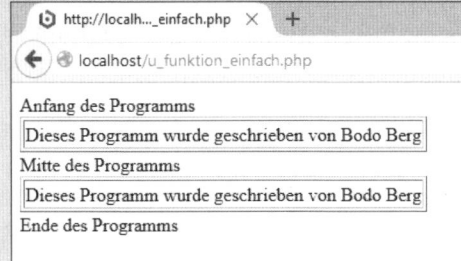

Abbildung 1.53 Ergebnis der Übung »u_funktion_einfach«

Testen Sie Ihre Funktion mit einem geeigneten Programm, in dem die Funktion mehrmals aufgerufen wird (Datei *u_funktion_einfach.php*). Die Ausgabe könnte aussehen wie in Abbildung 1.53.

1.8.2   Definition, Aufruf und Funktionstypen

Der Aufruf einer eigenen oder einer vordefinierten Funktion erfolgt   **Aufruf**

▶ entweder aus dem Rumpf des Dokuments heraus (im zuvor angegebenen Beispiel mit trennstrich()) oder

▶ aus anderen Funktionen heraus.

Definition Dabei ist der Ort der Funktionsdefinition wichtig. Sie können nur Funktionen aufrufen, die dem Programm bekannt sind. Sie müssen also

▶ entweder zu den vordefinierten Funktionen gehören oder

▶ im Dokument definiert werden (wie im oben angegebenen Beispiel) oder

▶ aus eigenen externen Dateien stammen (siehe Abschnitt 1.11.6).

Eine Funktion

▶ ohne Parameter führt bei jedem Aufruf immer genau die gleiche Aufgabe aus (wie im oben angegebenen Beispiel),

▶ mit einem oder mehreren Parametern führt sie bei jedem Aufruf in Abhängigkeit von den Parametern ähnliche Aufgaben aus, und

▶ mit einem Rückgabewert führt sie gleiche oder ähnliche Aufgaben aus und liefert ein Ergebnis an die aufrufende Stelle zurück.

Namensregeln Für den Namen einer Funktion gelten die gleichen Regeln wie für den Namen einer Variablen (siehe Abschnitt 1.3.1). Der einzige Unterschied besteht darin, dass Namen von Funktionen nicht mit dem Dollarzeichen $ beginnen. Zusätzlich dürfen Ihre Funktionen nicht den Namen einer vordefinierten Funktion haben.

1.8.3 Funktionen mit einem Parameter

Parameter Eine Funktion mit einem Parameter führt bei jedem Aufruf in Abhängigkeit vom Parameterwert ähnliche Aufgaben aus. Das vorherige Beispiel wird ein wenig erweitert: Die Funktion erzeugt unterschiedlich lange Trennstriche, wie Sie nachfolgend erkennen können:

```
<!DOCTYPE html><html><head><meta charset="utf-8">
<?php
   function trennstrich($anzahl)
   {
      echo "<br>";
      for ($i=1; $i<=$anzahl; $i=$i+1)
         echo "-";
      echo "<br>";
   }
?>
```

```
</head>
<body>
<?php
   trennstrich(30);
   echo "In diesem Programm";
   trennstrich(40);
   echo "sind die Trennstriche";
   $x = 20;
   trennstrich($x);
   echo "unterschiedlich lang";
   trennstrich($x * 3);
?>
</body></html>
```

Listing 1.39 Datei funktion_parameter.php

Die Funktion `trennstrich()` wird insgesamt viermal aufgerufen, jedes Mal mit einem anderen Wert innerhalb der Klammern hinter dem Funktionsnamen. Dies ist der Parameter. Es kann sich dabei um eine Zahl, eine Variable oder das Ergebnis einer Berechnung handeln.

Der Parameter wird an die Funktion übergeben. Dort wird dieser Wert in der Variablen `$anzahl` gespeichert. Der Wert von `$anzahl` steuert die Ausführung der `for`-Schleife mit dem Ergebnis, dass die Trennstriche unterschiedlich lang sind. Es wird also bei jedem Aufruf beinahe die gleiche Aktion durchgeführt, jeweils in Abhängigkeit vom Wert des Parameters. Abbildung 1.54 zeigt die Ausgabe.

Bei dem Parameter, der an die Variable `$anzahl` übergeben wird, sollte es sich um eine ganze Zahl handeln. Zahlen mit Nachkommastellen, Zeichenketten oder andere Typen von Variablen sind hier nicht sinnvoll. Seit PHP 7.0 gibt es die Möglichkeit, die Datentypen von Parametern beim Aufruf einer Funktion mithilfe von Typhinweisen strenger zu kontrollieren (siehe Abschnitt 1.11.1). Dies trägt zur Verbesserung Ihrer Programme bei.

Kontrolle der Datentypen

Falls Sie einer Funktion beim Aufruf zu wenige Parameter übergeben, erfolgt seit PHP 7.1 die Fehlermeldung *Uncaught ArgumentCountError*. Sollten Sie zuviele Parameter übergeben, werden die überzähligen Parameter ignoriert.

Fehlermeldung

Abbildung 1.54 Ergebnis der Funktion »trennstrich()« mit Parameter

[✐] **Übung »u_funktion_parameter1«**

Erweitern Sie die Funktion vermerk() aus der Übung *u_funktion*. Sie soll von verschiedenen Entwicklern genutzt werden können. Der Name des Entwicklers wird als Parameter an die Funktion übergeben. Jedes Mal, wenn die Funktion aufgerufen wird, erscheint der betreffende Name in einer Tabellenzelle mit Rahmen und fester Größe, wie es in Abbildung 1.55 dargestellt ist (Datei *u_funktion_parameter1.php*).

Testen Sie Ihre Funktion mit einem geeigneten Programm, in dem die Funktion mehrmals mit verschiedenen Namen aufgerufen wird.

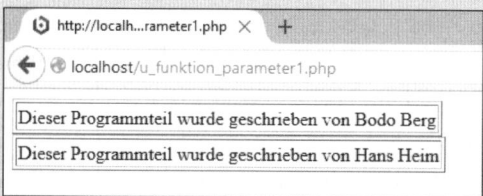

Abbildung 1.55 Ergebnis der Übung »u_funktion_parameter1«

[✐] **Übung »u_funktion_parameter2«**

Erstellen Sie eine Funktion quadrat(), die das Quadrat einer Zahl berechnet und ausgibt. Die betreffende Zahl wird als Parameter an die Funktion übergeben. Testen Sie Ihre Funktion mit einem geeigneten Programm, in dem die Funktion mehrmals mit verschiedenen Zahlen aufgerufen wird (Datei *u_funktion_parameter2.php*). In Abbildung 1.56 sehen Sie ein Beispiel.

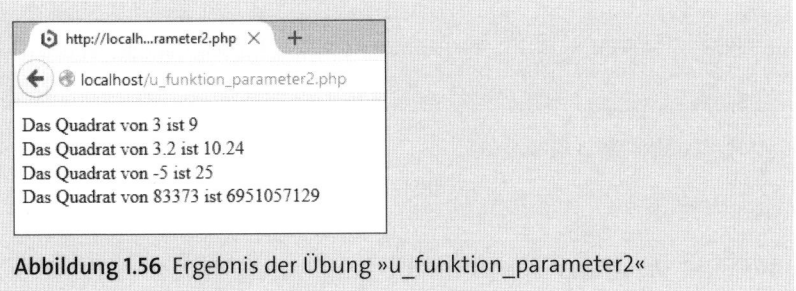

Abbildung 1.56 Ergebnis der Übung »u_funktion_parameter2«

1.8.4   Funktionen mit mehreren Parametern

Falls einer Funktion mehrere Parameter übergeben werden, sind die Anzahl, der Datentyp (Zahl oder Zeichenkette) und die Reihenfolge der Parameter wichtig. Der erste Wert wird an den ersten Parameter, der zweite
Wert an den zweiten Parameter übergeben usw. Es folgt ein Beispiel für
eine eigene Funktion mit mehreren Parametern:

Mehrere Parameter

```php
<!DOCTYPE html><html><head><meta charset="utf-8">
<?php
   function flexloop($von, $bis, $schritt)
   {
      echo "Eine Schleife von $von bis $bis mit"
         ." der Schrittweite $schritt<br>";
      for ($i = $von; $i <= $bis; $i = $i + $schritt)
         echo "$i ";
   }
?>
</head>
<body>
<?php
   echo "<p>Nummer 1:<br>";
   flexloop(5,27,3);

   echo "<p>Nummer 2:<br>";
   flexloop(-10,10,4);

   echo "<p>Nummer 3:<br>";
   $x = 100;
   $y = 200;
```

```
        $z = 10;
        flexloop($x,$y,$z);

        echo "<p>Nummer 4:<br>";
        flexloop($x,$y,($y-$x)/8);
    ?>
</body></html>
```

Listing 1.40 Datei funktion_mehrere.php

Beim Aufruf der Funktion flexloop() müssen jeweils drei Parameter übergeben werden, und zwar durch Kommata voneinander getrennt. Diese
werden in der vorliegenden Reihenfolge den Variablen $von, $bis und
$schritt zugeordnet.

Die Variablen werden zur Steuerung der for-Schleife in der Funktion verwendet. Es wird also bei jedem Aufruf eine ähnliche Aktion durchgeführt,
beeinflusst von den Werten der Parameter. Die Ausgabe sieht aus wie in
Abbildung 1.57.

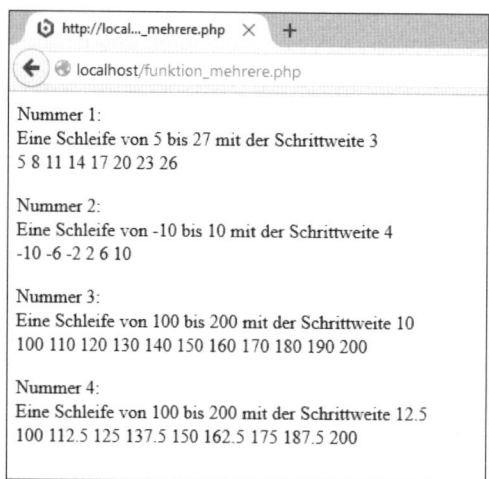

Abbildung 1.57 Funktion mit mehreren Parametern

[✐] **Übung »u_funktion_mehrere1«**

Schreiben Sie ein Programm (Datei u_funktion_mehrere1.php), in dem eine
Funktion mittel() definiert und benutzt wird, die den arithmetischen
Mittelwert von drei Zahlen berechnet und ausgibt. Die drei Zahlen werden

der Funktion jeweils als Parameter übergeben. Testen Sie die Funktion mit mehreren verschiedenen Aufrufen innerhalb des Programms. Die Ausgabe könnte aussehen wie Abbildung 1.58.

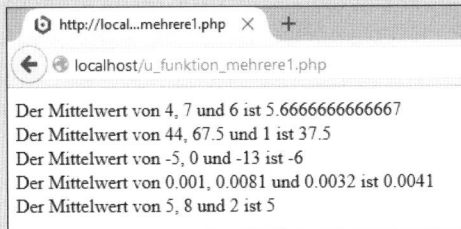

Abbildung 1.58 Ergebnis der Übung »u_funktion_mehrere1«

Hinweis   [«]

Den arithmetischen Mittelwert von drei Zahlen berechnen Sie, indem Sie die Summe der drei Zahlen durch 3 teilen.

Übung »u_funktion_mehrere2«   [⁄]

Erweitern Sie die Funktion vermerk() aus der Übung *u_funktion_parameter1*. Sie soll von verschiedenen Entwicklern genutzt werden können. Vorname, Nachname und Abteilung werden als Parameter an die Funktion übergeben. Jedes Mal, wenn die Funktion aufgerufen wird, erscheint eine Ausgabezeile mit diesen Informationen und der E-Mail-Adresse.

Die E-Mail-Adresse setzt sich gemäß der folgenden Regel zusammen: *vorname.nachname@abteilung.phpdevel.de*. Testen Sie Ihre Funktion mit einem geeigneten Programm, in dem die Funktion mehrmals mit verschiedenen Informationen aufgerufen wird (Datei *u_funktion_mehrere2.php*). Eine mögliche Ausgabe sehen Sie in Abbildung 1.59.

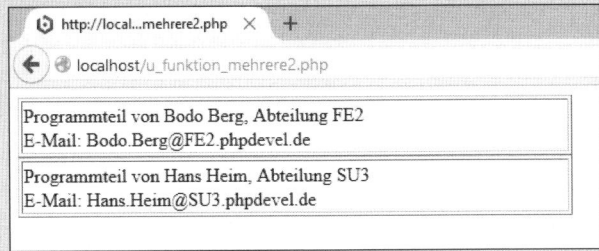

Abbildung 1.59 Ergebnis der Übung »u_funktion_mehrere2«

1.8.5   Rückgabewert einer Funktion

Rückgabewert   Viele eigene und vordefinierte Funktionen arbeiten auf die folgende Weise: Innerhalb der Funktion wird ein Ergebnis ermittelt und mithilfe eines sogenannten Rückgabewerts an die aufrufende Stelle zurückgeliefert. Dieser Wert muss entweder in einer Variablen gespeichert oder direkt ausgegeben werden, andernfalls geht er verloren. Es folgt ein Beispiel für eine Funktion mit einem Rückgabewert:

```php
<!DOCTYPE html><html><head><meta charset="utf-8">
<?php
    function add($z1, $z2)
    {
        $summe = $z1 + $z2;
        return $summe;
    }
?>
</head>
<body>
<?php
    $c = add(3,4);     /* Aufruf und Zuweisung */
    echo "Summe: $c<br>";

    $x = 5;
    $c = add($x,12);   /* Aufruf und Zuweisung */
    echo "Summe: $c<br>";

    /* Aufruf innerhalb der Ausgabe */
    echo "Summe: " . add(13,2) . "<br>";

    /* Aufruf in Zeichenkette, falsch! */
    echo "Summe: add(13,2)";
?>
</body></html>
```

Listing 1.41 Datei funktion_rueckgabewert.php

Die Funktion add() besitzt die beiden Parameter $z1 und $z2. Innerhalb der Funktion werden diese Parameter addiert und in der Variablen $summe gespeichert.

Mithilfe der Anweisung return wird der Wert an die aufrufende Stelle zurückgeliefert und kann dort weiterverarbeitet werden. In den ersten beiden Fällen wird der Wert in der Variablen $c gespeichert, und im dritten Fall wird er ohne Zwischenspeicherung direkt ausgegeben. Die Ausgabe sehen Sie in Abbildung 1.60.

Abbildung 1.60 Funktion mit Rückgabewert

Der Aufruf einer Funktion darf nicht innerhalb einer Zeichenkette stehen. Die letzte Zeile der Ausgabe zeigt, dass in diesem Fall nur der Name der Funktion und ihre Parameter genannt werden, die Funktion selber aber nicht aufgerufen wird.

Mithilfe der Anweisung return kann eine Funktion auch vorzeitig verlassen werden und nicht erst am Ende. Dies gilt unabhängig davon, ob sie einen Wert zurückliefert oder nicht.

Bei dem Rückgabewert, den die Funktion add() liefert, sollte es sich um eine Zahl handeln. Eine Zeichenkette oder ein anderer Typ von Variablen ist hier nicht sinnvoll. Seit PHP 7.0 gibt es die Möglichkeit, die Datentypen von Rückgabewerten mithilfe von Typhinweisen strenger zu kontrollieren (siehe Abschnitt 1.11.1). Dies trägt zur Verbesserung Ihrer Programme bei.

> **Übung »u_funktion_rueckgabewert«**   [✐]
>
> Schreiben Sie ein Programm (Datei *u_funktion_rueckgabewert.php*), in dem eine Funktion bigger() definiert und aufgerufen wird. Diese Funktion ermittelt die größere von zwei übergebenen Zahlen und liefert diese Zahl zurück. Testen Sie die Funktion mit mehreren verschiedenen Aufrufen innerhalb des Programms und geben Sie das Ergebnis zur Kontrolle aus.
>
> Ein Aufruf der Funktion könnte lauten:
>
> $c = bigger(3,4);
>
> Die Ausgabe des Programms wäre in diesem Fall:
>
> Maximum: 4

return

Kontrolle
des Datentyps

1.8.6   Kopie und Referenz

Bei der Übergabe von Parametern an eine Funktion müssen Sie sich noch die folgende Frage stellen: Was passiert, wenn ich in der Funktion einen der soeben übergebenen Parameter verändere?

PHP bietet hier zwei Möglichkeiten an:

Call-by-Value
▸ Übergabe der Parameter an eine Kopie (*Call-by-Value*): Eine Veränderung der Kopie hat keine Rückwirkung auf das Original. Diese Methode wird z. B. angewendet, wenn die Daten nur in eine Richtung fließen, also nur Werte an die Funktion übergeben werden. So wird es bei den bisherigen Programmen für Funktionen in diesem Buch gemacht.

Call-by-Reference
▸ Übergabe der Parameter an eine Referenz (*Call-by-Reference*): Eine Veränderung hat Rückwirkung auf das Original. Diese Methode wird angewendet, wenn die Funktion mehr als einen Wert ermitteln und liefern soll. Über einen Rückgabewert (siehe Abschnitt 1.8.5) könnte nur ein einziger Wert zurückgeliefert werden.

Beide Methoden sollen zum Vergleich am selben Beispiel dargestellt werden. Den beiden Funktionen rtauschen() und vtauschen() werden jeweils zwei Parameter übergeben. Innerhalb der Funktionen sollen die beiden übergebenen Parameter miteinander vertauscht werden.

In Abhängigkeit von den verschiedenen angewendeten Methoden wird dieser Tauschvorgang Rückwirkungen auf die Originalvariablen im Hauptprogramm haben. Die Werte werden jeweils vor und nach dem Tauschvorgang angezeigt:

```
<!DOCTYPE html><html><head><meta charset="utf-8">
<?php
    function vtauschen($a, $b)
    {
        $temp = $a;
        $a = $b;
        $b = $temp;
    }

    function rtauschen(&$a, &$b)
    {
        $temp = $a;
```

```
        $a = $b;
        $b = $temp;
    }
?>
</head>
<body>
<?php
    $x = 12;    $y = 18;
    echo "<p>Per Kopie, vorher: $x, $y<br>";
    vtauschen($x,$y);
    echo "Per Kopie, nachher: $x, $y</p>";

    $x = 12;    $y = 18;
    echo "<p>Per Referenz, vorher: $x, $y<br>";
    rtauschen($x,$y);
    echo "Per Referenz, nachher: $x, $y</p>";
?>
</body></html>
```

Listing 1.42 Datei funktion_referenz.php

Die Anwendung der beiden Methoden ergibt Folgendes:

Per Kopie: Der Wert der Variablen $x wird beim Aufruf der Funktion vtau-
schen() an die Variable $a übergeben. Der Wert der Variablen $y wird an die
Variable $b übergeben. $a und $b sind Kopien von $x und $y. Innerhalb der
Funktion vtauschen() werden die Werte von $a und $b getauscht. Da eben
nur die Werte der Kopien getauscht werden, hat dies keine Auswirkungen
auf die Werte der Originale $x und $y.

Wert

Per Referenz: Den Unterschied sehen Sie im Funktionskopf function rtau-
schen(&$a, &$b). Die Variable $x wird beim Aufruf der Funktion rtauschen()
an die Referenz $a übergeben (siehe auch Abschnitt 1.3.6). Die Variable $y
wird an die Referenz $b übergeben. Über die beiden Referenzen kann jeder-
zeit direkt auf die beiden Originale $x und $y zugegriffen werden. Innerhalb
der Funktion werden die Werte der Referenzen vertauscht. Dadurch werden auch die Werte der Originale $x und $y vertauscht.

Referenz

Die Ausgabe, jeweils mit den Werten vor und nach der Vertauschung, sieht
aus wie in Abbildung 1.61.

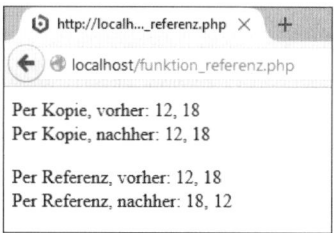

Abbildung 1.61 Kopie und Referenz

[▞]   **Übung »u_funktion_referenz«**

Schreiben Sie ein PHP-Programm (Datei *u_funktion_referenz.php*) mit einer Funktion rechne(). Dieser Funktion werden zwei Zahlen übergeben. Sie soll zwei Ergebnisse über die Parameterliste zurückliefern: zum einen die Summe der beiden übergebenen Zahlen und zum anderen das Produkt der beiden übergebenen Zahlen.

Alle beteiligten Zahlen sollen im Hauptteil des Programms, also außerhalb der Funktion, ausgegeben werden. Verwenden Sie zur Übergabe die zweite Methode (Call-by-Reference). Nach einem Funktionsaufruf mit den Parametern 5 und 7 und der anschließenden Ausgabe erscheint eine Ausgabe wie in Abbildung 1.62.

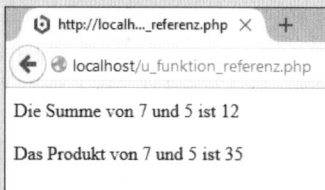

Abbildung 1.62 Ergebnis der Übung »u_funktion_referenz«

1.8.7   Gültigkeitsbereich von Variablen

Variablen werden auch nach ihrem Gültigkeitsbereich unterschieden. Dies ist der Bereich, in dem die betreffende Variable mit ihrem Wert bekannt ist. Man unterscheidet:

Lokal   ▸ *Lokale Variablen*: Diese werden innerhalb einer Funktion definiert und stehen nur innerhalb dieser Funktion zur Verfügung.

▶ *Globale Variablen*: Diese werden außerhalb einer Funktion definiert und stehen nur außerhalb derselben zur Verfügung. Dies ist ein Unterschied zu vielen anderen Programmiersprachen.   **Global**

▶ *Superglobale Variablen*: Bei diesen Variablen handelt es sich um PHP-Systemvariablen. Sie stehen sowohl innerhalb als auch außerhalb von Funktionen zur Verfügung. Zu ihnen zählt das assoziative Feld `$_POST`, das die Namen und Werte von Formularfeldern zur Verfügung stellt.   **Superglobal**

Hier einige Regeln im Zusammenhang mit dem Gültigkeitsbereich von Variablen: **Regeln**

▶ Ein Parameter, der als Kopie an eine Funktion übergeben wird, ist dort lokal.

▶ Lokale Variablen gleichen Namens in unterschiedlichen Funktionen haben nichts miteinander und auch nichts mit einer globalen Variablen gleichen Namens zu tun.

▶ Falls Sie eine globale Variable innerhalb einer Funktion benutzen möchten, muss sie dort entweder mit dem Schlüsselwort `global` bekannt gemacht oder als Parameter übergeben werden.   **global**

Hinweis   **[«]**

Die Variablen eines Programms sollten immer »so lokal wie möglich« und »so wenig global wie möglich« sein. Das bietet folgende Vorteile:

▶ Die Modularisierung des Programms wird verbessert, das heißt die Zerlegung eines Programms in übersichtliche Programmteile mit klar definierten Schnittstellen zwischen den Teilen.

▶ Die Wiederverwendbarkeit der Funktionen für andere Programme wird erleichtert.

▶ Die Variablen können nicht so leicht aus Versehen an weit voneinander entfernten Stellen verändert werden.

Ein Beispiel mit lokalen und globalen Variablen sowie dem Schlüsselwort `global`:

```
<!DOCTYPE html><html><head><meta charset="utf-8">
<?php
   function summiere()
   {
      echo "Variable z: $z<br>";
```

```
        global $x;
        $y = 35;
        $z = $x + $y;
        echo "Variable z: $z<br>";
    }
?>
</head>
<body>
<?php
    $x = 6;
    $y = 52;
    $z = $x + $y;
    summiere();
    echo "Variable z: $z";
?>
</body></html>
```

Listing 1.43 Datei funktion_global.php

In diesem Programm existieren fünf unterschiedliche Variablen:

▶ Die beiden lokalen Variablen $y und $z innerhalb der Funktion summiere() sind nur dort bekannt.

▶ Zum Zeitpunkt des ersten Ausgabebefehls in der Funktion existiert $z noch nicht. Daher kann für $z kein Wert ausgegeben werden.

▶ Anschließend erhalten $y und $z innerhalb der Funktionen einen Wert. $z kann nun ausgegeben werden.

▶ Nach dem Verlassen der Funktion summiere() sind beide Werte nicht mehr verfügbar.

▶ Im Hauptprogramm gibt es insgesamt drei globale Variablen: $x, $y und $z. Das Schlüsselwort global sorgt dafür, dass $x auch in der Funktion summiere() mit seinem Wert bekannt ist.

▶ $y und $z sind nur außerhalb von Funktionen bekannt. Sie haben hier auch andere Werte als beispielsweise innerhalb der Funktion summiere().

Die Ausgabe des Programms sehen Sie in Abbildung 1.63. Je nach Voreinstellung des Webservers für die Anzeige von Fehlern, Warnungen und Hinweisen bezüglich der PHP-Programmierung erscheint eine Meldung. Zum Thema »Voreinstellungen« siehe auch Kapitel 5.

Abbildung 1.63 Lokale und globale Variablen

1.9   Behandlung von Fehlern

Bei der Behandlung von Fehlern kommt das Konzept des *Exception Handlings* (deutsch: Ausnahmebehandlung) zum Einsatz. Es bietet die Möglichkeit, bestimmte Fehler abzufangen. Damit wird es einem Programm ermöglicht, weiterzulaufen, obwohl ein Fehler aufgetreten ist. Sie werden lediglich über den Fehler informiert, sodass Sie die Fehlerursache abstellen können.

Beim Exception Handling wird der Codebereich, in dem ein Fehler auftreten kann, in einen sogenannten try-Block eingeschlossen. Es wird »versucht«, den Code auszuführen. Falls ein definierter Fehler auftritt, wird ein Objekt der Klasse Exception durch die Anweisung throw erzeugt (zum Thema »Klassen und Objekte« finden Sie in Kapitel 4 eine ausführliche Beschreibung).

Anschließend wird statt des restlichen Codes im try-Block der Code im dazugehörigen catch-Block ausgeführt; der Fehler wird somit »abgefangen«. Dies erläutere ich am Beispiel eines Programms, zu dem es zwei Versionen gibt: einmal ohne und einmal mit Ausnahmebehandlung.

Exception Handling

try, throw

catch

1.9.1   Ohne Ausnahmebehandlung

Zunächst das Programm ohne Ausnahmebehandlung:

```
<!DOCTYPE html><html><head><meta charset="utf-8"></head><body>
<?php
    /* Variable unbekannt */
    echo "Variable: $x<br>";

    /* Division durch 0 */
    $x = 42;
```

```
$y = 0;
$z = $x / $y;
echo "Division: $x / $y = $z<br>";

/* Zugriff auf Funktion */
testFunktion();

echo "Ende des Programms";
?>
</body></html>
```

Listing 1.44 Datei exception_ohne.php

Erläuterung:

Variable unbekannt
► Es wird eine Variable verwendet, die bis zu diesem Zeitpunkt noch unbekannt ist. Sie wird nicht ausgegeben, aber es erfolgt noch kein vorzeitiges Ende des Programms.

Division durch 0
► Es wird eine Division durch 0 durchgeführt. Das ist mathematisch nicht erlaubt und führt in PHP zur Ausgabe von INF. Das steht abkürzend für *infinity* (deutsch: unendlich).

Funktion unbekannt
► Als Letztes wird eine unbekannte Funktion aufgerufen. Dies führt zu einem Abbruch des Programms. Daher ist die letzte Ausgabe mit dem Text »Ende des Programms« nicht mehr zu sehen, siehe auch Abbildung 1.64.

Abbildung 1.64 Ausgabe ohne Ausnahmebehandlung

1.9.2   Mit Ausnahmebehandlung

Es folgt das gleiche Programm, diesmal aber mit Ausnahmebehandlung:

```
<!DOCTYPE html><html><head><meta charset="utf-8"></head><body>
<?php
    /* Variable unbekannt */
    try
    {
```

```php
   if(!isset($x))
      throw new Exception("Variable unbekannt");
   echo "Variable: $x<br>";
}
catch(Exception $e)
{
   echo $e->getMessage() . "<br>";
}
finally
{
   echo "Ende, Variable unbekannt<br>";
}

/* Division durch 0 */
$x = 42;
$y = 0;
try
{
   if($y == 0)
      throw new Exception("Division durch 0");
   $z = $x / $y;
   echo "Division: $x / $y = $z<br>";
}
catch(Exception $e)
{
   echo $e->getMessage() . "<br>";
}

/* Zugriff auf Funktion */
try
{
   if(!function_exists("testFunktion"))
      throw new Exception("Funktion unbekannt");
   testFunktion();
}
catch(Exception $e)
{
   echo $e->getMessage() . "<br>";
}
```

```
     echo "Ende des Programms";
?>
</body></html>
```

Listing 1.45 Datei exception_mit.php

Erläuterung:

try ▸ Vor der Nutzung der unbekannten Variablen wird mithilfe der Funktion isset() geprüft, ob die Variable existiert. Das Ganze findet in einem try-Block statt. Es ist also ein »Versuch«, die Variable zu nutzen.

throw ▸ Falls festgestellt wird, dass die Variable nicht existiert, wird mithilfe von throw eine Exception (Ausnahme) mit einem zugehörigen Text erzeugt und »geworfen«.

catch ▸ Diese Exception wird in dem catch-Block »gefangen«, der dem try-Block zugeordnet ist. Bei der Erzeugung der Exception wird ihr eine Meldung mitgegeben. Diese Fehlermeldung wird mithilfe der Methode getMessage() ausgegeben (siehe Abbildung 1.65).

▸ Der Rest des try-Blocks wird in diesem Fall nicht mehr bearbeitet.

Abbildung 1.65 Ausgabe mit Ausnahmebehandlung

Das Gleiche findet in diesem Programm noch zweimal statt:

▸ Zunächst wird geprüft, ob durch 0 geteilt werden soll. Ist dies der Fall, wird eine entsprechende Meldung ausgegeben (siehe erneut Abbildung 1.65) und mit dem nächsten Schleifendurchlauf fortgefahren.

function_exists() ▸ Anschließend wird mithilfe der Funktion function_exists() geprüft, ob die Funktion existiert. Ist das nicht der Fall, wird eine entsprechende Meldung ausgegeben (siehe wiederum Abbildung 1.65).

finally ▸ Seit PHP 5.5 ist es möglich, einen finally-Block anzufügen. Dies ist im ersten Fall geschehen. Die Anweisungen in einem finally-Block werden in jedem Fall durchgeführt, unabhängig davon, ob eine Ausnahme aufgetreten ist oder nicht.

▶ Das Programm läuft bis zum »Ende des Programms«.

1.10   Felder

Zur Speicherung einer größeren Menge von zusammengehörigen Daten können Sie ein Feld von Variablen mit einem einheitlichen Namen nutzen. Felder bieten eine schnelle und komfortable Verarbeitung. Im Sprachgebrauch von Entwicklern wird ein Feld (englisch: *array*) auch häufig Array genannt. PHP unterstützt zwei Typen von Feldern:

▶ *Numerisch indizierte Felder*: Die einzelnen Variablen in einem numerisch indizierten Feld werden über eine laufende Nummer innerhalb des Felds angesprochen.

Numerisch indizierte Felder

▶ *Assoziative Felder* (auch *Hash-Tabellen* genannt): Die einzelnen Variablen in einem assoziativen Feld werden über eine eindeutige Bezeichnung innerhalb des Felds angesprochen.

Assoziative Felder

Die genannten Feldtypen werden in diesem Abschnitt angesprochen. Mehr zu Feldern finden Sie in Kapitel 8.

Ein eindimensionales Feld können Sie sich als Liste von zusammengehörigen Zahlen vorstellen. Das kann z. B. eine Reihe von Temperaturwerten sein. Es kann sich aber auch um eine Reihe von zusammengehörigen Zeichenketten handeln, z. B. die Namen der Mitglieder einer Gruppe.

Feldmodell

1.10.1   Numerisch indizierte Felder

Nehmen wir an, es wird eine Woche lang jeden Tag an einem bestimmten Ort eine Temperatur gemessen. Es stehen somit sieben Temperaturwerte zur weiteren Betrachtung und Untersuchung zur Verfügung. Diese Werte werden zunächst in einem numerisch indizierten Feld gespeichert und ausgegeben.

```
<!DOCTYPE html><html><head><meta charset="utf-8"></head><body>
<?php
    $tp = array(17.5, 19.2, 21.8, 21.6, 17.5);
    $tp[5] = 20.2;
    $tp[6] = 16.6;
```

```
    for($i=0; $i<=6; $i = $i+1)
        echo "Temperatur $i: $tp[$i]<br>";
?>
</body></html>
```

Listing 1.46 Datei numerisch.php

In diesem Programm werden zwei häufig eingesetzte Techniken zur Erzeugung bzw. Vergrößerung von Feldern gezeigt:

array() ▸ Mithilfe der Funktion array() wird die Variable $tp zu einem Feld mit fünf Elementen. Diese Elemente werden automatisch durchnummeriert, beginnend bei 0.

▸ Felder können auch einfach durch die Zuweisung einzelner Elemente erzeugt oder vergrößert werden. Das ist hier mit den beiden Zuweisungen $tp[5] = 20.2; und $tp[6] = 16.6; geschehen. Dabei ist die bisherige Nummerierung zu beachten, andernfalls könnten vorhandene Elemente überschrieben werden.

Feldindex ▸ Ein einzelnes Feldelement sprechen Sie an, indem Sie nach dem Namen des Felds in eckigen Klammern die laufende Nummer des Elements angeben. Diese laufende Nummer wird auch Index genannt.

Insgesamt hat das Feld nun sieben Elemente. Die Struktur erkennen Sie in Tabelle 1.6.

Name des Elements	Nummer (= Index) des Elements	Wert des Elements
$tp[0]	0	17.5
$tp[1]	1	19.2
$tp[2]	2	21.8
$tp[3]	3	21.6
$tp[4]	4	17.5
$tp[5]	5	20.2
$tp[6]	6	16.6

Tabelle 1.6 Numerisch indiziertes Feld

Diese Elemente werden anschließend mithilfe einer for-Schleife untereinander ausgegeben. Dabei nimmt die Schleifenvariable $i nacheinander die verwendeten Indexwerte an (0 bis 6). Abbildung 1.66 zeigt die Ausgabe.

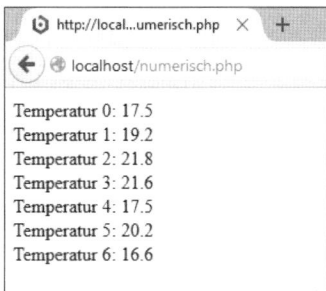

Abbildung 1.66 Numerisch indiziertes Feld

Übung »u_numerisch« [✐]

Es sollen der Vorname und das Alter von sechs Personen in zwei Feldern gespeichert werden. Das erste Feld soll die Vornamen enthalten und das zweite Feld die dazugehörigen Altersangaben. Die Elemente der beiden Felder sollen paarweise als Tabelle auf dem Bildschirm ausgegeben werden (Datei *u_numerisch.php*), siehe Abbildung 1.67.

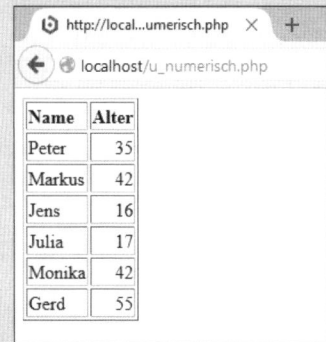

Abbildung 1.67 Ergebnis der Übung »u_numerisch«

Es gibt eine alternative Schreibweise zur Erzeugung eines numerisch indizierten Felds. Die erste Zeile des oben angegebenen Programms *numerisch.php* hätte auch lauten können:

Feld erzeugen

```
$tp = [17.5, 19.2, 21.8, 21.6, 17.5];
```

Die Werte werden innerhalb von eckigen Klammern aufgelistet und der Variablen $tp zugewiesen. Auch damit wird $tp, mit derselben Indizierung, zu einem Feld.

1.10.2 Assoziative Felder

Die Temperaturwerte aus dem vorherigen Abschnitt sollen nun in einem assoziativen Feld angeordnet werden. Die Elemente eines solchen Felds werden nicht über eine laufende Nummer, sondern über eine Schlüsselbezeichnung (englisch: *key*) identifiziert. Dadurch wird es möglich, den Feldelementen eindeutige Begriffe zuzuordnen und die Suche nach bestimmten Feldelementen zu vereinfachen. Zunächst sollen die Werte wiederum gespeichert und ausgegeben werden.

```php
<!DOCTYPE html><html><head><meta charset="utf-8"></head><body>
<?php
    $tp = array("Montag"=>17.5, "Dienstag"=>19.2, "Mittwoch"=>21.8);
    $tp["Donnerstag"] = 21.6;
    $tp["Freitag"] = 17.5;
    $tp["Samstag"] = 20.2;
    $tp["Sonntag"] = 16.6;

    // Ein bestimmtes Element
    echo "<p>" . $tp["Montag"] . "</p>";

    // Alle Keys und Values aus dem Feld
    echo "<p>";
    foreach($tp as $name=>$wert)
        echo "$name, $wert<br>";
    echo "</p>";

    // Nur alle Values aus dem Feld zum Berechnen des Mittelwerts
    $summe = 0;
    foreach($tp as $wert)
        $summe = $summe + $wert;
    $mittelwert = $summe / 7;
    echo "<p>Mittelwert: $mittelwert</p>";
?>
</body></html>
```

Listing 1.47 Datei assoziativ.php

Die Ausgabe des Programms zeigt Abbildung 1.68.

Abbildung 1.68 Assoziatives Feld

Die Verwendung assoziativer Felder erscheint zunächst etwas unübersichtlich. Wenn Sie sich aber mit der Vorgehensweise vertraut gemacht haben, können assoziative Felder einige Vorteile mit sich bringen. Es gibt zwei Techniken zur Erzeugung eines Felds:

▶ Mithilfe der Funktion array() wird die Variable $tp zu einem Feld mit drei Elementen. Diese Elemente haben eindeutige Schlüsselbezeichnungen (Keys) und dazugehörige Werte (Values). Diese Paare werden einander mit dem Operator => zugeordnet. Der Key muss dabei zwischen doppelte Hochkommata geschrieben werden.   Key, Value

▶ Felder können auch einfach durch die Zuweisung einzelner Elemente erzeugt oder vergrößert werden. Dies ist hier mit den Zuweisungen in der Form $tp["Samstag"] = 20.2; usw. geschehen.

Insgesamt hat das Feld nun sieben Elemente (siehe Tabelle 1.7).

Name des Elements	Schlüsselbezeichnung (Key) des Elements	Wert (Value) des Elements
$tp["Montag"]	Montag	17.5
$tp["Dienstag"]	Dienstag	19.2
$tp["Mittwoch"]	Mittwoch	21.8
$tp["Donnerstag"]	Donnerstag	21.6

Tabelle 1.7 Assoziatives Feld

Name des Elements	Schlüsselbezeichnung (Key) des Elements	Wert (Value) des Elements
`$tp["Freitag"]`	Freitag	17.5
`$tp["Samstag"]`	Samstag	20.2
`$tp["Sonntag"]`	Sonntag	16.6

Tabelle 1.7 Assoziatives Feld (Forts.)

Schreibweise
Anders als bei numerisch indizierten Feldern sollten Sie die Ausgabe von einzelnen Elementen assoziativer Felder nicht innerhalb von Zeichenketten vornehmen. Das ist zwar möglich, führt aber häufig zu Fehlinterpretationen und zu Fehlern. Empfohlen wird daher die folgende Schreibweise:

```
echo "<p>" . $tp["Montag"] . "</p>";
```

Die `foreach`-Schleife bietet eine Möglichkeit, alle Elemente eines assoziativen Felds auszugeben:

- In der ersten Schleife sorgt `foreach($tp as $name=>$wert)` dafür, dass bei jedem Schleifendurchlauf jeweils ein einzelnes Key-Value-Paar in den Variablen `$name` und `$wert` bereitgestellt wird. Beide Variablen werden ausgegeben.

foreach, as
- In der zweiten Schleife sorgt `foreach($tp as $wert)` dafür, dass bei jedem Schleifendurchlauf jeweils nur der Value jedes Elements in der Variablen `$wert` bereitgestellt wird. Dieser Wert wird zur Berechnung des Mittelwerts aller Feldelemente genutzt.

- Wie bei allen Verzweigungen und Schleifen gilt: Sollen mehrere Anweisungen ausgeführt werden, müssen sie innerhalb von geschweiften Klammern in einem Anweisungsblock notiert werden.

Kopie
- Innerhalb einer `foreach`-Schleife wird jeweils nur mit einer Kopie eines Feldelements gearbeitet. Eine Veränderung dieser Kopie hat keine Auswirkung auf die Inhalte des Felds. Mehr dazu in Abschnitt 8.6.

[»] **Hinweis**

Falls Sie einem bestimmten Schlüssel bei der Erzeugung des Felds oder später einen neuen Wert zuordnen, wird nicht etwa ein neues Element hinzugefügt, sondern der erste Wert überschrieben. Die folgende Anweisung erzeugt also nur die beiden Feldelemente mit den Keys Montag und Dienstag und den Values 21.8 und 19.2:

```
$tp = array("Montag"=>17.5, "Dienstag"=>19.2, "Montag"=>21.8);
```

Übung »u_assoziativ«   [✐]

Es sollen Vorname und Alter von sechs Personen untersucht werden. Diese sechs Angaben werden in einem assoziativen Feld gespeichert. Die Vornamen sollen die Keys und die Altersangaben die Values darstellen. Key und Value der Elemente des Felds sollen paarweise als Tabelle auf dem Bildschirm ausgegeben werden (Datei *u_assoziativ.php*), siehe Abbildung 1.69.

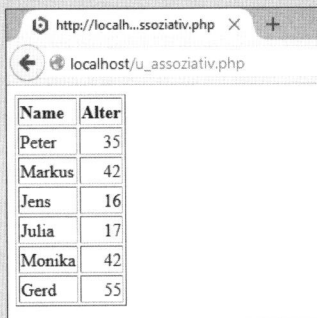

Abbildung 1.69 Ergebnis der Übung »u_assoziativ«

Auch für die Erzeugung von assoziativen Feldern gibt es eine alternative Schreibweise. Die erste Zeile des oben angegebenen Programms *assoziativ.php* hätte auch lauten können:

Feld erzeugen

```
$tp = ["Montag"=>17.5, "Dienstag"=>19.2, "Mittwoch"=>21.8];
```

Die Werte werden innerhalb von eckigen Klammern aufgelistet und der Variablen $tp zugewiesen. Auch damit wird $tp, mit derselben Indizierung, zu einem Feld.

1.11   Mehr über Funktionen

Nachdem Sie die Grundlagen zum Thema »Funktionen« kennengelernt haben, erläutere ich in diesem Abschnitt einige weitergehende Möglichkeiten. Sie können diesen Abschnitt zunächst auch überspringen und unmittelbar mit Abschnitt 1.12 fortfahren.

1.11.1 Typhinweise

Seit PHP 7.0 Mit PHP 7.0 wird Ihnen mithilfe von Typhinweisen die Möglichkeit geboten, Datentypen stärker zu kontrollieren. Diese Kontrolle bezieht sich auf die Parameter und den Rückgabewert von Funktionen. Dabei kann es sich um eigene Funktionen oder auch um vordefinierte Funktionen handeln.

Zunächst ein Beispiel:

```php
<?php declare(strict_types=1); ?>
<!DOCTYPE html><html><head><meta charset="utf-8"></head><body>
<?php
    echo "Typ int:<br>";
    function addiere(int $a, int $b):int
    {
        $c = $a + $b;
        return $c;
        // return $c * 1.0;
    }
    echo addiere(1, 2) . "<br>";
    // echo addiere(1.9, 2.9) . "<br>";
    echo "Ende des Programms";
?>
</body></html>
```

Listing 1.48 Datei typhinweise.php

declare   Falls sich die Kontrolle der Datentypen innerhalb einer Datei auswirken soll, muss die Anweisung declare(strict_types=1); als allererste Anweisung der Datei notiert werden, wie im Beispiel zu sehen.

BOM   Falls eine PHP-Datei zu Beginn eine declare-Anweisung beinhaltet, ist es notwendig, ihre Codierung auf UTF-8 ohne BOM zu ändern. Sie können das im Editor Notepad++ wie folgt vornehmen: Menüpunkt KODIERUNG • KONVERTIERE ZU UTF-8 OHNE BOM. Anschließend ist in diesem Menü auch die Codierung UTF-8 OHNE BOM markiert. Die *Byte Order Mark* (BOM, dt.: Byte-Reihenfolge-Markierung) kennzeichnet zu Beginn einer Datei die Byte-Reihenfolge.

Im Programm wird die Funktion addiere() definiert. Sie dient der Addition von zwei Zahlenwerten und der Rückgabe des Ergebnisses an die aufrufende Stelle. Die Ausgabe des Programms sehen Sie in Abbildung 1.70.

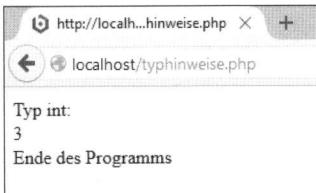

Abbildung 1.70 Typhinweise für int

Das Neue an diesem Programm:

int

▶ Die beiden Parameter der Funktion müssen ganzzahlig sein. Zu diesem Zweck wird der Typhinweis int vor jedem Parameter notiert.

▶ Der Rückgabewert der Funktion muss ebenfalls ganzzahlig sein. Dazu werden nach den Parameterklammern ein Doppelpunkt und wiederum der Typhinweis int notiert.

Der Funktionsaufruf addiere(1, 2); erfüllt die genannten Bedingungen und kann daher durchgeführt werden. Der Funktionsaufruf addiere(1.9, 2.9); erfüllt die Bedingungen nicht, weil die Parameter nicht ganzzahlig sind. Die Anweisung return $c * 1.0; erfüllt die Bedingungen ebenfalls nicht, weil der Rückgabewert nicht ganzzahlig ist. Sind die Bedingungen nicht erfüllt, folgen ein Fehler sowie der Absturz des Programms. In diesem Fall ist die letzte Ausgabe mit dem Text »Ende des Programms« nicht mehr zu sehen.

Eine Kontrolle dieser Art trägt zur Verbesserung der Lesbarkeit, des Ablaufs und der Pflege Ihrer Programme bei. Zunächst arbeiten Sie mit den folgenden Typhinweisen:

int, float, string, bool

▶ int: für ganze Zahlen

▶ float: für Zahlen mit Nachkommastellen

▶ string: für Zeichenketten

▶ bool: für Wahrheitswerte

Es gibt noch weitere Typhinweise, z. B. für Felder und Objekte.

Die Kontrolle mithilfe der declare-Anweisung gilt bei Parametern für die Datei, in der die Funktion aufgerufen wird. Bezüglich des Rückgabewerts gilt sie für die Datei, in der die Funktion definiert wird.

Ort der Kontrolle

Es findet keine automatische Umwandlung statt. Ein Beispiel: Zahlen mit Nachkommastellen oder Zeichenketten, die Zahlen enthalten, werden nicht einfach in ganze Zahlen konvertiert. Keine Regel ohne Ausnahme: Bei einem float-Parameter oder bei einem float-Rückgabewert werden auch ganze Zahlen akzeptiert.

Vor PHP 7.0   Programme mit Typhinweisen und der declare-Anweisung können nicht in Versionen vor PHP 7.0 genutzt werden. Falls Sie Ihre Programme unter einem Webserver nutzen möchten, auf dem eine PHP-Version vor 7.0 eingesetzt wird, müssen Sie die declare-Anweisung, die Typhinweise und den Doppelpunkt vor dem Datentyp des Rückgabewerts weglassen.

Ein weiteres Beispiel:

```php
<?php declare(strict_types=1); ?>
<!DOCTYPE html><html><head><meta charset="utf-8"></head><body>
<?php
    echo "Typ float: <br>";
    function addiereFloat(float $a, float $b):float
    {
        $c = $a + $b;
        return $c;
    }
    echo addiereFloat(1.9, 2.9) . "<br>";
    echo addiereFloat(1, 2) . "<br>";
    // echo addiereFloat("1.9", 2.9) . "<br>";

    echo "Typ bool: ";
    function oder(bool $a, bool $b):bool
    {
        $c = $a || $b;
        return $c;
    }
    echo oder(true, false) . "<br>";
    // echo oder(1, "abc") . "<br>";

    echo "Typ string: ";
    function verkette(string $a, string $b):string
    {
        $c = $a . $b;
        return $c;
    }
    echo verkette("Hallo", "Welt") . "<br>";
```

```
    // echo verkette(5, 8.2) . "<br>";

    echo "Vordefinierte Funktionen: ";
    echo strlen("Hallo") . "<br>";
    // echo strlen(123) . "<br>";
    echo "Ende des Programms";
?>
</body></html>
```

Listing 1.49 Datei typhinweise_weitere.php

Die Ausgabe des Programms sehen Sie in Abbildung 1.71.

Abbildung 1.71 Typhinweise für weitere Datentypen

Die Funktion addiereFloat() erwartet zwei float-Werte, addiert sie und liefert einen float-Wert zurück. Die ersten beiden Aufrufe der Funktion erfüllen die Bedingungen. Im zweiten Fall werden die beiden ganzen Zahlen zu float-Werten erweitert. Der dritte Aufruf erfüllt die Bedingungen nicht.

Typ »float«

Die Funktion oder() erwartet zwei bool-Werte, ermittelt einen bool-Wert als Ergebnis und liefert diesen zurück. Nur der erste Aufruf der Funktion erfüllt die Bedingungen.

Typ »bool«

Die Funktion verkette() erwartet zwei string-Werte, ermittelt einen string-Wert als Ergebnis und liefert diesen zurück. Auch hier erfüllt nur der erste Aufruf der Funktion die Bedingungen.

Typ »string«

Die vordefinierte Funktion strlen() ermittelt die Anzahl der Zeichen einer Zeichenkette. Sie erwartet einen string-Wert. Auch hier erfüllt nur der erste Aufruf der Funktion die Bedingungen. Mehr zu den vordefinierten Funktionen für Zeichenketten finden Sie in Kapitel 6.

Vordefinierte Funktion

In den vorliegenden Beispielen sind die Datentypen der Parameter und der Datentyp des Rückgabewerts stets gleich. Sie können natürlich auch unterschiedlich sein. Die genannte Kontrolle kann sich also z. B. auch auf eine Funktion beziehen, die zwei int-Parameter, einen float-Parameter und einen string-Parameter erwartet und einen bool-Wert oder auch gar keinen Wert als Ergebnis zurückliefert.

1.11.2 Variable Parameterlisten

Der Einsatz von Funktionen mit variablen Parameterlisten erhöht die Flexibilität von Funktionen, allerdings auch den Programmieraufwand.

Variable Parameteranzahl

Sie sollen beim Aufruf einer Funktion genau so viele Parameter übergeben, wie die Funktion erwartet. Falls Sie die folgenden Funktionen nutzen, ist dies allerdings nicht mehr zwingend notwendig:

func_num_args()

▶ Die Funktion func_num_args() liefert die Anzahl der übergebenen Parameter.

func_get_arg()

▶ Die Funktion func_get_arg() liefert einen bestimmten Parameter aus der Parameterliste.

func_get_args()

▶ Die Funktion func_get_args() (mit einem s am Ende) liefert ein numerisch indiziertes Feld mit allen übergebenen Parametern.

Das nachfolgende Programm verdeutlicht den Einsatz der beiden erstgenannten Funktionen:

```php
<!DOCTYPE html><html><head><meta charset="utf-8"></head><body>
<?php
    function addiere()
    {
        $anz = func_num_args();
        echo "<p>Anzahl der Werte: $anz<br>";
        echo "Werte: ";

        $sum = 0;
        for($i=0; $i<$anz; $i++)
        {
            $sum = $sum + func_get_arg($i);
            echo func_get_arg($i) . " ";
        }
```

```
    echo "<br>Summe der Werte: $sum</p>";
  }
  addiere(2,3,6);
  addiere(13,26);
  addiere(65,-3,88,31,12.5,7);
?>
</body></html>
```

Listing 1.50 Datei funktion_get_arg.php

Die Funktion addiere() wird insgesamt dreimal aufgerufen, jedes Mal mit einer anderen Anzahl an Parametern. Diese Anzahl wird mithilfe von func_num_args() ermittelt. Sie wird zur Steuerung einer for-Schleife verwendet.

Innerhalb der for-Schleife werden alle gelieferten Parameter mithilfe von func_get_arg() ausgegeben und addiert. Nach Beendigung der Schleife wird die Summe der Werte wie in Abbildung 1.72 ausgegeben.

Abbildung 1.72 Variable Parameterlisten mit »func_get_arg()«

Eine alternative Lösung mithilfe der Funktion func_get_args() bietet das nachfolgende Programm. Die Ausgabe sieht genauso aus wie im vorherigen Beispiel mit der Funktion func_get_arg():

```
<!DOCTYPE html><html><head><meta charset="utf-8"></head><body>
<?php
  function addiere()
  {
    $param = func_get_args();
    $anz = func_num_args();
```

```php
        echo "<p>Anzahl der Werte: $anz<br>";
        echo "Werte: ";

        $sum = 0;
        for($i=0; $i<$anz; $i++)
        {
            $sum = $sum + $param[$i];
            echo "$param[$i] ";
        }
        echo "<br>Summe der Werte: $sum</p>";
    }
    addiere(2,3,6);
    addiere(13,26);
    addiere(65,-3,88,31,12.5,7);
?>
</body></html>
```

Listing 1.51 Datei funktion_get_args.php

Mithilfe der Anweisung $param = func_get_args(); werden alle Parameter
im Feld $param gespeichert. Die Funktion func_num_args() ermittelt wiede-
rum die Anzahl der Parameter. Innerhalb der for-Schleife werden alle gelieferten Parameter aus dem Feld $param ausgegeben und addiert.

Seit PHP 5.6 bietet sich eine dritte Möglichkeit, die Sie im nachfolgenden
Programm sehen. Die Ausgabe sieht genauso aus wie bei den beiden vorherigen Beispielen:

```php
<!DOCTYPE html><html><head><meta charset="utf-8"></head><body>
<?php
    function addiere($eins, $zwei, ...$rest)
    {
        $anz = count($rest);
        echo "<p>Anzahl der Werte: " . (2 + $anz) . "<br>";
        echo "Werte: ";

        $sum = $eins + $zwei;
        $ausgabe = "$eins $zwei ";
        for($i=0; $i<$anz; $i++)
        {
            $sum = $sum + $rest[$i];
            $ausgabe .= "$rest[$i] ";
```

```
   }
      echo "$ausgabe<br>Summe der Werte: $sum</p>";
   }

   addiere(2,3,6);
   addiere(13,26);
   addiere(65,-3,88,31,12.5,7);
?>
</body></html>
```

Listing 1.52 Datei funktion_punktliste.php

Als Erstes folgt ein wichtiger Unterschied zu den beiden vorherigen Beispielen: Die Funktion `addiere()` muss diesmal mit mindestens zwei Parametern aufgerufen werden. Diese werden an die beiden Variablen `$eins`
und `$zwei` übergeben. Weitere Parameter werden im Feld `$rest` gespeichert
und mithilfe der `for`-Schleife in die Rechnung einbezogen. Der Name des
Felds muss dabei nach drei Punkten ... notiert werden. Die Anzahl der
Feldelemente wird mithilfe der Funktion `count()` ermittelt.

... (Parameterfeld)

Für die Anzahl der Mindestparameter gibt es keine Vorgabe. Sie könnten
also auch eine Funktion ohne Mindestparameter wie folgt definieren:

`function addiere(...$rest) { [Code der Funktion] }`

1.11.3   Parameter entpacken

Seit PHP 5.6 können Sie Parameter einer Funktion auch »verpackt« übergeben. In diesem Fall werden sie von der Funktion »entpackt«. Betrachten Sie
dazu das nachfolgende Beispiel:

```
<!DOCTYPE html><html><head><meta charset="utf-8"></head><body>
<?php
   function mittelwert($a, $b, $c, $d, $e)
   {
      return ($a + $b + $c + $d + $e) / 5;
   }

   echo mittelwert(3.2, 14.5, 5.7, 4.2, 0.2) . "<br>";
   $feld = array(5.7, 4.2, 0.2);
   echo mittelwert(3.2, 14.5, ...$feld);
?>
```

```
</body></html>
```

Listing 1.53 Datei funktion_entpacken.php

Die Funktion `mittelwert()` berechnet den arithmetischen Mittelwert von
fünf Werten, die ihr übergeben werden:

▶ Der erste Aufruf der Funktion erfolgt auf herkömmliche Art und Weise
mithilfe von fünf einzelnen Zahlenwerten.

▶ Beim zweiten Aufruf werden (dieselben) Werte anders übergeben, nämlich teilweise in ein Feld verpackt. Sie müssen nicht vor dem Aufruf entpackt werden. Dank der Angabe des Feldnamens nach drei Punkten wird
die Entpackung innerhalb der Funktion vorgenommen.

Das Ergebnis für die beiden Aufrufe sehen Sie in Abbildung 1.73.

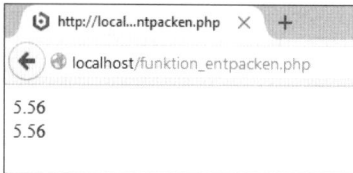

Abbildung 1.73 Verarbeitung von entpackten Werten

1.11.4   Optionale Parameter

Vorgabewerte   Sie können auch mit optionalen Parametern arbeiten. Für diese Parameter
geben Sie Werte vor. Werden beim Aufruf der Funktion für diese Parameter
keine Werte übergeben, werden die Vorgabewerte genommen. Dazu ein
Beispiel:

```
<!DOCTYPE html><html><head><meta charset="utf-8"></head><body>
<?php
   function volumen($laenge, $breite=1, $hoehe=1)
   {
      return $laenge * $breite * $hoehe;
   }

   echo volumen(2, 4, 0.6) . "<br>";
   echo volumen(3.5, 2) . "<br>";
   echo volumen(5);
?>
```

```
</body></html>
```

Listing 1.54 Datei funktion_optional.php

Die Funktion `volume()` berechnet das Volumen eines Quaders gemäß der Formel *Länge mal Breite mal Höhe.* Die Länge muss beim Aufruf in jedem Fall übergeben werden, da dieser Parameter nicht optional ist. Die beiden Parameter `$breite` und `$hoehe` sind dagegen optional: Sollte die Höhe beim Aufruf nicht angegeben werden, wird gemäß dem Vorgabewert eine Höhe von 1 angenommen. Dasselbe gilt für die Breite.

Optionale Parameter können nur von rechts her angegeben werden. Bei der angegebenen Reihenfolge ist es also nicht möglich, nur mit einem optionalen Parameter für die Länge zu arbeiten oder nur mit zwei optionalen Parametern für die Länge und die Breite. Die Ausgabe des Programms sehen Sie in Abbildung 1.74.

Reihenfolge

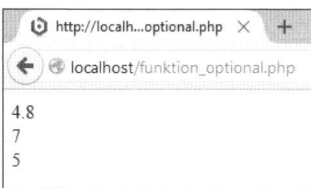

Abbildung 1.74 Nutzung von optionalen Parametern

1.11.5   Rekursive Funktionen

Funktionen können jederzeit andere Funktionen aufrufen. Man spricht hier von geschachtelten Aufrufen. Das Programm kehrt jeweils – aus einer beliebigen *Schachtelungstiefe* – zur aufrufenden Stelle zurück.

Funktionen können sich auch selbst aufrufen. Dieser Vorgang wird als Rekursion bezeichnet. Eine rekursive Funktion muss eine Verzweigung beinhalten, die die Rekursion wieder beendet, da es sonst zu einer endlosen Kette von Selbstaufrufen kommt. Bestimmte Problemstellungen lösen Sie programmiertechnisch am elegantesten durch eine Rekursion.

Rekursion

Im nachfolgenden Programm wird eine Zahl so lange halbiert, bis ein bestimmter Grenzwert erreicht oder unterschritten wird. Zur Verdeutlichung wird der Halbierungsvorgang einmal mithilfe einer Schleife und einmal mithilfe einer Rekursion durchgeführt. Die Ausgabe des Programms sehen Sie in Abbildung 1.75.

Zwei Varianten

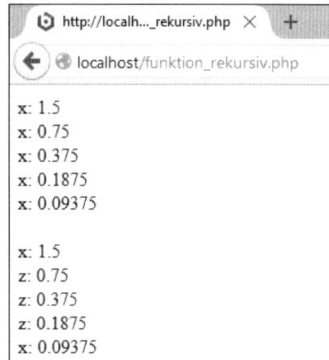

Abbildung 1.75 Halbierung mit Schleife/mit Rekursion

Das Programm:

```
<!DOCTYPE html><html><head><meta charset="utf-8"></head><body>
<?php
    /* Schleife */
    $x = 1.5;
    echo "x: $x<br>";
    while($x > 0.1)
    {
        $x = $x / 2;
        echo "x: $x<br>";
    }
    echo "<br>";

    /* Rekursion */
    function halbieren(&$z)
    {
        $z = $z / 2;
        if($z > 0.1)
        {
            echo "z: $z<br>";
            halbieren($z);
        }
    }

    $x = 1.5;
    echo "x: $x<br>";
```

```
    halbieren($x);
    echo "x: $x<br>";
?>
</body></html>
```

Listing 1.55 Datei funktion_rekursiv.php

Zur Erläuterung der Schleife:

**Variante
mit Schleife**

▶ Im ersten Teil des Programms wird die Variable $x in einer while-Schleife so lange halbiert, bis sie den Wert 0,1 erreicht oder unterschritten hat. Bei jedem Durchlauf der Schleife wird der aktuelle Wert angezeigt, sodass Sie die fortlaufende Halbierung verfolgen können.

Zur Erläuterung der Rekursion:

**Variante
mit Rekursion**

▶ Im unteren Teil des Programms wird die Variable $x mithilfe der Funktion halbieren() halbiert. Anschließend wird geprüft, ob der Grenzwert erreicht oder unterschritten wird.

▶ Ist der Grenzwert noch nicht erreicht, ruft sich die Methode halbieren() selbst wieder auf. Dieser Vorgang kann sich mehrmals wiederholen.

▶ Ist der Grenzwert erreicht oder unterschritten, endet die Methode halbieren(). Gegebenenfalls endet sie damit mehrmals nacheinander. Das Programm endet schließlich mit der Ausgabe des Endergebnisses.

▶ Die Variable $x (innerhalb der Methode heißt sie $z) wird jeweils per Referenz übergeben, daher wird immer die Originalvariable $x halbiert. Das können Sie an der letzten Ausgabe erkennen.

Per Referenz

Ein weiteres Beispiel für eine rekursive Funktion sehen Sie in Abschnitt 7.12.

1.11.6 include-Anweisung

Benutzerdefinierte Funktionen, die Sie in mehreren Programmen nutzen möchten, können Sie in externe Dateien auslagern. Mithilfe der include-Anweisung wird der Inhalt dieser Dateien in dasjenige Programm eingebunden, das sie benötigt. Dabei ist zu beachten, dass der Programmcode in den externen Dateien in vollständige, gültige PHP-Markierungen eingeschlossen sein muss. Es ist zu empfehlen, einer solchen Datei die Endung *.inc.php* zu geben.

**Externe Funktions-
bibliotheken**

Im folgenden Beispiel wird zunächst eine Funktion maxi() innerhalb der Datei *funktion_einbinden.inc.php* definiert. Diese ermittelt aus den beiden übergebenen Parametern das Maximum, speichert diesen Wert in die Variable $erg und liefert ihn mithilfe der return-Anweisung zurück.

Die return-Anweisung steht im vorliegenden Fall innerhalb des if-Blocks bzw. innerhalb des else-Blocks. Damit wird die Bearbeitung der Funktion unmittelbar unterbrochen, und der Programmablauf kehrt zur Aufrufstelle zurück:

```php
<?php
   function maxi($x, $y)
   {
      if ($x > $y)
      {
         $erg = $x;
         return $erg;
      }
      else
      {
         $erg = $y;
         return $erg;
      }
   }
?>
```

Listing 1.56 Datei funktion_einbinden.inc.php

Die Funktion wird vom nachfolgenden Programm aufgerufen. Dort wird zunächst die Datei *funktion_einbinden.inc.php* mithilfe der include-Anweisung eingebunden. Damit sind alle Funktionen aus der Datei *funktion_einbinden.inc.php* im aktuellen Programm bekannt und können verwendet werden.

```php
<!DOCTYPE html><html><head><meta charset="utf-8"></head><body>
<?php
   include "funktion_einbinden.inc.php";
   $a = 2;
   $b = 6;
   $c = maxi($a, $b);
```

```
    echo "Das Maximum von $a und $b ist $c";
?>
</body></html>
```

Listing 1.57 Datei funktion_einbinden.php

Die Ausgabe des Programms sehen Sie in Abbildung 1.76.

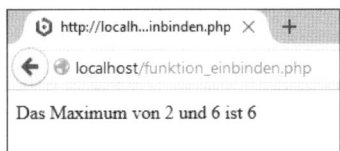

Abbildung 1.76 Nutzung einer include-Datei

Übung »u_funktion_einbinden«   [✏]

Erstellen Sie eine kleine Funktionsbibliothek mit zwei Funktionen (Datei *u_funktion_einbinden.inc.php*). Beide Funktionen sollen mit variablen Parameterlisten arbeiten:

▶ Die erste Funktion mit dem Namen mittelwert() soll den arithmetischen Mittelwert einer beliebigen Menge von Zahlen berechnen und per Rückgabewert zurückliefern. Es muss also die Summe dieser Zahlen durch ihre Anzahl geteilt werden.

▶ Die zweite Funktion mit dem Namen maximum() soll die größte Zahl aus einer beliebigen Menge von Zahlen berechnen und per Rückgabewert zurückliefern. Dazu ist die nachfolgend beschriebene Vorgehensweise notwendig.

Zunächst wird die erste übergebene Zahl einer lokalen Variablen (z. B. $mx) der Funktion zugewiesen. Anschließend werden alle anderen übergebenen Zahlen mit $mx verglichen. Sollte eine der Zahlen größer als $mx sein, haben Sie ein neues Maximum gefunden, und dieser Wert wird $mx zugewiesen. Am Ende der Funktion wird $mx zurückgeliefert.

Testen Sie Ihre Bibliothek durch einige Aufrufe der beiden Funktionen mit unterschiedlich vielen Zahlen (Datei *u_funktion_einbinden.php*). Diese Bibliothek können Sie später erweitern und auch für andere Programme nutzen.

Externe Dateien lassen sich auch mit der Anweisung require statt mit der Anweisung include einbinden. Falls eine einzubindende Datei nicht gefun-   require den wird, beendet `require` das Programm mit einem Fehler. Bei `include` wird lediglich eine Warnung ausgegeben, und das Programm läuft weiter.

include_once, require_once

Es gibt auch noch die Anweisungen `include_once` und `require_once`. Diese binden ebenfalls externe Dateien ein, wobei darauf geachtet wird, dass eine einmal eingebundene Datei nicht ein zweites Mal eingebunden wird. In einem größeren Projekt, das aus vielen Dateien besteht, ist manchmal nicht leicht zu sehen, ob eine bestimmte Datei bereits eingebunden wird.

1.11.7 Generatoren

Liefern mehrerer Werte

Generatoren gibt es seit PHP 5.5. Sie stellen einen besonderen Typ von Funktionen dar, da sie nicht nur einen einzelnen Wert liefern, sondern eine ganze Reihe von Werten.

yield

Dabei steht zu jedem Zeitpunkt nur ein Wert im Arbeitsspeicher. Es müssen nicht alle Werte der Reihe gleichzeitig im Arbeitsspeicher aufbewahrt werden. Auf diese Weise wird die Nutzung des Arbeitsspeichers optimiert. Als Generator wird eine Funktion definiert, aus der die Werte mithilfe des Schlüsselworts `yield` geliefert werden.

foreach

Im Unterschied zu einer normalen Funktion, die nur einen Wert liefern kann, liefert eine Generatorfunktion mehrere Werte. Wird sie innerhalb einer `foreach`-Schleife aufgerufen, endet sie nicht nach einem Durchlauf, sondern unterbricht nur. Auf diese Weise werden alle generierten Werte nacheinander geliefert.

Im folgenden Beispiel wird ein Generator definiert, der eine Reihe von Würfelwerten bereitstellt:

```
<!DOCTYPE html><html><head><meta charset="utf-8"></head><body>
<?php
   srand((double)microtime()*1000000);
   function wuerfelwertGenerator()
   {
      for($i=1; $i<=10; $i++)
         yield rand(1,6);
   }

   foreach(wuerfelwertGenerator() as $wert)
```

```
        echo "$wert ";
?>
</body></html>
```

Listing 1.58 Datei funktion_generator.php

Der Generator `wuerfelwertGenerator()` generiert insgesamt zehn zufällige Werte zwischen 1 und 6. Die nachfolgende `foreach`-Schleife wird mit diesem Generator aufgerufen. Bei jedem Durchlauf der `foreach`-Schleife wird mithilfe von `yield` ein einzelner, zufälliger Wert bereitgestellt. Die Ausgabe des Programms sehen Sie in Abbildung 1.77.

Abbildung 1.77 Generator für Würfelwerte

1.12   Beispiele

In diesem Abschnitt finden Sie einige umfangreichere Beispiele, in denen Sie Ihre Kenntnisse aus dem Programmierkurs anwenden können. Sie beinhalten keine neuen Programmierelemente, sondern dienen der Darstellung des Zusammenspiels der verschiedenen Elemente.

Zunächst folgt ein kleiner Abschnitt über die sinnvolle Arbeitsweise zur Entwicklung eines Programms.

1.12.1   Entwicklung eines Programms

Bei der Entwicklung Ihrer eigenen Programme sollten Sie Schritt für Schritt vorgehen. Stellen Sie zuerst einige Überlegungen darüber an, wie das gesamte Programm aufgebaut sein sollte, und zwar auf Papier. Aus welchen Teilen sollte es nacheinander bestehen? Versuchen Sie *nicht*, das gesamte Programm mit all seinen komplexen Bestandteilen auf einmal zu schreiben! Dies ist der größte Fehler, den Einsteiger (und manchmal auch Fortgeschrittene) machen können.

Teile eines Programms

Schreiben Sie zunächst eine einfache Version des ersten Programmteils. Anschließend testen Sie sie. Erst nach einem erfolgreichen Test fügen Sie

Einfache Version

den folgenden Programmteil hinzu. Nach jeder Änderung testen Sie wiederum. Sollte sich ein Fehler zeigen, wissen Sie, dass er aufgrund der letzten Änderung aufgetreten ist. Nach dem letzten Hinzufügen haben Sie eine einfache Version Ihres gesamten Programms.

Komplexe Version Nun ändern Sie einen Teil Ihres Programms in eine komplexere Version ab. Auf diese Weise machen Sie Ihr Programm Schritt für Schritt komplexer, bis Sie schließlich das gesamte Programm so erstellt haben, wie es Ihren anfänglichen Überlegungen auf Papier entspricht.

Änderungen Manchmal ergibt sich während der praktischen Programmierung noch die eine oder andere Änderung gegenüber Ihrem Entwurf. Das ist kein Problem, solange sich nicht der gesamte Aufbau ändert. Sollte das allerdings der Fall sein, kehren Sie noch einmal kurz zum Papier zurück und überdenken den Aufbau. Das bedeutet nicht, dass Sie die bisherigen Programmzeilen löschen müssen, sondern möglicherweise nur ein wenig ändern und anders anordnen.

Einzelne Schritte Schreiben Sie Ihre Programme übersichtlich. Falls Sie gerade überlegen, wie Sie drei, vier bestimmte Schritte Ihres Programms auf einmal machen können: Erstellen Sie daraus einfach einzelne Anweisungen, die der Reihe nach ausgeführt werden. Dies vereinfacht eine eventuelle Fehlersuche. Falls Sie (oder eine andere Person) Ihr Programm später einmal ändern oder erweitern möchten, gelingt der Einstieg in den Aufbau des Programms wesentlich schneller.

Eine typische Frage, die Sie sich besonders im Zusammenhang mit Verzweigungen und Schleifen immer wieder stellen sollten: Haben Sie alle Klammern, die Sie geöffnet haben, auch wieder geschlossen?

Sie können die Anweisung `echo` natürlich auch zur Kontrolle von Werten und zur Suche von logischen Fehlern einsetzen. Außerdem können Sie einzelne Teile Ihres Programms in Kommentarklammern setzen, um festzustellen, welcher Teil des Programms fehlerfrei läuft und welcher Teil demnach fehlerbehaftet ist.

1.12.2 Formatierung von Zahlen

number_format() Zur übersichtlichen und einheitlichen Darstellung von Zahlen (z. B. in einigen Tabellen dieses Abschnitts) wird die Formatierung von Zahlen eingeführt, und zwar mithilfe der Funktion `number_format()`. Ein Beispiel hierzu:

```
<!DOCTYPE html><html><head><meta charset="utf-8"></head><body>
<?php
    echo "<p><b>Zahlenformatierung:</b></p>";
    $d = 10000000 / 7;
    echo "<p>Variable d: $d</p>";
    echo "<p>Mit Tausenderkomma, ohne Dezimalstellen:<br/>"
       . number_format($d) . "</p>";
    echo "<p>Mit Tausenderkomma, auf drei Stellen gerundet:<br/>"
       . number_format($d,3) . "</p>";
    echo "<p>Mit Tausenderpunkt, auf drei Stellen gerundet:<br/>"
       . number_format($d,3,",",".") . "</p>";
?>
</body></html>
```

Listing 1.59 Datei formatierung.php

Abbildung 1.78 zeigt die Bildschirmausgabe.

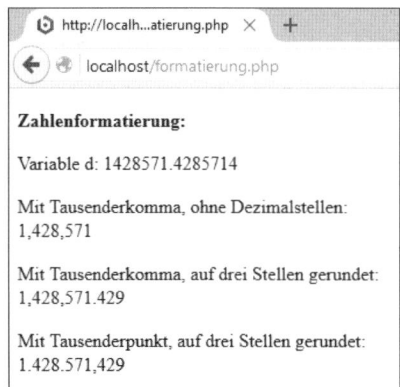

Abbildung 1.78 Formatierung von Zahlen

Die Funktion number_format() kann mit einem, zwei oder vier Parametern aufgerufen werden:

▶ Falls sie mit einem Parameter aufgerufen wird, wird die Zahl mit Komma als Tausendertrennzeichen ausgegeben, und zwar ohne Nachkommastellen.

▶ Falls sie mit zwei Parametern aufgerufen wird, wird die Zahl mit Komma als Tausendertrennzeichen ausgegeben, und zwar mit der Anzahl an Nachkommastellen, die im zweiten Parameter angegeben ist.

121

▶ Falls sie mit vier Parametern aufgerufen wird, wird die Zahl mit dem vierten Parameter als Tausendertrennzeichen, der gewünschten Anzahl an Nachkommastellen und dem dritten Parameter als Dezimaltrennung ausgegeben.

1.12.3 Geldanlage

Ein Benutzer besucht die Website einer Bank, die verschiedene Möglichkeiten zur Geldanlage bietet. Eine dieser Möglichkeiten ist die Anlage eines bestimmten Betrags über eine festgelegte Laufzeit. Je länger das Geld angelegt wird, desto höher ist der Zinssatz. Der Benutzer gibt den angelegten Betrag sowie die Laufzeit ein und erhält als Antwort eine Tabelle, in der die Entwicklung seiner Geldanlage von Jahr zu Jahr dargestellt wird.

Der Zinssatz in Abhängigkeit von der Laufzeit:

```
<= 3 Jahre    3 %
<= 5 Jahre    4 %
<=10 Jahre    5 %
>10 Jahre     6 %
```

Das dazugehörige Eingabeformular:

```
<!DOCTYPE html><html><head><meta charset="utf-8"></head><body>
<h2>Geldanlage</h2>
<p>Geben Sie bitte die folgenden Werte ein:</p>
<form action="geldanlage.php" method="post">
   <p><input name="grundbetrag"> Grundbetrag (in &euro;)</p>
   <p><input name="laufzeit"> Laufzeit (in Jahren)</p>
   <p><input type="submit"> <input type="reset"></p>
</form>
</body></html>
```

Listing 1.60 Datei geldanlage.htm

Das Formular sehen Sie in Abbildung 1.79 (mit Beispieldaten).

Im PHP-Auswertungsprogramm werden zunächst die Eingabewerte mithilfe der Funktion doubleval() in Zahlen umgewandelt und zur besseren Kontrolle wieder ausgegeben. Anschließend wird mithilfe einer mehrfachen Verzweigung der Zinssatz aus der Laufzeit bestimmt und ausgegeben.

Abbildung 1.79 Eingabeformular »Geldanlage«

Danach wird eine Schleife durchlaufen. Für jedes Jahr der Geldanlage gibt es einen Durchlauf der Schleife. Bei jedem Durchlauf wird der bis dahin entstandene Gesamtbetrag berechnet, formatiert und ausgegeben. Das Programm dazu sieht so aus:

```php
<!DOCTYPE html><html><head><meta charset="utf-8"></head><body>
<h2>Geldanlage</h2>
<?php
    $betrag = doubleval($_POST["grundbetrag"]);
    $laufzeit = doubleval($_POST["laufzeit"]);
    echo "<p>Grundbetrag: $betrag &euro;<br>";
    echo "Laufzeit: $laufzeit Jahre<br>";

    /* Zinssatz in Abhängigkeit von der Laufzeit */
    if ($laufzeit <= 3)         $zinssatz = 3;
    else if ($laufzeit <= 5)    $zinssatz = 4;
    else if ($laufzeit <= 10)   $zinssatz = 5;
    else                        $zinssatz = 6;
    echo "Zinssatz: $zinssatz %</p>";
?>
<table border="1">
<tr>
  <td align="right"><b>nach Jahr</b></td>
  <td align="right"><b>Betrag</b></td>
</tr>
<?php
    /* Anlageberechnung und Ausgabe */
    for($i=1; $i<=$laufzeit; $i++)
    {
```

```
        echo "<tr>";
        echo "<td align='right'>$i</td>";
        $betrag = $betrag + $betrag * $zinssatz / 100;
        $ausgabe = number_format($betrag,2,",",".");
        echo "<td align='right'>$ausgabe &euro;</td>";
        echo "</tr>";
    }
?>
</table>
</body></html>
```

Listing 1.61 Datei geldanlage.php

Die Ausgabe sehen Sie in Abbildung 1.80.

Abbildung 1.80 Ausgabe »Geldanlage«

1.12.4 Steuertabelle

Es soll eine (stark vereinfachte) Berechnung und Ausgabe von Steuersätzen, Steuerbeträgen und Nettoeinkommen vorgenommen werden. Der einheitliche Steuersatz wird für das gesamte Bruttoeinkommen nach Tabelle 1.8 berechnet.

Der Benutzer kann die folgenden Daten eingeben:

▶ Startwert: erster Wert, für den die Beträge berechnet werden

▶ Endwert: letzter Wert, für den die Beträge berechnet werden

▶ Intervall: Abstand der einzelnen Werte voneinander

Bruttoeinkommen	Steuersatz
<= 12000	12 %
> 12000 und <= 20000	15 %
> 20000 und <= 30000	20 %
> 30000	25 %

Tabelle 1.8 Einkommen und Steuersätze

Der Programmcode des Eingabeformulars:

```
<!DOCTYPE html><html><head><meta charset="utf-8"></head><body>
<h2>Steuertabelle</h2>
<p>Geben Sie bitte die folgenden Werte ein:</p>
<form action="steuertabelle.php" method="post">
    <p><input name="start"> Startwert (in &euro;)</p>
    <p><input name="ende"> Endwert (in &euro;)</p>
    <p><input name="intervall"> Intervall (in &euro;)</p>
    <p><input type="submit">
    <input type="reset"></p>
</form>
</body></html>
```

Listing 1.62 Datei steuertabelle.htm

Das Formular sehen Sie in Abbildung 1.81 (mit Beispieleingaben).

Abbildung 1.81 Eingabeformular »Steuertabelle«

Im PHP-Auswertungsprogramm werden die Eingaben in Zahlen umgewandelt. Anschließend wird eine Schleife durchlaufen. Für jeden Wert des Bruttoeinkommens gibt es einen Durchlauf. Innerhalb der Schleife wird zunächst mit einer mehrfachen Verzweigung aus dem Bruttoeinkommen der Steuersatz bestimmt. In Abhängigkeit vom Steuersatz werden der Steuerbetrag und das Nettoeinkommen berechnet. Alle vier Informationen werden formatiert und ausgegeben. Die Ausgabe erfolgt in einer Tabelle mit vier Spalten:

▸ Bruttoeinkommen in Euro

▸ Steuersatz in Prozent

▸ Steuerbetrag in Euro

▸ Nettoeinkommen in Euro

Das Programm:

```
<!DOCTYPE html><html><head><meta charset="utf-8"></head><body>
<h2>Steuertabelle</h2>

<table border="1">
<tr>
    <td align="center"><b>Gehalt</b></td>
    <td align="center"><b>Steuersatz</b></td>
    <td align="center"><b>Steuerbetrag</b></td>
    <td align="center"><b>Netto</b></td>
</tr>
<?php
$start     = doubleval($_POST["start"]);
$ende      = doubleval($_POST["ende"]);
$intervall = doubleval($_POST["intervall"]);

for($brutto = $start; $brutto <= $ende;
    $brutto = $brutto + $intervall)
{
    /* Berechnung des Steuersatzes */
    if($brutto <= 12000)      $satz = 12;
    else if($brutto <= 20000)  $satz = 15;
    else if($brutto <= 30000)  $satz = 20;
    else                       $satz = 25;

    $steuerbetrag = $brutto * $satz / 100;
```

```
    $netto = $brutto - $steuerbetrag;
    echo "<tr>";
    echo "<td align='right'>"
       . number_format($brutto,2,",",".") . " &euro;</td>";
    echo "<td align='right'>"
       . number_format($satz,1,",",".") . " %</td>";
    echo "<td align='right'>"
       . number_format($steuerbetrag,2,",",".") . " &euro;</td>";
    echo "<td align='right'>"
       . number_format($netto,2,",",".") . " &euro;</td>";
    echo "</tr>";
}
?>

</table>
</body></html>
```

Listing 1.63 Datei steuertabelle.php

Die Ausgabe des Beispiels sehen Sie in Abbildung 1.82.

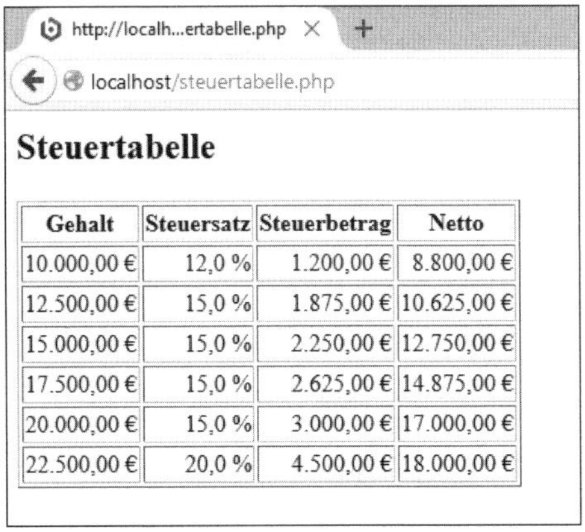

Steuertabelle

Gehalt	Steuersatz	Steuerbetrag	Netto
10.000,00 €	12,0 %	1.200,00 €	8.800,00 €
12.500,00 €	15,0 %	1.875,00 €	10.625,00 €
15.000,00 €	15,0 %	2.250,00 €	12.750,00 €
17.500,00 €	15,0 %	2.625,00 €	14.875,00 €
20.000,00 €	15,0 %	3.000,00 €	17.000,00 €
22.500,00 €	20,0 %	4.500,00 €	18.000,00 €

Abbildung 1.82 Ausgabe »Steuertabelle«

1.12.5 Bestimmung des Ostersonntags

Ostersonntag

In diesem Abschnitt soll eine Funktion `ostersonntag()` zur Bestimmung des Termins des Ostersonntags in einem vorgegebenen Jahr entwickelt werden. Auf Basis des Ostersonntags können alle beweglichen Feiertage eines Bundeslandes berechnet werden. Eine Liste der (beweglichen und festen) Feiertage wird häufig im Zusammenhang mit Terminplanungsprogrammen benötigt (siehe das Beispiel in Abschnitt 9.9).

Die Funktion ostersonntag() soll in der Funktionsbibliothek *ostersonntag.inc.php* bereitgestellt werden. Sie soll mithilfe eines Formulars (Datei *ostersonntag.htm*) und eines PHP-Programms (Datei *ostersonntag.php*) getestet werden.

Im Formular werden vom Benutzer in zwei Eingabefeldern zwei Jahreszahlen angegeben. Das Programm liefert eine Tabelle, in der zu jedem Jahr im angegebenen Jahresbereich der jeweilige Termin des Ostersonntags ausgegeben wird. Falls der Benutzer eine Eingabe wie in Abbildung 1.83 vornimmt ...

Abbildung 1.83 Eingabe eines Jahresbereichs

... wird die Tabelle in Abbildung 1.84 geliefert.

Abbildung 1.84 Ostersonntage im Bereich 2012 bis 2017

Ostern ist stets am ersten Sonntag nach dem ersten Vollmond des Frühlings. So hat es das erste Kirchenkonzil im Jahr 325 n. Chr. festgelegt, und dies gilt bis heute. Im Jahr 1800 entwickelte der deutsche Mathematiker Carl Friedrich Gauß (1777–1855) eine Formel zur Berechnung des Ostersonntags. Sie ist so genau, dass erst für das Jahr 8202 ein Fehler auftritt.

Seine Formel: Ostern fällt im Jahr J auf den (e+D+1)-ten Tag nach dem 21. März, wobei gilt:

▶ d = ((15 + J/100 − J/400 − (8 * J/100 + 13) / 25) mod 30 + 19 * (J mod 19)) mod 30

  – Falls d = 29, ist D = 28.

  – Falls d = 28 und J mod 17 >= 11, ist D = 27.

  – Falls d weder 28 noch 29, ist D = d.

▶ e = (2 * (J mod 4) + 4 * (J mod 7) + 6 * D + (6 + J/100 − J/400 − 2) mod 7) mod 7

Zur Umsetzung in einem Programm müssen Sie Folgendes wissen:

▶ mod entspricht dem Operator Modulo (%) aus PHP. Dies ist also der ganzzahlige Rest einer Division.

▶ Alle vorkommenden Divisionen (z. B. J/100) sind Ganzzahldivisionen; die Stellen hinter dem Komma werden abgeschnitten. Zum Abschneiden können Sie die mathematische Funktion floor() benutzen. Der Ausdruck 1952/100 ergibt den Wert 19.52 (mit Nachkommastellen). Der Ausdruck floor(1952/100) ergibt den Wert 19 (ohne Nachkommastellen, also eine Ganzzahldivision).

Die Funktion ostersonntag() in der Bibliothek ergibt sich wie folgt:

```php
<?php
function ostersonntag($j, &$t, &$m)
{
    // Berechnung des kleinen d
    $d = ((15 + floor($j/100) - floor($j/400)
        - floor((8 * floor($j/100) + 13) / 25)) % 30
        + 19 * ($j % 19)) % 30;

    // Berechnung des großen D
    if ($d==29)                      $D = 28;
    else if ($d == 28 && $j%17 >= 11) $D = 27;
    else                             $D = $d;
```

```
// Berechnung des kleinen e
$e = (2 * ($j%4) + 4 * ($j%7) + 6 * $D
    + (6 + floor($j/100) - floor($j/400) - 2) % 7) % 7;

// Berechnung von Tag und Monat
// Rückgabe der Werte per Referenz
$m = "03";
$t = 21 + $e + $D + 1;
if ($t > 31)
{
    $m = "04";
    $t = $t - 31;
}
if($t < 10)
    $t = "0" . $t;
}
?>
```

Listing 1.64 Datei ostersonntag.inc.php

Das Jahr wird über den Parameter $j an die Funktion geliefert. $t und $m sind Referenzen für die Variablen für Tag und Monat. Die Werte stehen nach dem Aufruf der Funktion an der Aufrufstelle zur Verfügung. Innerhalb der Funktion wird das Ergebnis in einzelnen Schritten bestimmt:

▶ Der Wert von $d wird gemäß der Formel errechnet.

▶ Der Wert von $D ergibt sich nach einer Verzweigung aus $d.

▶ Der Wert von $e wird gemäß der Formel errechnet.

▶ Falls der errechnete Tag nicht mehr im Monat März liegt, müssen Tag und Monat auf den entsprechenden Tag im Monat April umgerechnet werden. Beispiel: Aus dem 36.03. wird der 05.04.

▶ Die Zahlen werden in Text umgewandelt, mit führenden Nullen bei den einstelligen Zahlen.

Das Eingabeformular für den Benutzer:

```
<!DOCTYPE html><html><head><meta charset="utf-8"></head><body>
<h2>Ostersonntag</h2>
<p>Bitte geben Sie zwei Jahreszahlen ein<br>
und senden Sie das Formular ab:</p>
<form action="ostersonntag.php" method="post">
```

```
    <p><input name="anfang"> Erste Jahreszahl</p>
    <p><input name="ende"> Zweite Jahreszahl</p>
    <p><input type="submit">
    <input type="reset"></p>
</form>
</body></html>
```

Listing 1.65 Datei ostersonntag.htm

Die beiden Jahreszahlen werden in die Felder anfang und ende eingegeben.
Das PHP-Programm zur Erzeugung der Tabelle:

```php
<!DOCTYPE html><html><head><meta charset="utf-8"></head><body>
<h2>Ostersonntag</h2>
<?php
    // Einbinden der Funktionsbibliothek
    include "ostersonntag.inc.php";

    // Größere Jahreszahl zuerst? Tauschen!
    $anfang = intval($_POST["anfang"]);
    $ende = intval($_POST["ende"]);
    if ($anfang > $ende)
    {
        $temp = $anfang;
        $anfang = $ende;
        $ende = $temp;
    }

    echo "<table border='1'>";
    echo "<tr><td><b>Jahr</b></td><td><b>Datum</b></td></tr>";

    // Schleife über alle Jahreszahlen
    for ($jahr=$anfang; $jahr<=$ende; $jahr++)
    {
        ostersonntag($jahr, $tag, $monat);
        echo "<tr><td>$jahr</td><td>$tag.$monat.$jahr</td></tr>";
    }
    echo "</table>";
?>
</body></html>
```

Listing 1.66 Datei ostersonntag.php

Die Funktionsbibliothek wird eingebunden; somit steht die Funktion `ostersonntag()` zur Verfügung. Falls der Benutzer die beiden Jahreszahlen in der falschen Reihenfolge eingegeben hat, werden sie getauscht. In einer Schleife wird die Funktion `ostersonntag()` für jeden Wert von `anfang` bis `ende` aufgerufen. In den beiden Variablen `$tag` und `$monat` sind per Referenz nach jedem Aufruf die Werte für den Tag und den Monat des betreffenden Jahres gespeichert. Diese beiden Werte werden ausgegeben.

Kapitel 2
Daten senden und auswerten

Dieses Kapitel zeigt Ihnen, auf welch vielfältige und komfortable Weise Sie dem Programmbenutzer ermöglichen können, Informationen an den Webserver zu übermitteln. Zudem erläutere ich die Auswertung dieser Informationen und zeige Ihnen, wie Sie Ihre Programme im Internet veröffentlichen können.

Im Programmierkurs habe ich bereits einfache Formulare angesprochen. Durch die Eingabe von Daten in ein Eingabefeld und das anschließende Absenden des Formulars werden sie an den Webserver übermittelt. Neben dem dabei verwendeten einzeiligen Texteingabefeld gibt es eine Reihe weiterer Formularelemente, die eine sichere und fehlerfreie Benutzung bzw. Übermittlung der Daten stark vereinfachen. Sie lassen sich in drei große Gruppen unterteilen:

- ▶ Textelemente
- ▶ Auswahlelemente
- ▶ Aktionselemente

2.1 Textelemente

Zu den Textelementen gehören die Ihnen bereits bekannten *einzeiligen Texteingabefelder*, die *mehrzeiligen Texteingabefelder*, die *Passworteingabefelder* sowie die *versteckten Elemente*.

Sie können alle Textelemente mit Werten vorbelegen. Dies kann die Benutzung vereinfachen, falls in einem Feld ein bestimmter Wert besonders häufig vorkommt. Beim Zurücksetzen eines Formulars wird dieser Wert eingesetzt.

2.1.1   Einzeilige Texteingabefelder

`<input type="text">` Ein einzeiliges Texteingabefeld (`<input type="text">` oder einfach `<input>`) dient der Übermittlung kleinerer Textinformationen (z. B. des Namens oder der Adresse) oder einzelner Zahlenwerte. Es kann über die folgenden Eigenschaften verfügen:

name   ▶ name: zur eindeutigen Kennzeichnung bei der Auswertung in einem PHP-Programm

size   ▶ size: zur Darstellung in einer bestimmten Breite innerhalb des Eingabeformulars

maxlength   ▶ maxlength: zur Begrenzung der Menge der Zeichen, die eingegeben werden können

value   ▶ value: zur Vorbelegung des Eingabefelds

readonly   ▶ readonly: zum Verhindern der Eingabe; im Zusammenhang mit PHP selten benötigt

Ein Beispiel mit unterschiedlichen einzeiligen Texteingabefeldern:

```
<!DOCTYPE html><html><head><meta charset="utf-8"></head><body>
<h2>Einzeilige Texteingabefelder</h2>
<form action = "text.php" method = "post">
    <p><input name="eins" size="40"> Feld Eins</p>
    <p><input name="zwei" size="10" maxlength="5"> Feld Zwei</p>
    <p><input name="drei" value="Inhalt Drei"> Feld Drei</p>
    <p><input name="vier" value="Inhalt Vier"
        readonly="readonly"> Feld Vier</p>
    <p><input type="submit"> <input type="reset"></p>
</form>
</body></html>
```

Listing 2.1 Datei text.htm

Erläuterung:

▶ Feld Eins dient der Eingabe eines Textes mit maximal 40 Zeichen.

▶ Feld Zwei dient der Eingabe von maximal 5 Zeichen und wird daher auch in der Darstellungsgröße auf den Wert 10 beschränkt.

▶ Feld Drei ist mit dem Text Inhalt Drei vorbelegt. Falls der Benutzer nichts ändert, wird dieser Text als Wert gesendet.

▶ Feld Vier ist mit dem Text Inhalt Vier vorbelegt. Der Benutzer kann nichts ändern; dieser Text wird als Wert gesendet.

Das Formular mit einer Beispieleingabe sehen Sie in Abbildung 2.1.

Abbildung 2.1 Verschiedene Texteingabefelder

Das PHP-Auswertungsprogramm:

```
<!DOCTYPE html><html><head><meta charset="utf-8"></head><body>
<?php
    echo "Eins: " . $_POST["eins"] . "<br>";
    echo "Zwei: " . $_POST["zwei"] . "<br>";
    echo "Drei: " . $_POST["drei"] . "<br>";
    echo "Vier: " . $_POST["vier"];
?>
</body></html>
```

Listing 2.2 Datei text.php

Die Auswertung zeigt Abbildung 2.2.

Abbildung 2.2 Auswertung der verschiedenen Texteingabefelder

135

2.1.2   Mehrzeilige Texteingabefelder

<textarea>   Ein mehrzeiliges Texteingabefeld (`<textarea> ... </textarea>`) dient der Übermittlung umfangreicher Textinformationen (z. B. von Kommentaren oder Diskussionsbeiträgen). Es sollte über die folgenden Eigenschaften verfügen:

name   ▸ `name`: als Bezeichnung für die Auswertung in einem PHP-Programm

cols   ▸ `cols`: zur Festlegung der Breite innerhalb des Eingabeformulars

rows   ▸ `rows`: zur Festlegung der Höhe innerhalb des Eingabeformulars

Es kann mit einem Text vorbelegt werden. Außerdem ist die Eigenschaft `readonly` verfügbar. Eine Textarea wird in verschiedenen Browsern unterschiedlich angezeigt. In manchen Browsern wird ein fester Scrollbalken angezeigt, in anderen Browsern nur bei Bedarf. In einigen Browsern können die Benutzer die Textarea über die vorgegebene Anzahl an Zeilen und Spalten hinaus vergrößern. Dazu muss am Anfasspunkt unten rechts (siehe Abbildung 2.3) mit der Maus gezogen werden.

Ein Beispiel mit unterschiedlichen mehrzeiligen Texteingabefeldern:

```
<!DOCTYPE html><html><head><meta charset="utf-8"></head><body>
<h2>Mehrzeilige Texteingabefelder</h2>
<form action = "textarea.php" method = "post">
   <p><textarea name="eins" cols="10" rows="3"></textarea>
      Feld Eins</p>
   <p><textarea name="zwei" cols="30"
      rows="5">Hier steht schon etwas</textarea> Feld Zwei</p>
   <p><input type="submit"> <input type="reset"></p>
</form>
</body></html>
```

Listing 2.3 Datei textarea.htm

Im Unterschied zum `input`-Element handelt es sich bei `textarea` um einen Container mit Anfangs- und Endmarkierung. Daher findet sich der Wert des Formularelements (und eine eventuell vorhandene Vorbelegung) zwischen den beiden Markierungen und nicht als Attributwert.

Zeilenumbruch   Achten Sie darauf, dass alle Zeilenumbrüche im HTML-Quellcode, die sich zwischen den beiden Markierungen befinden, in die `textarea` übernommen werden. Daher habe ich im Beispielprogramm den Zeilenumbruch zwischen die Attribute cols und rows gesetzt. Das Formular sehen Sie in Abbildung 2.3.

Abbildung 2.3 Zwei Textareas

Das PHP-Auswertungsprogramm:

```
<!DOCTYPE html><html><head><meta charset="utf-8"></head><body>
<?php
    echo "Eins: " . $_POST["eins"] . "<br>";
    echo "Zwei: " . $_POST["zwei"];
?>
</body></html>
```

Listing 2.4 Datei textarea.php

Die Auswertung zeigt Abbildung 2.4.

Abbildung 2.4 Auswertung der Textareas

2.1.3   Passworteingabefeld, verstecktes Element

<input type=
"password">

Ein Passworteingabefeld (`<input type="password">`) ist ein spezialisiertes einzeiliges Texteingabefeld. Es verfügt zusätzlich über die Eigenschaft, den eingegebenen Text unlesbar darzustellen. Wie der Name bereits sagt, dient es meist der Eingabe und Übertragung eines Passworts (oder anderer geheim zu haltender Informationen).

<input type=
"hidden">

Ein verstecktes Element (`<input type="hidden">`) erscheint nicht auf dem Bildschirm und kann vom Benutzer nicht bearbeitet werden. Es dient der versteckten Übertragung zusätzlicher Daten an den Webserver.

Ein Beispiel: Ein Benutzer meldet sich auf einer Website mit seinem Namen an. Der Name wird aus dem Anmeldeformular an ein erstes PHP-Programm übertragen. Von diesem PHP-Programm aus soll ein zweites PHP-Programm aufgerufen werden, das ebenfalls den Namen des Benutzers benötigt. Mithilfe eines versteckten Elements kann dieser Name vom ersten PHP-Programm zum zweiten PHP-Programm übertragen werden, ohne dass eine weitere Eingabe notwendig ist. Dieses Beispiel soll nun zusammen mit einer Passworteingabe umgesetzt werden. Zunächst das Anmeldeformular:

```
<!DOCTYPE html><html><head><meta charset="utf-8"></head><body>
<h2>Anmeldung</h2>
<form action = "pwhidden_a.php" method = "post">
   <p><input name="ben" maxlength="10">
      Benutzername (max. 10 Zeichen)</p>
   <p><input type="password" name="pw" maxlength="6">
      Passwort (max. 6 Zeichen)</p>
   <p><input type="submit"> <input type="reset"></p>
</form>
</body></html>
```

Listing 2.5 Datei pwhidden.htm

Der Benutzername darf maximal 10 Zeichen umfassen und wird mit dem Formularelement ben gesendet. Das Passwort darf maximal 6 Zeichen umfassen und wird mit dem Formularelement pw gesendet. Das Formular (mit Beispieleintrag) sehen Sie in Abbildung 2.5.

Abbildung 2.5 Passworteingabe

Das erste PHP-Programm:

```
<!DOCTYPE html><html><head><meta charset="utf-8"></head><body>
<h2>Seite 1</h2>
<form action = "pwhidden_b.php" method = "post">
<?php
    echo "<p>Name: " . $_POST["ben"] . "</p>";
    echo "<input type='hidden' name='benzwei' value='"
        . $_POST["ben"] . "'>";
    if($_POST["pw"]=="bingo")
        echo "<p>Zugang erlaubt</p>";
    else
        echo "<p>Zugang eigentlich nicht erlaubt ...</p>";
?>
    <input type="submit">
</form>
</body></html>
```

Listing 2.6 Datei pwhidden_a.php

Hier wird zum einen der Name des Benutzers sichtbar auf den Bildschirm geschrieben, zum anderen wird er als Wert des versteckten Elements eingetragen. Dieses trägt den Namen benzwei und befindet sich innerhalb eines weiteren Formulars. Das übertragene Passwort wird ebenfalls untersucht. Die Ausgabe von Seite 1 sehen Sie in Abbildung 2.6.

Versteckte Übertragung

Abbildung 2.6 Nach der erfolgreichen Anmeldung

Das Absenden dieses Formulars überträgt den Namen und den Wert des versteckten Elements an das nächste PHP-Programm:

```
<!DOCTYPE html><html><head><meta charset="utf-8"></head><body>
<h2>Seite 2</h2>
<?php
    echo "Name: " . $_POST["benzwei"];
?>
</body></html>
```

Listing 2.7 Datei pwhidden_b.php

Hier steht der Benutzername ebenfalls zur Verfügung, ohne dass der Benutzer ihn noch einmal eintragen muss. Die Ausgabe von Seite 2 zeigt Abbildung 2.7.

Abbildung 2.7 Nach der Weitergabe des Benutzernamens

[»]   **Hinweis**

Falls allerdings im Browser der HTML-Quelltext des ersten PHP-Programms betrachtet wird, ist das hidden-Element inklusive seines Werts lesbar.

2

Somit ist diese Methode nur sehr bedingt geeignet, um geheim zu haltende Daten zu übertragen. Man kann nie sicher sein, ob ein angemeldeter Benutzer nicht zwischendurch seinen Arbeitsplatz verlässt und damit anderen Personen die Möglichkeit eröffnet, den HTML-Quelltext zu betrachten.

2.2 Auswahlelemente

Auswahlelemente erleichtern dem Benutzer die Bedienung. Dadurch verringern sie gleichzeitig die Möglichkeit, Fehler bei der Eingabe zu machen. Falls möglich, sind sie den Textfeldern vorzuziehen, da der Mehraufwand im PHP-Programm für das Abfangen von fehlerhaften Eingaben in keinem Verhältnis zum Mehraufwand der HTML-Codierung der Auswahlfelder steht. Bei den Auswahlelementen unterscheidet man:

▶ einfache Auswahlelemente wie Radiobutton-Gruppen oder das einfache Auswahlmenü, bei denen der Benutzer genau einen Eintrag auswählen kann

▶ mehrfache Auswahlelemente wie Kontrollkästchen oder das mehrfache Auswahlmenü, bei denen der Benutzer mehrere Einträge auswählen kann

Einfache Auswahlelemente sollten Sie vorbelegen. Auf diese Weise können Sie verhindern, dass ein Formularelement ohne Wert übertragen wird. Dies verringert gleichzeitig den Aufwand im PHP-Programm.

2.2.1 Radiobutton-Gruppe

Eine Auswahl kann z. B. über eine Gruppe von Optionsschaltfeldern, auch Radiobuttons genannt (`<input type="radio">`), getroffen werden:

`<input type= "radio">`

```
<!DOCTYPE html><html><head><meta charset="utf-8"></head><body>
<p>Bitte treffen Sie jeweils eine Auswahl<br>
   und senden Sie das Formular ab:</p>
<form action = "radio.php" method = "post">
   <h3>Reiseziel</h3>
   <p><input type="radio" name="rziel" value="Gomera"
      checked="checked"> Wandern auf Gomera<br>
   <input type="radio" name="rziel" value="Lanzarote">
      Sonnen auf Lanzarote<br>
```

```
    <input type="radio" name="rziel" value="Fuerteventura">
      Surfen auf Fuerteventura</p>

    <h3>Hoteltyp</h3>
    <p><input type="radio" name="htyp" value="Drei"
      checked="checked"> Drei-Sterne-Hotel<br>
    <input type="radio" name="htyp" value="Vier">
      Vier-Sterne-Hotel</p>

    <p><input type="submit"> <input type="reset"></p>
</form>
</body></html>
```

Listing 2.8 Datei radio.htm

Radiobutton-
Gruppen

In diesem Formular werden zwei Gruppen von Radiobuttons dargestellt. Die Elemente einer Gruppe haben denselben Namen; damit wird die Zusammengehörigkeit für das auswertende PHP-Programm hergestellt. Optisch werden die beiden Gruppen durch Überschriften voneinander getrennt.

checked

Innerhalb der ersten Gruppe kann der Betrachter ein Reiseziel und innerhalb der zweiten Gruppe einen Hoteltyp auswählen. In beiden Gruppen ist ein Element vorbelegt: Dafür sorgt die Eigenschaft checked mit dem Wert checked.

Nach dem Absenden des Formulars erhält der Benutzer eine Antwort vom Webserver mit der Anzahl der Angebote für die von ihm gewählten Kriterien. Wie das Formular nach Bedienung durch den Benutzer aussieht, sehen Sie in Abbildung 2.8.

Die Antwort wird durch das folgende Programm geliefert:

```
<!DOCTYPE html><html><head><meta charset="utf-8"></head><body>
<?php
   echo "Es geht also nach " . $_POST["rziel"];
   echo " in ein " . $_POST["htyp"] . "-Sterne-Hotel<br>";
   if ($_POST["rziel"] == "Gomera")
   {
      if ($_POST["htyp"] == "Drei") $ang = 7;
      else                          $ang = 1;
   }
   else if ($_POST["rziel"] == "Lanzarote")
```

```
    {
       if ($_POST["htyp"] == "Drei") $ang = 12;
       else                          $ang = 2;
    }
    else
    {
       if ($_POST["htyp"] == "Drei") $ang = 5;
       else                          $ang = 4;
    }
    echo "Dazu haben wir $ang Angebote";
?>
</body></html>
```

Listing 2.9 Datei radio.php

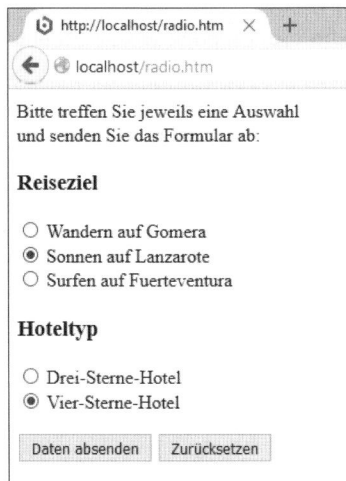

Abbildung 2.8 Radiobuttons

Der gemeinsame Name (Eigenschaft name) der ersten Optionsgruppe ist rziel. Nach dem Absenden des Formulars steht dadurch die Variable $_POST["rziel"] mit dem Wert (value) des vom Benutzer ausgewählten Eintrags im PHP-Programm zur Verfügung. Falls er z. B. Wandern auf Gomera auswählt, wird $_POST["rziel"] der Wert Gomera zugewiesen.

Der gemeinsame Name der zweiten Optionsgruppe ist htyp. Falls der Benutzer beispielsweise Drei-Sterne-Hotel auswählt, wird der Variablen $_POST ["htyp"] der Wert Drei zugewiesen.

Aus den Informationen in den Variablen wird im PHP-Programm mithilfe einer geschachtelten Verzweigung die Anzahl der vorliegenden Angebote ermittelt und in der Variablen $ang gespeichert. Der Wert dieser Variablen wird dem Betrachter zusammen mit einer Bestätigung seiner Eingabedaten zurückgesandt. Die Antwort auf die obige Eingabe zeigt Abbildung 2.9.

Abbildung 2.9 Nach der Auswertung der Radiobuttons

2.2.2 Einfaches Auswahlmenü

Einfache Auswahlmenüs (select-Menüs) erfüllen den gleichen Zweck wie Gruppen von Radiobuttons. Besonders bei zahlreichen Auswahlmöglichkeiten zeichnen sie sich durch ihren geringeren Platzbedarf innerhalb eines Formulars aus. Zum Vergleich soll daher nun das oben genannte Beispiel mithilfe von Auswahlmenüs dargestellt werden. Es kann in beiden Fällen das gleiche PHP-Programm angefordert werden.

```
<!DOCTYPE html><html><head><meta charset="utf-8"></head><body>
<p>Bitte treffen Sie jeweils eine Auswahl<br>
   und senden Sie das Formular ab:</p>
<form action = "radio.php" method = "post">
   <p><select name="rziel">
      <option value="Gomera"> Wandern auf Gomera </option>
      <option value="Lanzarote" selected="selected">
         Sonnen auf Lanzarote </option>
      <option value="Fuerteventura">
         Surfen auf Fuerteventura </option>
   </select> Reiseziel</p>

   <p><select name="htyp">
      <option value="Drei" selected="selected">
         Drei-Sterne-Hotel </option>
      <option value="Vier"> Vier-Sterne-Hotel </option>
   </select> Hoteltyp</p>
```

```
  <p><input type="submit"> <input type="reset"></p>
</form>
</body></html>
```

Listing 2.10 Datei select.htm

Zu den Unterschieden: Im Dokument erscheinen zwei aufklappbare Menüs (`<select> </select>`), in denen jeweils bereits eine Auswahlmöglichkeit voreingestellt ist (Eigenschaft `selected` mit dem Wert `selected`). Die Namen der beiden Auswahlmenüs sind `rziel` und `htyp`, und der Wert (Eigenschaft `value`) wird über die jeweils vom Benutzer ausgewählte Option eingestellt. Das PHP-Programm *radio.php* verarbeitet diese Informationen genau so wie bei den Radiobuttons.

select, selected

> **Hinweis**
>
> Wird im Formular die Eigenschaft `value` weggelassen, wird als Wert der dargestellte Text der ausgewählten Option (zwischen `<option>` und `</option>`) übermittelt.

[«]

option

Das Formular sieht im Startzustand wie in Abbildung 2.10 aus.

Abbildung 2.10 Zwei select-Menüs

2.2.3 Kontrollkästchen

Mithilfe eines Kontrollkästchens (`<input type="checkbox">`) kann der Benutzer eine einfache Ja/Nein-Auswahl treffen. Soll ein Kontrollkästchen bereits vorbelegt sein, wird die Eigenschaft `checked` mit dem Wert `checked` hinzugefügt. Falls mehrere Kontrollkästchen zusammen verwendet werden, hat der Benutzer die Möglichkeit, keinen, einen oder mehrere Einträge aus einer zusammengehörigen Gruppe auszuwählen. Ein Beispiel:

`<input type= "checkbox">`

145

```
<!DOCTYPE html><html><head><meta charset="utf-8"></head><body>
<p>Ihr Zimmer soll bieten:</p>
<form action = "check.php" method = "post">
   <p><input type="checkbox" name="cb" value="Badezimmer"
      checked="checked"> Bad</p>
   <p><input type="checkbox" name="cm" value="Blick aufs Meer">
      Meeresblick</p>
   <p><input type="checkbox" name="cz" value="Tresor im Zimmer">
      Zimmertresor</p>
   <p><input type="submit"> <input type="reset"></p>
</form>
</body></html>
```

Listing 2.11 Datei check.htm

In diesem Formular kann der Betrachter drei voneinander unabhängige Eigenschaften seines Hotelzimmers auswählen. Nach dem Absenden des Formulars bekommt er eine Antwort vom Webserver mit einer Bestätigung seiner Auswahl. Abbildung 2.11 zeigt das Formular.

Abbildung 2.11 Kontrollkästchen

Die Antwort liefert das folgende Programm:

```
<!DOCTYPE html><html><head><meta charset="utf-8"></head><body>
<?php
   echo "<p>Wir reservieren:</p>";
   if (isset($_POST["cb"]))
      echo "Zimmer mit " . $_POST["cb"]
         . ", Aufpreis 10 Euro/Tag<br>";
   if (isset($_POST["cm"]))
```

```
      echo "Zimmer mit " . $_POST["cm"]
         . ", Aufpreis 15 Euro/Tag<br>";
   if (isset($_POST["cz"]))
      echo "Zimmer mit " . $_POST["cz"]
         . ", Aufpreis 5 Euro/Tag";
?>
</body></html>
```

Listing 2.12 Datei check.php

Die Namen der drei Kontrollkästchen werden wiederum zu Variablen des PHP-Programms. Sie haben hier eine doppelte Funktion:

- Zum einen wird mithilfe der Funktion isset() überprüft, ob das jeweilige Kontrollkästchen vom Benutzer ausgewählt ist. Falls ja, existiert das betreffende Element des assoziativen Felds $_POST für das PHP-Programm. Das Ergebnis der Abfrage if (isset($_POST["checkboxname"])) ist wahr, und die darauffolgende Anweisung wird ausgeführt.

  Existenz, isset()

- Zum anderen beinhaltet die Variable einen Wert (Eigenschaft value). Dieser Wert kann im Programm z. B. zur Ausgabe genutzt werden, wie im oben gezeigten Programm geschehen. Der Eigenschaftswert muss nicht mit dem Text übereinstimmen, der im Formular sichtbar ist.

Falls das oberste Kontrollkästchen als einziges angekreuzt ist, sieht die Antwort wie in Abbildung 2.12 aus.

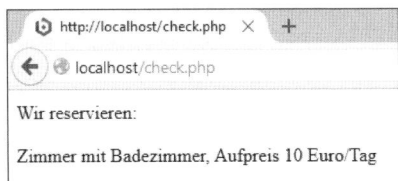

Abbildung 2.12 Auswertung der Kontrollkästchen

2.2.4   Mehrfaches Auswahlmenü

Den gleichen Zweck wie Gruppen von Kontrollkästchen erfüllen mehrfache Auswahlmenüs (<select multiple="multiple"> ... </select>). Auch hier gilt: Besonders bei zahlreichen Auswahlmöglichkeiten zeichnen sie sich durch ihren geringeren Platzbedarf innerhalb eines Formulars aus. Zum Vergleich soll das oben gezeigte Beispiel nun mithilfe eines mehrfachen Auswahlmenüs dargestellt werden:

<select multiple="multiple">

```
<!DOCTYPE html><html><head><meta charset="utf-8"></head><body>
<p>Ihr Zimmer soll bieten:</p>
<form action = "multiple.php" method = "post">
   <p><select multiple="multiple" name="zusatz[]">
      <option value="Bad, Aufpreis 10 Euro/Tag"> Bad</option>
      <option value="Meeresblick, Aufpreis 15 Euro/Tag"
         selected="selected"> Meeresblick</option>
      <option value="Zimmertresor, Aufpreis 5 Euro/Tag"
         selected="selected"> Zimmertresor</option>
   </select></p>

   <p><input type="submit"> <input type="reset"></p>
</form>
</body></html>
```

Listing 2.13 Datei multiple.htm

Formular-
elementfeld

Bei einem mehrfachen Auswahlmenü kann der Benutzer mithilfe der
⌈Strg⌉-Taste (getrennte Einträge) bzw. mit der ⌈⇧⌉-Taste (benachbarte Einträge) seine Wahl treffen. Damit eine Auswertung durch PHP möglich ist,
muss das Formularelement mit name="zusatz[]" als Feld gekennzeichnet
werden. Das Formular sehen Sie in Abbildung 2.13 und die Antwort dazu in
Abbildung 2.14.

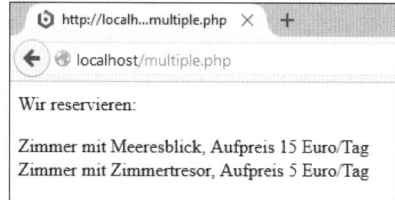

Abbildung 2.13 select-Menü für eine
Mehrfachauswahl

Abbildung 2.14 Auswertung des select-Menüs für eine Mehrfachauswahl

Die Auswertung durch ein PHP-Programm:

```
<!DOCTYPE html><html><head><meta charset="utf-8"></head><body>
<?php
   echo "<p>Wir reservieren:</p>";
```

```
      echo "<p>";
      for($i=0; $i<count($_POST["zusatz"]); $i++)
         if (isset($_POST["zusatz"][$i]))
            echo "Zimmer mit " . $_POST["zusatz"][$i] . "<br>";
      echo "</p>";
?>
</body></html>
```

Listing 2.14 Datei multiple.php

Auch hier wird die Funktion isset() verwendet, um die Existenz einer Variablen zu prüfen. Bei $_POST handelt es sich bekanntlich um ein assoziatives Feld. Die Daten des Formularelements zusatz werden außerdem in einem numerisch indizierten Feld geliefert. Daher ist das Feldelement $_POST["zusatz"] wiederum ein Feld.

Jedes Element dieses Felds ist nur über die Angabe von zwei Indizes erreichbar: Zunächst muss der Name des assoziativen Feldelements (zusatz) und anschließend der Index des numerisch indizierten Felds (0, 1, 2 ...) angegeben werden.

Falls einer oder mehrere Einträge ausgewählt werden, existiert für PHP das Feldelement $_POST["zusatz"]. Dessen aktuelle Größe kann mit der Funktion count() ermittelt werden.

▶ Falls genau ein Eintrag ausgewählt wird, existiert für PHP nur das Feldelement $_POST["zusatz"][0]. Es beinhaltet den Wert des ausgewählten Eintrags.

▶ Falls mehrere Einträge ausgewählt werden, existieren für PHP die Feldelemente $_POST["zusatz"][0], $_POST["zusatz"][1] usw. – entsprechend der Anzahl der ausgewählten Einträge. Sie beinhalten der Reihe nach die Werte der ausgewählten Einträge.

2.3   Aktionselemente

Zu den Aktionselementen gehören die bereits bekannten Schaltflächen zum Absenden und Zurücksetzen sowie die allgemeinen Schaltflächen.

Allgemeine Schaltflächen (<input type="button">) werden meist zum Auslösen von Code in der Skriptsprache JavaScript verwendet. In diesem PHP-

JavaScript

Buch können die umfangreichen Möglichkeiten von JavaScript nur angedeutet werden. Mehr zum Thema finden Sie z. B. in folgendem Buch: »Einstieg in JavaScript«, ISBN 978-3-8362-4074-1, *www.rheinwerk-verlag.de/4087*.

2.3.1 Absenden und Zurücksetzen

Submit-Schaltfläche Die Schaltfläche zum Absenden (englisch: *to submit*) dient dem Übermitteln von Namen und Werten der Formularelemente sowie dem Aufruf des dazugehörigen PHP-Auswertungsprogramms.

Reset-Schaltfläche Die Schaltfläche zum Zurücksetzen (englisch: *to reset*) dient dem Herstellen des Ursprungszustands des Formulars, falls beispielsweise fehlerhafte Einträge gemacht werden. Sofern ein Formularelement vorbelegt ist, wird diese Vorbelegung wiederhergestellt.

Die Beschriftung der beiden Schaltflächen unterscheidet sich je nach Browser und Sprache des Benutzers. Alle Browser weisen für die verschiedenen Sprachen jeweils Vorbelegungen für die Beschriftungen auf. Dies hat den Vorteil, dass sich die Beschriftungen an die Umgebung des Benutzers anpassen.

Beschriftung Falls Sie Ihre Schaltflächen einheitlich für jeden Benutzer beschriften wollen, können Sie der Eigenschaft value einen Wert zuweisen. Dies könnten z. B. die Beschriftungen ANMELDUNG, LOGIN, DATEN SENDEN oder ähnliche Beschriftungen sein, um dem Benutzer zu verdeutlichen, welche Aktion er auslösen kann.

Die Schaltflächen können auch einen eigenen Namen haben. Diese Technik wird verwendet, wenn Sie das Formular und das PHP-Programm innerhalb einer Datei unterbringen möchten. Nähere Informationen hierzu finden Sie in Abschnitt 2.4.3.

Formular kontrollieren Weitere Möglichkeiten ergeben sich durch den Einsatz von JavaScript zur Prüfung der Formularinhalte. Dabei werden die Daten auf dem Rechner des Benutzers auf Fehler geprüft, bevor sie über das Internet versendet werden. Diese Aktion sollte spätestens bei der Betätigung der Absende-Schaltfläche ausgelöst werden. Der Benutzer wird dabei durch möglichst genaue Meldungen auf seine fehlerhaften oder unvollständigen Einträge aufmerksam gemacht. Dadurch wird er beim Ausfüllen unterstützt. Außerdem wird die Übertragung der Daten über das Internet (und damit unnötiger Netzverkehr) verhindert, solange diese für das auswertende PHP-Programm noch nicht vollständig sind.

Ein Beispiel soll den Einsatz von JavaScript verdeutlichen. Es werden beschriftete Schaltflächen zum Absenden und Zurücksetzen verwendet:

```
<!DOCTYPE html><html><head><meta charset="utf-8">
<script type="text/javascript">
function fcheck()
{
    if (document.anm.ben.value.length < 4)
    {
        alert("Der Benutzername muss 4-10 Zeichen haben!");
        return(false);
    }
    else if (document.anm.pw.value.length < 4)
    {
        alert("Das Passwort muss 4-6 Zeichen haben!");
        return(false);
    }
    return true;
}
</script>
</head>
<body>
<h2>Anmeldung</h2>
<form name="anm" action="submit_reset.php" method="post"
      onSubmit="return fcheck();">
    <p><input name="ben" maxlength="10">
       Benutzername (4-10 Zeichen)</p>
    <p><input name="pw" type="password" maxlength="6">
       Passwort (4-6 Zeichen)</p>
    <p><input type="submit" value="Login">
       <input type="reset"></p>
</form>
</body></html>
```

Listing 2.15 Datei submit_reset.htm

In das Formular sollen ein Benutzername (mindestens 4 Zeichen, höchstens 10 Zeichen) und ein Passwort (mindestens 4 Zeichen, höchstens 6 Zeichen) eingetragen werden. Die maximale Länge wird durch die Eigenschaft `maxlength` kontrolliert, die minimale Länge durch eine JavaScript-Funktion.

Event-Handler   Das Formular hat einen Namen (`anm`). Dieser Name wird von der JavaScript-Funktion zur Identifikation benötigt. Außerdem benutzt das Formular einen sogenannten *Event-Handler* (`onSubmit`). Ein Event-Handler dient dem Behandeln eines Ereignisses. Der Event-Handler `onSubmit` behandelt das Ereignis »Absenden«. Falls der Benutzer das Formular absendet, wird zunächst die JavaScript-Funktion `fcheck()` aufgerufen. Das Formular zeigt Abbildung 2.15.

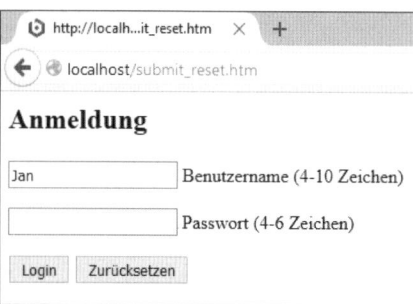

Abbildung 2.15 Formular mit Kontrolle der Eingabewerte

document … value   Die Funktion `fcheck()` wird im Kopf des Dokuments definiert. Innerhalb der Funktion wird überprüft, ob der vom Benutzer eingetragene Wert (englisch: *value*) des Formularelements `ben` (mit vollem Namen: `document.anm.ben`) eine Länge von weniger als 4 Zeichen hat. Falls ja, erscheint eine entsprechende Meldung auf dem Bildschirm. Anschließend gibt die Funktion den Wert `false` (logisch falsch) an die aufrufende Stelle zurück. Die Überprüfung des Passworts geschieht analog. Die beiden möglichen Fehlermeldungen sehen Sie in Abbildung 2.16 und in Abbildung 2.17.

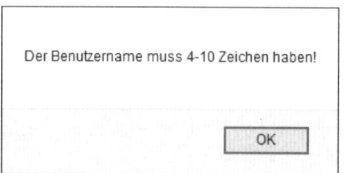

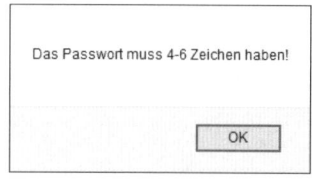

Abbildung 2.16 JavaScript-Kontrolle der Länge des Benutzernamens

Abbildung 2.17 JavaScript-Kontrolle der Länge des Passworts

Daten nur vollständig senden   Falls eine der beiden Überprüfungen `false` als Wert der Funktion `fcheck()` zurückliefert, sorgt der Ausdruck `return fcheck()` dafür, dass das Formular nicht abgesendet wird. Es werden also keine unvollständigen Daten über das Netz übertragen. Falls die Einträge lang genug waren, wird die Funktion fcheck() bis zum Ende bearbeitet und liefert true zurück. Dies sorgt dafür, dass das Formular mit seinen Einträgen gesendet wird. Das PHP-Auswertungsprogramm gibt hier zur Kontrolle den eingetragenen Benutzernamen aus:

```
<!DOCTYPE html><html><head><meta charset="utf-8"></head><body>
<?php
    echo "Name: " . $_POST["ben"];
?>
</body></html>
```

Listing 2.16 Datei submit_reset.php

2.4   Weitere Möglichkeiten

In diesem Abschnitt stelle ich über die reinen Formularelemente hinaus weitere Möglichkeiten zum Senden und Empfangen von Daten vor. Ich zeige Ihnen ebenfalls wieder Einsatzmöglichkeiten für JavaScript und zusätzlich einige Formatierungen mithilfe von *Cascading Style Sheets* (CSS).

2.4.1   Auswertung in anderem Frame

In älteren Internetseiten werden häufig Frames verwendet. Frames geben Ihnen die folgende Möglichkeit: Der Benutzer gibt seine Daten in einem bestimmten Frame ein, und die Auswertung kann in einem anderen Frame erfolgen. Dadurch können Sie gleichzeitig die eingegebenen Daten und das von PHP erstellte Ergebnis sehen. Es wird die Formulareigenschaft target verwendet – ähnlich wie bei Hyperlinks, deren Ziel in einem anderen Frame liegt.

Frame, target

Im nachfolgenden Beispiel wird ein Frameset mit zwei Frames definiert. Der obere Frame beinhaltet das Eingabeformular mit zwei Eingabefeldern für zwei Zahlen, der untere Frame zunächst eine leere Datei. Nach dem Eintragen von zwei Zahlen und dem Absenden werden diese Zahlen von einem PHP-Auswertungsprogramm addiert. Das Ergebnis erscheint anschließend im unteren Frame. Sowohl die Eingabe als auch die Ausgabe sind sichtbar. Es können unmittelbar weitere Berechnungen ausgeführt werden. Zunächst die Frame-Steuerdatei:

```
<!DOCTYPE html><html>
<frameset rows="*,2*">
    <frame src="frame_ein.htm" name="eingabe">
    <frame src="frame_aus.htm" name="ausgabe">
</frameset>
</html>
```

Listing 2.17 Datei frame.htm

Der obere Frame erhält den Namen eingabe, der untere Frame den Namen ausgabe. Diese Angaben werden für die Zielangabe des Formulars benötigt. Das Eingabeformular für den oberen Frame:

```
<!DOCTYPE html><html><head><meta charset="utf-8"></head><body>
<form action="frame_aus.php" method="post" target="ausgabe">
    <p><input name="z1"> Zahl 1</p>
    <p><input name="z2"> Zahl 2</p>
    <p><input type="submit" value="Addieren"></p>
</form>
</body></html>
```

Listing 2.18 Datei frame_ein.htm

Im unteren Frame erscheint zunächst der Inhalt der (leeren) Datei *frame_aus.htm*. Durch die Angabe target="ausgabe" sorgen Sie dafür, dass das Ergebnis der Auswertung im unteren Frame erscheint. Das PHP-Auswertungsprogramm:

```
<!DOCTYPE html><html><head><meta charset="utf-8"></head><body>
<?php
    $erg = $_POST["z1"] + $_POST["z2"];
    echo "Summe aus Zahl 1 und Zahl 2: $erg";
?>
</body></html>
```

Listing 2.19 Datei frame_aus.php

Die beiden Frames mit Formular und Antwort sehen Sie in Abbildung 2.18.

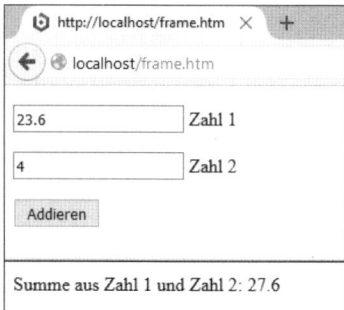

Abbildung 2.18 Auswertung in einem anderen Frame

Hinweis [«]

Falls im Formular mit der Eigenschaft `target` auf einen unbekannten Frame verwiesen wird, öffnet sich ein neues Browserfenster bzw. eine neue Registerkarte im Browser. Hier wird das Ergebnis der Auswertung dargestellt. Dies kann je nach Entwurf der Website auch ein erwünschter Effekt sein.

2.4.2   Felder von Formularelementen

Beim mehrfachen Auswahlmenü haben wir bereits mit einem Feld als Namen für ein Formularelement gearbeitet; dies ermöglicht die Auswertung mehrerer Einträge.

Felder können generell zur Auswertung größerer Mengen von Formularelementen eingesetzt werden. Dies lohnt sich vor allem, wenn die Formularelemente ähnlich sind und eine ähnliche Auswertung verlangen. Bei der Bearbeitung großer Datenmengen (z. B. innerhalb einer Datenbank) stößt man häufig auf dieses Problem.

Formularelementfeld

Im folgenden Beispiel geht es um das Ausfüllen einer Anwesenheitsliste. Zunächst wird eine Liste der Personen auf dem Bildschirm ausgegeben, die zu einem bestimmten Termin erscheinen sollen. Diese Liste wird hier aus einem Feld erzeugt; in der Praxis könnte sie aus einer Datenbank stammen.

In der Liste kann angekreuzt werden, wer tatsächlich anwesend ist. Anschließend wird das Ergebnis zum Webserver zurückgesandt; die tatsächliche Anwesenheit wird in der Datenbank gespeichert (hier wird sie nur zur Kontrolle ausgegeben). Zunächst die in beide Programmteile eingebundene Datenquelle:

```php
<?php
    /* Ergebnis einer Datenbankabfrage */
    $person = array("287"=>"P. Mertens",
                    "836"=>"A. Schuster",
                    "886"=>"T. Steger",
                    "527"=>"U. Baumann",
                    "952"=>"U. Petersen",
                    "663"=>"S. Maier");
?>
```

Listing 2.20 Datei elementfeld.inc.php

Die Datenquelle kann mithilfe einer Datenbankabfrage ermittelt und in einem assoziativen Feld gespeichert werden. Im vorliegenden Fall wird das Feld künstlich generiert. Es folgt das Eingabeformular:

```php
<!DOCTYPE html><html><head><meta charset="utf-8"></head><body>
<h2>Kontrolle der Anwesenheit</h2>
<form action="elementfeld_b.php" method="post">
<?php
    include "elementfeld.inc.php";
    echo "<table border='1'>";
    echo "<tr><td><b>ID</b></td><td><b>Name</b></td>";
    echo "<td><b>Anwesend</b></td></tr>";

    /* Bearbeitung des ganzen Felds */
    foreach($person as $id=>$name)
    {
        echo "<tr>";
        echo "<td>$id</td>";
        echo "<td>$name</td>";
        echo "<td><input type='checkbox' name='pe[$id]'></td>";
        echo "</tr>";
    }
    echo "</table>";
?>
```

```
<p><input type="submit" value="Anwesenheit speichern"></p>
</form>
</body></html>
```

Listing 2.21 Datei elementfeld_a.php

Es wird eine Tabelle mit den Identifikationsnummern (ID) und den Namen der Personen ausgegeben. Hinter jedem Namen erscheint ein Kontrollkästchen, in dem angekreuzt werden kann, ob die betreffende Person anwesend ist. Die Namen dieser Kontrollkästchen sind Elemente des Felds pe, z. B. pe[287], pe[836]. Das Formular sehen Sie in Abbildung 2.19.

Abbildung 2.19 Formular mit einem Feld von Formularelementen

Das PHP-Auswertungsprogramm:

```
<!DOCTYPE html><html><head><meta charset="utf-8"></head><body>
<h2>Kontrolle der Anwesenheit</h2>
<?php
   include "elementfeld.inc.php";
   echo "<table border='1'>";
   echo "<tr><td><b>ID</b></td><td><b>Name</b></td>
      <td><b>Aktion</b></td></tr>";

   /* Bearbeitung des ganzen Felds */
   foreach($person as $id=>$name)
   {
      echo "<tr><td>$id</td><td>$name</td>";
```

```
        if (isset($_POST["pe"][$id]))
            echo "<td>wurde gespeichert</td></tr>";
        else
            echo "<td> </td></tr>";
    }
    echo "</table>";
?>
</body></html>
```

Listing 2.22 Datei elementfeld_b.php

Zunächst wird wiederum die Datenquelle eingebunden. Bei jedem Element des Felds wird geprüft, ob das zugehörige Element des Felds $_POST["pe"] existiert, also ob das betreffende Kontrollkästchen angekreuzt ist. Falls ja, wird diese Information gespeichert (hier nur ausgegeben). Die Ausgabe ist in Abbildung 2.20 dargestellt.

Abbildung 2.20 Auswertung eines Felds von Formularelementen

2.4.3   Formular und Programm in einer Datei

Bisher werden Formular und PHP-Programm in getrennten Dateien gespeichert. Zunächst wird dem Benutzer das Formular präsentiert. Er füllt es aus und sendet es ab. Anschließend wird ihm durch ein PHP-Programm in einer anderen Datei eine Antwort geliefert.

In vielen Fällen erweist es sich als günstiger, sowohl das Formular als auch das bearbeitende PHP-Programm innerhalb der gleichen Datei unterzubringen. Ein Programm kann sich auf diese Weise selbst Daten zusenden.

Dieses Verfahren kommt z. B. bei einer Eingabemaske für eine Datenbank zum Einsatz. Der Benutzer trägt einen Datensatz ein, sendet ihn an die Datenbank und erhält als Antwort eine Bestätigung des Eintrags sowie das gleiche Formular zurück. Er kann sofort den nächsten Datensatz eingeben. Dazu müssen Sie nur als Ziel des Formulars den Namen der gleichen Datei eintragen. Im folgenden Beispiel demonstriere ich diese nützliche Technik:

Alles in einer Datei

```
<!DOCTYPE html><html><head><meta charset="utf-8"></head><body>
<form action = "einedatei.php" method = "post">
<?php
    if (isset($_POST["gesendet"]))
        echo "<p><font color='#ff0000'> Ihre Eingabe: " .
            $_POST["vn"] . " " . $_POST["nn"] . "</font></p><hr>";
?>
<p>Bitte geben Sie einen Namen ein<br>
und senden Sie das Formular ab:</p>
    <p><input name = "nn"> Nachname</p>
    <p><input name = "vn"> Vorname</p>
    <p><input type = "submit" name = "gesendet">
        <input type = "reset"></p>
</form>
</body></html>
```

Listing 2.23 Datei einedatei.php

Zu Beginn des Programms wird mithilfe der Abfrage if (isset($_POST["ge- sendet"])) festgestellt, ob es sich um den ersten Aufruf (die Variable $_POST["gesendet"] existiert nicht) oder um den Aufruf nach einer Eingabe (die Variable $_POST["gesendet"] existiert) handelt.

isset()

Bei einem Aufruf nach einer Eingabe existiert die Variable, denn mit den Daten aus den Eingabefeldern wird auch der Name der Absende-Schaltfläche gesendet. Als Folge dieser Namensvergabe existiert ab dem zweiten Aufruf des Programms die Variable $_POST["gesendet"]. Daher erhält der Benutzer die Meldung Sie haben folgenden Namen eingegeben: ... als Bestätigung seiner Eingabe.

> **Hinweis**   **[«]**
> Während der Testphase möchten Sie deutlich sehen, wie sich der erste Aufruf und weitere Aufrufe voneinander unterscheiden. Das Aktualisieren

> der Datei im Browser führt nicht zu einem neuen ersten Aufruf, sondern
> zur Wiederholung des letzten Aufrufs. Betätigen Sie stattdessen hinter der
> URL in der Adresszeile des Browsers die Taste [↵].

Der erste Aufruf führt zu der Ausgabe in Abbildung 2.21. Nach dem Ausfüllen und Absenden des Formulars ergibt sich eine Ausgabe wie in Abbildung 2.22.

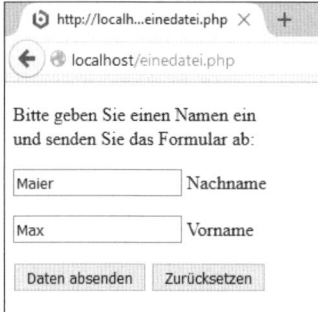

Abbildung 2.21 Erster Aufruf

Abbildung 2.22 Zweiter Aufruf

2.4.4   Submit über Hyperlink, mit CSS

Cascading
Style Sheets

Häufig passen die etwas einfach gestalteten Absende-Schaltflächen nicht
zum restlichen Aussehen einer professionell aufbereiteten Website. Die
Umleitung der Absendefunktion über einen Hyperlink gibt Ihnen die Mög-

2

lichkeit, den Hyperlinktext in Schriftart, Größe, Farbe usw. individuell zu gestalten. Durch die Formatierung des Textes mithilfe von *Cascading Style Sheets* (*CSS*) erweitern sich Ihre Möglichkeiten. In diesem PHP-Buch können die umfangreichen Möglichkeiten von CSS nur angedeutet werden. Nachfolgend ein Beispiel hierzu:

```
<!DOCTYPE html><html>
<head>
   <meta charset="utf-8">
   <link rel="stylesheet" type="text/css" href="linkcss.css">
</head>
<body>
<form name="zahlen" action="linkcss.php" method="post">
   <p><input name="z1"> Zahl 1</p>
   <p><input name="z2"> Zahl 2</p>
</form>
<a href="javascript:document.zahlen.submit();">Addieren</a>
</body></html>
```

Listing 2.24 Datei linkcss.htm

Im Kopf des Dokuments ist ein Verweis zu einer externen CSS-Datei mit Formatierungsangaben notiert. Diese Formatierungsangaben werden auf das gesamte Dokument angewendet.

Ohne SchaltflächeDas Formular besitzt keine Absende-Schaltfläche. Stattdessen gibt es im Dokument (nicht notwendigerweise innerhalb des Formulars) einen Hyperlink. Wird dieser angeklickt, wird mithilfe von JavaScript die submit-Funktion für das Formular aufgerufen. Hierzu ist es notwendig, dem Formular einen Namen (hier zahlen) zu geben.

Es folgt die Definition der Formatvorlagen in einer externen CSS-Datei: CSS-Definition

```
body {font-family:Verdana; font-size:10pt;
     color:#636363; background-color:#d3d3d3}
a:link      {color:#636363}
a:visited   {color:#636363}
a:hover     {color:#636363; background-color:#a3a3a3}
```

Listing 2.25 Datei linkcss.css

Zunächst werden einige Formate für das Dokument insgesamt festgelegt:

▶ Schriftart: Verdana

▶ Schriftgröße: 10 Punkt

▶ Textfarbe: #636363 (Dunkelgrau)

▶ Hintergrundfarbe: #d3d3d3 (Hellgrau)

Die Hyperlinks werden speziell formatiert:

▶ Farbe für normale Hyperlinks: #636363 (Dunkelgrau, wie normaler Text)

▶ Farbe für bereits besuchte Hyperlinks: #636363 (Dunkelgrau, wie normaler Text)

▶ Farbe für Hyperlinks, die vom Mauszeiger überstrichen werden (Hover-Effekt): #a3a3a3 (Mittelgrau)

Das formatierte Formular sehen Sie in Abbildung 2.23.

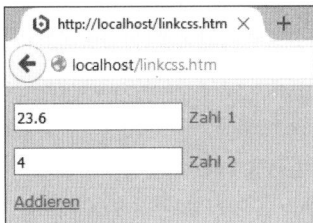

Abbildung 2.23 Formular mit CSS und JavaScript

Das PHP-Auswertungsprogramm verwendet die gleiche CSS-Datei, sodass der Website ein einheitliches Aussehen verliehen wird. Die Ausgabe erfolgt somit wiederum in Dunkelgrau auf Hellgrau. Auch der Hyperlink ZURÜCK ZUM EINGABEFORMULAR entspricht in seinem Verhalten (Hover-Effekt) und seinem Aussehen dem Absende-Hyperlink.

```
<!DOCTYPE html><html>
<head>
    <meta charset="utf-8">
    <link rel="stylesheet" type="text/css" href="linkcss.css">
</head>
<body>
<?php
    $erg = $_POST["z1"] + $_POST["z2"];
    echo "<p>Summe aus Zahl 1 und Zahl 2: $erg</p>";
```

```
?>
<a href="linkcss.htm">Zur erneuten Eingabe</a>
</body></html>
```

Listing 2.26 Datei linkcss.php

Das Ergebnis sehen Sie in Abbildung 2.24.

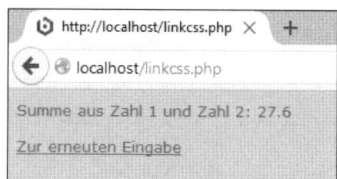

Abbildung 2.24 Ergebnis mit CSS

2.4.5 Daten an Formularziel anhängen

Sie können Daten auch mithilfe der URL an das PHP-Auswertungsprogramm senden. Dort stehen sie als Elemente des Felds $\_GET$ zur Verfügung. Sie werden hierzu in der folgenden Form an die URL angehängt:

$\$\_GET$

dateiname.php?variable1=wert1&variable2=wert2

Ein Beispiel: Ein Benutzer meldet sich auf einer Website mit seinem Namen
und seiner Benutzergruppe an; Name und Benutzergruppe werden aus
dem Anmeldeformular an ein erstes PHP-Programm übertragen.

Von diesem PHP-Programm aus soll ein zweites PHP-Programm aufgerufen werden, das ebenfalls beide Informationen benötigt. Mithilfe der URL
können diese Informationen vom ersten PHP-Programm zum zweiten
PHP-Programm übertragen werden, ohne dass eine weitere Eingabe notwendig ist (ähnlich wie mit einem versteckten Element). Das Anmeldeformular (siehe Abbildung 2.25):

```
<!DOCTYPE html><html><head><meta charset="utf-8"></head><body>
<h2>Anmeldung</h2>
<form action="anh_form_a.php" method="post">
    <p><input name="ben" size="13"> Benutzername</p>
    <p><select name="gr">
        <option>Einkauf</option>
        <option>Vertrieb</option>
        <option>Marketing</option>
```

```
        <option>Management</option>
    </select> Gruppe</p>
    <p><input type="password" name="pw" size="13"> Passwort</p>
    <p><input type="submit" value="Login"></p>
</form>
</body></html>
```

Listing 2.27 Datei anh_form.htm

Abbildung 2.25 Anmeldeformular

Das erste PHP-Auswertungsprogramm:

```
<!DOCTYPE html><html><head><meta charset="utf-8"></head><body>
<h2>Seite 1</h2>
<?php
    echo "<form action='anh_form_b.php?benzwei=" . $_POST["ben"]
      . "&grzwei=" . $_POST["gr"] . "' method='post'>";
    echo "<p>Name: " . $_POST["ben"] . "<br>";
    echo "Gruppe: " . $_POST["gr"] . "</p>";
?>
<p><input type="submit" value="Weiter"></p>
</form>
</body></html>
```

Listing 2.28 Datei anh_form_a.php

Die URL des Formularziels wird im PHP-Programmteil aus den Eingabedaten zusammengesetzt. Es werden die Informationen benzwei (mit dem
Wert des eingegebenen Benutzernamens in $_POST["ben"]) und grzwei (mit

dem Wert der ausgewählten Gruppe in $_POST["gr"]) mithilfe der Zeichen ? und & angehängt.

Weitere Daten könnten Sie mit &variable=wert anhängen. Diese Daten werden beim Absenden, zusammen mit weiteren eventuell vorhandenen Formularinhalten, an das zweite PHP-Programm übermittelt. Die erste Ausgabeseite sieht wie in Abbildung 2.26 aus.

Abbildung 2.26 Seite 1 der Ausgabe

Das zweite PHP-Auswertungsprogramm:

```
<!DOCTYPE html><html><head><meta charset="utf-8"></head><body>
<h2>Seite 2</h2>
<?php
    echo "<p>Name: " . $_GET["benzwei"] . "<br>";
    echo "Gruppe: " . $_GET["grzwei"] . "</p>";
?>
</body></html>
```

Listing 2.29 Datei anh_form_b.php

Per URL gesendete Daten stehen im Feld $_GET zur Verfügung. Die zweite Ausgabeseite zeigt Abbildung 2.27. In manchen Browsern sehen Sie die angehängten Daten erst nach einem Klick in die Adresszeile.

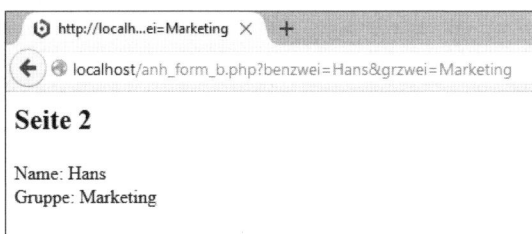

Abbildung 2.27 Seite 2 der Ausgabe, Weitergabe über die URL

2.4.6   Daten an Hyperlink-Ziel anhängen

Hyperlink mit Daten Daten können auch an die URL eines Hyperlink-Ziels angehängt werden. In Verbindung mit den zusätzlichen Gestaltungsmöglichkeiten für Text-Hyperlinks ergeben sich weitere Alternativen. Das Beispiel aus dem letzten Abschnitt, diesmal mit Hyperlinks (siehe Abbildung 2.28):

```
<!DOCTYPE html><html>
<head>
   <meta charset="utf-8">
   <link rel="stylesheet" type="text/css" href="linkcss.css">
</head>
<body>
<h2>Anmeldung</h2>
<form name="login" action="anh_link_a.php" method="post">
   <p><input name="ben" size="13"> Benutzername</p>
   <p><select name="gr">
      <option>Einkauf</option>
      <option>Vertrieb</option>
      <option>Marketing</option>
      <option>Management</option>
   </select> Gruppe</p>
   <p><input type="password" name="pw" size="13"> Passwort</p>
</form>
<a href="javascript:document.login.submit();">Anmelden</a>
</body></html>
```

Listing 2.30 Datei anh_link.htm

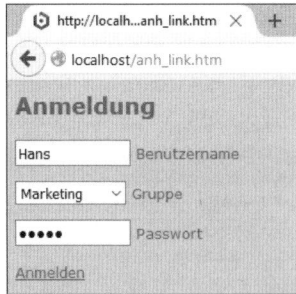

Abbildung 2.28 Anmeldeformular

Es wird die bereits bekannte CSS-Datei zur Formatierung eingebunden. Das Formular besitzt keine Absende-Schaltfläche. Stattdessen gibt es im Dokument den Hyperlink ANMELDEN. Wird dieser betätigt, wird das Formular mithilfe von JavaScript gesendet. Dazu ist es notwendig, ihm einen Namen zu geben (hier login). Das erste PHP-Auswertungsprogramm:

```
<!DOCTYPE html><html>
<head>
    <meta charset="utf-8">
    <link rel="stylesheet" type="text/css" href="linkcss.css">
</head>
<body>
<h2>Seite 1</h2>
<?php
    echo "<p>Name: " . $_POST["ben"] . "<br>";
    echo "Gruppe: " . $_POST["gr"] . "</p>";
    echo "<p><a href='anh_link_b.php?benzwei=" . $_POST["ben"]
        . "&grzwei=" . $_POST["gr"] . "'>Weiter</a></p>";
?>
</body></html>
```

Listing 2.31 Datei anh_link_a.php

Die URL des Hyperlink-Ziels wird im PHP-Programmteil dynamisch aus den Eingabedaten zusammengesetzt. Auch hier werden die Informationen benzwei und grzwei angehängt. Diese Daten werden beim Anklicken des Hyperlinks an das zweite PHP-Programm übermittelt. Die erste Ausgabeseite sehen Sie in Abbildung 2.29.

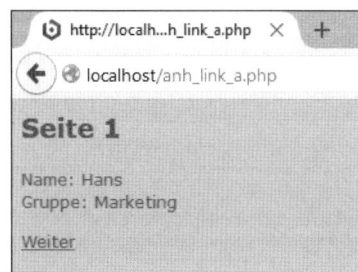

Abbildung 2.29 Seite 1 der Ausgabe

Das zweite PHP-Auswertungsprogramm:

```
<!DOCTYPE html><html>
<head>
```

```
    <meta charset="utf-8">
    <link rel="stylesheet" type="text/css" href="linkcss.css">
</head>
<body>
<h2>Seite 2</h2>
<?php
    echo "<p>Name: " . $_GET["benzwei"] . "<br>";
    echo "Gruppe: " . $_GET["grzwei"] . "</p>";
?>
</body></html>
```

Listing 2.32 Datei anh_link_b.php

Die zweite Ausgabeseite zeigt Abbildung 2.30.

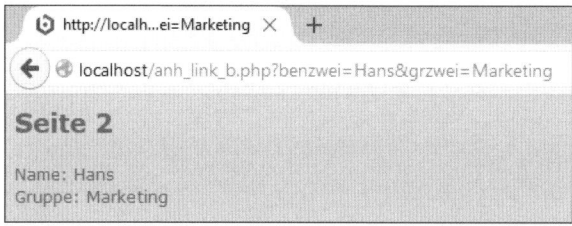

Abbildung 2.30 Seite 2 der Ausgabe, Weitergabe über den Hyperlink

2.4.7   Dateien auf den Server hochladen

Upload   Beim Hochladen von Dateien (englisch: *to upload*) auf einen Server sollte
eine Kontrolle stattfinden, ob die geladene Datei dem gewünschten Typ
entspricht und eine bestimmte Maximalgröße nicht überschreitet. Nachfolgend ein Beispiel:

```
<!DOCTYPE html><html><head><meta charset="utf-8"></head><body>
<form enctype="multipart/form-data"
      action="upload.php" method="post">
    <p>Datei: <input name="upfile" type="file" size="25"></p>
    <p><input type="submit" value="Senden"></p>
</form>
</body></html>
```

Listing 2.33 Datei upload.htm

Erläuterung:

▶ Das Attribut `enctype` der Markierung `form` dient als Codierungsangabe für die Formulardaten. Beim Hochladen von Dateien ist hier die Angabe `multipart/form-data` notwendig.

enctype

▶ Mithilfe von `<input type="file">` werden ein Textfeld zur Eingabe eines Dateinamens und eine Schaltfläche zum Durchsuchen der eigenen Daten nach der hochzuladenden Datei eingeblendet. Den hier angegebenen Namen `upfile` können Sie frei wählen.

`<input type= "file">`

Nach der Auswahl einer Datei zum Hochladen über die Schaltfläche sieht das Formular aus wie Abbildung 2.31.

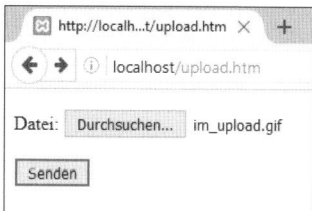

Abbildung 2.31 Datei hochladen

Nach dem Senden wird die Datei zunächst unter einem temporären Namen in einem Serververzeichnis abgelegt. Mithilfe einiger vorgegebener Variablen können Sie sich Informationen über die Datei beschaffen, um zu entscheiden, ob die Datei endgültig und an der gewünschten Stelle gespeichert werden soll. Es folgt ein PHP-Auswertungsprogramm mit einigen Kontrollausgaben:

```
<!DOCTYPE html><html><head><meta charset="utf-8"></head><body>
<?php
   /* Kontrolldaten */
   echo "<p>Zur Kontrolle:<br>";
   echo "Dateiname im Original: "
      . $_FILES["upfile"]["name"] . "<br>";
   echo "Anzahl Byte: "
      . $_FILES["upfile"]["size"] . "<br>";
   echo "Dateityp: "
      . $_FILES["upfile"]["type"] . "<br>";

   /* Dateiendung extrahieren */
   $dname = explode(".",$_FILES["upfile"]["name"]);
```

169

```
$ext = $dname[count($dname)-1];
echo "Dateiendung: $ext<br>";

/* Temporäre Datei dauerhaft an gewünschten Ort kopieren,
   falls sie vorhanden ist und die richtige Endung besitzt */
if($_FILES["upfile"]["size"]>0 && $ext=="gif")
{
    copy($_FILES["upfile"]["tmp_name"],"im_upload.gif");
    echo "<p>Datei wurde kopiert in im_upload.gif<br>";
    echo "<img src='im_upload.gif'></p>";
}
else
    echo "<p>Kopierfehler</p>";
?>
</body></html>
```

Listing 2.34 Datei upload.php

Erläuterung:

$_FILES
▸ Nach dem Senden werden automatisch Elemente für das superglobale Array $_FILES erzeugt. Falls Sie (wie im vorliegenden Beispiel) das Formularelement upfile genannt haben, liefert

- $_FILES["upfile"]["name"] den Originaldateinamen,

- $_FILES["upfile"]["size"] die Dateigröße,

- $_FILES["upfile"]["type"] den Dateityp und

- $_FILES["upfile"]["tmp_name"] den temporären Dateinamen auf dem Server.

▸ Mithilfe der Funktionen explode() (siehe auch Abschnitt 6.2) und count() wird außerdem noch die Dateiendung extrahiert.

▸ Der temporäre Dateiname wird später zum Kopieren benötigt.

▸ Im vorliegenden Beispiel wird die Datei endgültig an die gewünschte Stelle kopiert (mit der Funktion copy()), falls ihre Größe mehr als 0 Byte beträgt und sie die Dateiendung .gif hat. An dieser Stelle könnte auch eine Kontrolle hinsichtlich der maximalen Dateigröße stattfinden.

Die Auswertung (mit Kontrollausgaben) zeigt Abbildung 2.32. Nach dem Hochladen steht die Datei unter dem Namen *im_upload.gif* im selben Verzeichnis wie die PHP-Datei zur Verfügung und kann dargestellt werden.

Würde die temporäre Datei nicht herüberkopiert, stünde sie nach der Sitzung nicht mehr zur Verfügung.

Abbildung 2.32 Auswertung nach dem Hochladen

2.5 Beispiele

In diesem Abschnitt finden Sie einige Anwendungsbeispiele für das Senden und Auswerten von Daten.

2.5.1 Grundrechenarten

Es wird ein Formular erstellt, in das zwei Zahlen in zwei Eingabefelder eingetragen werden können. Diese beiden Zahlen können wahlweise addiert, voneinander subtrahiert, miteinander multipliziert oder durcheinander dividiert werden. Mithilfe von vier Optionsfeldern kann der Benutzer auswählen, welche dieser vier Grundrechenarten ausgeführt werden soll (Datei *grundrechenart.htm*).

Nach dem Absenden des Formulars wird das Ergebnis von einem PHP-Programm (Datei *grundrechenart.php*) berechnet und ausgegeben. Innerhalb des Programms führen vier verschiedene Funktionen die vier möglichen Rechenoperationen aus. Diese Funktionen werden bei Bedarf vom Hauptprogramm aufgerufen, erhalten als Parameter die beiden Eingabewerte und liefern als Rückgabewert das Ergebnis der Rechenoperationen. Es wird im Hauptprogramm ausgegeben.

Dieses Beispiel wird gleichzeitig dazu genutzt, typische Eingabefehler eines Benutzers zu erkennen und abzufangen.

Eingabefehler

Das Eingabeformular:

```
<!DOCTYPE html><html><head><meta charset="utf-8"></head><body>
<p>Bitte geben Sie zwei Werte ein, treffen Sie eine<br>
Auswahl bei der Rechenoperation und senden Sie ab:</p>
<form action = "grundrechenart.php" method = "post">
    <p><input name="w1"> Wert 1<p>
    <p><input name="w2"> Wert 2<p>
    <p><input type="radio" name="oper" value="+"
        checked="checked"> Addition</p>
    <p><input type="radio" name="oper" value="-"> Subtraktion</p>
    <p><input type="radio" name="oper" value="*">
        Multiplikation</p>
    <p><input type="radio" name="oper" value="/"> Division</p>
    <p><input type = "submit">
        <input type = "reset"></p>
</form>
</body></html>
```

Listing 2.35 Datei grundrechenart.htm

Das Formular sehen Sie in Abbildung 2.33.

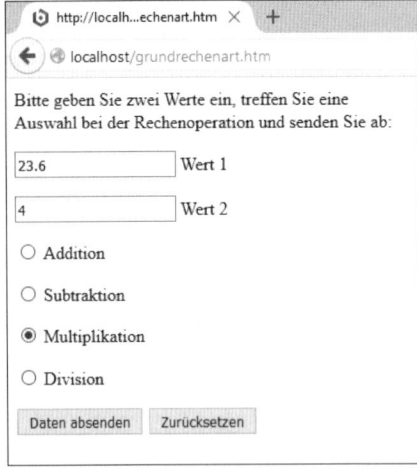

Abbildung 2.33 Eingabeformular für Grundrechenarten

Die beiden Werte werden in die beiden Eingabefelder w1 und w2 eingegeben. Die Rechenoperation wird durch die Auswahl in der Radiobutton-Gruppe oper bestimmt.

```php
<!DOCTYPE html><html><head><meta charset="utf-8">
<?php
   function add($x, $y)
   {
      $s = $x + $y;
      return $s;
   }
   function sub($x, $y)
   {
      $s = $x - $y;
      return $s;
   }
   function mult($x, $y)
   {
      $s = $x * $y;
      return $s;
   }
   function divi($x, $y)
   {
      $s = $x / $y;
      return $s;
   }
?>
</head>
<body>
<?php
   if($_POST["w1"] == "" || $_POST["w2"] == "")
      echo "Zwei Werte notwendig";
   else
   {
      $w1 = doubleval($_POST["w1"]);
      $w2 = doubleval($_POST["w2"]);
      $oper = $_POST["oper"];

      if($oper == "/" && $w2 == 0)
         echo "Division durch 0 nicht erlaubt";
      else
      {
         if ($oper == "+")      $erg = add ($w1, $w2);
         else if ($oper == "-") $erg = sub ($w1, $w2);
```

```
        else if ($oper == "*") $erg = mult($w1, $w2);
        else                    $erg = divi($w1, $w2);
        echo "$w1 $oper $w2 = $erg";
      }
    }
?>
</body></html>
```

Listing 2.36 Datei grundrechenart.php

Zunächst werden die vier Funktionen add(), sub(), mult() und divi() für die vier Rechenoperationen definiert. Alle Operationen erwarten jeweils zwei Parameter und liefern einen Rückgabewert.

Eingabefehler Im Hauptprogramm wird erst einmal geprüft, ob alle Werte vorhanden sind. Anschließend werden die Eingaben in Zahlen umgewandelt. Danach wird geprüft, ob es sich um eine mathematisch nicht erlaubte Division durch 0 handelt. Falls keiner der genannten Fehler vorliegt, wird abhängig vom übermittelten Operatorzeichen mithilfe einer mehrfachen Verzweigung die jeweilige Funktion aufgerufen. Der Rückgabewert wird in $erg gespeichert und ausgegeben. Das Ergebnis des obigen Beispiels zeigt Abbildung 2.34.

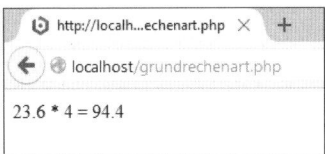

Abbildung 2.34 Ergebnis der Berechnung

2.5.2 Pizzabestellung

Es wird ein Formular für eine Pizzabestellung erzeugt (Datei *pizza.htm*). Es enthält zwei Eingabefelder für Text, eine Gruppe mit zwei Radiobuttons, ein einfaches Auswahlmenü mit fünf Einträgen sowie zwei Kontrollkästchen (siehe Abbildung 2.35):

▶ In die beiden Eingabefelder kann der Benutzer seinen Namen bzw. seine Adresse eintragen.

▶ Mithilfe der beiden Radiobuttons kann er zwischen den Anreden *Herr* und *Frau* auswählen.

- ▶ Das Menü ermöglicht ihm die Auswahl zwischen fünf Sorten Pizza (mit unterschiedlichen Preisen).
- ▶ Die beiden Kontrollkästchen kann der Benutzer ankreuzen, falls er zusätzlich *Thunfisch* bzw. *Extra Salami* auf seiner Pizza haben möchte. Dadurch erhöht sich der Preis dementsprechend.

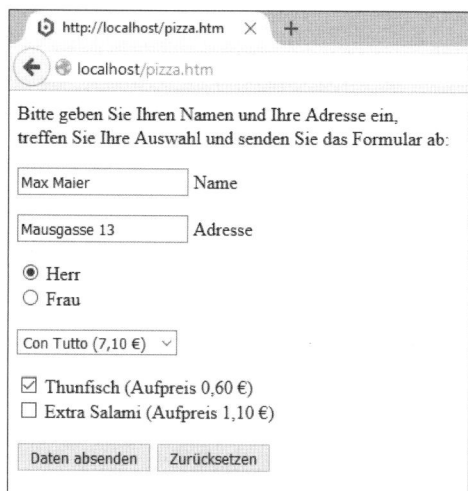

Abbildung 2.35 Eingabe der Pizzabestellung

Das Eingabeformular:

Bestellformular

```
<!DOCTYPE html><html><head><meta charset="utf-8"></head><body>
<p>Bitte geben Sie Ihren Namen und Ihre Adresse ein,<br>
treffen Sie Ihre Auswahl und senden Sie das Formular ab:</p>
<form action = "pizza.php" method = "post">
    <p><input name="bst"> Name</p>
    <p><input name="adr"> Adresse</p>
    <p><input type="radio" name="anr" value="Herr"
        checked="checked"> Herr <br>
    <input type="radio" name="anr" value="Frau"> Frau</p>
    <p><select name="ptyp">
        <option value="Napoli" selected="selected">
            Napoli (5,70 &euro;)</option>
        <option value="Italia">Italia (6,30 &euro;)</option>
        <option value="Con Tutto">Con Tutto (7,10 &euro;)</option>
        <option value="4 Stagioni">4 Stagioni (6,60 &euro;)</option>
        <option value="Mozzarella">Mozzarella (7,80 &euro;)</option>
```

```
    </select></p>
    <p><input type="checkbox" name="cth" value="Thunfisch">
       Thunfisch (Aufpreis 0,60 &euro;)<br>
    <input type="checkbox" name="ces" value="Extra Salami">
       Extra Salami (Aufpreis 1,10 &euro;)</p>
    <p><input type="submit"> <input type="reset"></p>
</form>
</body></html>
```

Listing 2.37 Datei pizza.htm

Name und Adresse werden in die beiden Felder bst und adr eingegeben. Die Anrede wird über die Radiobutton-Gruppe anr ausgewählt. Das einfache Auswahlmenü ptyp ermöglicht in Verbindung mit den beiden Kontrollkästchen cth und ces die Wahl der gewünschten Pizza. Das PHP-Auswertungsprogramm:

```
<!DOCTYPE html><html><head><meta charset="utf-8"></head><body>
<?php
    /* Auswahl der Pizza */
    if ($_POST["ptyp"] == "Napoli")         $preis = 5.7;
    else if ($_POST["ptyp"] == "Italia")    $preis = 6.3;
    else if ($_POST["ptyp"] == "Con Tutto") $preis = 7.1;
    else if ($_POST["ptyp"] == "4 Stagioni") $preis = 6.6;
    else                                     $preis = 7.8;

    /* Anrede und Beginn der Ausgabe */
    if ($_POST["anr"] == "Herr")
       echo "<p>Sehr geehrter Herr " . $_POST["bst"] . "</p>";
    else
       echo "<p>Sehr geehrte Frau " . $_POST["bst"] . "</p>";
    echo "<p>Wir liefern Ihre Pizza " . $_POST["ptyp"];

    /* Zusätze */
    if (isset($_POST["cth"]))
    {
       echo ", mit " . $_POST["cth"];
       $preis = $preis + 0.6;
    }
    if (isset($_POST["ces"]))
    {
```

```
        echo ", mit " . $_POST["ces"];
        $preis = $preis + 1.1;
    }

    echo "<br>in 20 Minuten an die folgende Adresse:<br>";
    echo $_POST["adr"] . "</p>";
    echo "<p>Preis: "
        . number_format($preis,2,",",".") . " &euro;</p>";
    echo "<p>Ihr Pizza-Team</p>";
?>
</body></html>
```

Listing 2.38 Datei pizza.php

Zunächst wird in einer mehrfachen Verzweigung aus dem Typ der Pizza der Grundpreis ermittelt. Es folgt die Ausgabe der Anrede, abhängig von der Auswahl in der Radiobutton-Gruppe. Die gewählte Pizza wird bestätigt. Ist einer der Zusätze gewählt, wird dies ebenfalls bestätigt. Außerdem erhöht sich der Preis. Der Gesamtpreis wird zusammen mit den Abschlussinformationen ausgegeben. Das Ergebnis des obigen Beispiels sehen Sie in Abbildung 2.36.

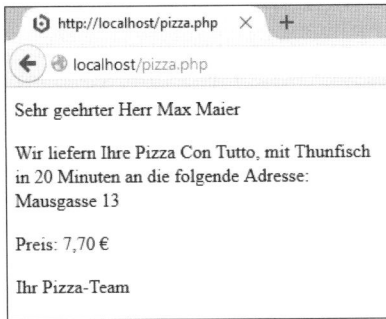

Abbildung 2.36 Auswertung der Pizzabestellung

2.5.3 Kopfrechnen

In diesem Abschnitt wird eine Anwendung erstellt, mit deren Hilfe das Kopfrechnen spielerisch trainiert werden kann. In einem Formular gibt der Spieler zunächst seinen Namen ein (siehe Abbildung 2.37).

Kopfrechnen

Abbildung 2.37 Startformular

Nach der Betätigung der Schaltfläche UND LOS ... startet das Kopfrechnen-Spiel. Der Spieler wird mit seinem Namen begrüßt, und anschließend werden ihm fünf Aufgaben gestellt (siehe Abbildung 2.38). Nach der Eingabe der Lösungen betätigt er die Schaltfläche FERTIG. Anschließend werden die Lösungen des Spielers ausgewertet (siehe Abbildung 2.39).

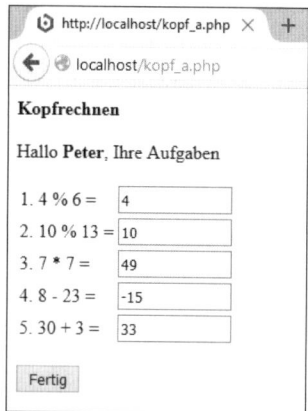

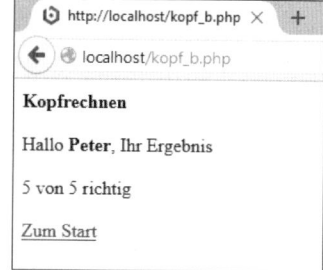

Abbildung 2.38 Aufgabenformular

Abbildung 2.39 Auswertung

Zunächst das Eingabeformular:

```
<!DOCTYPE html><html><head><meta charset="utf-8"></head><body>
<p><b>Kopfrechnen</b></p>

<form action="kopf_a.php" method="post">
    <p><input name="spielername" size="12"> Ihr Name</p>
    <p><input type="submit" value="Und los ..."></p>
</form>
</body></html>
```

Listing 2.39 Datei kopf.htm

Der Spielername wird zum ersten PHP-Programm *kopf_a.php* übertragen.
Es folgt das Formular mit den Aufgaben:

```php
<!DOCTYPE html><html><head><meta charset="utf-8"></head><body>
<?php
/* Initialisierung Zufallszahlengenerator */
srand((double)microtime()*1000000);

/* Dokumentbeginn */
echo "<p><b>Kopfrechnen</b></p>";

/* Falls kein Name eingetragen */
if($_POST["spielername"] == "")
{
    echo "<p>Kein Name, kein Spiel</p>";
    echo "<a href='kopf.htm'>Zum Start</a>";
    echo "</body>";
    echo "</html>";
    exit;
}

/* Formularbeginn */
echo "<form action='kopf_b.php' method='post'>";

/* Spielername */
echo "<p>Hallo <b>" . $_POST["spielername"]
    . "</b>, Ihre Aufgaben</p>";
echo "<input name='spielername' type='hidden' value='"
    . $_POST["spielername"] . "'>";

/* Tabellenbeginn */
echo "<table border='0'>";

/* 5 Aufgaben */
for($i=0; $i<5; $i++)
{
    /* Operatorauswahl */
    $opzahl = rand(1,5);

    /* Operandenauswahl */
    switch($opzahl)
```

```
{
    case 1:
        $a = rand(-10,30);
        $b = rand(-10,30);
        $op = "+";
        $c = $a + $b;
        break;
    case 2:
        $a = rand(1,30);
        $b = rand(1,30);
        $op = "-";
        $c = $a - $b;
        break;
    case 3:
        $a = rand(1,10);
        $b = rand(1,10);
        $op = "*";
        $c = $a * $b;
        break;

    /* Sonderfall Division */
    case 4:
        $c = rand(1,10);
        $b = rand(1,10);
        $op = "/";
        $a = $c * $b;
        break;
    case 5:
        $a = rand(1,30);
        $b = rand(1,30);
        $op = "%";
        $c = $a % $b;
        break;
}

/* Tabellenzeile */
echo "<tr>";
echo "<td>" . ($i+1) . ". $a $op $b = </td>";
echo "<td><input name='ein[$i]' size='12'></td>";
```

```
    echo "</tr>";

    /* Richtiges Ergebnis senden */
    echo "<input name='erg[$i]' type='hidden'
        value='$c'>";
}
?>
</table>
<p><input type="submit" value="Fertig"></p>
</form>
</body></html>
```

Listing 2.40 Datei kopf_a.php

Erläuterung:

▶ Zunächst wird der Zufallszahlengenerator mit der Systemzeit initialisiert.

▶ Falls kein Spielername eingegeben wird, werden das Dokument und das Programm sofort beendet.

▶ Ansonsten wird der Spieler mit seinem Namen begrüßt. Der Name wird zusätzlich in einem versteckten Formularelement an das nächste Programm weitergegeben.

▶ Es folgen fünf Aufgaben:

– Bei jeder Aufgabe wird ein zufälliger Operator ausgewählt. Anschließend werden die beiden Operanden ermittelt. Die Bereiche für die Zufallszahlen sind dabei abhängig vom Operator. Z. B. können für eine Additionsaufgabe größere Zahlen erscheinen als für eine Multiplikationsaufgabe.

– Einen Sonderfall stellt die Division dar. Das Ergebnis soll ganzzahlig sein. Daher wird zunächst eine Multiplikation durchgeführt. Anschließend werden das Ergebnis und ein Operand miteinander getauscht, sodass sich eine Division ohne Rest ergibt.

– Die Aufgabe wird zusammen mit einem Eingabefeld ausgegeben. Das richtige Ergebnis wird in einem versteckten Formularelement an das nächste Programm weitergegeben.

– Da es sich um insgesamt fünf Aufgaben handelt, werden Felder von Formularelementen benutzt, eines für die Eingaben des Benutzers und eines für die richtigen Ergebnisse. So haben Sie später die Möglichkeit, die Lösungen mithilfe einer Schleife zu kontrollieren.

– Als Letztes wird eine Submit-Schaltfläche mit der Aufschrift FERTIG ausgegeben. Dieser führt zur Auswertung.

Das Auswertungsprogramm:

```php
<!DOCTYPE html><html><head><meta charset="utf-8"></head><body>
<?php
/* Dokumentbeginn */
echo "<p><b>Kopfrechnen</b></p>";

/* Spielername */
echo "<p>Hallo <b>" . $_POST["spielername"]
   . "</b>, Ihr Ergebnis</p>";

/* Auswertung */
$richtig = 0;
for($i=0; $i<5; $i++)
   if(doubleval($_POST["ein"][$i]) == $_POST["erg"][$i])
      $richtig ++;

/* Ausgabe */
echo "<p>$richtig von 5 richtig</p>";

?>
<!-- Hyperlink zum Anfang -->
<p><a href="kopf.htm">Zum Start</a></p>

</body></html>
```

Listing 2.41 Datei kopf_b.php

Erläuterung:

▶ Auch hier wird der Spieler zunächst mit seinem Namen begrüßt.

▶ Anschließend werden in einer Schleife die fünf Eingaben in Zahlen umgewandelt und mit den fünf richtigen Ergebnissen verglichen. Dabei wird die Anzahl der richtigen Eingaben mitgezählt.

▶ Diese Anzahl wird ausgegeben. Ein Hyperlink führt wieder zum ersten Formular, damit der Spieler weitermachen kann.

2.6   PHP-Programme publizieren

Bisher haben wir uns mit der Sprache PHP sowie dem Senden und Auswerten von Daten beschäftigt. Alle Beispiele werden in den Verzeichnissen des lokal installierten Webservers gespeichert und getestet. Nun möchten Sie Ihre PHP-Programme im Internet zur Benutzung zur Verfügung stellen (publizieren).

Zunächst benötigen Sie eine eigene Website bei einem Provider. Die meisten Provider bieten mehrere Pakete mit unterschiedlichem Leistungsumfang an. Mit dem Basispaket verfügt man noch nicht über die Möglichkeit, PHP-Programme zu veröffentlichen. Dies ist aber bereits bei unwesentlich teureren Paketen möglich. Am besten wählen Sie direkt ein Paket aus, das auch eine MySQL-Datenbank zur dynamischen Generierung datenbankbasierter Seiten beinhaltet.

Programme ins Internet stellen

Nachdem Sie sich für eines der Pakete entschieden haben, stellt der Provider die Zugangsdaten für sein Konfigurationsmenü und für seinen FTP-Zugang zur Verfügung. Der FTP-Zugang wird benötigt, um die Dateien ins Internet hochzuladen. Die FTP-Zugangsdaten umfassen: Name des FTP-Servers (Host Name), Benutzerkennung (User ID) und Passwort.

FTP-Server

Es gibt eine ganze Reihe von Programmen, mit denen Sie Ihre Dateien auf einen FTP-Server laden können. Dies kann beispielsweise eine Webseite zum Upload sein, die der Provider zur Verfügung stellt, oder auch einer der bekannten Browser.

In Abschnitt B.1.2 erläutere ich die Installation und die Bedienung des verbreiteten FTP-Clients FileZilla.

FileZilla

Kapitel 3
Datenbanken mit MySQL

In diesem Kapitel beschreibe ich die Grundlagen des Aufbaus und der Struktur von Datenbanken im Zusammenhang mit dem *MySQL-Datenbankserver*. Sie lernen die Datenbanksprache *SQL*, die Benutzeroberfläche *phpMyAdmin* und das Zusammenspiel von *PHP-Programmen* mit MySQL kennen. Sie erfahren außerdem, wie Sie Ihre Datenbanken ins Internet stellen.

Eine Datenbank dient der Speicherung größerer Datenmengen, der übersichtlichen Darstellung und auch der Veränderung bestimmter Daten aus diesen Datenmengen. Innerhalb einer Datenbank befinden sich verschiedene Tabellen. Ein Beispiel sehen Sie in Tabelle 3.1.

Datenbank, Tabelle

Name	Vorname	Personalnummer	Gehalt	Geburtstag
Maier	Hans	6714	3500,00	15.03.1962
Schmitz	Peter	81343	3750,00	12.04.1958
Mertens	Julia	2297	3621,50	30.12.1959

Tabelle 3.1 Beispieldaten für eine Datenbank

Die Begriffe in der ersten Zeile nennt man die Datenfelder der Tabelle. Es folgen die einzelnen Datensätze der Tabelle, in diesem Fall drei.

Datenfeld, Datensatz

Natürlich legt niemand für drei Datensätze eine Datenbank mit einer Tabelle an, aber die vorliegende Struktur kann auch für mehrere Tausend Datensätze verwendet werden. Die Datenfelder haben jeweils einen Datentyp. Hier sind es Texte, Zahlen und Datumsangaben. Sie erzeugen eine Datenbank wie folgt:

Datentyp

- ▶ Anlegen der Datenbank
- ▶ Anlegen von Tabellen durch Angabe der Struktur
- ▶ Einfügen der Datensätze in die Tabellen

Struktur, Daten   Die Struktur einer existierenden Datenbank bzw. einer Tabelle können Sie auch noch verändern, falls sich bereits Daten darin befinden. Allerdings ist es empfehlenswert, sich vorher ausführlich Gedanken über die Struktur einer Datenbank zu machen, da bei einer nachträglichen Änderung leicht Datenverluste auftreten können.

3.1   MySQL und phpMyAdmin

MySQL   Im Zusammenhang mit der Programmiersprache PHP wird häufig mit MySQL-Datenbanken gearbeitet. *MySQL* ist die Open-Source-Datenbank mit der größten Verbreitung. Es handelt sich dabei um einen SQL-basierten Datenbankserver. Bei dem in Anhang B beschriebenen Installationspaket *EasyPHP* ist MySQL bereits enthalten, bei dem ebenfalls beschriebenen Installationspaket *XAMPP* ist MariaDB bereits enthalten. Für die Beispiele dieses Buchs ist es unerheblich, ob Sie MySQL oder MariaDB nutzen.

SQL   SQL ist eine sehr verbreitete Datenbanksprache. Sie bietet Anweisungen zum Erzeugen der Struktur von Datenbanken und Tabellen sowie zum Bearbeiten von Datensätzen. Das umfasst das Anlegen, Anzeigen, Ändern und Löschen.

Innerhalb einer SQL-Anweisung können große und kleine Buchstaben verwendet werden, es macht keinen Unterschied. Innerhalb dieses Buchs werden die Befehle und Schlüsselwörter der Sprache SQL einheitlich großgeschrieben, damit sie sich deutlich vom Rest der Anweisung unterscheiden.

phpMyAdmin   In der PHP-Welt wird zur komfortablen Erzeugung der Struktur von MySQL-Datenbanken und Tabellen häufig die (frei verfügbare) Bedienoberfläche *phpMyAdmin* verwendet. Diese ist ebenfalls Bestandteil der verschiedenen Installationspakete. phpMyAdmin wird auch von den meisten Website-Providern zur Verwaltung der MySQL-Datenbanken angeboten und kann zudem für den Transfer der eigenen Datenbanken ins Internet genutzt werden.

Zum Bearbeiten der Datensätze stellen Sie als PHP-Entwickler dem Benutzer eine eigene Oberfläche zur Verfügung. Dabei handelt es sich um Webseiten mit PHP-Programmen, in denen SQL-Befehle ausgeführt werden.

3.1.1   phpMyAdmin

Die gesamte Bedienung von phpMyAdmin läuft komfortabel über das Browserfenster ab. Mithilfe von phpMyAdmin können Sie u. a. Datenbanken, Tabellen, Felder und eindeutige Indizes anlegen, verwalten und löschen.

In diesem Abschnitt zeige ich nur einen Teil der Möglichkeiten, die php-MyAdmin bietet. Ähnlich wie in Einführung erkläre ich Ihnen nicht jede Einzelheit und Komponente, sondern biete für verschiedene Anwendungs-fälle Lösungen an, ohne Sie durch viele verschiedene Lösungen für ein und dasselbe Problem zu verwirren.

Der Start des MySQL-Datenbankservers wird für die verschiedenen Instal-lationspakete in Anhang B beschrieben. Dort finden Sie auch die Adresse, die Sie im Browser eingeben müssen, um phpMyAdmin zu erreichen. Es er-scheint die Startansicht von phpMyAdmin wie in Abbildung 3.1.

Startansicht

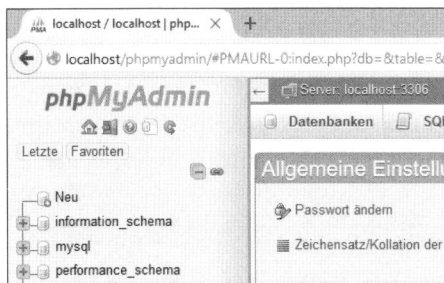

Abbildung 3.1 phpMyAdmin, Startansicht

3.1.2   Beispieldatenbank und -tabelle

Es soll eine Datenbank `firma` mit einer Datenbanktabelle `personen` erzeugt werden (siehe Tabelle 3.2).

Feldname	Datentyp
name	varchar(30)
vorname	varchar(25)
personalnummer	int
gehalt	double
geburtstag	date

Tabelle 3.2 Aufbau der Datenbanktabelle »personen«

In dieser Datenbanktabelle sollen die Daten zu einzelnen Personen gespeichert werden:

▶ In den Feldern name und vorname können Zeichenketten bis zu einer Länge von 30 bzw. 25 gespeichert werden.

▶ Das Feld personalnummer dient der Aufnahme einer ganzen Zahl, die zur eindeutigen Identifizierung der verschiedenen Personen benötigt wird.

▶ Im Feld gehalt wird eine Zahl mit Nachkommastellen gespeichert.

▶ Das Feld geburtstag ist vom Typ date.

Es werden einige häufig verwendete Datentypen eingesetzt, die für viele Anwendungen bereits ausreichen. Dabei werden die Daten aus der oben angegebenen Beispieltabelle verwendet.

3.1.3   Datenbank erzeugen

Zunächst wechseln Sie auf die Registerkarte DATENBANKEN (siehe Abbildung 3.1) und legen die Datenbank firma an. Bei den Namen von Datenbanken, Tabellen und Feldern sollten Sie darauf achten, keine deutschen Umlaute, kein ß (scharfes S) sowie weder Leerzeichen noch Sonderzeichen zu verwenden.

Aktualisieren   Nach dem Anlegen oder Ändern einer Datenbank oder einer Tabelle müssen Sie gegebenenfalls die Anzeige aktualisieren, indem Sie auf das entsprechende grüne Pfeilsymbol links oben unterhalb des großen Schriftzugs phpMyAdmin klicken.

3.1.4   Tabelle erzeugen

Nachdem Sie die Datenbank angelegt haben, ist es möglich, eine neue Tabelle zu erzeugen. Dies soll hier die Tabelle personen mit insgesamt fünf Feldern sein. Hierzu klicken Sie auf den Namen der neu erzeugten Datenbank auf der linken Seite. Auf der rechten Seite erscheint ein Bereich mit der Überschrift ERZEUGE TABELLE. Geben Sie den Namen der Tabelle ein und die Anzahl der Spalten (5). Es erscheint nun eine Seite, in der Sie eine Tabelle mit fünf Spalten (sprich Datenbankfeldern) anlegen können.

Tabelle erzeugen   Sie tragen die Namen und Datentypen der fünf Felder wie in Abbildung 3.2 ein und betätigen anschließend die Schaltfläche SPEICHERN. Sie sollten für

Felder, die Text beinhalten, in der Spalte KOLLATION den Eintrag UTF8_GE-NERAL_CI auswählen. Das führt dazu, dass der Zeichensatz UTF-8 auch für die Einträge in Ihrer Datenbank verwendet wird, und damit zur richtigen Speicherung der deutschen Umlaute.

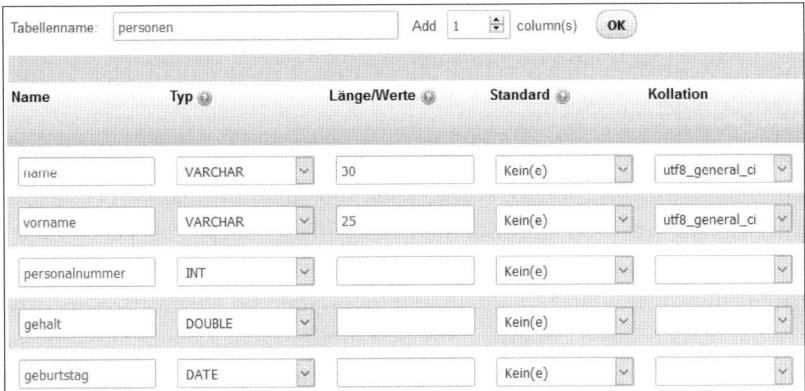

Abbildung 3.2 Namen und Eigenschaften der Tabellenfelder

Nun wird die Tabelle erzeugt. Nach Betätigen des Hyperlinks links neben dem Namen der neuen Tabelle personen erscheint die Tabellenstrukturansicht, die Sie in Abbildung 3.3 sehen.

Abbildung 3.3 Struktur der Tabelle »personen«

3.1.5 Primärschlüssel erzeugen

Für viele Vorgänge innerhalb von Tabellen ist eine eindeutige Identifizierung der einzelnen Datensätze hilfreich und notwendig. Dies wird mithilfe eines Primärschlüssels realisiert.

Im vorliegenden Beispiel soll das Feld personalnummer eindeutig sein, das heißt, keine Personalnummer darf doppelt vorhanden sein. Damit die Eindeutigkeit von MySQL kontrolliert wird, wird das Feld personalnummer mit einem Primärschlüssel versehen. Betätigen Sie dazu in der Tabellenstrukturansicht (siehe Abbildung 3.3) in der Zeile des Felds personalnummer den Link PRIMÄRSCHLÜSSEL. In Abhängigkeit von der Anzeigegröße finden Sie ihn gegebenenfalls über den Link MEHR. Lassen Sie sich die Tabellenstrukturansicht neu anzeigen.

Das Feld personalnummer ist nun in der Ansicht unterstrichen, und weiter unten erscheint im Bereich INDIZES die Information über den Schlüssel mit dem Namen PRIMARY. Anschließend können in diese Tabelle nur noch Einträge aufgenommen werden, die einen Eintrag im Feld personalnummer haben, der nicht bereits in einem anderen Datensatz existiert, da ansonsten die Eindeutigkeit verletzt würde. Alle Datensätze können anhand des Werts im Feld personalnummer eindeutig voneinander unterschieden werden. Dies ist besonders beim Ändern und Löschen von Datensätzen wichtig.

3.1.6   Datensätze eintragen

Daten eintragen   Auf der Registerkarte EINFÜGEN haben Sie die Möglichkeit, Datensätze einzutragen.

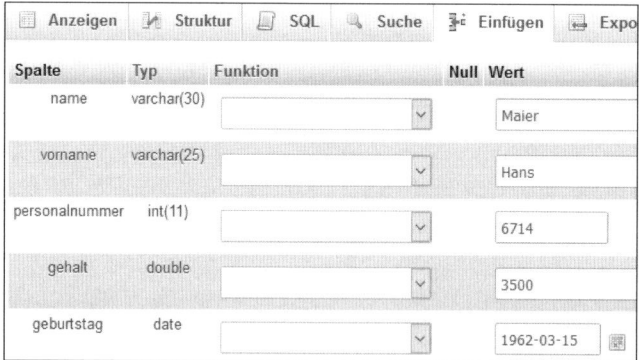

Abbildung 3.4 Eingabe eines Datensatzes

Beim Eintragen von Datensätzen (siehe Abbildung 3.4) müssen Sie Folgendes beachten:

- Bei Zahlen mit Nachkommastellen wird der Punkt anstelle des Kommas verwendet.

- Bei Datumsangaben gilt das amerikanische Eingabeformat JJJJ-MM-TT.

Nach Betätigung der Schaltfläche OK wird der Datensatz eingefügt. Geben Sie auf diese Weise alle drei Datensätze der Tabelle 3.1 ein. Anschließend können Sie den Hyperlink auf dem Namen der Tabelle personen betätigen und sehen alle Datensätze so wie in Abbildung 3.5.

name	vorname	personalnummer	gehalt	geburtstag
Mertens	Julia	2297	3621.5	1959-12-30
Maier	Hans	6714	3500	1962-03-15
Schmitz	Peter	81343	3750	1958-04-12

Abbildung 3.5 Datensätze der Tabelle »personen«

Übung »u_db_anlegen« [✐]

Legen Sie eine zweite Datenbank mit dem Namen hardware an. Sie soll eine Tabelle fp mit der Struktur aus Abbildung 3.6 und den Daten aus Abbildung 3.7 enthalten. Das Feld artnummer soll einen Primärschlüssel haben. Die Datenbank insgesamt enthält Hardwareinformationen, die Tabelle enthält Informationen zu Festplatten. Die Felder hersteller, typ und artnummer sind vom Typ Zeichenkette, das Feld gb gibt den maximalen Speicherplatz auf der Festplatte an, und das Feld prod beinhaltet das erste Produktionsdatum der betreffenden Festplatte.

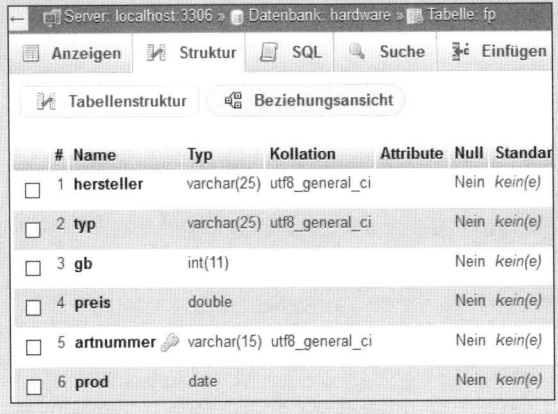

Abbildung 3.6 Tabelle »fp«, Struktur

hersteller	typ	gb	preis	artnummer	prod
IBM Corporation	DJNA	240	230	HDA-140	2008-06-15
Seagate	310232A	60	122	HDA-144	2008-11-15
Quantum	Fireball Plus	80	128	HDA-163	2008-03-15
Fujitsu	MPE 3136	160	149	HDA-171	2008-09-01
Quantum	Fireball CX	40	112	HDA-208	2008-10-01

Abbildung 3.7 Tabelle »fp«, Daten

3.2   PHP und MySQL

Dynamische Schnittstelle

In diesem Abschnitt erfahren Sie, wie die dynamische Schnittstelle zwischen dem Betrachter einer Internetseite und den Inhalten einer MySQL-Datenbank erzeugt wird.

3.2.1   Verbindung aufnehmen, Datensätze anzeigen

Dem Benutzer kann mithilfe von PHP-Programmen eine komfortable Schnittstelle zum Erzeugen, Anzeigen, Ändern und Löschen von Datensätzen aus einer MySQL-Datenbank zur Verfügung gestellt werden. Die Datenbank und der Strukturentwurf werden vorher vom Entwickler mit phpMyAdmin erzeugt. Zunächst ein Programm zur Anzeige aller Datensätze aus der Tabelle personen in der Datenbank firma:

```
<!DOCTYPE html><html><head><meta charset="utf-8"></head><body>
<?php
   /* Verbindung aufnehmen und Datenbank auswählen */
   $con = mysqli_connect("", "root", "", "firma");

   /* SQL-Abfrage ausführen */
   $res = mysqli_query($con, "SELECT * FROM personen");

   /* Anzahl Datensätze ermitteln und ausgeben */
   $num = mysqli_num_rows($res);
   if($num > 0) echo "Ergebnis:<br>";
   else         echo "Keine Ergebnisse<br>";
```

```
/* Datensätze aus Ergebnis ermitteln, */
/* in Array speichern und ausgeben    */
while ($dsatz = mysqli_fetch_assoc($res))
{
    echo $dsatz["name"] . ", "
        . $dsatz["vorname"] . ", "
        . $dsatz["personalnummer"] . ", "
        . $dsatz["gehalt"] . ", "
        . $dsatz["geburtstag"] . "<br>";
}

/* Verbindung schließen */
mysqli_close($con);
?>
</body></html>
```

Listing 3.1 Datei db_anzeigen.php

Das Programm und dessen Erläuterung erscheinen zunächst etwas umfangreich. Sie werden allerdings feststellen, dass die meisten Programmschritte typisch für Datenbankprogramme sind. Sie kommen in vielen PHP-Programmen vor, die auf Datenbanken zugreifen.

> **Hinweis**
>
> Sollte Ihnen die Originaldatenbank inklusive der Tabelle nicht zur Verfügung stehen, können Sie zur Erzeugung auch einfach das PHP-Programm *db_neu.php* nutzen.

[«]

Abbildung 3.8 zeigt die Ausgabe des Programms *db_anzeigen.php*.

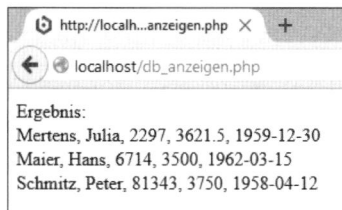

Abbildung 3.8 Ausgabe aller Datensätze

Erläuterung des Programms:

mysqli_connect()

▸ Die Funktion `mysqli_connect()` öffnet eine Verbindung zum MySQL-Datenbankserver. In den Klammern stehen vier Parameter: `Hostname`, `Benutzername`, `Kennwort` und `Tabellenname`. Es gelten die vereinfachten Standardeinstellungen: Als Hostname und Tabellenname geben Sie eine leere Zeichenkette an, der Benutzername ist `root` und der Tabellenname ist hier `firma`.

▸ Der Rückgabewert der Funktion `mysqli_connect()` ist eine Referenz auf die Verbindung. Diese Referenz wird anschließend für weitere Funktionen benötigt und daher in der Variablen `$con` gespeichert.

mysqli_query()

▸ Die Funktion `mysqli_query()` führt eine Abfrage mit der SQL-Anweisung SELECT in der aktuellen Datenbank aus. Die Abfrage soll alle Datensätze der betroffenen Tabelle liefern. Auch hier wird als erster Parameter die Referenz auf die Verbindung benötigt.

Ergebniskennung

▸ Falls die Abfrage erfolgreich ist, liefert die Funktion eine Ergebniskennung zurück (hier in der Variablen `$res`). Diese Ergebniskennung wird anschließend benötigt, um die einzelnen Komponenten des Ergebnisses zu ermitteln. Sollten mehrere Abfragen erfolgen, sollten Sie für jedes Ergebnis eine eigene Variable zur Speicherung der Ergebniskennung verwenden.

mysqli_num_rows()

▸ Die Funktion `mysqli_num_rows()` wird aufgerufen, wenn Sie die Anzahl der Datensätze im Abfrageergebnis wissen möchten. Als Parameter wird die Ergebniskennung übergeben, deren Datensatzanzahl Sie ermitteln möchten.

Kein Ergebnis

▸ Falls die Abfrage nicht erfolgreich ist, z. B. wegen eines SQL-Fehlers, hat die Variable `$num` keinen Wert. Falls es keine Datensätze gibt, die der Abfrage genügen, hat die Variable `$num` den Wert `0`. In beiden Fällen wird die Meldung `Keine Ergebnisse` ausgegeben.

mysqli_fetch_assoc()

▸ Die Funktion `mysqli_fetch_assoc()` wird verwendet, um einen Datensatz des Ergebnisses zu ermitteln und ihn in einem assoziativen Feld (hier `$dsatz`) zu speichern. Dabei stellt der Datenbankfeldname den Schlüssel des Felds dar. Die Funktion führt dazu, dass ein sogenannter Datensatzzeiger auf den nächsten Datensatz des Ergebnisses gesetzt wird.

▸ Die Zuweisung des Datenbankfelds an das assoziative Feld `$dsatz` wird gleichzeitig dazu verwendet, eine `while`-Schleife zu steuern. Die Schleife dient dazu, alle Datensätze des Ergebnisses auszugeben. Falls das Ergebnis aus mindestens einem Datensatz besteht, ist die Zuweisung `$dsatz = mysqli_fetch_assoc ($res)` ein wahrer Ausdruck. Daher wird die `while`-Schleife durchlaufen.

Beachten Sie: Es handelt sich nicht um einen Vergleich, sondern um eine Zuweisung! Es werden also zwei Anweisungen in einem ausgeführt: zuerst die Zuweisung des Felds und anschließend die `while`-Anweisung.

▶ Der Datensatzzeiger wird durch den wiederholten Funktionsaufruf irgendwann am Ende des Abfrageergebnisses anlangen. Die Funktion liefert in diesem Fall keinen weiteren Datensatz mehr. Damit wird die Zuweisung `$dsatz = mysqli_fetch_assoc($res)` ein unwahrer Ausdruck und die `while`-Schleife beendet. **Datensatzzeiger**

▶ Innerhalb der Schleife wird jeweils der Inhalt eines Elements des Felds `$dsatz` ermittelt und ausgegeben. Die Namen der Schlüssel müssen denen der Datenbankfeldnamen entsprechen.

▶ Die Verbindung zur Datenbank wird durch den Aufruf der Funktion `mysqli_close()` wieder geschlossen. **Verbindung schließen**

Im weiteren Verlauf des Abschnitts erläutere ich noch Möglichkeiten der übersichtlicheren Ausgabe der Daten, wie z. B. die Ausgabe in Form einer HTML-Tabelle.

3.2.2 Datensätze auswählen

In einem PHP-Programm können Sie Datensätze mithilfe von SQL-Anweisungen auswählen. Bei der Auswahl bzw. Filterung mithilfe von WHERE innerhalb der SELECT-Anweisung können Sie, ähnlich wie bei der Programmierung mit PHP, Vergleichsoperatoren anwenden (siehe Tabelle 3.3). **Daten auswählen**

Operator	Bedeutung
=	gleich
<>	ungleich
>	größer als
>=	größer als oder gleich
<	kleiner als
<=	kleiner als oder gleich

Tabelle 3.3 Vergleichsoperatoren in SQL

Logische
Operatoren

Es lassen sich auch mehrere Auswahlbedingungen logisch miteinander verknüpfen, und zwar mithilfe der folgenden logischen Operatoren (siehe Tabelle 3.4).

Operator	Bedeutung
NOT	Der Wahrheitswert einer Bedingung wird umgekehrt.
AND	Alle Bedingungen müssen zutreffen.
OR	Mindestens eine Bedingung muss zutreffen.

Tabelle 3.4 Logische Operatoren in SQL

LIKE

Der Operator LIKE ist sehr nützlich beim Suchen nach Zeichenketten oder Teilen von Zeichenketten. Dabei können auch Platzhalter (Wildcards) eingesetzt werden. Ein % (Prozentzeichen) steht für eine beliebige Anzahl unbekannter Zeichen, ein _ (Unterstrich) für genau ein unbekanntes Zeichen. Die untersuchte Zeichenkette muss dabei weiterhin in einfache Hochkommata gesetzt werden.

ORDER BY

Zusätzlich lässt sich die Reihenfolge der Datensätze im Abfragergebnis mithilfe von ORDER BY beeinflussen. Der Zusatz DESC steht für *descending* (deutsch: absteigend). Im Normalfall wird aufsteigend sortiert, den Zusatz ASC für *ascending* (deutsch: aufsteigend) müssen Sie deshalb nicht gesondert angeben.

Beispiel 1

Ein Beispiel mit ausgewählten Feldern, WHERE-Klausel, Vergleichsoperator, logischem Operator und sortierter Ausgabe:

```
<!DOCTYPE html><html><head><meta charset="utf-8"></head><body>
<?php
  $con = mysqli_connect("", "root", "", "firma");
  $sql = "SELECT name, gehalt FROM personen"
       . " WHERE gehalt >= 3000 AND gehalt <= 3700"
       . " ORDER BY gehalt DESC";
  $res = mysqli_query($con, $sql);
  $num = mysqli_num_rows($res);
  if($num > 0) echo "Ergebnis:<br>";
  else         echo "Keine Ergebnisse<br>";
```

```
  while ($dsatz = mysqli_fetch_assoc($res))
    echo $dsatz["name"] . ", " . $dsatz["gehalt"] . "<br>";

  mysqli_close($con);
?>
</body></html>
```

Listing 3.2 Datei db_zahl.php

Die Ausgabe des Programms sieht wie in Abbildung 3.9 aus.

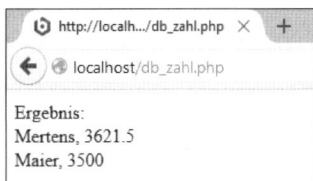

Abbildung 3.9 Auswahl einzelner Felder und Datensätze

Es werden alle Personen angezeigt, deren Gehalt zwischen 3.000 € und 3.700 € liegt, sortiert nach absteigendem Gehalt. Die Abfrage besteht aus einer längeren SQL-Anweisung. Aus Gründen der Übersichtlichkeit wird sie in mehreren Schritten in einer PHP-Variablen ($sql) gespeichert. Achten Sie dabei besonders auf die Leerzeichen zwischen den einzelnen Angaben (hier vor WHERE und vor ORDER BY).

> **Hinweis**
>
> Ein weiterer Vorteil der Speicherung der SQL-Anweisung in einer Zeichenkette besteht darin, diese Zeichenkette zunächst zu Kontrollzwecken auf dem Bildschirm ausgeben zu können (echo $sql;), bevor man sie später ausführen lässt.

[«]
SQL-Anweisung speichern

SQL-Anweisungen können aufgrund ihrer Länge und der beinhalteten Sonderzeichen, vor allem im Zusammenhang mit dem Einbau von PHP-Variablen oder PHP-Feldelementen, schnell unübersichtlich werden. Sie stellen sich daher häufig als Quelle eines länger gesuchten Fehlers heraus.

Die Funktion mysqli_query() wird u. a. mit der Variablen $sql als Parameter aufgerufen:

```
$res = mysqli_query($con, $sql);
```

Innerhalb der Schleife werden nur noch die Inhalte der Felder name und gehalt aus dem Datensatz extrahiert. Die anderen Felder stehen im Abfrageergebnis nicht zur Verfügung, da die SQL-Anweisung sie nicht beinhaltet.

Beispiel 2

Ein Beispiel mit dem LIKE-Operator:

```
<!DOCTYPE html><html><head><meta charset="utf-8"></head><body>
<?php
    $con = mysqli_connect("", "root", "", "firma");
    $sql = "SELECT name, vorname FROM personen"
        . " WHERE name LIKE 'M%' ORDER BY name";
    $res = mysqli_query($con, $sql);
    $num = mysqli_num_rows($res);
    if($num > 0) echo "Ergebnis:<br>";
    else         echo "Keine Ergebnisse<br>";

    while ($dsatz = mysqli_fetch_assoc($res))
        echo $dsatz["name"] . ", " . $dsatz["vorname"] . "<br>";

    mysqli_close($con);
?>
</body></html>
```

Listing 3.3 Datei db_like.php

Die Ausgabe des Programms sehen Sie in Abbildung 3.10.

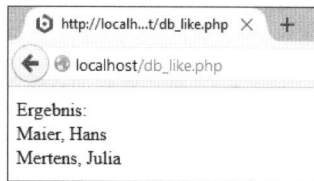

Abbildung 3.10 Auswahl mit LIKE und Platzhalter

Es werden alle Personen angezeigt, deren Name mit dem Buchstaben M beginnt. Dabei ist besonders auf die einfachen Hochkommata (bei name LIKE
'M%') zu achten, da es sich bei dem Namen um eine Zeichenkette handelt.

Übung »u_db_anzeigen«   [⊘]

Schreiben Sie ein PHP-Programm zur Anzeige aller Datensätze aus der Tabelle fp der Datenbank hardware (Datei *u_db_anzeigen.php*). Sollte Ihnen die Originaldatenbank inklusive der Tabelle nicht zur Verfügung stehen, können Sie zur Erzeugung auch das PHP-Programm *u_db_neu.php* nutzen.

Das Programm *u_db_anzeigen.php* soll die Ausgabe aus Abbildung 3.11 haben, basierend auf den ursprünglichen Daten.

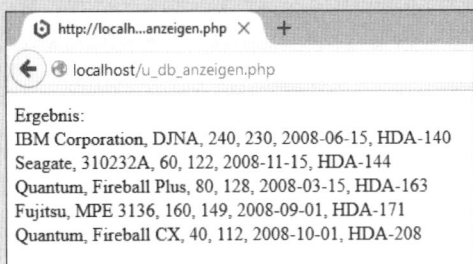

Abbildung 3.11 Ergebnis der Übung »u_db_anzeigen«

Übung »u_db_zahl«   [⊘]

Zeigen Sie mit einem PHP-Programm aus der oben angegebenen Tabelle nur noch bestimmte Datensätze (Datei *u_db_zahl.php*) an. Es sollen alle Festplatten mit allen Angaben angezeigt werden, die einen maximalen Speicherplatz von mehr als 60 GB haben und weniger als 150 € kosten, und zwar nach maximalem Speicherplatz absteigend sortiert. Das Programm soll die Ausgabe aus Abbildung 3.12 erzeugen, basierend auf den ursprünglichen Daten.

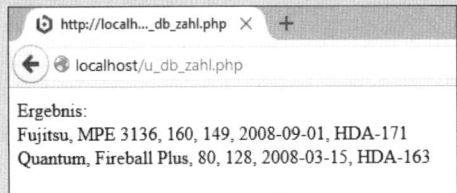

Abbildung 3.12 Ergebnis der Übung »u_db_zahl«

[⏚]   **Übung »u_db_datum«**

Zeigen Sie mit einem PHP-Programm aus der oben angegebenen Tabelle nur noch bestimmte Informationen an (Datei *u_db_datum.php*). Es sollen alle Festplatten mit den Angaben zu Hersteller, Typ, Artikelnummer und erstem Produktionsdatum angezeigt werden, die im ersten Halbjahr 2008 erstmalig produziert wurden, und zwar sortiert nach Datum. Das Programm soll die Ausgabe aus Abbildung 3.13 erzeugen, basierend auf den ursprünglichen Daten. Datumsangaben müssen in SQL-Ausdrücken wie Zeichenketten innerhalb von einfachen Hochkommata notiert werden.

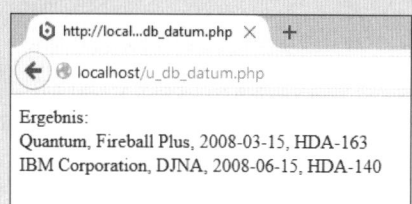

Abbildung 3.13 Ergebnis der Übung »u_db_datum«

3.2.3   Ausgabe in eine HTML-Tabelle

Tabellenausgabe   Eine Ausgabe wird in Tabellenform wesentlich übersichtlicher. Dazu müssen Sie nur die HTML-Markierungen zur Erzeugung einer Tabelle an geeigneter Stelle in das PHP-Programm integrieren. Es folgt ein Beispiel zur Anzeige aller Datensätze der Tabelle personen in der Datenbank firma in Tabellenform mit Überschrift:

```
<!DOCTYPE html><html><head><meta charset="utf-8"></head><body>
<?php
    $con = mysqli_connect("", "root", "", "firma");
    $res = mysqli_query($con, "SELECT * FROM personen");

    // Tabellenbeginn
    echo "<table border='1'>";

    // Überschrift
    echo "<tr> <td>Lfd. Nr.</td> <td>Name</td>";
    echo "<td>Vorname</td> <td>Personalnummer</td>";
    echo "<td>Gehalt</td> <td>Geburtstag</td> </tr>";
```

```
$lf = 1;
while ($dsatz = mysqli_fetch_assoc($res))
{
    echo "<tr>";
    echo "<td>$lf</td>";
    echo "<td>" . $dsatz["name"] . "</td>";
    echo "<td>" . $dsatz["vorname"] . "</td>";
    echo "<td>" . $dsatz["personalnummer"] . "</td>";
    echo "<td>" . $dsatz["gehalt"] . "</td>";
    echo "<td>" . $dsatz["geburtstag"] . "</td>";
    echo "</tr>";
    $lf = $lf + 1;
}

// Tabellenende
echo "</table>";

mysqli_close($con);
?>
</body></html>
```

Listing 3.4 Datei db_tabelle.php

Zunächst wird das Abfrageergebnis ermittelt. Es folgen der Tabellenbeginn   table, tr, td
(`<table border="1">`) und eine Zeile mit einer Überschrift (`<tr>` bis `</tr>`).
Innerhalb der Schleife wird zusätzlich zu den Feldinhalten eine laufende
Nummer ermittelt. Diese wird gemeinsam mit den Feldinhalten Zeile für
Zeile ausgegeben. Die Tabelle wird nach der Schleife geschlossen (`</table>`).
Die Ausgabe sehen Sie in Abbildung 3.14.

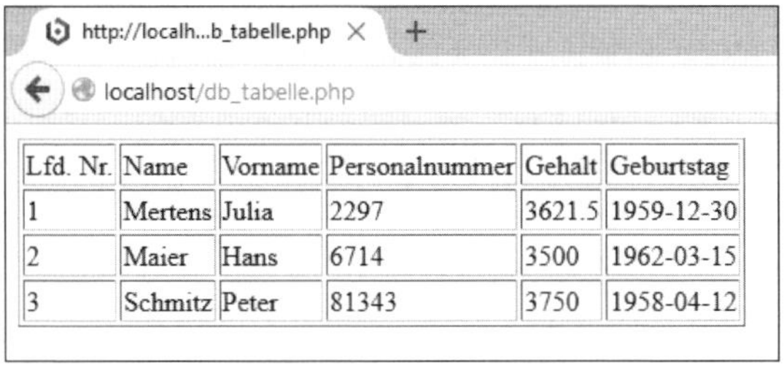

Lfd. Nr.	Name	Vorname	Personalnummer	Gehalt	Geburtstag
1	Mertens	Julia	2297	3621.5	1959-12-30
2	Maier	Hans	6714	3500	1962-03-15
3	Schmitz	Peter	81343	3750	1958-04-12

Abbildung 3.14 Ausgabe in einer HTML-Tabelle

3.2.4 Auswahl von Daten über ein Suchformular

Suchformular

Ein Benutzer möchte natürlich nicht immer die gleichen Daten aus einer Datenbank sehen, sondern selbst eine Auswahl treffen. Dies wird ihm durch die Eingabe von Werten in Formulare ermöglicht. Die nachfolgenden Schritte beschreiben den typischen Ablauf einer Internetdatenbankanwendung:

▶ Der Benutzer gibt eine Anfrage (z. B. eine Suchanfrage) ein, indem er Daten in ein Formular einträgt und diese Daten an den Webserver sendet.

▶ Beim Webserver werden die Daten von einem PHP-Programm ausgewertet und mithilfe einer SQL-Anweisung an den Datenbankserver gesendet.

▶ Der Datenbankserver ermittelt eine Antwort zur SQL-Anweisung und sendet diese an den Webserver zurück.

▶ Das PHP-Programm verarbeitet die Antwort, kleidet sie in eine Internetseite und sendet dem Benutzer eine Antwort.

Für den Benutzer ist es nicht sichtbar, welche Programme, Sprachen oder Dienste im Hintergrund für ihn tätig sind. Er kann ohne Kenntnisse des Formularaufbaus, des PHP-Programms und der Datenbank seine Anfrage stellen und das Ergebnis lesen.

Beispiel 1

Im folgenden Beispiel hat der Benutzer die Möglichkeit, zwei Zahlen einzugeben. Diese dienen bei einer Abfrage als Untergrenze bzw. Obergrenze für das Feld gehalt. Der Anwender kann also bei jeder Abfrage festlegen, welcher Gehaltsgruppe die angezeigten Personen angehören sollen. Zunächst das Formular:

```
<!DOCTYPE html><html><head><meta charset="utf-8"></head><body>
<p>Anzeige der Personen mit einem Gehalt zwischen:</p>
<form action = "db_eingabe.php" method = "post">
   <p><input name="ug"> Untergrenze</p><p>und</p>
   <p><input name="og"> Obergrenze</p>
   <p><input type="submit"> <input type="reset"></p>
</form>
</body></html>
```

Listing 3.5 Datei db_eingabe.htm

Innerhalb des Formulars werden die beiden Werte in die Eingabefelder ug und og aufgenommen. Das Formular sehen Sie in Abbildung 3.15.

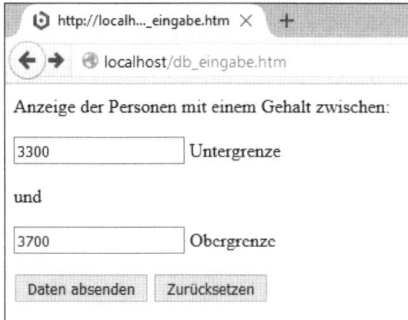

Abbildung 3.15 Eingabeformular für den Gehaltsbereich

Die Inhalte der beiden Eingabefelder stehen dem PHP-Programm nach dem Absenden zur Verfügung. Das Programm sieht folgendermaßen aus:

```
<!DOCTYPE html><html><head><meta charset="utf-8"></head><body>
<?php
    $con = mysqli_connect("", "root", "", "firma");
    $sql = "SELECT name, gehalt FROM personen"
        . " WHERE gehalt >= " . $_POST["ug"]
        . " AND gehalt <= " . $_POST["og"]
        . " ORDER BY gehalt";

    $res = mysqli_query($con, $sql);
    $num = mysqli_num_rows($res);
    if($num > 0) echo "Ergebnis:<br>";
    else         echo "Keine Ergebnisse<br>";

    while ($dsatz = mysqli_fetch_assoc($res))
        echo $dsatz["name"] . ", " . $dsatz["gehalt"] . "<br>";

    mysqli_close($con);
?>
</body></html>
```

Listing 3.6 Datei db_eingabe.php

Innerhalb der SQL-Anweisung finden sich nach der WHERE-Klausel die Feldelemente $_POST["ug"] und $_POST["og"], um die ausgegebene Datenmenge einzuschränken. Die Feldelemente beinhalten die beiden Eingabe-werte des Benutzers. Die Ausgabe zum oben angegebenen Beispiel zeigt Abbildung 3.16.

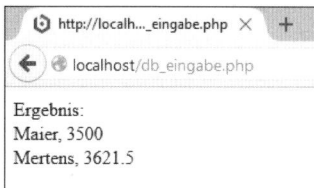

Abbildung 3.16 Ausgabe, passend zur Beispieleingabe

Beispiel 2

LIKE, %, _ Bei der Abfrage von Inhalten aus Zeichenkettenfeldern müssen Sie beson-ders auf die einfachen Hochkommata achten. Den Operator LIKE und die Platzhalter % sowie _ können Sie in gewohnter Weise verwenden. Mithilfe des Formulars aus dem folgenden Beispiel kann der Benutzer nach allen Personen suchen, deren Namen mit den eingegebenen Anfangsbuchsta-ben beginnen. Hier zunächst das Formular:

```
<!DOCTYPE html><html><head><meta charset="utf-8"></head><body>
<p>Anzeige der Personen mit folgendem Namensanfang:</p>
<form action = "db_platzhalter.php" method = "post">
    <p><input name="anfang"></p>
    <p><input type="submit"> <input type="reset"></p>
</form>
</body></html>
```

Listing 3.7 Datei db_platzhalter.htm

Innerhalb des Formulars werden die Anfangsbuchstaben in das Eingabe-feld anf aufgenommen. Das Eingabeformular ist in Abbildung 3.17 darge-stellt.

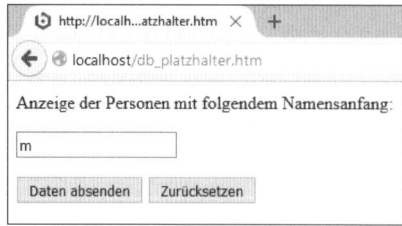

Abbildung 3.17 Eingabe der Anfangsbuchstaben

Das PHP-Programm sieht wie folgt aus:

```php
<!DOCTYPE html><html><head><meta charset="utf-8"></head><body>
<?php
    $con = mysqli_connect("", "root", "", "firma");
    $sql = "SELECT name, vorname FROM personen"
        . " WHERE name LIKE '" . $_POST["anfang"] . "%'";
    $res = mysqli_query($con, $sql);
    $num = mysqli_num_rows($res);
    if($num > 0) echo "Ergebnis:<br>";
    else         echo "Keine Ergebnisse<br>";

    while ($dsatz = mysqli_fetch_assoc($res))
        echo $dsatz["name"] . ", " . $dsatz["vorname"] . "<br>";

    mysqli_close($con);
?>
</body></html>
```

Listing 3.8 Datei db_platzhalter.php

Innerhalb der SQL-Anweisung wird das Feldelement $_POST["anfang"] durch den aktuellen Inhalt des Eingabefelds ersetzt. Das Prozentzeichen steht für beliebig viele nachfolgende Buchstaben.

Sie sollten besonders auf die einfachen Hochkommata achten. Das öffnende einfache Hochkomma steht in der ersten Zeichenkette hinter dem Operator LIKE, das schließende einfache Hochkomma steht in der zweiten Zeichenkette hinter %. Die Ausgabe für das oben angegebene Beispiel zeigt Abbildung 3.18.

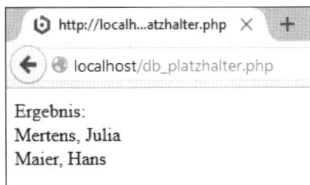

Abbildung 3.18 Ausgabe zur Beispieleingabe

Beispiel 3

Eine Abfrage kann dem Benutzer durch die Verwendung von weiteren Formularelementen erleichtert werden. Diese Formularelemente habe ich Ihnen bereits vorgestellt. Mithilfe des folgenden Beispiels können Personen aus bestimmten Gehaltsgruppen angezeigt werden. Jede ist mit einem Radiobutton verknüpft. Zunächst das Formular:

```
<!DOCTYPE html><html><head><meta charset="utf-8"></head><body>
<p>Anzeige der Personen aus der Gehaltsgruppe:</p>
<form action = "db_radio.php" method = "post">
   <p><input type="radio" name="geh" value="1"
      checked="checked"> bis 3000 &euro; einschl.<br>
   <input type="radio" name="geh" value="2">
      ab 3000 &euro; ausschl. bis 3500 &euro; einschl.<br>
   <input type="radio" name="geh" value="3">
      ab 3500 &euro; ausschl. bis 5000 &euro; einschl.<br>
   <input type="radio" name="geh" value="4">
      ab 5000 &euro; ausschl.</p>
   <p><input type="submit"> <input type="reset"></p>
</form>
</body></html>
```

Listing 3.9 Datei db_radio.htm

Radiobuttons   Die verwendeten Radiobuttons haben alle den gleichen Namen (geh), dadurch bilden sie eine Gruppe. Die vom Benutzer ausgewählte Schaltfläche ist mit dem Wert 1, 2, 3 oder 4 verbunden. Dieser Wert wird dem PHP-Programm beim Absenden übermittelt. Das Formular mit der Auswahl eines Bereichs sehen Sie in Abbildung 3.19.

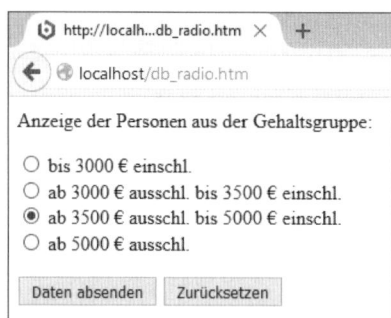

Abbildung 3.19 Eingabeformular mit Radiobuttons

Das PHP-Programm lautet:

```php
<!DOCTYPE html><html><head><meta charset="utf-8"></head><body>
<?php
   $con = mysqli_connect("", "root", "", "firma");
   $sql = "SELECT name, gehalt FROM personen WHERE ";

   switch($_POST["geh"])
   {
      case 1:
         $sql .= "gehalt <= 3000";
         break;
      case 2:
         $sql .= "gehalt > 3000 AND gehalt <= 3500";
         break;
      case 3:
         $sql .= "gehalt > 3500 AND gehalt <= 5000";
         break;
      case 4:
         $sql .= "gehalt > 5000";
   }

   $res = mysqli_query($con, $sql);
   $num = mysqli_num_rows($res);
   if($num > 0) echo "Ergebnis:<br>";
   else        echo "Keine Ergebnisse<br>";

   while ($dsatz = mysqli_fetch_assoc($res))
      echo $dsatz["name"] . ", " . $dsatz["gehalt"] . "<br>";

   mysqli_close($con);
?>
</body></html>
```

Listing 3.10 Datei db_radio.php

Das übermittelte Feldelement $_POST["geh"] wird mithilfe einer switch/ case-Verzweigung untersucht. Je nach Wert des Feldelements wird eine von mehreren möglichen SQL-Anweisungen gebildet. Diese wird ausge-

switch, case

207

führt und liefert die gewünschten Daten. Die Ausgabe zur oben angegebenen Option zeigt Abbildung 3.20.

Abbildung 3.20 Ausgabe zur Beispieleingabe

[✎]   **Übung »u_db_radio«**

Zeigen Sie mit einem PHP-Programm aus der Tabelle fp der Datenbank hardware Festplatten aus bestimmten Preisgruppen an. Die Preisgruppen soll der Benutzer über Radiobuttons auswählen können (Dateien *u_db_radio.htm* und *u_db_radio.php*).

Es gelten die folgenden Preisgruppen:

▶ bis 120 € einschließlich

▶ ab 120 € ausschließlich und bis 140 € einschließlich

▶ ab 140 € ausschließlich

Es sollen nur die Angaben zu Hersteller, Typ und Preis geliefert werden. Mithilfe eines Kontrollkästchens soll der Benutzer entscheiden können, ob er eine Sortierung der Ausgabe nach Preis wünscht. Das Formular soll aussehen wie in Abbildung 3.21.

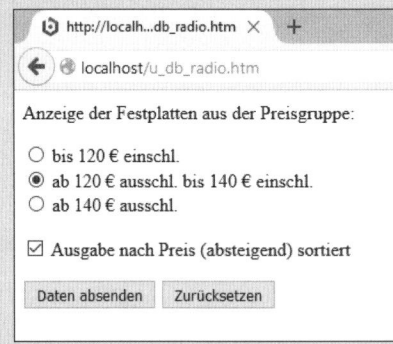

Abbildung 3.21 Formular der Übung »u_db_radio«

Die Ausgabe zur Beispieleingabe zeigt Abbildung 3.22.

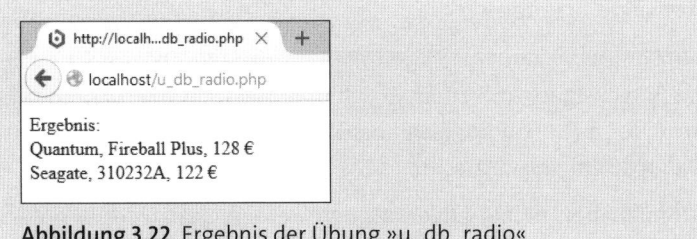

Abbildung 3.22 Ergebnis der Übung »u_db_radio«

Übung »u_db_select«   [*]*

Zeigen Sie mit einem PHP-Programm aus der oben angegebenen Tabelle nur noch die Festplatten eines Herstellers an (Dateien *u_db_select.htm* und *u_db_select.php*). Der Benutzer soll den gewünschten Hersteller (Fujitsu, Quantum oder Seagate) in einem select-Menü auswählen können. Die Daten sollen in Form einer HTML-Tabelle mit einer Überschrift angezeigt werden. Das Formular sehen Sie in Abbildung 3.23, und die Ausgabe zur Beispielauswahl zeigt Abbildung 3.24.

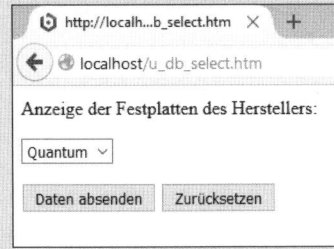

Abbildung 3.23 Formular der Übung »u_db_select«

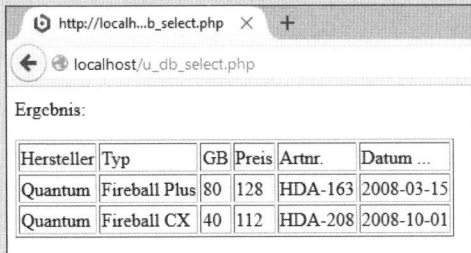

Abbildung 3.24 Ergebnis der Übung »u_db_select«

3.2.5   Datensätze erzeugen

Bestimmten Benutzern kann es gestattet werden, weitere Datensätze zu erzeugen. Die Berechtigung hierzu lässt sich über den Benutzernamen und das Kennwort beim Aufbau der Datenbankverbindung oder über eine zusätzliche Passworteingabe festlegen.

Datensätze hinzufügen

Es soll der Einfachheit halber angenommen werden, dass jeder Benutzer Datensätze hinzufügen (und in den nachfolgenden Abschnitten auch ändern und löschen) kann. Es folgt ein Beispiel für eine Eingabeseite, die sich selbst aufruft (siehe auch Abschnitt 2.4.3). Das Formular und der PHP-Programmcode werden in einer Datei zusammengefasst:

```php
<!DOCTYPE html><html><head><meta charset="utf-8">
<?php
   if (isset($_POST["gesendet"]))
   {
      $con = mysqli_connect("", "root", "", "firma");
      $sql = "INSERT INTO personen(name, vorname, personalnummer,"
         . " gehalt, geburtstag) values('" . $_POST["na"] . "', '"
         . $_POST["vn"] . "', " . $_POST["pn"] . ", "
         . $_POST["ge"] . ", '" . $_POST["gt"] . "')";
      mysqli_query($con, $sql);

      $num = mysqli_affected_rows($con);
      if ($num>0)
      {
         echo "<p><font color='#00aa00'>";
         echo "Ein Datensatz hinzugekommen";
         echo "</font></p>";
      }
      else
      {
         echo "<p><font color='#ff0000'>";
         echo "Es ist ein Fehler aufgetreten, ";
         echo "es ist kein Datensatz hinzugekommen";
         echo "</font></p>";
      }

      mysqli_close($con);
```

```
   }
?>
</head>
<body>
<p>Geben Sie bitte einen Datensatz ein<br>
   und senden Sie das Formular ab:</p>
<form action = "db_erzeugen.php" method = "post">
   <p><input name="na"> Name</p>
   <p><input name="vn"> Vorname</p>
   <p><input name="pn"> Personalnummer (eine ganze Zahl)</p>
   <p><input name="ge"> Gehalt (Nachkommastellen mit Punkt)</p>
   <p><input name="gt"> Geburtsdatum (in JJJJ-MM-TT)</p>
   <p><input type="submit" name="gesendet">
   <input type="reset"></p>
</form>

<p>Alle <a href="db_tabelle.php">anzeigen</a></p>
</body></html>
```

Listing 3.11 Datei db_erzeugen.php

Innerhalb des Programms wird zunächst festgestellt, ob es sich um den ersten Aufruf handelt oder um eine weitere Eingabe. Dazu wird der Absende-Schaltfläche ein Name gegeben (hier gesendet). Als Folge hiervon existiert ab dem zweiten Aufruf des Programms das Feldelement $_POST["gesendet"]. Seine Existenz wird mithilfe der Abfrage if (isset($_POST["gesendet"])) festgestellt.

isset()

Beim ersten Aufruf der Datei trifft dies noch nicht zu, daher wird der PHP-Teil der Datei nicht weiter ausgeführt. Bei einem späteren Aufruf der Datei existiert das Feldelement, daher wird der PHP-Teil der Datei weiter ausgeführt.

Die SQL-Anweisung INSERT INTO dient der Erzeugung von Datensätzen; sie wird (wie die SELECT-Anweisung) mithilfe von mysqli_query() gesendet. Die Angaben hinter VALUES entsprechen den Namen der Formularelemente. Auf die Hochkommata für Zeichenketten oder Datumsangaben müssen Sie besonders achten.

INSERT INTO

Die Funktion mysqli_affected_rows() können Sie bei Aktionsabfragen einsetzen. Unter den Begriff Aktionsabfragen fallen alle Abfragen zum Er-

mysqli_affected_ rows()

zeugen (wie hier), Ändern und Löschen von Datensätzen. Die Funktion ermittelt die Anzahl der von der Aktion betroffenen (englisch: *affected*) Datensätze.

In diesem Fall muss lediglich geprüft werden, ob diese Anzahl größer als 0 ist. Ist das der Fall, ist die Aktion erfolgreich, und der Benutzer wird über den Erfolg informiert. Ein unvollständiger oder falsch eingetragener Datensatz führt dazu, dass er nicht hinzugefügt wird. Falls ein Datensatz mit einer bereits vorhandenen Personalnummer eingegeben wird, führt dies ebenfalls zu einem Fehler.

Innerhalb des Formulars gibt es fünf Eingabefelder für die Inhalte der fünf Datenbankfelder, deren Namen im PHP-Programm verwendet werden. Nach dem Formular folgt ein Hyperlink auf das PHP-Programm, das zur Auflistung aller Datensätze führt. Auf diese Weise kann man sich bei Bedarf schnell über die neu eingetragenen Werte informieren. Abbildung 3.25 zeigt das Formular beim ersten Aufruf und mit einem zu speichernden Datensatz.

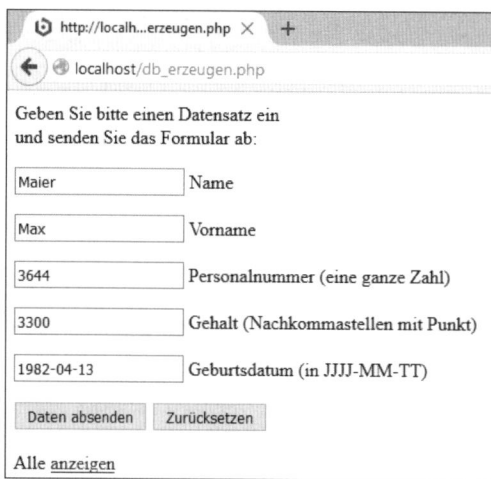

Abbildung 3.25 Erster Aufruf

Nach dem Absenden und dem erfolgreichen Eintragen des Datensatzes in die Datenbank sieht der obere Teil der Seite wie in Abbildung 3.26 aus.

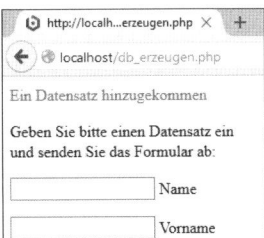

Abbildung 3.26 Nach dem Eintragen (Ausschnitt)

Hinweis [«]

Während der Testphase möchten Sie deutlich sehen, wie sich der erste Aufruf und weitere Aufrufe voneinander unterscheiden. Ein Aktualisieren der Datei im Browser führt nicht zu einem neuen ersten Aufruf, sondern zur Wiederholung des letzten Aufrufs.

Dabei wird versucht, den gleichen Datensatz noch einmal einzutragen! Dies kann natürlich nicht gelingen, da die Personalnummer in diesem Fall doppelt vorhanden wäre.

Betätigen Sie daher hinter der URL in der Adresszeile des Browsers die Taste ⏎. Dies erzeugt einen neuen ersten Aufruf.

Übung »u_db_erzeugen« [📖]

Ermöglichen Sie mit einem PHP-Programm das Hinzufügen von Datensätzen zur Tabelle fp der Datenbank hardware (Datei *u_db_erzeugen.php*).

Das Formular soll aussehen wie in Abbildung 3.27.

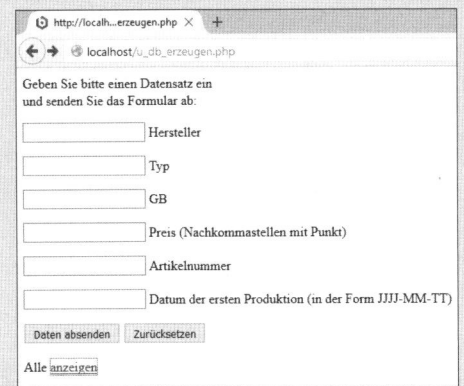

Abbildung 3.27 Formular der Übung »u_db_erzeugen«

213

3.2.6 Ändern mehrerer Datensätze

Datensätze ändern

Beim Ändern von Datensätzen sollten Sie genau überlegen, welche Änderungen Sie bei welchen Datensätzen vornehmen wollen. Handelt es sich um eine Änderung bei genau einem Datensatz, der eventuell einen falschen Eintrag hat, oder soll eine Gruppe von Datensätzen durch eine Änderung aktualisiert werden? Beide Vorgänge zeige ich Ihnen anhand von Beispielen.

Nehmen wir an, dass aufgrund eines günstigen Geschäftsverlaufs die Gehälter aller Mitarbeiter um 5 % erhöht werden sollen. Beim Aufruf des folgenden PHP-Programms wird diese Änderung jedes Mal (!) durchgeführt:

```
<!DOCTYPE html><html><head><meta charset="utf-8"></head><body>
<?php
   $con = mysqli_connect("", "root", "", "firma");
   $sql = "UPDATE personen SET gehalt = gehalt * 1.05";
   mysqli_query($con, $sql);

   $num = mysqli_affected_rows($con);
   if($num > 0) echo "Betroffen: $num<br>";
   else         echo "Betroffen: 0<br>";

   mysqli_close($con);
?>
<p>Alle <a href="db_tabelle.php">anzeigen</a></p>
</body></html>
```

Listing 3.12 Datei db_alle.php

UPDATE ... SET

Der Inhalt des Felds gehalt wird mithilfe der SQL-Anweisung UPDATE ... SET bei allen Datensätzen verändert. Der alte Wert wird mit dem Faktor 1.05 multipliziert, und das Ergebnis wird als neuer Wert in die Datenbank geschrieben.

3.2.7 Ändern eines bestimmten Datensatzes

Datensatz auswählen und ändern

Zur Änderung eines einzelnen Datensatzes muss dieser zuvor identifiziert werden. Das wird stark erleichtert, falls auf einem Feld der Tabelle ein Primärschlüssel liegt. Es empfiehlt sich die folgende Vorgehensweise für eine komfortable Benutzerführung bei einer Änderung:

▶ Dem Benutzer werden alle Datensätze angezeigt.

▶ Er wählt den Datensatz aus, den er ändern möchte.

▶ Der gewählte Datensatz wird in einem Formular angezeigt.

▶ Der Benutzer gibt die Änderungen ein und führt sie aus.

In der Tabelle personen liegt der eindeutige Index auf dem Feld personalnummer. Die beschriebene Vorgehensweise wird in einem Beispiel in den folgenden Dateien realisiert:

▶ Datei *db_einzel_a.php* zur Anzeige aller Datensätze und zur Auswahl

▶ Datei *db_einzel_b.php* zur Anzeige eines Datensatzes und zur Eingabe der Änderungen

▶ Datei *db_einzel_c.php* zur Durchführung der Änderungen

Anzeige und Auswahl

Zunächst zeigt Abbildung 3.28 die Anzeige aller Datensätze in Tabellenform mit Radiobuttons zur Auswahl eines bestimmten Datensatzes.

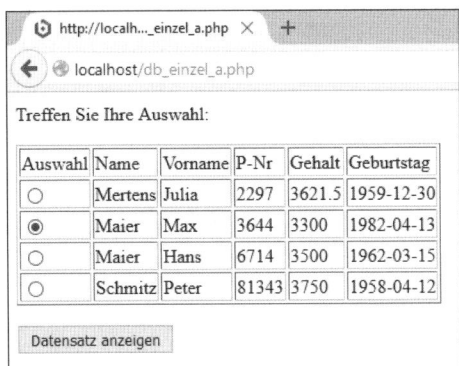

Abbildung 3.28 Auswahlformular

Der Programmcode lautet:

```
<!DOCTYPE html><html><head><meta charset="utf-8"></head><body>
<p>Treffen Sie Ihre Auswahl:</p>
<form action = "db_einzel_b.php" method = "post">
<?php
    $con = mysqli_connect("", "root", "", "firma");
    $res = mysqli_query($con, "SELECT * FROM personen");
```

```php
// Tabellenbeginn
echo "<table border='1'>";

// Überschrift
echo "<tr> <td>Auswahl</td> <td>Name</td>";
echo "<td>Vorname</td> <td>P-Nr</td>";
echo "<td>Gehalt</td> <td>Geburtstag</td> </tr>";

while ($dsatz = mysqli_fetch_assoc($res))
{
    echo "<tr>";
    echo "<td><input type='radio' name='auswahl'";
    echo " value='" . $dsatz["personalnummer"] . "'></td>";
    echo "<td>" . $dsatz["name"] . "</td>";
    echo "<td>" . $dsatz["vorname"] . "</td>";
    echo "<td>" . $dsatz["personalnummer"] . "</td>";
    echo "<td>" . $dsatz["gehalt"] . "</td>";
    echo "<td>" . $dsatz["geburtstag"] . "</td>";
    echo "</tr>";
}

// Tabellenende
echo "</table>";

    mysqli_close($con);
?>
<p><input type="submit" value="Datensatz anzeigen"></p>
</form>
</body></html>
```

Listing 3.13 Datei db_einzel_a.php

Zusätzlich zur bisherigen Tabelle gibt es eine Spalte mit Radiobuttons. Diese Radiobuttons bilden eine zusammengehörige Gruppe, da sie alle denselben Namen (auswahl) haben. Als Wert der Radiobuttons wird die jeweilige Personalnummer verwendet. Der Benutzer wählt über den Radiobutton einen Datensatz aus; die Personalnummer des ausgewählten Datensatzes wird beim Absenden an die Datei *db_einzel_b.php* übermittelt.

Anzeigen eines Datensatzes

Der ausgewählte Datensatz wird mit allen Daten innerhalb eines Formulars angezeigt. Es folgt der Programmcode:

```php
<!DOCTYPE html><html><head><meta charset="utf-8"></head><body>
<?php
if (isset($_POST["auswahl"]))
{
   $con = mysqli_connect("", "root", "", "firma");
   $sql = "SELECT * FROM personen WHERE personalnummer = "
      . $_POST["auswahl"];
   $res = mysqli_query($con, $sql);
   $dsatz = mysqli_fetch_assoc($res);

   echo "<p>Bitte neue Inhalte eintragen und speichern:</p>";
   echo "<form action = 'db_einzel_c.php' method = 'post'>";

   echo "<p><input name='nn' value='"
      . $dsatz["name"] . "'> Nachname</p>";
   echo "<p><input name='vn' value='"
      . $dsatz["vorname"] . "'> Vorname</p>";
   echo "<p><input name='pn' value='"
      . $_POST["auswahl"] . "'> Personalnummer</p>";
   echo "<p><input name='ge' value='"
      . $dsatz["gehalt"] . "'> Gehalt</p>";
   echo "<p><input name='gt' value='"
      . $dsatz["geburtstag"] . "'> Geburtstag</p>";
   echo "<input type='hidden' name='oripn' value='"
      . $_POST["auswahl"] . "'>";
   echo "<p><input type='submit' value='Speichern'>";
   echo " <input type='reset'></p>";
   echo "</form>";

   mysqli_close($con);
}
else
   echo "<p>Keine Auswahl getroffen</p>";
?>
</body></html>
```

Listing 3.14 Datei db_einzel_b.php

Wenn ein Datensatz ausgewählt wird, erfolgt die Auswahl mithilfe des übermittelten Feldelements $_POST["auswahl"]. Das Ergebnis umfasst genau einen Datensatz. Die aktuellen Inhalte der Felder aus diesem Datensatz werden innerhalb der Eingabefelder des Formulars angezeigt (siehe Abbildung 3.29). Im Programmcode müssen Sie besonders auf die einfachen Hochkommata achten.

Abbildung 3.29 Anzeige des Datensatzes (mit Änderung)

Der Benutzer kann die Inhalte teilweise oder insgesamt ändern, darunter auch die Personalnummer. Beim Absenden werden die geänderten Inhalte der Eingabefelder an die Datei *db_einzel_c.php* übermittelt.

Gleichzeitig wird der Inhalt eines weiteren, versteckten Formularfelds (oripn) mit der Originalpersonalnummer übermittelt, die zur eindeutigen Identifizierung benötigt wird. Falls der Benutzer die Personalnummer geändert hat, stünde diese Originalinformation andernfalls nicht mehr zur Verfügung.

Durchführen der Änderung

Nach der Durchführung wird die Anzahl der betroffenen Datensätze angezeigt (siehe Abbildung 3.30).

Abbildung 3.30 Bestätigung der Änderung

Der Programmcode sieht wie folgt aus:

```
<!DOCTYPE html><html><head><meta charset="utf-8"></head><body>
<?php
   $con = mysqli_connect("", "root", "", "firma");
   $sql = "UPDATE personen SET"
      . " name = '" . $_POST["nn"] . "',"
      . " vorname = '" . $_POST["vn"] . "',"
      . " personalnummer = " . $_POST["pn"] . ","
      . " gehalt = " . $_POST["ge"] . ","
      . " geburtstag = '" . $_POST["gt"] . "'"
      . " WHERE personalnummer = " . $_POST["oripn"];
   mysqli_query($con, $sql);

   $num = mysqli_affected_rows($con);
   if($num > 0) echo "Betroffen: $num<br>";
   else        echo "Betroffen: 0<br>";

   mysqli_close($con);
?>
<p>Zur <a href="db_einzel_a.php">Auswahl</a></p>
</body></html>
```

Listing 3.15 Datei db_einzel_c.php

Die SQL-Anweisung UPDATE ... SET führt die Änderung mit den neuen In-   **UPDATE ... SET**
halten durch. Die Identifizierung des zu ändernden Datensatzes geschieht
anhand der Originalpersonalnummer. Kann die Änderung nicht durchgeführt werden, z. B. aufgrund einer bereits vorhandenen Personalnummer
oder anderer ungültiger Einträge, wird angezeigt, dass kein Datensatz von
der Änderung betroffen ist. Über den Hyperlink kann der Benutzer zurück
zum Anfang gehen, um weitere Datensätze zu ändern.

3.2.8   Datensätze löschen

**Datensatz aus-
wählen und löschen**

Beim Löschen von Datensätzen sollten Sie noch genauer als beim Ändern aufpassen, welche Datensätze betroffen sind. Zum Löschen eines einzelnen Datensatzes sollte (wie beim Ändern) der betreffende Datensatz zuvor über das Feld ermittelt werden, auf dem der Primärschlüssel liegt. Es empfiehlt sich die folgende Vorgehensweise für eine sichere Benutzerführung bei einer Löschung:

▶ Dem Benutzer werden alle Datensätze angezeigt.

▶ Er wählt den Datensatz aus, den er löschen möchte.

▶ Er führt die Löschung durch.

Die beschriebene Vorgehensweise wird an einem Beispiel in den folgenden Dateien realisiert:

▶ Datei *db_loeschen_a.php* zur Anzeige aller Datensätze und zur Auswahl (siehe Abbildung 3.31)

▶ Datei *db_loeschen_b.php* zur Durchführung der Änderungen

Die Datei *db_loeschen_a.php* wird hier nicht gesondert aufgeführt, da sie sich nur an zwei Stellen von der Datei *db_einzel_a.php* unterscheidet:

▶ Die Aufschrift der Submit-Schaltfläche wird von DATENSATZ ANZEIGEN auf DATENSATZ ENTFERNEN geändert.

▶ Bei dem aufgerufenen PHP-Programm handelt es sich um die Datei *db_loeschen_b.php* anstelle der Datei *db_einzel_b.php*.

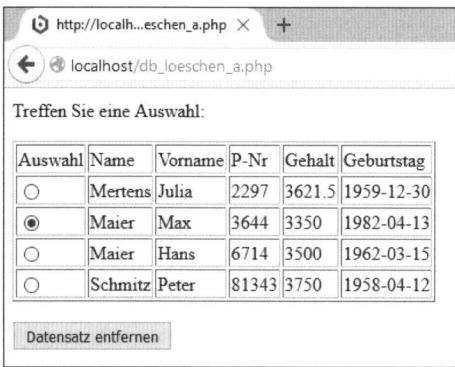

Abbildung 3.31 Auswahlformular

Nach der Durchführung wird die Löschung bestätigt (siehe Abbildung 3.32). Der Programmcode des Löschvorgangs sieht wie folgt aus:

```php
<!DOCTYPE html><html><head><meta charset="utf-8"></head><body>
<?php
if (isset($_POST["auswahl"]))
{
    $con = mysqli_connect("", "root", "", "firma");
    $sql = "DELETE FROM personen WHERE"
        . " personalnummer = " . $_POST["auswahl"];
    mysqli_query($con, $sql);

    $num = mysqli_affected_rows($con);
    if($num > 0) echo "Betroffen: $num<br>";
    else         echo "Betroffen: 0<br>";

    mysqli_close($con);
}
else
    echo "<p>Keine Auswahl getroffen</p>";
?>
<p>Zur <a href="db_loeschen_a.php">Auswahl</a></p>
</body></html>
```

Listing 3.16 Datei db_loeschen_b.php

Das Feldelement $_POST["auswahl"] beinhaltet die Personalnummer des ausgewählten Eintrags. Der mit DELETE zu löschende Datensatz kann damit eindeutig identifiziert werden.

DELETE ... FROM

Abbildung 3.32 Bestätigung der Löschung

Falls kein Datensatz ausgewählt wird, existiert das Feldelement $_POST["auswahl"] nicht, und es wird eine entsprechende Meldung angezeigt.

[✎] **Übung »u_db_einzel«**

Ermöglichen Sie (ähnlich wie in den Dateien *db_einzel_a.php*, *db_einzel_ b.php* und *db_einzel_c.php*) mithilfe eines PHP-Programms das Ändern von Datensätzen in der Tabelle fp der Datenbank hardware (Dateien *u_ db_einzel_a.php* bis *u_db_einzel_c.php*).

[✎] **Übung »u_db_loeschen«**

Ermöglichen Sie (ähnlich wie in den Dateien *db_loeschen_a.php* und *db_ loeschen_b.php*) mithilfe eines PHP-Programms das Löschen von Datensätzen in der Tabelle fp der Datenbank hardware (Dateien *u_db_loe- schen_a.php* und *u_db_loeschen_b.php*).

3.2.9 Benutzeroberfläche mit JavaScript und CSS

GUI, JavaScript, CSS Die in diesem Abschnitt vorgestellten SQL-Anweisungen zum Anzeigen, Erzeugen, Ändern und Löschen von Datensätzen sollen in einem Programm zu einer komfortabel zu bedienenden Benutzeroberfläche für eine Tabelle vereinigt werden. Es werden Hyperlinks mit JavaScript-Code zum Erzeugen dynamischer Abfragen sowie CSS-Formatierungen zur optischen Verbesserung eingesetzt. Sie sehen eine Darstellung in Abbildung 3.33.

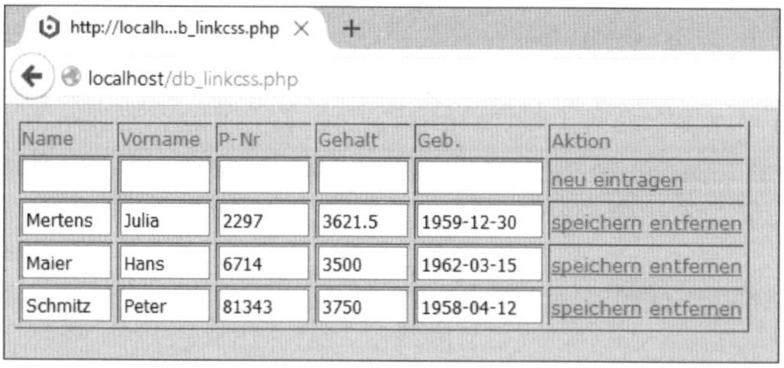

Abbildung 3.33 Benutzeroberfläche mit JavaScript und CSS

Die einzelnen Elemente der Darstellung:

▶ In der ersten Zeile finden sich wie gewohnt die Feldnamen.

Neu eintragen ▶ In der zweiten Zeile stehen fünf leere Eingabefelder zum Eintragen der Daten eines neuen Datensatzes bereit. Nach dem Eintragen kann der Hyperlink NEU EINTRAGEN betätigt werden. Dieser führt zu einer

INSERT-Anweisung zum Erzeugen des neuen Datensatzes und zur erneuten Anzeige aller Datensätze.

▶ In den darauffolgenden Zeilen stehen die Daten aller Datensätze in den Eingabefeldern zum Ändern bereit. Nach dem Ändern der Daten eines bestimmten Datensatzes kann der Hyperlink SPEICHERN betätigt werden. Dieser führt zu einer UPDATE-Anweisung zum Ändern des Datensatzes und zur erneuten Anzeige aller Datensätze. **Ändern**

▶ Falls innerhalb einer Zeile der zugehörige Hyperlink ENTFERNEN betätigt wird, erscheint eine Rückfrage, ob der betreffende Datensatz tatsächlich gelöscht werden soll (siehe Abbildung 3.34). Wird die Rückfrage bestätigt, führt dies zu einer DELETE-Anweisung zum Löschen des Datensatzes und zur erneuten Anzeige aller verbliebenen Datensätze. **Löschen**

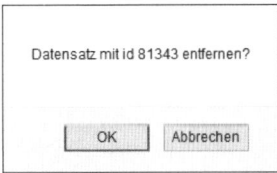

Abbildung 3.34 Bestätigung zum Löschen eines Datensatzes

Dieses Programm (*db_linkcss.php*) ist etwas umfangreicher. Es soll daher in einzelnen Teilen dargestellt und erläutert werden.

Innerhalb des Dokuments wird eine CSS-Formatierungsdatei benötigt: **CSS-Formatierung**

```
body,td {font-family:Verdana; font-size:10pt;
     color:#636363; background-color:#d3d3d3}
a:link      {color:#636363}
a:visited   {color:#636363}
a:hover     {color:#636363; background-color:#a3a3a3}
```

Listing 3.17 Datei db_linkcss.css

Für den Inhalt des Dokuments und für den Inhalt der Tabellenzellen werden Schriftart, Schriftgröße, Schriftfarbe und Hintergrundfarbe bestimmt. Anschließend wird das Verhalten der Hyperlinks eingestellt. Es folgt der erste Teil des PHP-Programms – der Kopf des Dokuments mit CSS und JavaScript:

```
<!DOCTYPE html><html>
<head>
```

```
        <meta charset="utf-8">
        <link rel="stylesheet" type="text/css" href="db_linkcss.css">
<script type="text/javascript">
function send(ak,id)
{
    if(ak==0)
        document.f.ak.value = "in";
    else if(ak==1)
        document.f.ak.value = "up";
    else if(ak==2)
    {
        if (confirm("Datensatz mit id " + id + " entfernen?"))
            document.f.ak.value = "de";
        else
            return;
    }
    document.f.id.value = id;
    document.f.submit();
}
</script>
</head>
```

Listing 3.18 Datei db_linkcss.php (Teil 1 von 4)

Zunächst wird die externe CSS-Formatierungsdatei *db_linkcss.css* eingebunden.

JavaScript   Es folgt die JavaScript-Funktion send(), die zwei Parameter erwartet und
über einen der drei Hyperlinks im Dokument aufgerufen wird. Sie dient
dem Absenden der Daten, der Übermittlung der gewünschten Aktion sowie der Identifizierung des betroffenen Datensatzes.

Der Parameter ak kann einen der drei folgenden Werte annehmen:

▸ Wert 0: Ein neuer Datensatz soll eingetragen werden.
▸ Wert 1: Ein Datensatz soll geändert werden.
▸ Wert 2: Ein Datensatz soll gelöscht werden.

Der betreffende Wert führt zu einer Zuweisung eines Werts (in, up oder de)
an das versteckte Formularfeld ak.

confirm()   Falls ein Datensatz gelöscht werden soll, wird als Rückfrage die vordefinierte JavaScript-Funktion confirm() aufgerufen. Wenn diese Rückfrage mit OK

bestätigt wird, liefert die Funktion confirm() den Wert true zurück. Wird bei dieser Rückfrage die Schaltfläche ABBRECHEN betätigt, liefert die Funktion confirm() den Wert false zurück. Die Funktion send() wird daraufhin abgebrochen, und das Formular wird nicht gesendet.

Der Parameter id dient der Identifikation des Datensatzes, falls dieser geändert oder gelöscht werden soll. Sein Wert wird dem versteckten Formularfeld id zugewiesen. Anschließend wird das Formular gesendet.

Es folgt der zweite Teil – das Auslösen einer Aktion:

```php
<body>
<?php
    $con = mysqli_connect("", "root", "", "firma");

    /* Aktion ausführen */
    if(isset($_POST["ak"]))
    {
        /* neu eintragen */
        if($_POST["ak"]=="in")
        {
            $sql = "INSERT INTO personen"
                . "(name, vorname, personalnummer,"
                . " gehalt, geburtstag) values ('"
                . $_POST["na"][0] . "', '"
                . $_POST["vo"][0] . "', '"
                . $_POST["pn"][0] . "', '"
                . $_POST["gh"][0] . "', '"
                . $_POST["gb"][0] . "')";
            mysqli_query($con, $sql);
        }

        /* ändern */
        else if($_POST["ak"]=="up")
        {
            $id = $_POST["id"];
            $sql = "UPDATE personen SET "
                . "name = '" . $_POST["na"][$id] . "', "
                . "vorname = '" . $_POST["vo"][$id] . "', "
                . "personalnummer = '" . $_POST["pn"][$id] . "', "
                . "gehalt = '" . $_POST["gh"][$id] . "', "
                . "geburtstag = '" . $_POST["gb"][$id] . "'"
```

```
          . " WHERE personalnummer = $id";
       mysqli_query($con, $sql);
    }

    /* löschen */
    else if($_POST["ak"]=="de")
    {
       $sql = "DELETE FROM personen WHERE personalnummer = "
          . $_POST["id"];
       mysqli_query($con, $sql);
    }
}
```

Listing 3.19 Datei db_linkcss.php (Teil 2 von 4)

Nach der Aufnahme der Verbindung und der Wahl der Datenbank wird untersucht, ob das Feldelement $_POST["ak"] existiert. Dies ist beim ersten Aufruf des Dokuments noch nicht der Fall; daher wird der folgende Block übergangen. Falls das Dokument erneut aufgerufen wird, weil eine der drei genannten Aktionen ausgelöst wird, existiert das Feldelement $_POST["ak"] und kann untersucht werden:

Neu eintragen
▶ Falls ein neuer Datensatz eingetragen werden soll (if($_POST["ak"] == "in")), wird die SQL-Anweisung INSERT INTO zusammengesetzt. Dabei werden die Werte der Formularelemente aus der zweiten Zeile (direkt unter der Überschrift) genommen. Diese haben die Namen na[0], vo[0] usw.; sie werden also als Elemente eines zweidimensionalen Felds an das PHP-Programm übermittelt.

Ändern
▶ Falls ein Datensatz geändert werden soll (if($_POST["ak"] == "up")), wird die SQL-Anweisung UPDATE ... SET benutzt. Dabei werden die Werte der Formularelemente aus der betreffenden Zeile genommen. Bei einem Datensatz, dessen Personalnummer 4711 ist, haben diese Formularelemente die Namen na[4711], vo[4711] usw. Sie sind für PHP ebenso Elemente des zweidimensionalen Felds. Der Datensatz wird über den Wert des Feldelements $_POST["id"] identifiziert, der in dem versteckten Formularelement übermittelt wird.

Löschen
▶ Falls ein Datensatz gelöscht werden soll (if($_POST["ak"] == "de")), wird die SQL-Anweisung DELETE verwendet. Der Datensatz wird ebenso über den Wert des Feldelements $_POST["id"] identifiziert.

Es folgt der dritte Teil – der Beginn der Anzeige:

```
/* Formularbeginn */
echo "<form name='f' action='db_linkcss.php' method='post'>";
echo "<input name='ak' type='hidden'>";
echo "<input name='id' type='hidden'>";

/* Tabellenbeginn */
echo "\n\n<table border>"
  . "<tr>"
  . "<td>Name</td>"
  . "<td>Vorname</td>"
  . "<td>P-Nr</td>"
  . "<td>Gehalt</td>"
  . "<td>Geb.</td>"
  . "<td>Aktion</td>"
  . "</tr>";

/* Neuer Eintrag */
echo "\n\n<tr>"
  . "<td><input name='na[0]' size='6'></td>"
  . "<td><input name='vo[0]' size='6'></td>"
  . "<td><input name='pn[0]' size='6'></td>"
  . "<td><input name='gh[0]' size='6'></td>"
  . "<td><input name='gb[0]' size='10'></td>"
  . "<td><a href='javascript:send(0,0);'>neu eintragen</a></td>"
  . "</tr>";
```

Listing 3.20 Datei db_linkcss.php (Teil 3 von 4)

Das Formular ruft sich selbst auf. Es beinhaltet die beiden versteckten Formularelemente ak und id, die ihre Werte von der genannten JavaScript-Funktion erhalten. Es folgt die Tabellenüberschrift.

Die erste Zeile mit den Eingabefeldern für einen neuen Datensatz wird zusammengesetzt. Die Felder erhalten die Namen na[0], vo[0] usw. Die Feldinhalte werden für die SQL-Anweisung INSERT INTO benötigt.

Der Hyperlink NEU EINTRAGEN löst den Aufruf der JavaScript-Funktion send() aus. Der erste Parameter ist 0. Dieser setzt den Wert des versteckten Formularelements ak auf in. Der zweite Parameter ist für diesen Aufruf unwichtig, muss aber besetzt werden, da die Funktion zwei Parameter erwartet. Vor den HTML-Markierungen `table` und `tr` steht jeweils zweimal \n. Dieses Sonderzeichen wird am Ende des Abschnitts im Kasten »Zwei Hinweise« erläutert.

Es folgt der vierte Teil – die Ausgabe der Datensätze:

```php
/* Anzeigen */
$res = mysqli_query($con, "SELECT * FROM personen");

/* Alle vorhandenen Datensätze */
while ($dsatz = mysqli_fetch_assoc($res))
{
    $id = $dsatz["personalnummer"];
    echo "\n\n<tr>"
        . "<td><input name='na[$id]' value='"
            . $dsatz["name"] . "' size='6'></td>"
        . "<td><input name='vo[$id]' value='"
            . $dsatz["vorname"] . "' size='6'></td>"
        . "<td><input name='pn[$id]' value='"
            . $dsatz["personalnummer"] . "' size='6'></td>"
        . "<td><input name='gh[$id]' value='"
            . $dsatz["gehalt"] . "' size='6'></td>"
        . "<td><input name='gb[$id]' value='"
            . $dsatz["geburtstag"] . "' size='10'></td>"
        . "<td><a href='javascript:send(1,$id);'>speichern</a>"
        . " <a href='javascript:send(2,$id);'>entfernen</a></td>"
        . "</tr>";
}
echo "</table>";
echo "</form>";
mysqli_close($con);
?>
</body></html>
```

Listing 3.21 Datei db_linkcss.php (Teil 4 von 4)

Nach Ausführung der Aktion sollen alle aktuellen vorhandenen Datensätze angezeigt werden. Dies betrifft auch die neuen bzw. geänderten, nicht aber die gelöschten Datensätze. Hierzu dient die SQL-Anweisung SELECT.

Innerhalb der Schleife, bei der jeweils ein Datensatz ausgegeben wird, erhält die Variable $id den Wert der Personalnummer des aktuellen Datensatzes. Diese Variable wird zur Indizierung der verschiedenen Felder von Formularelementen und für den Aufruf der JavaScript-Funktionen benötigt.

In der darauffolgenden Ausgabe der input-Elemente werden bei einem Datensatz, dessen Personalnummer 4711 ist, diese Formularelemente na[4711], vo[4711] usw. genannt. Sie sind damit für PHP Elemente eines numerisch indizierten Felds. Die aktuellen Werte jedes Datensatzes werden als Inhalt der input-Elemente eingetragen.

Auf jeden Datensatz folgen zwei Hyperlinks; sie rufen jeweils die JavaScript-Funktion send() auf. Der erste Parameter hat den Wert 1 (für ändern) bzw. 2 (für löschen). Der zweite Parameter hat den Wert der Personalnummer, im obigen Beispiel also 4711. Jeder Hyperlink SPEICHERN bzw. ENTFERNEN ist also individuell und dient der Übermittlung eigener Daten.

Zwei Hinweise   [«]

Sie können kontrollieren, ob die richtigen Ziele für die Hyperlinks SPEICHERN und ENTFERNEN eingetragen werden, indem Sie sie mit dem Mauszeiger überstreichen. Bei vielen Browsern wird in diesem Fall das Ziel unten in der Statuszeile angezeigt.

Das Sonderzeichen \n führt zu einem Zeilenumbruch im HTML-Code. Zwei \n hintereinander erzeugen somit einen Zeilenumbruch und eine Leerzeile. Dies kann Ihnen zur besseren Orientierung dienen, falls Sie den von PHP generierten HTML-Code im Quelltext der Seite kontrollieren möchten, um einen möglichen Fehler zu finden. Bei vielen Browsern gelangen Sie über den Kontextmenüeintrag SEITENQUELLTEXT ANZEIGEN zu dieser Anzeige. Ein Beispiel zeigt Abbildung 3.35.

```
<body>
<form name='f' action='db_linkcss.php' method='post'><input name='ak'
type='hidden'><input name='id' type='hidden'>

<table border><tr><td>Name</td><td>Vorname</td><td>P-Nr</td><td>Gehalt</td>
<td>Geb.</td><td>Aktion</td></tr>

<tr><td><input name='na[0]' size='6'></td><td><input name='vo[0]' size='6'>
</td><td><input name='pn[0]' size='6'></td><td><input name='gh[0]' size='6'>
</td><td><input name='gb[0]' size='10'></td><td><a
href='javascript:send(0,0);'>neu eintragen</a></td></tr>

<tr><td><input name='na[6714]' value='Maier' size='6'></td><td><input
name='vo[6714]' value='Hans' size='6'></td><td><input name='pn[6714]'
value='6714' size='6'></td><td><input name='gh[6714]' value='3500' size='6'>
</td><td><input name='gb[6714]' value='1962-03-15' size='10'></td><td><a
href='javascript:send(1,6714);'>speichern</a> <a
href='javascript:send(2,6714);'>entfernen</a></td></tr>
```

Abbildung 3.35 HTML-Seitenquelltext von db_linkcss.php (Auszug)

3.2.10   Ein Datenbankbrowser

Bonuskapitel »Ein Datenbankbrowser«

Sie finden das Bonuskapitel »Ein Datenbankbrowser« als PDF-Datei auf dem Buch-Datenträger. Dort beschreibe ich ausführlich ein umfangreiches Projekt, mit dessen Hilfe sich die Strukturen und Inhalte aller aktuell vorhandenen Datenbanken unter MySQL übersichtlich darstellen lassen. Das Projektprogramm steht in den beiden Dateien *db_browser_a.php* und *db_browser_b.php*, die Sie auch auf dem Datenträger zum Buch finden.

3.3   Abfragen über mehrere Tabellen

Relationen

Die Stärke eines relationalen Datenbanksystems zeigt sich besonders bei der Nutzung einer Datenbank mit mehreren Tabellen, die über Relationen miteinander verknüpft werden können. Beim Hinzufügen, Ändern und Löschen von Datensätzen wird automatisch darauf geachtet, dass die Daten der verschiedenen Tabellen zusammenpassen. Es können Inhalte aus mehreren Tabellen gleichzeitig abgefragt und miteinander verbunden werden.

3.3.1   Zweck der Datenbank

Projektverwaltung

Im nachfolgenden Beispiel soll eine Datenbank Informationen für die Verwaltung von Projekten beinhalten. Es sollen folgende miteinander verknüpfte Daten zu Projekten, Kunden und Personal verfügbar sein:

▶ Ein Mitarbeiter hat einen Namen, einen Vornamen und eine Personalnummer.

▶ Ein Kunde hat einen Namen und kommt aus einem Ort.

▶ Ein Projekt hat eine Bezeichnung und eine Projektnummer und ist einem Kunden zugeordnet.

▶ Ein Mitarbeiter kann an mehreren Projekten innerhalb der Firma beteiligt sein.

▶ Ein Projekt kann von einem oder mehreren Mitarbeitern bearbeitet werden.

▶ Jeder Mitarbeiter notiert jeden Tag, wie viele Stunden er für welches Projekt gearbeitet hat.

3.3.2   Datenbankmodell

In Abbildung 3.36 sehen Sie das Datenbankmodell zur Datenbank projekt-verwaltung, bestehend aus vier Tabellen. Zur Erläuterung:

▶ Kunden werden mit Namen und Ort angegeben, Primärschlüssel ist die Kunden-ID. **Kunden**

▶ Projekte werden mit Bezeichnung angegeben. Jedes Projekt ist einem Kunden zugeordnet. Primärschlüssel ist die Projekt-ID. **Projekte**

▶ Personen (Mitarbeiter) werden mit Nach- und Vornamen angegeben. Primärschlüssel ist die Personen-ID. **Personen**

▶ Die Arbeitszeiten der Personen an den Projekten werden mit Datum und Zeit in Stunden angegeben. Primärschlüssel ist die Kombination aus Projekt-ID, Personen-ID und Datum. **Zeiten**

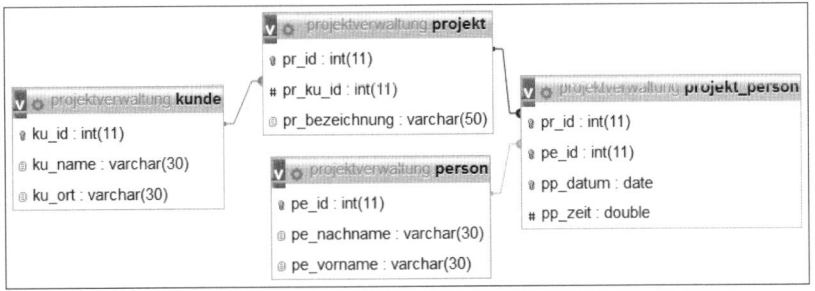

Abbildung 3.36 Datenbankmodell zur Projektverwaltung

Sie können die Datenbank mit Tabellen und Beispieldaten mithilfe des Programms *db_projektverwaltung_neu.php* erzeugen, das Sie auf dem Datenträger zum Buch finden.

3.3.3   Verknüpfungen erstellen

Wählen Sie anschließend in phpMyAdmin die neu erzeugte Datenbank projektverwaltung aus und anschließend auf der rechten Seite den Menüpunkt DESIGNER, gegebenenfalls über den Menüpunkt MEHR. Zunächst wird keine Tabelle angezeigt. Klicken Sie in der Symbolleiste des Designers auf das oberste Symbol (TABELLEN-LISTE ANZEIGEN/AUSBLENDEN). Markieren Sie alle vier Tabellen. Klicken Sie wiederum auf das Symbol TABELLEN-LISTE ANZEIGEN/AUSBLENDEN. Nun sind alle vier Tabellen im Designer zu sehen. **Tabellen anzeigen**

Tabellen verschieben
Verschieben Sie die Tabellen, sodass sich ein ähnliches Bild wie in Abbildung 3.36 ergibt. Speichern Sie die aktuelle Anzeige mithilfe des fünften Symbols von oben (SEITE SPEICHERN) unter einem beliebigen Namen, z. B. projektverwaltung.

Die drei Verknüpfungen, die Sie zwischen den Tabellen in Abbildung 3.36 sehen und die Ihnen beim Verständnis des Datenbankmodells helfen, können Sie nun nacheinander wie folgt erzeugen:

► Wählen Sie das neunte Symbol von oben (ERZEUGE VERKNÜPFUNG) aus der Symbolleiste aus.

Primärschlüssel
► Wählen Sie den referenzierten Schlüssel aus, z. B. das Feld ku_id in der Tabelle kunde.

Fremdschlüssel
► Wählen Sie den zugehörigen Fremdschlüssel aus, in diesem Fall das Feld pr_ku_id in der Tabelle projekt.

► Bestätigen Sie mit OK das Erzeugen der Verknüpfung.

Speichern Sie wiederum mithilfe des Symbols SEITE SPEICHERN.

Zur Bedeutung der Verknüpfungen:

► In der Tabelle projekt soll es nur Projekte zu Kunden geben, die bereits in der Tabelle kunde eingetragen sind. Zu einem Kunden können mehrere Projekte eingetragen werden.

► In der Tabelle projekt_person soll es nur Einträge zu Projekten und Personen geben, die bereits in den Tabellen projekt bzw. person eingetragen sind. Zu einem Projekt bzw. zu einer Person können mehrere Datensätze eingetragen werden.

3.3.4   Inhalt der Datenbank

Zum besseren Verständnis der Abfrageergebnisse folgen die Beispielinhalte der Tabellen in Abbildung 3.37 bis Abbildung 3.40.

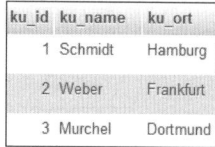

Abbildung 3.37 Inhalt der Tabelle »kunde«

pr_id	pr_ku_id	pr_bezeichnung
1	1	Alexanderstrasse
2	1	Peterstrasse
3	2	Jahnplatz
4	2	Lindenplatz
5	3	Nordbahnhof
6	3	Westbahnhof

Abbildung 3.38 Inhalt der Tabelle »projekt«

pe_id	pe_nachname	pe_vorname
1	Mohr	Hans
2	Berger	Stefan
3	Suhren	Marion

Abbildung 3.39 Inhalt der Tabelle »person«

pr_id	pe_id	pp_datum	pp_zeit
1	1	2015-12-01	3.5
1	3	2015-12-01	4
4	1	2015-12-01	3
4	2	2015-12-01	6.5
4	2	2015-12-02	7.3
4	3	2015-12-01	4

Abbildung 3.40 Inhalt der Tabelle »projekt_person«

Zu insgesamt sieben Abfragen sehen Sie nachfolgend jeweils den SQL-Code und eine Erläuterung. Das vollständige Programm mit allen Abfragen finden Sie in der Datei *db_projektverwaltung_anzeigen.php* auf dem Datenträger zum Buch.

Abfragen

3.3.5   Alle Personen

Zunächst die Abfrage *Alle Personen*, deren Ergebnis Sie in Abbildung 3.41 sehen:

▶ Es wird für jede Person ein Datensatz ausgegeben.

▶ Personen werden sortiert nach Nachnamen und Vornamen ausgegeben.

```
SELECT * FROM person ORDER BY pe_nachname, pe_vorname
```

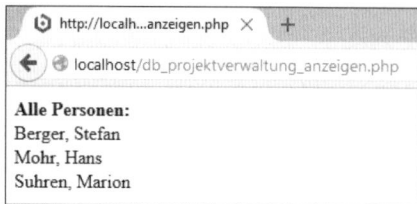

Abbildung 3.41 Alle Personen

3.3.6   Anzahl der Kunden

Das Ergebnis der Abfrage *Anzahl der Kunden* sehen Sie in Abbildung 3.42.

COUNT()

- Die Anzahl der Kunden wird mithilfe der SQL-Funktion COUNT() ermittelt.

- Das Ergebnisfeld, das die berechnete Anzahl beinhaltet, bekommt den (frei gewählten) Namen count_ku_id.

```
SELECT COUNT(ku_id) AS count_ku_id FROM kunde
```

Anzahl der Kunden:
3

Abbildung 3.42 Anzahl der Kunden

3.3.7   Alle Kunden mit allen Projekten

Die Abfrage *Alle Kunden mit allen Projekten*, deren Ergebnis Sie in Abbildung 3.43 sehen, setzt sich wie folgt zusammen:

- Es wird für jedes Projekt ein Datensatz ausgegeben.

- In jedem Datensatz stehen die Daten des Projekts und des betreffenden Kunden.

- Die Anzeige ist nach Name, Ort und Bezeichnung sortiert.

```
SELECT ku_name, ku_ort, pr_bezeichnung
    FROM kunde INNER JOIN projekt
        ON kunde.ku_id = projekt.pr_ku_id
    ORDER BY ku_name, ku_ort, pr_bezeichnung
```

Zwei Tabellen

- In jedem Datensatz werden Inhalte aus zwei Tabellen angezeigt. Die Felder ku_name und ku_ort stammen aus der Tabelle kunde, das Feld pr_bezeichnung aus der Tabelle projekt.

▶ Es werden nur Datensätze zusammengestellt, bei denen die Feldinhalte dem sogenannten *Join*, also der Verbindung der beiden Tabellen entsprechen.

Join

▶ Im ersten Teil des Join werden die beteiligten Tabellen genannt: `FROM kunde INNER JOIN projekt`.

▶ Im zweiten Teil des Join werden die Felder genannt, bei denen die Inhalte aus beiden Tabellen übereinstimmen müssen: `ON kunde.ku_id = projekt.pr_ku_id`. Dabei muss der Tabellenname vor dem Feldnamen geschrieben werden, getrennt durch einen Punkt. Ansonsten ist die Angabe des Tabellennamens vor dem Feldnamen nur erforderlich, falls derselbe Feldname in beiden beteiligten Tabellen vorkommt.

▶ In den meisten Fällen wird mit einem Inner Join gearbeitet. Damit erreichen Sie, dass nur Kunden genannt werden, zu denen auch Projekte existieren.

Inner Join

Alle Kunden mit allen Projekten:
Murchel, Dortmund, Nordbahnhof
Murchel, Dortmund, Westbahnhof
Schmidt, Hamburg, Alexanderstrasse
Schmidt, Hamburg, Peterstrasse
Weber, Frankfurt, Jahnplatz
Weber, Frankfurt, Lindenplatz

Abbildung 3.43 Alle Kunden mit allen Projekten

3.3.8   Alle Personen mit allen Projektzeiten

Die Abfrage *Alle Personen mit allen Projektzeiten* sieht folgendermaßen aus (Ergebnis siehe Abbildung 3.44):

▶ Es wird für jede eingetragene Arbeitszeit ein Datensatz ausgegeben.

▶ In jedem Datensatz stehen die Daten der Arbeitszeit, des betreffenden Projekts und des betreffenden Kunden.

Drei Tabellen

▶ Die Ausgabe ist nach Nachnamen, Bezeichnung und Datum sortiert.

```
SELECT pe_nachname, pr_bezeichnung, pp_datum, pp_zeit
    FROM projekt INNER JOIN(person INNER JOIN projekt_person
        ON person.pe_id = projekt_person.pe_id)
        ON projekt.pr_id = projekt_person.pr_id
    ORDER BY pe_nachname, pr_bezeichnung, pp_datum
```

Geschachtelter Join

▶ In jedem Datensatz werden Inhalte aus drei Tabellen angezeigt. Es handelt sich um einen geschachtelten Join. Es werden nur Datensätze zusammengestellt, bei denen die Feldinhalte beiden Joins entsprechen.

▶ Zunächst werden im Join innerhalb der Klammern die Datensätze aus den beiden Tabellen person und projekt_person ermittelt, bei denen jeweils der Wert des Felds pe_id übereinstimmt. Anschließend werden zu diesen Datensätzen im Join außerhalb der Klammern diejenigen Datensätze aus der Tabelle projekt ermittelt, bei denen jeweils der Wert des Felds pr_id übereinstimmt.

```
Alle Personen mit allen Projektzeiten:
Berger, Lindenplatz, 2015-12-01
Berger, Lindenplatz, 2015-12-02
Mohr, Alexanderstrasse, 2015-12-01
Mohr, Lindenplatz, 2015-12-01
Suhren, Alexanderstrasse, 2015-12-01
Suhren, Lindenplatz, 2015-12-01
```

Abbildung 3.44 Alle Personen mit allen Projektzeiten

3.3.9   Alle Personen mit Zeitsumme

Erläuterung zur Abfrage *Alle Personen mit Zeitsumme*, deren Ergebnis Sie in Abbildung 3.45 sehen:

▶ Es wird für jede Person ein Datensatz ausgegeben.

▶ Es werden alle Personen, denen mindestens eine Arbeitszeit zugeordnet ist, ausgegeben.

SUM()

▶ Es wird die Summe der Arbeitszeiten pro Person mithilfe der SQL-Funktion SUM() berechnet.

▶ Die Ausgabe ist nach Nachnamen sortiert.

```
SELECT pe_nachname, SUM(pp_zeit) AS sum_pp_zeit
    FROM person INNER JOIN projekt_person
        ON person.pe_id = projekt_person.pe_id
    GROUP BY person.pe_id, pe_nachname
    ORDER BY pe_nachname
```

▶ Der Anweisungsteil SUM ... AS bewirkt, dass die SQL-Funktion SUM() angewendet wird.

▶ Es werden alle Einträge im Feld pp_zeit aufsummiert, nach denen gruppiert wird. Die Gruppierung wird mithilfe von GROUP BY durchgeführt.

GROUP BY

▶ Es wird nach den Feldern pe_id und pe_nachname der Tabelle person gruppiert, es werden also alle Arbeitszeiten einer Person summiert. Streng genommen hätte es gereicht, nach pe_id zu gruppieren, da dadurch bereits alle Personen voneinander unterschieden werden. Allerdings soll das Feld pe_nachname ausgegeben werden, daher muss es ebenfalls Teil der Gruppierungsfunktion sein.

▶ Das Ergebnisfeld, das die berechnete Summe beinhaltet, bekommt den (frei gewählten) Namen sum_pp_zeit.

```
Alle Personen mit Zeitsumme:
Berger, 13.8
Mohr, 6.5
Suhren, 8
```

Abbildung 3.45 Alle Personen mit Zeitsumme

3.3.10   Alle Projekte mit allen Personenzeiten

Das Ergebnis der Abfrage *Alle Projekte mit allen Personenzeiten* sehen Sie in Abbildung 3.46.

▶ Es handelt sich um den gleichen Zusammenhang wie in der Abfrage *Alle Personen mit allen Projektzeiten*.

▶ Die Ausgabe ist nur anders sortiert – nach der Bezeichnung, dem Nachnamen und dem Datum.

```
SELECT pr_bezeichnung, pp_datum, pe_nachname, pp_zeit
    FROM projekt INNER JOIN(person INNER JOIN projekt_person
        ON person.pe_id = projekt_person.pe_id)
        ON projekt.pr_id = projekt_person.pr_id
    ORDER BY pr_bezeichnung, pe_nachname, pp_datum
```

```
Alle Projekte mit allen Personenzeiten:
Alexanderstrasse, Mohr, 2015-12-01
Alexanderstrasse, Suhren, 2015-12-01
Lindenplatz, Berger, 2015-12-01
Lindenplatz, Berger, 2015-12-02
Lindenplatz, Mohr, 2015-12-01
Lindenplatz, Suhren, 2015-12-01
```

Abbildung 3.46 Alle Projekte mit allen Personenzeiten

3.3.11   Alle Projekte mit Zeitsumme

Das Ergebnis der Abfrage *Alle Projekte mit Zeitsumme* sehen Sie in Abbildung 3.47.

▶ Es handelt sich um einen ähnlichen Zusammenhang wie in der Abfrage *Alle Personen mit Zeitsumme*.

▶ Es wird nach Projekt statt nach Person gruppiert und entsprechend sortiert.

```
SELECT pr_bezeichnung, SUM(pp_zeit) AS sum_pp_zeit
    FROM projekt INNER JOIN projekt_person
        ON projekt.pr_id = projekt_person.pr_id
    GROUP BY projekt.pr_id, pr_bezeichnung
    ORDER BY pr_bezeichnung
```

```
Alle Projekte mit Zeitsumme:
Alexanderstrasse, 7.5
Lindenplatz, 20.8
```

Abbildung 3.47 Alle Projekte mit Zeitsumme

3.3.12   JOIN oder WHERE

Verknüpfte Datensätze aus mehreren Tabellen lassen sich auch mithilfe von WHERE ermitteln. Einige Gründe sprechen dagegen:

▶ Die Schreibweise mithilfe eines Joins ist moderner und klarer.

▶ Auf bestimmten SQL-Servern wird die Schreibweise mithilfe von WHERE in Zukunft nicht mehr möglich sein.

▶ Verknüpfungen mit JOIN können besser von Bedingungen mit WHERE unterschieden werden.

▶ Joins werden in der SQL-Ansicht der Abfrage-Objekte in MS Access genutzt. Diese Abfragen können Ihnen als eine wertvolle Hilfe bei der Erstellung der SQL-Ausdrücke dienen.

▶ Es ist günstig, das Verständnis für Joins bereits in kleinen Beispielen zu erlernen, bevor sie in komplexen Beispielen unumgänglich sind.

3.4   MySQL-Datenbanken publizieren

In Abschnitt 2.6 wird bereits beschrieben, wie Sie PHP-Programme im Internet zur Benutzung bereitstellen. Sollen diese Programme auf Informationen aus MySQL-Datenbanken zugreifen, müssen diese Informationen ebenfalls auf der Website bereitgestellt werden. Voraussetzung ist natürlich, dass Sie beim Provider ein Paket ausgewählt haben, das auch eine MySQL-Datenbank zur dynamischen Generierung datenbankbasierter Seiten beinhaltet.

Auf diese Datenbank hat nur der Entwickler Zugriff. Sie liegt auf einem Datenbankserver bereit. Der Provider stellt dem Entwickler neben den Zugangsdaten zum Konfigurationsmenü der Website und für den FTP-Zugang die Zugangsinformationen zur Datenbank zur Verfügung. Diese umfassen den Namen des Datenbankservers (Host Name), die Benutzerkennung (User ID) und das Passwort.

Häufig besteht nicht die Möglichkeit, eigene Datenbanken auf dem Datenbankserver anzulegen. Es wird nur eine einzelne Datenbank mit einem festgelegten Namen bereitgestellt, in der eigene Tabellen erzeugt werden können. Der Name dieser Datenbank wird ebenfalls vom Provider übermittelt.

Es gibt zwei Möglichkeiten, um die Struktur sowie die Daten von Tabellen auf einen Datenbankserver im Internet zu transferieren:

▶ Sie benutzen phpMyAdmin auf der Website im Internet.
▶ Sie erstellen eigene PHP-Programme, die die SQL-Anweisungen CREATE TABLE, ALTER TABLE und INSERT INTO verwenden, und führen diese Programme auf der Website im Internet aus. Dies sollte in einem geschützten Verzeichnis erfolgen. Die Programme sollten Sie per Programmcode sichern, damit Tabellen nicht versehentlich überschrieben werden. Falls keine Möglichkeit zum Verzeichnisschutz existiert, sollten Sie die Programme unmittelbar nach der Benutzung wieder löschen.

Beide Möglichkeiten werden nachfolgend am Beispiel der Tabelle personen aus der Datenbank firma beschrieben.

Die Erzeugung eines Verzeichnisschutzes wird normalerweise über das Konfigurationsmenü des Providers ermöglicht.

Randbemerkungen:

Datenbanken ins Internet

Provider, Zugangsinformationen

phpMyAdmin

CREATE TABLE

Verzeichnisschutz

Die Aufnahme der Verbindung zu einer MySQL-Datenbank im Internet setzt bestimmte Modifikationen in den zugehörigen PHP-Programmen voraus, die ich zunächst erläutere.

3.4.1   Verbindung aufnehmen

Die Funktion `mysqli_connect()` stellt die Verbindung zu einem Datenbankserver her. Der Datenbankserver ist nur einer von vielen bei dem Provider; jeder Datenbankserver hat seinen eigenen Namen. Jeder Kunde, dem eine Datenbank bei diesem Provider zur Verfügung steht, besitzt einen eigenen Benutzernamen und ein eigenes Passwort.

`mysqli_connect()` Der Aufruf der Funktion zur Verbindungsaufnahme und zur Auswahl der Datenbank, deren Name meist vorbestimmt ist und nicht frei gewählt werden kann, lautet z. B.:

```
$con = mysqli_connect("dbxyz.meinprovider.de", "meinname",
    "meinpasswort", "db987654");
```

Damit nun nicht alle PHP-Programme, die auf die Datenbank zugreifen, für den Einsatz im Internet geändert werden müssen, empfiehlt sich die folgende Vorgehensweise:

▶ Die beiden Anweisungen zur Verbindungsaufnahme und zur Auswahl einer Datenbank lagern Sie in eine include-Datei aus, z. B. in *connect.inc.php*.

▶ Sie erstellen zwei Versionen der Datei: eine für den Einsatz während der Entwicklung und eine andere für den Einsatz im Internet. Am besten legen Sie letztgenannte Version in ein geschütztes Verzeichnis. Dadurch werden die Kundendaten und Passwörter zusätzlich abgesichert.

▶ In den PHP-Programmen wird die include-Datei zu Beginn, das heißt vor dem ersten Datenbankzugriff, eingebunden.

Ein Beispiel für ein Programm, das sowohl lokal als auch im Internet die Felder name und vorname für alle Datensätze der Tabelle personen ausliest:

```
<!DOCTYPE html><html><head><meta charset="utf-8"></head><body>
<?php
    include "db_connect.inc.php";
    $res = mysqli_query($con, "SELECT * FROM personen");
    while ($dsatz = mysqli_fetch_assoc($res))
        echo $dsatz["name"] . ", " . $dsatz["vorname"] . "<br>";
```

```
    mysqli_close($con);
?>
</body></html>
```

Listing 3.22 Datei db_connect.php

Die `include`-Datei auf dem lokalen Rechner:

```
<?php
    $con = mysqli_connect("", "root", "", "firma");
?>
```

Listing 3.23 Datei db_connect.inc.php (lokal)

Ein Beispiel für die `include`-Datei auf dem Server im Internet:

```
<?php
    $con = mysqli_connect("dbxyz.meinprovider.de",
        "meinname", "meinpasswort", "db987654");
?>
```

Listing 3.24 Datei db_connect.inc.php (im Internet)

Sie müssen lediglich beachten, dass die Tabelle `personen` im Internet in der Datenbank `db987654` liegt und lokal in der Datenbank `firma`. Sie könnten es sich sogar noch leichter machen, indem Sie die lokale Datenbank in `db987654` umbenennen. Auf dem Buch-Datenträger heißt die Datei zur besseren Unterscheidung *db_connect.inc.php_remote*.

3.4.2   Export einer Tabelle

Zum Kopieren einer Tabelle auf einen Datenbankserver im Internet müssen Sie zunächst die betreffende Tabelle aus phpMyAdmin heraus exportieren. Wählen Sie auf der linken Seite die gewünschte Datenbank aus. Über die Registerkarte EXPORTIEREN (siehe Abbildung 3.48) gelangen Sie zu der Seite, auf der Sie einen sogenannten *Dump*, das heißt eine Exportversion der gewünschten Tabelle, erzeugen können.

Dump erzeugen

Auf dieser Seite sollten Sie die Option ANGEPASST – ZEIGE ALLE MÖGLICHEN OPTIONEN AN im Abschnitt EXPORTMETHODE aktivieren. Anschließend aktivieren Sie noch im Abschnitt AUSGABE die Option AUSGABE

ALS TEXT ANZEIGEN. Ganz unten finden Sie die Schaltfläche OK, nach deren Betätigung das Ergebnis erscheint.

Abbildung 3.48 Registerkarte »Exportieren«

Kommentare und SQL

Im Ergebnis stehen Kommentarzeilen, erkennbar an den beiden Bindestrichen zu Beginn, und SQL-Anweisungen, wie in Abbildung 3.49 bis Abbildung 3.51 zu sehen. Dabei handelt es sich um die SQL-Anweisungen

▸ zum Erzeugen der Struktur der Tabelle mithilfe von CREATE TABLE,

▸ zum Erzeugen der Datensätze der Tabelle mithilfe von INSERT INTO und

▸ zum Erzeugen des Primärschlüssels mithilfe von ALTER TABLE.

Diese Anweisungen können Sie

▸ in die Zwischenablage kopieren, um sie unmittelbar in phpMyAdmin zu benutzen, oder

▸ in eine Datei kopieren, sie verändern bzw. anpassen und speichern, um ein eigenes PHP-Programm zu erstellen.

```
--
-- Tabellenstruktur für Tabelle `personen`
--

CREATE TABLE `personen` (
  `name` varchar(30) DEFAULT NULL,
  `vorname` varchar(25) DEFAULT NULL,
  `personalnummer` int(11) NOT NULL,
  `gehalt` double DEFAULT NULL,
  `geburtstag` date DEFAULT NULL
) ENGINE=MyISAM DEFAULT CHARSET=utf8;
```

Abbildung 3.49 Erzeugen der Struktur der Tabelle

```
--
-- Daten für Tabelle `personen`
--

INSERT INTO `personen` (`name`, `vorname`, `personalnummer`, `gehalt`, `geburtstag`) VALUES
('Maier', 'Hans', 6714, 3500, '1962-03-15'),
('Schmitz', 'Peter', 81343, 3750, '1958-04-12'),
('Mertens', 'Julia', 2297, 3621.5, '1959-12-30');
```

Abbildung 3.50 Erzeugen der Datensätze der Tabelle

```
--
-- Indizes für die Tabelle `personen`
--
ALTER TABLE `personen`
  ADD PRIMARY KEY (`personalnummer`);
```

Abbildung 3.51 Erzeugen des Primärschlüssels

Meist wird das Programm phpMyAdmin bereits vom Provider einer Website zur Verfügung gestellt. Der Export einer Tabelle gelingt wie folgt:

▶ Erzeugen Sie auf dem lokalen Webserver einen Dump der gewünschten Tabelle, wie weiter oben beschrieben.

▶ Kopieren Sie das Ergebnis, mit oder ohne Kommentare, in die Zwischenablage.

▶ Rufen Sie anschließend in phpMyAdmin auf der Website im Internet die Datenbankstrukturansicht auf und betätigen Sie den Hyperlink SQL.

▶ Fügen Sie im Eingabefenster den Inhalt der Zwischenablage ein und lassen Sie die Befehle ausführen. Damit ist die Tabelle erstellt. Kontrollieren Sie ihre Struktur und ihren Inhalt.

Hinweis

In der Voreinstellung wird der Dump ohne DROP TABLE erzeugt. Das heißt, die alte Tabelle wird nicht versehentlich überschrieben, sondern es erfolgt eine Fehlermeldung. Somit werden Sie dazu angehalten, die alte Tabelle bewusst zu löschen.

[«]
DROP TABLE

Es ist auch leicht möglich, Veränderungen an der Struktur und an den Daten vorzunehmen, bevor diese übernommen werden sollen. Ein Beispiel: Es kann vorkommen, dass die Tabelle im Internet einen anderen Namen haben soll als auf dem lokalen Server. Dazu erzeugen Sie den Dump, kopieren ihn über die Zwischenablage in das Textfenster eines Editors, än-

Dump kopieren

dern dort den Namen der Tabelle per SUCHEN UND ERSETZEN, kopieren den Dump wiederum über die Zwischenablage in das SQL-Fenster von php-MyAdmin und führen den Befehl aus.

3.4.3 Tabelle und Daten per Programm erzeugen

Die im Folgenden beschriebene Methode dient dazu, zu einem beliebigen Zeitpunkt – sowohl während der Entwicklung auf der lokalen Website als auch auf der Website – im Internet die Struktur und gegebenenfalls die Basisdaten einer Tabelle zu erzeugen.

Das Erstellen eines eigenen PHP-Programms beinhaltet:

▶ den Export einer Tabelle, wie weiter oben beschrieben,

▶ das Speichern der Anweisungen in einer PHP-Datei und

▶ das Einbetten der SQL-Anweisungen in MySQL-Funktionen.

Im Folgenden sind die SQL-Anweisungen des Beispiels aus Abschnitt 3.4.2 als PHP-Programm umgeschrieben:

```
<!DOCTYPE html><html><head><meta charset="utf-8"></head><body>
<?php
    include "db_connect.inc.php";
    $sql = "DROP TABLE IF EXISTS " . $_GET["tname"];
    echo "<p>$sql</p>";
    mysqli_query($con, $sql);
    $sql = "CREATE TABLE " . $_GET["tname"]
      . "(name VARCHAR(30),
      vorname VARCHAR(25),
      personalnummer INT(11),
      gehalt DOUBLE,
      geburtstag DATE)
      ENGINE=MyISAM DEFAULT CHARSET=UTF8";
    echo "<p>$sql</p>";
    mysqli_query($con, $sql);
    $sql = "ALTER TABLE " . $_GET["tname"]
      . " ADD PRIMARY KEY (personalnummer)";
    echo "<p>$sql</p>";
    mysqli_query($con, $sql);
    $sql = "INSERT INTO ". $_GET["tname"] . " VALUES"
```

```
        . " ('Maier', 'Hans', 6714, '3500', '1962-03-15');";
    echo "<p>$sql<br>";
    mysqli_query($con, $sql);
    $sql = "INSERT INTO ". $_GET["tname"] . " VALUES"
        . " ('Schmitz', 'Peter', 81343, '3750', '1958-04-12');";
    echo "$sql<br>";
    mysqli_query($con, $sql);
    $sql = "INSERT INTO ". $_GET["tname"] . " VALUES"
        . " ('Mertens', 'Julia', 2297, '3621.5', '1959-12-30');";
    echo "$sql<br>";
    mysqli_query($con, $sql);

    mysqli_close($con);
?>
</body></html>
```

Listing 3.25 Datei db_gesamt.php

Das PHP-Programm setzt die richtige connect-Datei voraus, wie es in Abschnitt 3.4.1 beschrieben wird. Auf dem lokalen Webserver sollte diese Datei den folgenden Inhalt haben:

```
<?php
    $con = mysqli_connect("", "root", "", "firma");
?>
```

Listing 3.26 Lokale connect-Datei

Das obige Programm ist per Programmcode »gesichert«. Wenn nur der Name des PHP-Programms aufgerufen wird (*http://localhost/db_gesamt.php*), führt keiner der Aufrufe der Funktion mysqli_query() zum Erfolg, da die Variable $tname unbekannt ist. Die Tabelle wird weder gelöscht noch neu erzeugt.

Wenn hingegen weitere Informationen über die URL gesendet werden (hier *http://localhost/db_gesamt.php?tname=personen*), wird der Variablen $tname der Wert personen zugewiesen. Die Tabelle personen wird gelöscht und neu erzeugt (siehe Abbildung 3.52).

Daten an URL anhängen

245

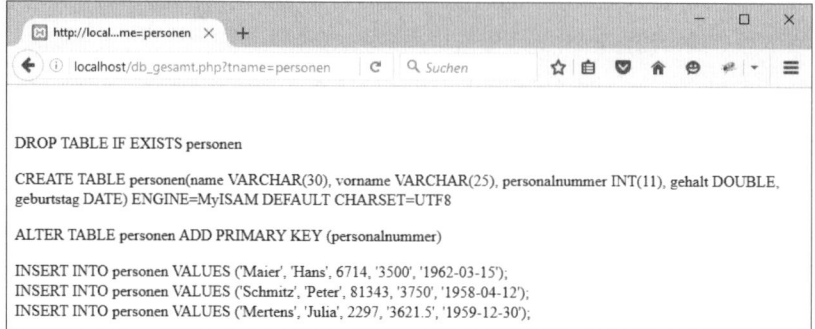

Abbildung 3.52 Erzeugen von Tabelle und Datensätzen

Zur Kontrolle werden alle SQL-Anweisungen im Browser ausgegeben. Bei der genannten Methode ist es leicht möglich, der Tabelle einen anderen Namen zu geben. Existiert keine Möglichkeit zum Verzeichnisschutz, sollten Sie dieses Programm zur Erhöhung der Sicherheit unmittelbar nach der Benutzung auf der Website im Internet wieder löschen.

Kapitel 4
Objektorientierung in PHP

Dieses Kapitel zur objektorientierten Programmierung ist insbesondere für fortgeschrittene Programmierer geeignet. Als Einsteiger können Sie es zunächst übergehen. Den Abschluss dieses Kapitels bildet ein umfangreicheres Beispiel zur Anwendung der Objektorientierung.

4.1   Was ist objektorientierte Programmierung?

Die objektorientierte Programmierung (*OOP*) bietet zusätzliche Möglichkeiten zum verbesserten Aufbau und zur vereinfachten Wartung und Erweiterung von Programmen. Mithilfe der Objektorientierung wird versucht, Objekte aus der realen Welt und ihre Interaktion »originalgetreu« abzubilden.

OOP

Man erschafft sogenannte *Klassen*, in denen die Eigenschaften von Objekten und die Funktionen, die auf diese Objekte angewendet werden können (sogenannte *Methoden*), festgelegt werden. Man hat nun die Möglichkeit, viele verschiedene Objekte dieser Klassen zu erzeugen, den Eigenschaften unterschiedliche Werte zuzuweisen und die Methoden anzuwenden. Die Definitionen aus der Klasse begleiten diese Objekte während der gesamten Lebensdauer des Programms. Objekte werden auch *Instanzen* (einer Klasse) genannt.

Klassen und Objekte

Ein Beispiel: Es wird die Klasse Fahrzeug gebildet, in der die Eigenschaften und Methoden verschiedener Fahrzeuge bestimmt werden können. Ein Fahrzeug hat u. a. die Eigenschaften Bezeichnung, Geschwindigkeit und Fahrtrichtung. Außerdem kann man ein Fahrzeug beschleunigen und lenken. Innerhalb eines Programms können viele unterschiedliche Fahrzeuge erschaffen und eingesetzt werden.

Klassen können ihre Eigenschaften und Methoden zudem vererben. Sie dienen in diesem Zusammenhang als *Basisklasse*, und ihre Erben nennt man *abgeleitete Klassen*. Dadurch lässt sich die Definition ähnlicher Objek-

Vererbung

te, die über eine Reihe von gemeinsamen Eigenschaften und Methoden verfügen, vereinfachen.

Ein Beispiel: Es werden die Klassen PKW und LKW gebildet. Beide Klassen sind von der Basisklasse Fahrzeug abgeleitet und erben alle ihre Eigenschaften und Methoden. Zusätzlich verfügen sie über eigene Eigenschaften und Methoden, die bei der jeweiligen Klasse besonders wichtig sind. Ein PKW hat z. B. eine bestimmte Anzahl an Insassen, und man kann in einen PKW einsteigen und aus ihm aussteigen. Ein LKW hat z. B. eine Ladung; man kann ihn beladen bzw. entladen.

[»]

Hinweis

Die in diesem Abschnitt dargestellten Programme sind ein Kompromiss, denn die Vorteile der objektorientierten Programmierung sind erst bei größeren Programmierprojekten erkennbar. Bei einem kleinen Problem fragt man sich womöglich, warum man hierfür ein derart aufwendiges bzw. umständliches Programm schreiben soll. Anhand der vorliegenden Programme lassen sich aber die Prinzipien der objektorientierten Programmierung erschließen, ohne den Überblick zu verlieren.

4.2   Klassen und Objekte

Eigenschaften und Methoden

In einem ersten Beispiel wird die Klasse Fahrzeug definiert. Zunächst verfügt ein Objekt dieser Klasse nur über die Eigenschaft geschwindigkeit und die Methoden beschleunigen() und ausgabe(). Die lMethode ausgabe() soll den Anwender über den aktuellen Zustand des jeweiligen Fahrzeugs informieren. Hier der erste Teil der Datei *oop_klasse.php* mit der Klassendefinition:

```
<!DOCTYPE html><html><head><meta charset="utf-8"></head><body>
<?php
/* Definition der Klasse Fahrzeug */
class Fahrzeug
{
    private $geschwindigkeit = 0;      /* Eigenschaft */

    function beschleunigen($wert)       /* Methode */
    {
        $this->geschwindigkeit += $wert;
```

```
   }

   function ausgabe()                    /* Methode */
   {
      echo "Geschwindigkeit: $this->geschwindigkeit<br>";
   }
}
...
```

Listing 4.1 Datei oop_klasse.php (erster Teil mit Klassendefinition)

Erläuterung:

▶ Die Definition der Klasse wird eingeleitet durch das Schlüsselwort `class`,   `class`
  gefolgt vom Namen der Klasse. Anschließend folgt die eigentliche Definition innerhalb eines Blocks von geschweiften Klammern. Einer Kon-
  vention folgend, beginnt der Name einer Klasse immer mit einem Großbuchstaben.

▶ Die `private`-Eigenschaft (Erläuterung siehe Abschnitt 4.2.1, »Sichtbarkeit«) `geschwindigkeit` wird definiert und auf den Wert `0` gesetzt. Eigenschaften können so nur auf einfache Art und Weise und mit konstanten
  Werten initialisiert werden. Zur Initialisierung sollten Sie besser Konstruktoren (siehe Abschnitt 4.3) verwenden.

▶ Methoden sind Funktionen, die nur innerhalb einer Klasse gelten. Sie   `function`
  werden wie Funktionen mit `function` definiert. Sie können ebenso wie
  Funktionen Parameter besitzen.

▶ Methoden werden für ein bestimmtes Objekt aufgerufen (siehe   `$this->`
  Abschnitt 4.2.2). Innerhalb der Methode ist daher bekannt, um welches
  Objekt es sich handelt. Dieses Objekt, also das aktuelle Objekt, wird über
  `$this->` angesprochen. Dabei wird dem Namen der Eigenschaft kein weiteres $ (Dollarzeichen) vorangestellt!

▶ Die Methode `beschleunigen()` hat einen Parameter: den Wert für die Änderung der Geschwindigkeit. Innerhalb der Methode wird dieser Wert
  genutzt, um die Eigenschaft des Objekts zu ändern.

▶ Wie beim Aufruf einer Funktion müssen Sie beim Aufruf einer Methode
  darauf achten, nicht zu wenige Parameter zu übergeben. Ansonsten erfolgt seit PHP 7.1 eine Fehlermeldung, siehe Abschnitt 1.8.3.

▶ Die Methode `ausgabe()` besitzt keinen Parameter. Sie dient der Ausgabe
  der Geschwindigkeit des Objekts.

249

Bisher beinhaltete das Programm nur eine Klassendefinition; es führte noch nichts aus. Das vollständige Programm folgt noch.

Namensregeln Für den Namen von Klassen, Eigenschaften und Methoden gelten die gleichen Regeln wie für den Namen einer Variablen (siehe Abschnitt 1.3.1). Der einzige Unterschied besteht darin, dass die Namen von Klassen und Methoden nicht mit dem Zeichen $ (Dollar) beginnen. Seit PHP 7.0 dürfen Methoden auch den Namen einer vordefinierten Funktion haben, dennoch ist diese Vorgehensweise nicht zu empfehlen.

4.2.1 Sichtbarkeit

In PHP 5 wurde das Prinzip der Kapselung eingeführt, das auch aus anderen objektorientierten Sprachen bekannt ist. Die Sichtbarkeit von Eigenschaften und Methoden lässt sich über die Schlüsselwörter public, protected und private festlegen:

private ▶ private: Private Eigenschaften und Methoden sind nur innerhalb der Klassendefinition erreichbar. Dies wird häufig auf Eigenschaften und seltener auf Methoden angewendet. Bei einem Zugriff auf eine private Eigenschaft oder Methode außerhalb der eigenen Klassendefinition tritt ein Fehler auf. Man nennt private Eigenschaften oder Methoden auch *gekapselt*.

protected ▶ protected: protected-Eigenschaften und Methoden sind nur innerhalb der Klasse erreichbar, in der sie erzeugt werden, und in davon abgeleiteten Klassen. Man spricht auch von einem *eingeschränkten Zugriff*.

public ▶ public: Diese Eigenschaften und Methoden sind von überall her erreichbar. Man spricht auch von einem *öffentlichen Zugriff*.

Vorteil des Kapselungsprinzips: Gekapselte oder eingeschränkt erreichbare Eigenschaften können nicht versehentlich an beliebiger Stelle durch den Benutzer der Klasse verändert werden, sondern nur durch Aktionen, die der Klassenentwickler definiert und somit erlaubt hat.

Analog können Sie dies auf Methoden anwenden. Bestimmte Methoden sollen nur intern bzw. innerhalb der Klassenhierarchie genutzt werden und nicht versehentlich vom Benutzer der Klasse. Daher können auch sie als private oder protected gekennzeichnet werden.

Zur Schreibweise: Bei der Definition von Eigenschaften müssen Sie `private`, `protected` oder `public` notieren. Methoden werden häufig ohne die Angabe der Sichtbarkeit definiert, in dem Fall sind sie automatisch `public`.

4.2.2   Anwendung der Klasse

Im folgenden Hauptprogramm im zweiten Teil der Datei *oop_klasse.php* wird die oben genannte Klasse angewendet. Zudem findet eine Typprüfung statt und es wird versucht, ein Zugriff auf eine private Eigenschaft vorzunehmen:

```
...
/* Objekte der Klasse Fahrzeug erzeugen */
$vespa = new Fahrzeug();
$scania = new Fahrzeug();

/* Typ prüfen */
if(is_object($vespa))
   echo "Das ist ein Objekt<br>";

/* Erstes Objekt betrachten bzw. verändern */
$vespa->ausgabe();
$vespa->beschleunigen(20);
$vespa->ausgabe();

/* Zweites Objekt betrachten */
$scania->ausgabe();

/* Private Eigenschaft, nicht erreichbar */
echo "Private Eigenschaft: $scania->geschwindigkeit";
?>
</body></html>
```

Listing 4.2 Datei oop_klasse.php (zweiter Teil mit Hauptprogramm)

Erläuterung:

▶ Im Hauptprogramm werden zunächst (mithilfe des Schlüsselworts `new`) **new** zwei Objekte der Klasse `Fahrzeug` erzeugt, hier mit den Namen `vespa` und `scania`.

is_object()   ▶ Die Funktion is_object() gehört zu den Funktionen zur Typprüfung, siehe auch Abschnitt 1.6.6 und Abschnitt 8.4. Sie liefert die Information, ob es sich um ein Objekt handelt.

▶ Methoden werden für ein bestimmtes Objekt aufgerufen. Man sagt auch, eine Methode wird auf ein Objekt angewendet. Eine Methode (oder eine Eigenschaft) wird über Objektname-> angesprochen.

▶ Die Geschwindigkeit des Objekts vespa wird ausgegeben, einmal vor und einmal nach der Beschleunigung. Die Geschwindigkeit des Objekts scania wird nur einmal ausgegeben. Zu Beginn, also nach ihrer Erzeugung, haben die Objekte die Geschwindigkeit 0, wie es in der Definition angegeben ist.

▶ Es wird versucht, auf die private Eigenschaft geschwindigkeit des Objekts scania direkt zuzugreifen, und zwar außerhalb der Klassendefinition. Dies ist nicht erlaubt. Abhängig von der gewählten Fehleranzeige (siehe Kapitel 5) wird eine Fehlermeldung angezeigt.

Die Ausgabe des Programms sehen Sie in Abbildung 4.1.

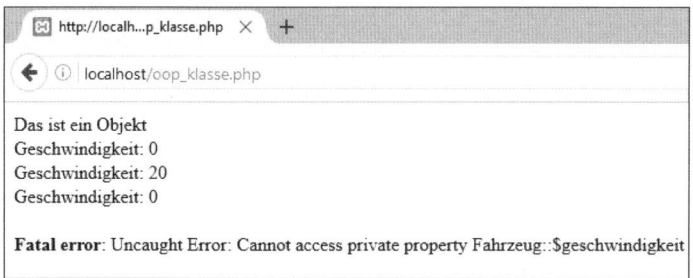

Abbildung 4.1 Erstes Programm mit der Klasse »Fahrzeug«

[»]   **Hinweis**

Theoretisch können Sie Eigenschaften von Objekten auch erst im Hauptprogramm erzeugen. Es wäre also möglich, im Hauptprogramm des oben gezeigten Programms die Anweisung $vespa->leistung = 15; zu notieren. Damit würde das Objekt $vespa der Klasse Fahrzeug über eine weitere (öffentliche) Eigenschaft verfügen. Dies ist allerdings aus zwei Gründen nicht zu empfehlen:

▶ Es widerspricht dem Gedanken der objektorientierten Programmierung, da die Eigenschaften von Objekten einer Klasse Ergebnis eines

> Entwurfs sind und zum Zeitpunkt der Definition der Klasse festgelegt
> sein sollten.
> ▶ Ein anderes Objekt der gleichen Klasse verfügt nicht über diese Eigen-
>   schaft. Somit ähneln sich die Objekte nicht mehr.

4.3   Konstruktor und Ausgabe

Es gibt mehrere besondere Methoden, die im Zusammenhang mit einer
Klasse definiert werden können. Ihre Namen sind festgelegt und beginnen
jeweils mit zwei Unterstrichen. Es folgen die ersten beiden besonderen
Methoden:

▶ Die *Konstruktormethode* `__construct()` wird genutzt, um einem Objekt   `__construct()`
  zu Beginn seiner Lebensdauer Anfangswerte zuzuweisen.

▶ Die *Ausgabemethode* `__toString()` wird genutzt, um die Daten eines   `__toString()`
  Objekts in übersichtlicher Form auszugeben. Sie liefert eine Zeichenkette.

Die Klasse Fahrzeug wird nachfolgend verändert:

▶ Ein Fahrzeug erhält neben der Eigenschaft geschwindigkeit die Eigenschaft bezeichnung.

▶ Die Klasse beinhaltet eine Konstruktormethode zur Festlegung von Anfangswerten für die beiden Eigenschaften.

▶ Die Klasse erhält eine Ausgabemethode.

Das Programm:

```
<!DOCTYPE html><html><head><meta charset="utf-8"></head><body>
<?php
/* Definition der Klasse Fahrzeug */
class Fahrzeug
{
    private $geschwindigkeit;
    private $bezeichnung;

    function __construct($bez, $ge)
    {
        $this->bezeichnung = $bez;
```

```
      $this->geschwindigkeit = $ge;
   }

   function beschleunigen($wert)
   {
      $this->geschwindigkeit += $wert;
   }

   function __toString()
   {
      return "$this->bezeichnung, "
          . "$this->geschwindigkeit km/h<br>";
   }
}

/* Objekte erzeugen */
$vespa = new Fahrzeug("Vespa Piaggio",25);
$scania = new Fahrzeug("Scania TS 360",62);

/* Objekte ausgeben */
echo $vespa;
echo $scania;

/* Objekt verändern und ausgeben */
$vespa->beschleunigen(20);
echo $vespa;

// $vespa->__construct("Vespa Formosa", 35);
// echo $vespa;
?>
</body></html>
```

Listing 4.3 Datei oop_konstruktor.php

Erläuterung:

▶ Die Konstruktormethode erwartet zwei Parameter und erhält auch zwei Parameter. Sie werden genutzt, um die beiden Eigenschaften des erzeugten Objekts mit Anfangswerten zu versorgen.

- ▶ Wie bei anderen Methoden müssen Sie beim Aufruf der Konstruktorme-thode darauf achten, nicht zu wenige Parameter zu übergeben. Ansons-ten erfolgt seit PHP 7.1 eine Fehlermeldung.

- ▶ Die Methode `__toString()` dient der Ausgabe beider Eigenschaften.

- ▶ Es werden zwei Objekte erzeugt mit den Anfangswerten `Vespa Piaggio` und `25` für das Objekt `vespa` und `Scania TS 360` und `62` für das Objekt `scania`.

- ▶ Anschließend werden die Eigenschaften der Objekte verändert bzw. aus-gegeben. Falls Sie die Methode `__toString()` nicht definiert haben, führt die Ausgabe eines Objekts mithilfe von `echo` zu einem Fehler.

Die Ausgabe des Programms zeigt Abbildung 4.2.

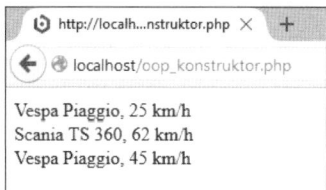

Abbildung 4.2 Klasse mit Konstruktor

Konstruktoren werden häufig eingesetzt. Sie ermöglichen eine bewusstere Erzeugung von Objekten. Im Unterschied zu vielen anderen objektorien-tierten Sprachen kann in PHP eine Konstruktormethode auch explizit auf-gerufen werden. Im obigen Programm wäre also eine nachträgliche »Neu-initialisierung« des Objekts `$vespa` in der folgenden Form möglich:

```
$vespa->__construct("Vespa Formosa", 35);
```

Der Nutzen einer solchen Vorgehensweise erschließt sich besonders im Zu-sammenhang mit der Vererbung (siehe Abschnitt 4.10).

Der Name einer Konstruktormethode konnte in PHP-Versionen vor PHP 7.0 auch dem Namen der Klasse entsprechen. Diese Vorgehensweise ist nicht zu empfehlen und wird zukünftig als Fehler gekennzeichnet.

4.4 Destruktor

Als weitere besondere Methode können Sie auch die *Destruktormethode* `__destruct()` definieren. Falls Sie keinen eigenen Destruktor definieren,

__destruct()

wird ein Standarddestruktor aufgerufen. Beim Destruktor handelt es sich sozusagen um das Gegenstück zum Konstruktor. Es ist eine Methode, die automatisch aufgerufen wird, sobald die Existenz eines Objekts endet:

▶ Wird ein Objekt im Hauptprogramm erzeugt, stellt das Ende des Hauptprogramms den Zeitpunkt des Destruktoraufrufs dar.

▶ Wird ein Objekt innerhalb einer Funktion erzeugt, wird der Destruktor am Ende der Funktion aufgerufen.

Der Zweck eines Destruktors besteht im »Aufräumen«. Es können bestimmte Aktionen angestoßen, Ressourcen freigegeben oder Informationen festgehalten werden, die mit dem speziellen Objekt zusammenhängen. Es folgt ein Programm mit einer Klasse, die über einen Konstruktor und einen Destruktor verfügt:

```php
<!DOCTYPE html><html><head><meta charset="utf-8"></head><body>
<?php
class Fahrzeug
{
    private $geschwindigkeit;

    function __construct($ge)
    {
        $this->geschwindigkeit = $ge;
    }

    function beschleunigen($wert)
    {
        $this->geschwindigkeit += $wert;
    }

    function __toString()
    {
        return "Geschwindigkeit: "
            . "$this->geschwindigkeit <br>";
    }

    function __destruct()
    {
        echo "Destruktor<br>";
    }
```

```
}

$vespa = new Fahrzeug(20);
echo $vespa;
$vespa->beschleunigen(30);
echo $vespa;
?>
</body></html>
```

Listing 4.4 Datei oop_destruktor.php

Die Ausgabe des Programms sehen Sie in Abbildung 4.3.

Abbildung 4.3 Klasse mit Destruktor

Es wird eine eigene Destruktormethode definiert. Diese liefert im vorliegenden Fall nur eine Ausgabe vom Typ: »Hallo, hier bin ich, der Destruktor.« Sie wird am Ende des Hauptprogramms aufgerufen.

> **Hinweis**   [«]
>
> Ein Destruktor kann auch explizit aufgerufen werden (hier z. B. mit
> $vespa->__destruct();). Dies führt dazu, dass der Speicherplatz des
> Objekts während des Programmlaufs wieder freigegeben wird und anderweitig genutzt werden kann.

4.5   Optionale Parameter

Optionale Parameter mit Vorgabewerten haben Sie bereits in Abschnitt 1.11.4 kennengelernt. Sie eröffnen die einzige Möglichkeit, eine Funktion oder Methode auf verschiedene Arten aufzurufen. Die Möglichkeit des Überladens von Methoden, wie es aus anderen objektorientierten Sprachen bekannt ist, existiert in PHP nicht.

Vorgabewerte

Im folgenden Beispiel werden optionale Parameter bei der Konstruktormethode angewendet. Damit können Objekte dieser Klasse auf verschiedene
Art und Weise erzeugt werden.

Das Programm:

```
<!DOCTYPE html><html><head><meta charset="utf-8"></head><body>
<?php
/* Definition der Klasse Fahrzeug */
class Fahrzeug
{
   private $geschwindigkeit;
   private $bezeichnung;

   /* Konstruktor mit optionalen Parametern */
   function __construct($bez = "xxx", $ge = 0)
   {
      $this->bezeichnung = $bez;
      $this->geschwindigkeit = $ge;
   }

   function beschleunigen($wert)
   {
      $this->geschwindigkeit += $wert;
   }

   function __toString()
   {
      return "Name: $this->bezeichnung, Geschwindigkeit:"
         . " $this->geschwindigkeit km/h<br>";
   }
}

/* Objekte der Klasse Fahrzeug erzeugen */
$vespa = new Fahrzeug("Vespa Piaggio");
$scania = new Fahrzeug("",62);
$jeep = new Fahrzeug("Jeep Cherokee",45);
$hyundai = new Fahrzeug();

/* Objekte betrachten */
echo $vespa;
echo $scania;
```

```
echo $jeep;
echo $hyundai;
?>
</body></html>
```

Listing 4.5 Datei oop_optional.php

Erläuterung:

▸ Beide Parameter der Konstruktormethode der Klasse Fahrzeug sind optional, da bei der Definition jeweils bereits ein Vorgabewert zugewiesen wird. Für den Parameter $bez ist das die Zeichenkette "xxx", für den Parameter $ge ist das der Wert 0.

▸ Somit können bei der Erzeugung von Fahrzeugen kein, ein oder zwei Parameter angegeben werden, wie die Beispiele zeigen.

▸ Bei der Erzeugung des Objekts $vespa wird nur eine Zeichenkette übergeben. Diese wird als erster Parameter der Eigenschaft bezeichnung zugewiesen. Der zweite Parameter wird nicht geliefert; daher wird der Vorgabewert 0 übernommen.

▸ Bei der Erzeugung des Objekts $scania werden beide Parameter übergeben, obwohl nur der Wert 62 für die Eigenschaft geschwindigkeit zugewiesen werden soll. Falls nur ein Parameter (die Zahl 62) übergeben wird, wird dieser (als erster Parameter) der Eigenschaft bezeichnung zugewiesen. Daher muss als erster Parameter eigens eine leere Zeichenkette übergeben werden. Die Zahl 62 wird somit zum zweiten Parameter.

▸ Bei der Erzeugung des Objekts $jeep werden beide Parameter mit sinnvollen Werten übergeben.

▸ Bei der Erzeugung des Objekts $hyundai wird kein Parameter übergeben. Beide Eigenschaften werden daher auf die Vorgabewerte (Zeichenkette "xxx" bzw. 0) gesetzt.

Die Ausgabe des Programms zeigt Abbildung 4.4.

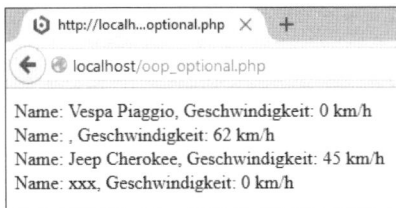

Abbildung 4.4 Konstruktor mit optionalen Parametern

4.6   Konstanten und statische Elemente

Neben den bisher erwähnten Eigenschaften und Methoden können Sie einer Klasse noch weitere Elemente hinzufügen.

Klassenkonstante

Eine *Klassenkonstante* ist grundsätzlich `public`; die Sichtbarkeit kann nicht mit `public`, `protected` oder `private` spezifiziert werden. Es darf kein Dollarzeichen (wie bei einer Variablen) vor dem Namen stehen. Der Wert einer Konstanten kann sich nicht ändern. Eine Konstante ist unabhängig von der Existenz einzelner Objekte der Klasse, und sie ist insgesamt nur einmal vorhanden.

Innerhalb der Klasse kann eine Klassenkonstante mit `self::Konstantenname` angesprochen werden, außerhalb der Klasse kann sie nur mit `Klassenname::Konstantenname` angesprochen werden. Einsatzzweck: Sie ist thematisch einer Klasse zugeordnet. So würden Sie z. B. eine Konstante g (als Größe für die Schwerkraft) einer Klasse zuordnen, die mit physikalischen Werten und Methoden arbeitet.

Statische Eigenschaft

Eine *statische Eigenschaft* ist ebenfalls unabhängig von der Existenz einzelner Objekte der Klasse, und sie ist ebenfalls insgesamt nur einmal vorhanden. Allerdings kann sich ihr Wert ändern. Sie sollte unmittelbar zu Beginn initialisiert werden. Innerhalb der Klasse kann eine statische Eigenschaft mit `self::Eigenschaftsname` angesprochen werden. Außerhalb der Klasse kann sie natürlich nur angesprochen werden, wenn sie `public` ist, und nur über `Klassenname::Eigenschaftsname`.

Der Wert einer statischen Eigenschaft steht allen Objekten der Klasse gemeinschaftlich zur Verfügung und kann dem Datenaustausch zwischen Objekten dienen, beispielsweise der Zählung bzw. der Nummerierung von Objekten.

Statische Methode

Eine *statische Methode* ist ebenfalls unabhängig von der Existenz einzelner Objekte der Klasse. Innerhalb der Klasse kann sie mit `self::Methodenname` oder `Klassenname::Methodenname` angesprochen werden. Außerhalb der Klasse kann sie natürlich nur angesprochen werden, wenn sie `public` ist, und nur über `Klassenname::Methodenname`.

Thematisch ist eine statische Methode einer Klasse zugeordnet. So würde man z. B. eine Methode `AnziehungBerechnen()` einer Klasse zuordnen, die allgemein mit physikalischen Werten und Methoden arbeitet. Ein Beispiel:

```
<!DOCTYPE html><html><head><meta charset="utf-8"></head><body>
```

```php
<?php
class math
{
   const pi = 3.1415926;
   private $id;
   public static $nummer=0;

   function __construct()
   {
      self::$nummer = self::$nummer + 1;
      $this->id = self::$nummer;
   }

   static function quadrat($p)
   {
      return $p * $p;
   }

   function __toString()
   {
      return "Objekt $this->id, &pi; = " . self::pi
         . ", 3.2<sup>2</sup> = " . self::quadrat(3.2) . "<br>";
   }
}

$z = 2.5;
echo "$z<sup>2</sup> = " . math::quadrat($z) . "<br>";

$x = new math();
echo $x;
echo "Anzahl: " . math::$nummer . "<br>";

$y = new math();
echo $y;
echo "Anzahl: " . math::$nummer . "<br>";

echo math::pi . "<br>";
?>
</body></html>
```

Listing 4.6 Datei oop_statisch.php

Erläuterung:

- Innerhalb der Klasse `math` wird die Klassenkonstante `pi` mit dem Wert `3.1415926` definiert. Sie wird innerhalb der Klasse mit dem Namen `self::pi` und außerhalb der Klasse mit dem Namen `math::pi` angesprochen. Sie ist thematisch mit der Klasse `math` verbunden und keinem bestimmten Objekt zugeordnet.

self::

- Innerhalb der Klasse `math` wird die öffentliche statische Eigenschaft `$nummer` mit dem Startwert 0 definiert. Sie wird innerhalb der Klasse mit dem Namen `self::$nummer` und außerhalb der Klasse mit dem Namen `math::$nummer` angesprochen. Sie dient der Nummerierung der einzelnen Objekte. Bei jeder Erzeugung eines Objekts der Klasse wird ihr Wert um 1 erhöht. Dieser Wert wird der objektspezifischen Eigenschaft `$id` zugewiesen. Somit erhält jedes Objekt eine individuelle ID, und zwar in der Reihenfolge der Erzeugung. Außerdem ist stets die Anzahl der existierenden Objekte bekannt.

- Innerhalb der Klasse `math` wird die öffentliche statische Methode `quadrat()` definiert. Sie wird innerhalb der Klasse mit dem Namen `self::quadrat()` und außerhalb der Klasse mit dem Namen `math::quadrat()` angesprochen. Mit ihr lassen sich Zahlen quadrieren. Sie ist thematisch mit der Klasse `math` verbunden und keinem bestimmten Objekt zugeordnet.

Die Ausgabe sehen Sie in Abbildung 4.5.

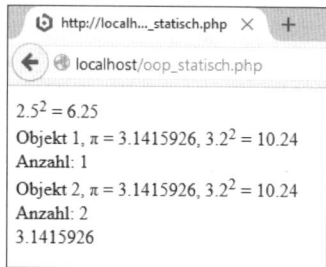

Abbildung 4.5 Konstanten, statische Eigenschaften und statische Methoden

4.7   Kopie und Referenz

Referenz

Objekte verhalten sich anders als einfache Variablen. Der Name, mit dessen Hilfe Sie auf ein Objekt zugreifen, stellt lediglich eine Referenz dar. Die Zuweisung eines Objekts zu einem anderen Namen erzeugt eine weitere Referenz zum selben Objekt, auch ohne Benutzung des Referenzoperators &. Das Objekt kann anschließend über beide Referenzen geändert werden.

Sie können aber auch eine Kopie, das heißt ein zweites Objekt, anlegen. Dieses hat zunächst die Eigenschaften und Eigenschaftswerte des Originalobjekts. Es existieren anschließend zwei individuelle Objekte, deren Eigenschaften unabhängig voneinander geändert werden können.

Kopie

Diesen Kopiervorgang können Sie z. B. mithilfe des Klonens durchführen. Dazu wird das Schlüsselwort clone benutzt.

clone

▶ *Eigenes Klonen*: Falls in der Klasse des Objekts eine Methode __clone() existiert, wird diese benutzt.

__clone()

▶ *Vordefiniertes Klonen*: Falls in der Klasse des Objekts keine Methode dieses Namens existiert, wird eine Standardmethode aufgerufen, und sämtliche Eigenschaftswerte werden übernommen.

Sie können Objekte an Funktionen oder Methoden übergeben. Dabei wird eine Referenz auf das Originalobjekt übergeben. Ebenso verhält es sich bei der Rückgabe eines Objekts aus einer Funktion.

Im nachfolgenden Programm werden diese Zusammenhänge verdeutlicht:

```
<!DOCTYPE html><html><head><meta charset="utf-8"></head><body>
<?php
class Fahrzeug
{
    private $geschwindigkeit;
    private $bezeichnung;

    function __construct($bez, $ge)
    {
        $this->bezeichnung = $bez;
        $this->geschwindigkeit = $ge;
    }

    function beschleunigen($wert)
    {
        $this->geschwindigkeit += $wert;
    }
```

```php
        function __toString()
        {
            return "$this->bezeichnung, "
                . "$this->geschwindigkeit km/h<br>";
        }

        function __clone()
        {
            $this->bezeichnung = "Klon von: " . $this->bezeichnung;
            $this->geschwindigkeit = $this->geschwindigkeit + 1;
        }

        static function kopieVon($ori)
        {
            $neu = new Fahrzeug("", 0);
            $neu->bezeichnung = "Kopie von: " . $ori->bezeichnung;
            $neu->geschwindigkeit = $ori->geschwindigkeit + 1;
            return $neu;
        }
    }

    /* Originalobjekt */
    $vespa = new Fahrzeug("Vespa Piaggio", 25);

    /* Zweite Referenz auf Originalobjekt */
    $suzuki = $vespa;

    /* Klonen eines Objekts */
    $yamaha = clone $vespa;

    /* Übergabe von Objekt an Methode,
       Rückgabe von Objekt aus Methode */
    $honda = Fahrzeug::kopieVon($vespa);

    /* Auswirkung auf zweite Referenz */
    $vespa->beschleunigen(50);
    echo $suzuki;

    /* Ausgabe des Klons */
    echo $yamaha;
```

```
/* Änderung und Ausgabe der Kopie */
$honda->beschleunigen(30);
echo $honda;
?>
</body></html>
```

Listing 4.7 Datei oop_kopie.php

Betrachten wir zunächst das Hauptprogramm. Es wird das Objekt $vespa er-
zeugt. Anschließend wird $suzuki als zweite Referenz auf dasselbe Objekt
angelegt.

Referenz

Als Nächstes wird das Objekt $yamaha als Klon des Objekts $vespa mithilfe
des Schlüsselworts clone erzeugt. Da es in der Klasse Fahrzeug eine Klon-
methode mit dem festgelegten Namen __clone() gibt, werden darin die
Eigenschaften des Klons festgelegt. Im vorliegenden Fall werden beide
Eigenschaften des Originals leicht verändert übernommen. Wird einer
Eigenschaft innerhalb der Klonmethode kein Wert zugewiesen, wird der
Wert des Originals übernommen. Es gibt nun zwei verschiedene Objekte,
die unabhängig voneinander geändert werden können.

Klon

Als Letztes wird das Objekt $honda als Kopie des Objekts $vespa mithilfe der
statischen Methode kopieVon() erzeugt. Das Objekt $vespa wird an die Me-
thode übergeben. Innerhalb der Methode wird das neue Objekt $neu der
Klasse Fahrzeug erzeugt, zunächst ohne Festlegung der Eigenschaftswerte.
Diese werden vom Objekt $ori leicht verändert übernommen, das eine Re-
ferenz auf das Objekt $vespa darstellt. Anschließend wird das neue Objekt
der Klasse Fahrzeug als Ergebnis der Methode zurückgeliefert. Im Hauptprogramm stellt $honda eine Referenz auf dieses neue Objekt dar.

Kopie

Die Objekte werden im Hauptprogramm verändert und ausgegeben. Anhand der unterschiedlichen Eigenschaftswerte werden die Unterschiede
zwischen Kopien und Referenzen deutlich. Die Ausgabe sehen Sie in Abbildung 4.6.

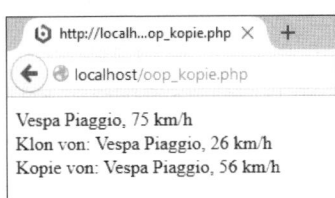

Abbildung 4.6 Zweite Referenz, geklontes Objekt und kopiertes Objekt

Natürlich können Objekte auch an nicht statische Methoden übergeben werden, und ebenso können sie aus nicht statischen Methoden zurückgeliefert werden.

4.8   Typhinweise

Seit PHP 7.0   Sie haben in Abschnitt 1.11.1 bereits die Typhinweise kennengelernt, die es seit PHP 7.0 gibt. Diese Möglichkeit zur stärkeren Kontrolle von Datentypen können Sie auch bei Ihren eigenen Klassen nutzen.

Als Beispiel wird dies auf die Methode kopieVon() aus Abschnitt 4.7 angewandt. Nachfolgend die geänderten Teile des Programms:

```php
<?php declare(strict_types=1); ?>
...
    static function kopieVon(Fahrzeug $ori):Fahrzeug
    {
        $neu = new Fahrzeug("", 0);
        $neu->bezeichnung = "Kopie von: " . $ori->bezeichnung;
        $neu->geschwindigkeit = $ori->geschwindigkeit;
        return $neu;
    }
...
```

Listing 4.8 Datei oop_typhinweise.php

declare   Damit sich die Kontrolle der Datentypen innerhalb der Datei auswirkt, steht die declare-Anweisung als allererste Anweisung in der Datei. Vergessen Sie nicht, die Codierung der Datei auf UTF-8 ohne BOM zu ändern, siehe Abschnitt 1.11.1.

Typ Fahrzeug   Der Parameter der Methode muss vom Datentyp Fahrzeug sein, also von der Klasse Fahrzeug. Zu diesem Zweck wird der Typhinweis Fahrzeug davor notiert. Der Rückgabewert der Funktion muss ebenfalls vom Datentyp Fahrzeug sein. Dazu werden nach den Parameterklammern ein Doppelpunkt und wiederum der Typhinweis Fahrzeug notiert.

Bei einem Aufruf der Methode kopieVon() wird nunmehr darauf geachtet, dass der Parameter den richtigen Datentyp besitzt.

4.9   Objekte und Felder

Die Vorteile von Feldern lassen sich natürlich auch im Zusammenhang mit der objektorientierten Programmierung nutzen. Felder können Eigenschaften von Klassen sein. Auf der anderen Seite können Sie Objekte in Feldern zusammenfassen und gemeinschaftlich bearbeiten. Unabhängig vom Thema »Felder«: Objekte einer anderen Klasse können ebenfalls Eigenschaft einer Klasse sein. Im nachfolgenden Programm werden die genannten Themen an einem Beispiel erläutert.

Feld = Eigenschaft, Felder von Objekten

In dem Programm gibt es eine Klasse Bestellung. Ein Objekt dieser Klasse beinhaltet Informationen über eine einzelne Bestellung bei einem Handelsunternehmen. Eine Eigenschaft dieser Klasse ist ein Feld von Objekten der Klasse Bestellposten. Ein solches Objekt beinhaltet Informationen über einen Bestellposten innerhalb eines Objekts der Klasse Bestellung.

Zunächst das Programm:

```
<!DOCTYPE html><html><head><meta charset="utf-8"></head><body>
<?php
class Bestellung
{
   private $bestellnr;
   private $posten;

   function __construct($bn, $pf)
   {
      $this->bestellnr = $bn;
      $this->posten = $pf;
   }

   function __toString()
   {
      $gesamt = 0;
      $ausgabe = "Bestellnr.: $this->bestellnr<br>";
      for($i=0; $i<count($this->posten); $i++)
      {
         // Nicht innerhalb der Zeichenkette
         $ausgabe .= "Posten " . ($i+1) . ": "
            . $this->posten[$i] . "<br>";
         $gesamt += $this->posten[$i]->postenpreis();
      }
```

```
            $ausgabe .= "Gesamtpreis: $gesamt &euro;<br>";
            return $ausgabe;
        }
    }

    class Bestellposten
    {
        private $artikel;
        private $menge;
        private $preis;

        function __construct($ar, $me, $pr)
        {
            $this->artikel = $ar;
            $this->menge = $me;
            $this->preis = $pr;
        }

        function postenpreis()
        {
            return $this->menge * $this->preis;
        }

        function __toString()
        {
            return "$this->artikel, $this->menge St., "
                . "$this->preis &euro;";
        }
    }

    /* Hauptprogramm */
    $meineBestellung = new Bestellung(583,
        array(new Bestellposten("Apfel", 3, 1.35),
            new Bestellposten("Banane", 5, 0.85),
            new Bestellposten("Mango", 2, 1.95)));
    echo $meineBestellung;
    ?>
    </body></html>
```

Listing 4.9 Datei oop_feld.php

Betrachten wir nun die Ausgabe in Abbildung 4.7. Es werden die Daten einer einzelnen Bestellung ausgegeben, also

▶ die Nummer der Bestellung,

▶ der Artikelname, die bestellte Menge und der Einzelpreis bezüglich eines einzelnen Bestellpostens und

▶ der Gesamtpreis der Bestellung.

Abbildung 4.7 Feld von Objekten

Als Nächstes schauen wir uns das kurze Hauptprogramm an. Es wird eine Bestellung erzeugt und ausgegeben. Der Konstruktor der Klasse Bestellung erwartet zwei Parameter: die Nummer der Bestellung und ein Feld. Das Feld für diese Bestellung beinhaltet drei Elemente. Das Feld für eine andere Bestellung könnte auch eine andere Anzahl an Bestellposten umfassen.

Objekt der Klasse »Bestellung«

Jedes Element des Felds ist ein Objekt der Klasse Bestellposten. Der Konstruktor dieser Klasse erwartet drei Parameter: den Artikelnamen, die bestellte Menge und den Einzelpreis. Das Feld beinhaltet anschließend drei Referenzen auf die neu erzeugten Objekte der Klasse Bestellposten. Eigene Variablen für Objekte dieser Klasse werden hier also nicht unbedingt benötigt.

Objekt der Klasse »Bestellposten«

Kommen wir zur Definition der Klasse Bestellung. Im Konstruktor werden die beiden Parameter an die beiden Eigenschaften übergeben. Die Eigenschaft $posten stellt eine Referenz auf das übergebene Feld dar.

Klasse »Bestellung«

Die Ausgabe wird in der Methode __toString() Stück für Stück zusammengesetzt. Nach der Bestellnummer folgen die einzelnen Elemente des Felds. Die Methode count() liefert dazu die Anzahl der Elemente. Mit dem Ausdruck $this->posten[$i] wird jeweils die öffentliche Ausgabemethode für ein einzelnes Objekt der Klasse Bestellposten aufgerufen. Die dabei zurückgelieferte Zeichenkette wird in die Ausgabe der Bestellung eingebettet.

Innerhalb der Ausgabemethode wird auch der Gesamtpreis berechnet. Wird die Klasse später noch um weitere Methoden ergänzt, die zur Veränderung der Bestellung führen, kann sich der Gesamtpreis immer wieder ändern. Daher wird er erst kurz vor der Ausgabe aktuell berechnet. Die Eigenschaften $menge und $preis sind innerhalb der Klasse Bestellposten gekapselt und daher von der Klasse Bestellung aus nicht zugänglich. Zur Berechnung und Rückgabe des Preises eines Postens wird deshalb jeweils die öffentliche Methode postenpreis() der Klasse Bestellposten aufgerufen.

Klasse »Bestellposten« Als Letztes betrachten wir die Definition der Klasse Bestellposten. Im Konstruktor werden die drei Parameter an die drei Eigenschaften übergeben. Die Methode postenpreis() liefert das Produkt aus Menge und Einzelpreis eines Postens. Die Ausgabemethode liefert die Werte der drei Eigenschaften zur Einbettung in die Ausgabemethode der Klasse Bestellung.

4.10   Vererbung

Klassenhierarchie Eine Klasse kann ihre Eigenschaften und Methoden an eine andere Klasse vererben. In diesem Abschnitt erfahren Sie, wie das funktioniert und welche Vorteile sich daraus ergeben.

4.10.1   Grundlagen

Der Vererbungsmechanismus wird häufig angewendet, um bereits vorhandene Definitionen zu übernehmen. Sie erzeugen dadurch eine Hierarchie von miteinander verwandten Klassen. Diese ermöglichen die Darstellung von Objekten, die teilweise übereinstimmende sowie auch unterschiedliche Merkmale aufweisen.

Im folgenden Beispiel wird eine Klasse Pkw definiert, mit deren Hilfe die Eigenschaften und Methoden von Personenkraftwagen dargestellt werden sollen. Bei der Erzeugung bedient man sich der existierenden Klasse Fahrzeug, in der ein Teil der gewünschten Eigenschaften und Methoden bereits vorhanden ist. Bei der Klasse Pkw kommen noch einige Merkmale hinzu. Hierbei handelt es sich um eine spezialisierte Klasse – im Gegensatz zur allgemeinen Klasse Fahrzeug.

Von der Klasse Pkw aus gesehen ist die Klasse Fahrzeug eine *Basisklasse*. Von
der Klasse Fahrzeug aus gesehen ist die Klasse Pkw eine *abgeleitete Klasse*.
Zunächst der erste Teil der Datei *oop_vererbung.php* mit den beiden Klas-
sendefinitionen:

**Basisklasse,
abgeleitete Klasse**

```php
<!DOCTYPE html><html><head><meta charset="utf-8"></head><body>
<?php
class Fahrzeug
{
   private $geschwindigkeit = 0;

   function beschleunigen($wert)
   {
      $this->geschwindigkeit += $wert;
   }

   function __toString()
   {
      return "Geschwindigkeit: $this->geschwindigkeit<br>";
   }
}

class Pkw extends Fahrzeug
{
   private $insassen = 0;

   function einsteigen($anzahl)
   {
      $this->insassen += $anzahl;
   }

   function aussteigen($anzahl)
   {
      $this->insassen -= $anzahl;
   }

   function __toString()
   {
      return "Insassen: $this->insassen "
         . parent::__toString();
```

271

```
    }
}
```

Listing 4.10 Datei oop_vererbung.php (erster Teil)

Erläuterung:

▶ Die abgeleitete Klasse Pkw erbt von der Klasse Fahrzeug und beinhaltet insgesamt fünf Methoden und zwei Eigenschaften:

  – die von der Klasse Fahrzeug geerbten Methoden __toString() und beschleunigen(),

  – die eigenen Methoden einsteigen() und aussteigen(),

  – die eigene Ausgabemethode __toString(), die die geerbte Methode __toString() der Basisklasse überschreibt, aber auch intern aufruft,

  – die von der Klasse Fahrzeug geerbte Eigenschaft geschwindigkeit und

  – die eigene Eigenschaft insassen; sie wird zu Beginn auf 0 gesetzt.

extends ▶ Falls eine Klasse von einer anderen Klasse abgeleitet wird, folgen nach dem Schlüsselwort class und dem Namen der abgeleiteten Klasse das Schlüsselwort extends (erweitert) und der Name der Basisklasse. Die abgeleitete Klasse erweitert somit die Eigenschaften und Methoden der Basisklasse.

▶ Eigenschaften und Methoden werden zunächst in der Klasse des Objekts gesucht. Sollten sie dort nicht vorhanden sein, wird die Suche in der zugehörigen Basisklasse fortgesetzt.

▶ Eine Methode einer Basisklasse kann in einer abgeleiteten Klasse mit einer gleichnamigen Methode überschrieben werden. Wird eine solche Methode für ein Objekt einer abgeleiteten Klasse aufgerufen, wird nur der Programmcode der »neuen« Methode verarbeitet, nicht aber der Programmcode der gleichnamigen Methode der Basisklasse.

parent:: ▶ Falls dieser Programmcode zusätzlich genutzt werden soll, hilft der Operator ::. Der Aufruf parent::__toString() innerhalb der Methode __toString() der Klasse Pkw führt dazu, dass für das aktuelle Objekt die gleichnamige Methode der Basisklasse aufgerufen wird.

▶ Sie könnten die Basisklasse hier auch mit Fahrzeug::__toString() aufrufen. Der Vorteil von parent liegt allerdings darin, dass Sie bei einer späteren Veränderung der Klassenhierarchie den Programmcode nicht ändern müssen.

Im nachfolgend angegebenen Hauptprogramm im zweiten Teil der Datei *oop_vererbung.php* wird ein Objekt der Klasse Pkw erzeugt und mehrmals verändert. Der jeweilige Zustand des Objekts wird ausgegeben:

```php
$fiat = new Pkw();
echo $fiat;

$fiat->einsteigen(3);
$fiat->beschleunigen(30);
echo $fiat;

$fiat->beschleunigen(-30);
echo $fiat;

$fiat->aussteigen(1);
echo $fiat;
?>
</body></html>
```

Listing 4.11 Datei oop_vererbung.php (zweiter Teil)

Erläuterung:

▶ Es wird das Objekt fiat erzeugt.

▶ Es werden die Methoden einsteigen() und aussteigen() aufgerufen. Diese werden unmittelbar in der Klasse Pkw gefunden, und sie verändern die Eigenschaft insassen.

▶ Es wird die Methode beschleunigen() aufgerufen. Diese wird nicht unmittelbar in der Klasse Pkw gefunden, daher wird in der Basisklasse weitergesucht. Dort wird sie gefunden und dient der Veränderung der Eigenschaft geschwindigkeit.

▶ Es werden mehrmals die Eigenschaften des Objekts ausgegeben. Die Eigenschaft insassen wird durch die eigene Methode __toString() und die Eigenschaft geschwindigkeit durch die geerbte Methode __toString() ausgegeben.

Die Ausgabe des Programms sehen Sie in Abbildung 4.8.

Abbildung 4.8 Eigenschaften eines Objekts einer abgeleiteten Klasse

4.10.2 Konstruktoren bei Vererbung

Auch Objekte von abgeleiteten Klassen sollten Sie nur mithilfe eines Konstruktors erzeugen. Im folgenden Programm wird daher die Definition der Klasse Pkw verändert. Voraussetzung für eine sinnvolle Initialisierung ist ein passender Konstruktor der Basisklasse. Daher sollten Sie auch hier einen Konstruktor einsetzen.

parent::
__construct()

Der Konstruktor der abgeleiteten Klasse sollte den Konstruktor der Basisklasse explizit aufrufen, damit dieser seinen Anteil an den Initialisierungsdaten erhält. Bei einer späteren Veränderung der Klassenhierarchie stellt der explizite Aufruf des Konstruktors kein Problem dar, da dieser mit parent::__construct() erfolgen kann. Die Änderungen im Programm:

```
...
class Fahrzeug
{
    private $geschwindigkeit;
    function __construct($ge)
    {
        $this->geschwindigkeit = $ge;
    }
...
class Pkw extends Fahrzeug
{
    private $insassen;
    function __construct($ge, $anz)
    {
        $this->insassen = $anz;
        parent::__construct($ge);
    }
...
```

Listing 4.12 Datei oop_vererbung_konstruktor.php (Änderungen)

Erläuterung:

▶ Die Ausgabe des Programms bleibt gleich.

▶ Die abgeleitete Klasse `Pkw` beinhaltet einen Konstruktor, der insgesamt zwei Parameter erwartet. Einer der Parameter wird unmittelbar der Eigenschaft `insassen` zugewiesen. Der andere Parameter wird an den Konstruktor der Basisklasse `Fahrzeug` weitergeleitet, indem dieser explizit mit `parent::__construct()` aufgerufen wird.

▶ Bei der Erschaffung eines Objekts der abgeleiteten Klasse `Pkw` müssen also beide Startwerte für die Eigenschaften angegeben werden.

4.11 Schnittstellen

Eine *Schnittstelle* (englisch: *interface*) dient als Vorschrift für die Methoden einer Klasse. In einer Klasse, die eine Schnittstelle umsetzt, müssen alle Methoden der betreffenden Schnittstelle definiert werden. Auf diese Weise wird die Verwandtschaft zwischen verschiedenen Klassen gefördert und somit die Lesbarkeit des Programms verbessert.

interface

Schnittstellen beinhalten keine Eigenschaften. Eine Klasse kann auch mehrere Schnittstellen umsetzen. Eine Klasse, die eine oder mehrere Schnittstellen umsetzt, kann weitere eigene Methoden und auch Eigenschaften beinhalten.

Nur Methoden

Zunächst werden die Definition und die Nutzung eigener Schnittstellen erläutert. Anschließend wird die Anwendung der vordefinierten Schnittstelle `Iterator` beschrieben.

4.11.1 Eigene Schnittstellen

Im nachfolgenden Beispiel setzt eine Klasse zwei selbst definierte Schnittstellen um. Es handelt sich um eine Klasse für Amphibienfahrzeuge. Ein Objekt dieser Klasse soll einige Methoden ausführen können, und zwar sowohl für fahrbare Fortbewegungsmittel zu Lande als auch für schwimmfähige Fortbewegungsmittel zu Wasser. Es folgt das Programm:

```
<!DOCTYPE html><html><head><meta charset="utf-8"></head><body>
<?php
    interface Fahrbar
    {
```

```
        function rollen();
        function reifenwechseln();
    }

    interface Schwimmfaehig
    {
        function anlegen();
        function kentern();
    }

    class AmphiCar implements Fahrbar, Schwimmfaehig
    {
        function rollen()        { echo "Es rollt<br>"; }
        function reifenwechseln()
           { echo "Es werden Reifen gewechselt<br>"; }
        function anlegen()       { echo "Es legt an<br>"; }
        function kentern()       { echo "Es kentert<br>"; }
        function bewegen()       { echo "Es bewegt sich<br>"; }
    }

    $VwTyp166 = new AmphiCar();
    $VwTyp166->rollen();
    $VwTyp166->reifenwechseln();
    $VwTyp166->bewegen();
    $VwTyp166->kentern();
    $VwTyp166->anlegen();
?>
</body></html>
```

Listing 4.13 Datei oop_schnittstelle.php

interface,
implements
Mithilfe des Schlüsselworts interface werden die beiden Schnittstellen Fahrbar und Schwimmfaehig definiert. Innerhalb der Schnittstellen werden insgesamt vier Methoden vorgegeben. Sie müssen innerhalb der Klasse AmphiCar() definiert werden, weil diese Klasse beide Schnittstellen mithilfe des Schlüsselworts implements umsetzt. Hier wird nur ein kurzer Text innerhalb der jeweiligen Methode ausgegeben. Zusätzlich verfügt die Klasse über die eigene Methode bewegen(), unabhängig von den Schnittstellen.

Das Objekt $VwTyp166 führt anschließend verschiedene Aktionen für fahrbare und für schwimmfähige Fortbewegungsmittel aus.

Die Ausgabe des Programms sehen Sie in Abbildung 4.9.

Abbildung 4.9 Methoden aus Schnittstellen

4.11.2   Iterator-Schnittstelle

Ein Objekt einer Klasse, die die vordefinierte Schnittstelle Iterator umsetzt, ist iterierbar. Das bedeutet, dass ein solches Objekt eine Reihe von
Elementen umfasst, die mithilfe einer foreach-Schleife durchlaufen werden können. Dazu müssen in der Klasse die folgenden Methoden definiert
werden:

Objekt durchlaufen

▶ current(): Diese Methode liefert das aktuelle Element.

▶ next(): Das nächste Element wird zum aktuellen Element.

▶ key(): Diese Methode liefert den Schlüssel des aktuellen Elements.

▶ valid(): Diese Methode liefert einen booleschen Wert. True bedeutet,
  dass das aktuelle Element gültig ist. Auf diese Weise kann festgestellt
  werden, ob das Ende eines Durchlaufs erreicht ist.

▶ rewind(): Das erste Element wird zum aktuellen Element. Diese Methode »spult« an den Anfang.

Im nachfolgenden Beispiel setzt die Klasse Feld die Schnittstelle Iterator
um. Innerhalb der Klasse gibt es ein numerisches Array mit insgesamt fünf
Elementen. Zu Demonstrationszwecken soll in der Anwendung nur jedes
zweite Element angezeigt werden. Die Definition der Methode next() bewirkt dies hier. Zunächst das Programm:

Schnittstelle umsetzen

```
<!DOCTYPE html><html><head><meta charset="utf-8"></head><body>
<?php
   class Feld implements Iterator
   {
      private $nr;
      private $zahlen = array(17.5, 19.2, 21.8, 21.6, 18.1);
```

```php
        function __construct()  { $this->nr = 0; }
        function current() { return $this->zahlen[$this->nr]; }
        function next()    { $this->nr = $this->nr + 2; }
        function key()     { return $this->nr; }
        function valid()   { return isset($this->zahlen[$this->nr]);}
        function rewind()  { $this->nr = 0; }
    }

    $feldObj = new Feld;

    foreach($feldObj as $schluessel => $wert)
        echo "$schluessel/$wert ";
    echo "<br>";

    for ($feldObj->rewind(); $feldObj->valid(); $feldObj->next())
    {
        $schluessel = $feldObj->key();
        $wert = $feldObj->current();
        echo "$schluessel/$wert ";
    }
?>
</body></html>
```

Listing 4.14 Datei oop_iterator.php

Ein Objekt der Klasse Feld wird dank der Umsetzung der Schnittstelle Iterator zu einem Objekt, das auf seine eigene, besondere Art durchlaufen werden kann.

Die Eigenschaft $nr soll den Index des aktuellen Elements beinhalten. Die Methode current() liefert das Element mit dem aktuellen Index. Die Methode next() setzt den Index für das aktuelle Element zwei Elemente weiter. Die Methode key() liefert den numerischen Index des aktuellen Elements. Innerhalb der Methode valid() wird mithilfe der Funktion isset() geprüft, ob das Element mit dem aktuellen Index existiert. Die Methode rewind() setzt den aktuellen Index auf 0. Dasselbe gilt für den Konstruktor, der nicht von der Schnittstelle vorgeschrieben ist, aber hier zusätzlich eingesetzt wird.

Das Objekt $feldObj wird auf zwei Arten durchlaufen: zum einen auf einfache Art und Weise mithilfe einer foreach-Schleife, zum anderen zu Vergleichszwecken mithilfe des expliziten Aufrufs der verschiedenen Methoden. Die Ausgabe des Programms sehen Sie in Abbildung 4.10.

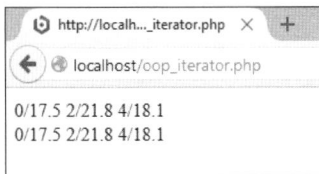

Abbildung 4.10 Zwei Durchläufe durch ein iterierbares Objekt

4.12   Namensräume

Namensräume (englisch: *namespaces*) ermöglichen Ihnen, Elemente gleichen Namens zu definieren, zu nutzen und eindeutig zuzuordnen. So wie Sie Dateien gleichen Namens in unterschiedlichen Verzeichnissen auf Ihrer Festplatte haben dürfen, so dürfen Sie Klassen, Funktionen und Konstanten gleichen Namens in unterschiedlichen Namensräumen verwenden. Dabei gilt es, einige Regeln und Hinweise zu beachten, die es in dieser Form teilweise erst seit PHP 5.6 gibt:

namespace

▶ Die Definition eines Namensraums erfolgt am besten innerhalb eines Anweisungsblocks nach dem Schlüsselwort namespace.

▶ Falls Sie einen Namensraum definieren, muss namespace die erste PHP-Anweisung in der Datei sein. Davor dürfen auch *keine* HTML-Markierungen notiert werden. Nur Kommentare sind möglich. Die Codierung der Datei muss auf UTF-8 OHNE BOM geändert werden.

▶ Sie können das Schlüsselwort use verwenden, um auf Elemente aus fremden Namensräumen zuzugreifen.

use

▶ Falls kein eigener Namensraum definiert ist (so wie in den bisherigen Programmen), stehen alle Anweisungen innerhalb des globalen Namensraums. Diesen globalen Namensraum erreichen Sie aus dem Inneren eines selbst definierten Namensraums durch das vorangestellte Zeichen \ (Backslash).

global

▶ Falls Sie innerhalb einer Datei bereits einen eigenen Namensraum definiert haben, können Anweisungen des globalen Namensraums nur innerhalb eines Namensraums ohne Namen stehen.

class   ▸ Besonders im Zusammenhang mit Namensräumen ist es bisweilen nützlich, sich den vollständigen Namen einer Klasse ausgeben zu lassen. Dieser steht in der statischen Eigenschaft class.

Alle diese Regeln und Hinweise sollen im nachfolgenden Programm verdeutlicht werden:

```php
<?php
   namespace ErsterNamensraum
   {
      class TestklasseA{}
      echo "<br>" . TestklasseA::class . "<br>";

      class TestklasseB
      {
         function __construct() { echo "TestklasseB-Objekt<br>";}
      }

      const pi = 3.1415926;

      function fkt() { echo "Funktion fkt()<br>"; }
   }

   namespace ZweiterNamensraum
   {
      class TestklasseA{}
      echo "<br>" . TestklasseA::class . "<br>";

      use ErsterNamensraum\TestklasseB;
      $x = new TestklasseB();

      function pow($a, $b)
      {
         return $a + $b;
      }

      echo pow(2,3) . "<br>";
      echo \pow(2,3) . "<br>";
   }
```

```
namespace
{
    class TestklasseA{}
    echo "<br>" . TestklasseA::class . "<br>";

    use const ErsterNamensraum\pi;
    echo pi . "<br>";

    use function ErsterNamensraum\fkt;
    fkt();
}
?>
```

Listing 4.15 Datei oop_namensraum.php

Es werden insgesamt drei Namensräume definiert, jeweils mithilfe von na-
mespace und einem Anweisungsblock. Die ersten beiden heißen Erster-
Namensraum und ZweiterNamensraum. Der dritte Namensraum hat keinen
Namen. Die Anweisungen, die im globalen Namensraum stehen, müssen
in einem solchen Namensraum ohne Namen stehen, weil in derselben
Datei bereits andere Namensräume definiert werden.

In allen drei Namensräumen wird jeweils eine Klasse TestklasseA ohne
Eigenschaften und Methoden definiert. Damit gibt es drei verschiedene
Klassen. Der vollständige Name jeder Klasse wird mithilfe der statischen
Eigenschaft class ausgegeben.

In ErsterNamensraum werden die Klasse TestklasseB, die Konstante pi und
die Funktion fkt() definiert. Auf diese Elemente kann im selben Namensraum wie gewohnt zugegriffen werden. Ein Zugriff auf diese Elemente aus
einem anderen Namensraum ist erst möglich, falls sie dort mit ihrem
vollständigen Namen mithilfe von use verfügbar gemacht werden.

In ZweiterNamensraum wird die Klasse TestklasseB verfügbar gemacht und
genutzt. Im globalen Namensraum werden die Konstante pi und die Funktion fkt() mithilfe von use const bzw. use function verfügbar gemacht und
genutzt.

Außerdem wird in ZweiterNamensraum die Funktion pow() definiert. Es gibt
eine gleichnamige Funktion bereits im globalen Namensraum. Beide Funktionen werden innerhalb von ZweiterNamensraum genutzt. Beim Aufruf der

Funktion aus dem globalen Namensraum muss das Zeichen \ (Backslash) vorangestellt werden.

Die Ausgabe des Programms sehen Sie in Abbildung 4.11.

Abbildung 4.11 Definition und Nutzung von Namensräumen

4.13   Serialisierung

Repräsentation

Die *Serialisierung* erzeugt die Repräsentation des aktuellen Werts einer Variablen oder eines Objekts mit all seinen Eigenschaften, damit es anschließend dauerhaft gespeichert werden kann, z. B. in einer Textdatei oder in einer Datenbank. Es werden nur die Eigenschaften serialisiert, nicht aber die Methoden. Mithilfe der *Deserialisierung* kann genau der umgekehrte Vorgang durchgeführt werden. Die gespeicherte Repräsentation des aktuellen Werts oder Objekts mit all seinen Eigenschaften kann also wieder geladen, umgewandelt und im Programm genutzt werden.

Bei den Vorgängen der Serialisierung und der Deserialisierung muss jeweils die Klasse des Objekts definiert sein. Am besten notieren Sie die Klassendefinition in einer eigenen Datei und binden diese Datei bei beiden Vorgängen jeweils ein.

In einem Beispiel wird ein Objekt der Klasse Fahrzeug serialisiert und später wieder deserialisiert. Zunächst sehen Sie die Klassendefinition:

```php
<?php
class Fahrzeug
{
    private $bezeichnung;
```

```
    private $geschwindigkeit;
    private $farbe;

    function __construct($bz, $ge, $fa)
    {
        $this->bezeichnung = $bz;
        $this->geschwindigkeit = $ge;
        $this->farbe = $fa;
    }

    function __toString()
    {
        return "$this->bezeichnung"
            . " $this->geschwindigkeit km/h"
            . " $this->farbe";
    }
}
?>
```

Listing 4.16 Datei oop_serial_class.inc.php

Es wird die Klasse Fahrzeug mit drei Eigenschaften notiert. Im Konstruktor werden alle drei Eigenschaften initialisiert. Die Methode __toString() dient der Ausgabe des Objekts. Es folgt das Programm zur Speicherung der aktuellen Eigenschaftswerte des Objekts mithilfe der Serialisierung:

```
<!DOCTYPE html><html><head><meta charset="utf-8"></head><body>
<?php
    include "oop_serial_class.inc.php";
    $vespa = new Fahrzeug("Vespa Piaggio", 25, "rot");
    $s = serialize($vespa);
    file_put_contents("oop_serial.dat", $s);
    echo "Objekt serialisiert und in Datei gespeichert";
?>
</body></html>
```

Listing 4.17 Datei oop_serial_put.php

Erläuterung:

▶ Zunächst wird die Datei mit der Definition der Klasse Fahrzeug eingebunden.

▸ Es wird ein Objekt der Klasse Fahrzeug erzeugt.

serialize() ▸ Die Funktion serialize() dient der Serialisierung des Objekts. Rückgabewert ist eine Zeichenkette, die alle Daten des Objekts enthält.

file_put_contents() ▸ Mithilfe der Funktion file_put_contents() kann eine Zeichenkette auf einfache Weise in einer Datei gespeichert werden. Mehr zur Speicherung in Textdateien finden Sie in Abschnitt 7.2.

Zu guter Letzt kommt das Programm zur Wiederherstellung der aktuellen Eigenschaftswerte des Objekts mithilfe der Deserialisierung:

```php
<!DOCTYPE html><html><head><meta charset="utf-8"></head><body>
<?php
   include "oop_serial_class.inc.php";
   if(!file_exists("oop_serial.dat"))
      exit("Datei kann nicht gefunden werden");
   $s = file_get_contents("oop_serial.dat");
   $vespa = unserialize($s);
   echo "Objekt aus Datei gelesen und deserialisiert<br>";
   echo $vespa;
?>
</body></html>
```

Listing 4.18 Datei oop_serial_get.php

Erläuterung:

▸ Zunächst wird wiederum die Datei mit der Definition der Klasse Fahrzeug eingebunden. Ansonsten könnte die Klasse des Objekts nicht erkannt werden.

file_exists() ▸ Mithilfe der Funktion file_exists() wird geprüft, ob die Datei mit dem serialisierten Objekt existiert. Ist das nicht der Fall, wird das Programm mithilfe der Funktion exit() und der entsprechenden Fehlermeldung beendet.

file_get_contents() ▸ Der Inhalt der Datei wird mithilfe der Funktion file_get_contents() in eine Zeichenkette gelesen. Mehr zum Lesen aus Textdateien finden Sie in Abschnitt 7.3.

unserialize() ▸ Die Funktion unserialize() dient der Deserialisierung des Objekts. Aus der Zeichenkette wird ein Objekt mit all seinen Daten erzeugt.

▸ Zur Kontrolle wird das Objekt erneut ausgegeben (siehe Abbildung 4.12).

Abbildung 4.12 Ausgabe des Objekts

Es folgt ein weiteres Beispiel, um Ihnen zu demonstrieren, wie einfach es ist, ein umfangreiches Objekt zu serialisieren und anschließend wieder zu deserialisieren. Ergänzen Sie das Hauptprogramm am Ende der Datei *oop_feld.php* aus Abschnitt 4.9 um die beiden folgenden Anweisungen:

Weiteres Beispiel

```
file_put_contents("oop_feld_serial.dat",
    serialize($meineBestellung));
echo unserialize(file_get_contents("oop_feld_serial.dat"));
```

Die erste Anweisung serialisiert das Objekt der Klasse Bestellung, das im Hauptprogramm erzeugt wird, und speichert es in der Textdatei *oop_feld_serial.dat*. In der zweiten Anweisung wird die betreffende Textdatei gelesen, das darin vorhandene Objekt deserialisiert und auf dem Bildschirm ausgegeben.

4.14 Beispiel »Scheck«

In diesem Abschnitt verdeutliche ich die Anwendung der Objektorientierung an einem umfangreicheren Beispiel. Wir betrachten ein Unternehmen, in dem mehrere Mitarbeiter beschäftigt sind. Die Daten der Mitarbeiter stehen in einer Textdatei als Datenquelle zur Verfügung. Außerdem gibt es eine Textdatei, in der die Arbeitsstunden der Mitarbeiter erfasst werden. Das Einlesen von Daten aus Textdateien erläutere ich genauer in Kapitel 7.

Aufgabe des Programms ist es, die Verbindung zwischen den Daten herzustellen, sodass für jeden Mitarbeiter ein Lohnscheck ausgedruckt werden kann. Im Programm wird mit zwei Klassen gearbeitet:

▶ mit einer Klasse Mitarbeiter, in der die Eigenschaften und Methoden eines einzelnen Mitarbeiters definiert werden, und

Klasse »Mitarbeiter«

▸ mit einer Klasse Unternehmen, in der die Eigenschaften und Methoden eines Unternehmens definiert werden. Eine der Eigenschaften eines Objekts dieser Klasse ist ein Feld von Objekten der Klasse Mitarbeiter.

Die Definition der Klasse Mitarbeiter:

```php
class Mitarbeiter
{
   /* Eigenschaften eines Mitarbeiters */
   private $id;
   private $nachname;
   private $vorname;
   private $bank;
   private $iban;
   private $bic;
   private $stundenlohn;
   private $summe_stunden;

   /* Daten eines Mitarbeiters erzeugen */
   function __construct($id, $na, $vo, $ba, $ib, $bi, $sl)
   {
      $this->id           = $id;
      $this->nachname     = $na;
      $this->vorname      = $vo;
      $this->bank         = $ba;
      $this->iban         = $ib;
      $this->bic          = $bi;
      $this->stundenlohn  = $sl;
      $this->summeStunden = 0;
   }

   /* Stunden eines Mitarbeiters erfassen */
   function stundenErfassen($anzahl)
   {
      $this->summeStunden += $anzahl;
   }

   /* Scheck eines Mitarbeiters ausdrucken */
   function scheckAusdruck()
   {
```

```
        $summeLohn = $this->summeStunden * $this->stundenlohn;
        echo "<p>Scheck:<br>"
            . "Name: $this->nachname, $this->vorname<br>"
            . "IBAN: $this->iban, BIC: $this->bic<br>"
            . "Bank: $this->bank, Betrag: $summeLohn &euro;</p>";
    }
}
```

Listing 4.19 Datei oop_scheck.php, Klasse »mitarbeiter«

Erläuterung:

▶ Eigenschaften: Ein Mitarbeiter wird durch eine eindeutige ID gekennzeichnet. Er hat einen Namen und einen Vornamen, und es gibt Daten
  zur Bankverbindung. Er erhält außerdem einen bestimmten Stunden-
  lohn und hat eine gewisse Anzahl an Stunden gearbeitet.

▶ Dem Konstruktor werden die Initialisierungsdaten dieser Eigenschaften
  ubermittelt. Sie stammen aus einer Datei, in der die Daten aller Mitarbeiter des Unternehmens stehen.

▶ Die Methode stundenErfassen() dient der Summierung der geleisteten
  Arbeitsstunden.

▶ Die Methode scheckAusdruck() dient dazu, aus den Daten eines Mitarbeiters und den gesammelten Stunden den Gesamtlohn zu ermitteln
  und einen Lohnscheck auszugeben.

Es folgt die Definition der Klasse Unternehmen:

```
class Unternehmen
{
    /* Eigenschaften eines Unternehmens */
    private $name;
    private $belegschaft;
    private $summeStundenUnbekannt;

    /* Daten eines Unternehmens erzeugen */
    function __construct($na)
    {
        /* Name der Firma */
        $this->name = $na;
        $this->summeStundenUnbekannt = 0;
```

```php
        /* Mitarbeiterdatei lesen */
        $dp = fopen("oop_scheck_belegschaft.txt", "r");
        $zeile = fgets($dp, 100);
        while(!feof($dp))
        {
            $info = explode(",",$zeile);
            $id = intval($info[0]);
            $this->belegschaft[$id] = new Mitarbeiter($id,
                $info[1], $info[2], $info[3], $info[4],
                $info[5], doubleval($info[6]));
            $zeile = fgets($dp, 100);
        }
        fclose($dp);
    }

    /* Stundendatei lesen */
    function stundenErfassen()
    {
        $dp = fopen("oop_scheck_stunden.txt", "r");
        $zeile = fgets($dp, 100);
        while(!feof($dp))
        {
            $info = explode(",", $zeile);
            $id = intval($info[0]);
            $anzahl = intval($info[1]);
            if(array_key_exists($id,$this->belegschaft))
                $this->belegschaft[$id]->stundenErfassen($anzahl);
            else
                $this->summeStundenUnbekannt += $anzahl;
            $zeile = fgets($dp, 100);
        }
        fclose($dp);
    }

    /* Alle Schecks ausdrucken */
    function scheckAusdruck()
    {
        foreach ($this->belegschaft as $schluessel=>$wert)
```

```
        $this->belegschaft[$schluessel]->scheckAusdruck();
    }
}
```

Listing 4.20 Datei oop_scheck.php, Klasse »unternehmen«

Erläuterung:

▶ Die Eigenschaften: Ein Unternehmen wird durch seinen Namen identifiziert, und es verfügt über eine Belegschaft (eine Gruppe von Mitarbeitern) sowie eine Hilfsvariable, die für die Stunden benötigt wird, die
nicht eindeutig einem Mitarbeiter zuzuordnen sind.

▶ Im Konstruktor werden die Daten des Unternehmens initialisiert,
indem u. a. die Mitarbeiterdatei gelesen wird. Jede Zeile der Datei beinhaltet die Daten eines Mitarbeiters; die einzelnen Daten sind durch
Kommata voneinander getrennt. Mithilfe der Funktion explode() (siehe
auch Abschnitt 6.2) werden die Daten einzeln in einem Feld gespeichert.
Das erste Feldelement ist die eindeutige ID des Mitarbeiters. Es wird ein
Objekt der Klasse Mitarbeiter erzeugt. Dabei werden die einzelnen Feldelemente mit den Daten dieses Mitarbeiters an den Konstruktor der
Klasse übergeben. Zahlenwerte werden dabei zuvor mithilfe der Funktionen intval() und doubleval() umgewandelt.

▶ In der Methode stundenErfassen() wird die Stundendatei gelesen. Sie beinhaltet eine Reihe von Zeilen mit jeweils zwei Einträgen: der ID des Mitarbeiters und der Anzahl der Stunden, die von diesem Mitarbeiter an
einem Tag geleistet werden. Falls es sich um eine bekannte ID handelt
(if(array_key_exists())), werden die Stunden dem jeweiligen Mitarbeiter gutgeschrieben. Ansonsten werden sie zu summeStundenUnbekannt
addiert.

▶ Die Methode scheckAusdruck() der Klasse Unternehmen ruft die gleichnamige Methode für alle Mitarbeiter des Unternehmens auf.

Das Hauptprogramm ist recht kurz:

```
$un = new Unternehmen("MacroHard");
$un->stundenErfassen();
$un->scheckAusdruck();
```

Listing 4.21 Datei oop_scheck.php, Hauptprogramm

Erläuterung:

▶ Es wird ein Unternehmen mit dem Namen MacroHard gegründet.

▶ Die Stunden, die für dieses Unternehmen gearbeitet werden, werden erfasst.

▶ Die Schecks werden ausgedruckt.

Die Ausgabe zeigt Abbildung 4.13.

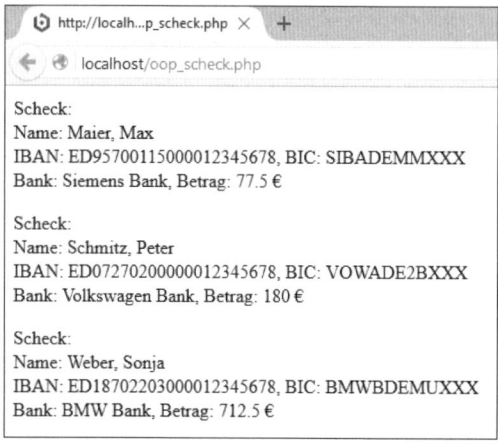

Abbildung 4.13 Scheckausdruck

4.15   Beispiel »Kopfrechnen«

Bonuskapitel
»Kopfrechnen,
objektorientiert«

Sie finden das Bonuskapitel »Kopfrechnen, objektorientiert« als PDF-Datei auf dem Buch-Datenträger. Dort beschreibe ich ausführlich ein umfangreiches Projekt, mit dessen Hilfe das Ihnen bereits bekannte Spiel »Kopfrechnen« (siehe Abschnitt 2.5.3) in einer objektorientierten Version vorgestellt wird.

Kapitel 5
Fehler behandeln, Sicherheit erhöhen

In diesem Kapitel geht es um das Anzeigen von Fehlern und die Konfiguration der Fehleranzeige auf Ihrem System. Außerdem nenne ich Ihnen verschiedene Möglichkeiten, um die Sicherheit Ihrer Programme auf dem Webserver zu erhöhen.

5.1   Anzeige von Fehlern

Bei der Entwicklung von Programmen werden in der Regel Fehler gemacht. Während der Entwicklungszeit ist es wichtig, diese Fehler frühzeitig zu erkennen, aus ihnen zu lernen, sie zur Verbesserung des Programms zu nutzen und sie zu beseitigen.

Zur Ausführungszeit auf einem Produktionssystem sollten verbliebene Fehler möglichst nicht mehr angezeigt werden, denn hier könnte ein potenzieller Angreifer bereits Rückschlüsse auf das verwendete System ziehen. Warnungen und Fehler können den Namen der Datei inklusive des Pfads und die Nummer der Zeile enthalten, und mithilfe solcher Informationen könnte der Betrachter bereits Angriffe auf das System ausführen.

Angriffe

5.2   Dauerhafte Konfiguration der Anzeige von Fehlern

Eine Möglichkeit, die Anzeige von Fehlern zu steuern, bieten die Parameter in der Konfigurationsdatei *php.ini*. Den Speicherort dieser Datei finden Sie für die verschiedenen Installationspakete in Anhang B. Sie beinhaltet u. a. die folgenden Parameter (mit Beispielwerten):

php.ini

```
error_reporting = E_ALL & ~E_DEPRECATED & ~E_STRICT
display_errors = Off
log_errors = On
error_log = php_errors.log
```

Erläuterung:

error_reporting   ▶ Der Parameter error_reporting filtert die anzuzeigenden Fehler. Bei den Werten handelt es sich um eine Kombination von Konstanten (siehe Tabelle 5.1), die mit Bit-Operatoren (siehe Tabelle 5.2) verbunden werden.

Konstante	Zahlenwert	Bedeutung
E_ERROR	1	Fehler
E_WARNING	2	Warnung
E_NOTICE	8	Hinweis
E_DEPRECATED	8192	Warnung zu einem Codeteil, der in einer zukünftigen PHP-Version nicht mehr funktionieren wird
E_ALL	32767	alle Fehler, Warnungen und Hinweise
E_ALL & ~E_NOTICE	32759 (= 32767 – 8)	alle Fehler außer Hinweisen
E_STRICT	2048	Hinweis zur besseren Vorwärtskompatibilität des Codes
E_ERROR | E_WARNING	3 (= 1 + 2)	Fehler und Warnungen

Tabelle 5.1 Einige wichtige Konstanten und Kombinationen

Operator	Bedeutung
|	Bit-weises Oder
&	Bit-weises Und
~	Bit-weises Nicht

Tabelle 5.2 Bit-Operatoren

display_errors   ▶ Mit dem Parameter display_errors wird entschieden, ob Fehler auf dem Bildschirm ausgegeben werden. Mögliche Werte sind On und Off.

log_errors   ▶ Der Parameter log_errors entscheidet darüber, ob Fehler in einer Log-Datei (mit Datum und Uhrzeit) gespeichert werden. Die möglichen Werte sind On und Off.

▶ Mithilfe des Parameters error_log wird festgelegt, ob und in welcher Datei auf dem Webserver Fehler gespeichert werden, falls log_errors auf On steht.

error_log

Tabelle 5.3 enthält die empfohlenen Einstellungen für ein Entwicklungssystem und ein Produktivsystem.

Parameter	Entwicklung	Produktion
error_reporting	E_ALL	E_ALL & ~E_DEPRECATED & ~E_STRICT
display_errors	On	Off
log_errors	On	On
error_log	php_errors.log	php_errors.log

Tabelle 5.3 Verschiedene Einstellungen

Falls Sie feststellen möchten, welche aktuellen Einstellungen gelten, hilft das folgende Programm, das sich der Funktion ini_get() bedient:

ini_get()

```
<!DOCTYPE html><html><head><meta charset="utf-8"></head><body>
<?php
  echo "error_reporting: " . ini_get("error_reporting") . "<br>";
  echo "display_errors: "  . ini_get("display_errors") . "<br>";
  echo "log_errors: "      . ini_get("log_errors") . "<br>";
  echo "error_log: "       . ini_get("error_log");
?>
</body></html>
```

Listing 5.1 Datei er_get.php

Die Ausgabe sieht, je nach Einstellung, wie in Abbildung 5.1 aus.

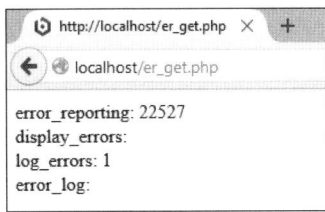

Abbildung 5.1 Einstellungen der Fehleranzeige

Erläuterung für die vorliegende Ausgabe:

▶ Der Parameter error_reporting steht auf E_ALL & ~E_DEPRECATED & ~E_STRICT; daher wird der Wert 22527 ausgegeben.

▶ Die Parameter display_errors steht auf Off, daher wird nichts ausgegeben. Der Parameter log_errors steht auf On, daher wird eine 1 ausgegeben.

▶ Bei error_log steht der Name der Log-Datei, falls vorhanden.

5.3 Temporäre Konfiguration der Anzeige von Fehlern

ini_set()

Falls Sie keine Möglichkeit haben, die Datei *php.ini* zu modifizieren, können Sie die Parameter auch über die Funktion ini_set() verändern. Dies gilt allerdings nur für das aktuelle Programm. Ein Beispiel:

```
<!DOCTYPE html><html><head><meta charset="utf-8"></head><body>
<?php
  ini_set("error_reporting", 1);
  ini_set("display_errors", 1);
  echo f();
?>
</body></html>
```

Listing 5.2 Datei er_set.php

Erläuterung:

▶ Es werden alle Arten von Fehlern angezeigt (siehe Abbildung 5.2).

▶ Die entsprechenden Anweisungen können natürlich auch in eine include-Datei ausgelagert werden. Damit steht Ihnen auf dem Entwicklungssystem und dem Produktionssystem jeweils die passende Fehleranzeige zur Verfügung.

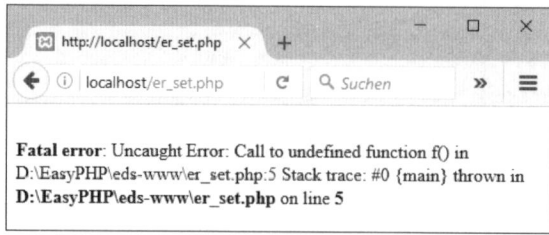

Abbildung 5.2 Anzeige aller Fehler

5.4   Angriffe und Sicherheit

Webserver im Internet sind häufig Angriffen ausgesetzt. Es gibt eine Reihe von Möglichkeiten, diese Angriffe abzuwehren. Eines muss allerdings klar sein: Es gibt keine völlige Sicherheit. Sie sollten aber versuchen, den Grad der Sicherheit so weit wie möglich zu erhöhen, ohne dass die Benutzbarkeit des Systems eingeschränkt wird. Dies gilt für kleine Systeme genauso wie für große. Viele Angriffe sind automatisiert und unterscheiden nicht nach der Systemgröße.

Untersuchungen zeigen, dass ein beachtlicher Anteil der Sicherheitslücken durch unzureichende Programmierung entsteht. Neben den Administratoren, Providern und sonstigen Personen bzw. Institutionen, die einen Zugang zu einem Webserver ermöglichen, ist also auch der PHP-Programmierer gefordert, seinen Anteil zur Erhöhung der Sicherheit beizutragen. In diesem Abschnitt beschreibe ich bewusst keine Angriffstechniken, sondern nenne nur Maßnahmen zur Verbesserung der Sicherheit.

5.4.1   Programmpakete

Es existieren fertige Programmpakete, die dem PHP-Programmierer einen Teil seiner Arbeit abnehmen können. Bei diesen Paketen sollten Sie sich darüber im Klaren sein, dass ihr hoher Verbreitungsgrad auch dazu führen kann, dass ihre Sicherheitslücken ebenfalls verbreitet sind. Sie sollten darauf achten, dass die Pakete weiterhin vom Hersteller gepflegt werden und dass auch an der Beseitigung der Sicherheitslücken gearbeitet wird.

5.4.2   Sichtbare Daten

Daten, die nur der Programmierer benötigt, die aber für den Benutzer unwichtig sind, sollten Sie nicht sichtbar machen. Alle sichtbaren Daten ergeben Informationen, die für Angriffe genutzt werden können. Im Einzelnen bedeutet dies:

▶ Daten, die von einem PHP-Programm gesendet werden, sollten möglichst nicht (mit den Zeichen & und ?) an die URL angehängt werden ($_GET[...]), da sie anschließend lesbar in der Adresszeile des Browsers erscheinen.

▶ Daten sollten nicht mithilfe von Formularelementen des Typs `hidden` von einem PHP-Programm zum nächsten übertragen werden. Sie sind in der Quellcodeansicht des Browsers lesbar.

▶ Zur Datenübermittlung sollten Sie Sessions verwenden (siehe den nächsten Abschnitt).

▶ Hinweise, Warnungen und Fehlermeldungen sollten Sie auf einem Produktionssystem nicht ausgeben lassen.

▶ Das Zeichen `@` (der sogenannte *Silence-Operator*) direkt vor einem Funktionsnamen dient dazu, eine eventuelle Ausgabe der Funktion zu unterdrücken (z. B.: `@fopen(test.txt)`).

5.4.3   Sessions

Bei der Übermittlung von Daten zwischen PHP-Programmen bieten *Sessions* eine recht hohe Sicherheit. Aber auch hier gibt es Verbesserungsmöglichkeiten:

▶ Informationen über die Session werden in einem Cookie auf dem Client-PC festgehalten. Die Lebensdauer der Cookies können Sie mithilfe der Funktion `session_set_cookie_params()` beeinflussen, sodass diese nur eine begrenzte Zeit auf dem PC verbleiben. Allerdings gelten die Einstellungen nur für das aktuelle PHP-Programm. Diese Funktion muss vor der Funktion `session_start()` aufgerufen werden.

▶ Situation: Der Benutzer entfernt sich während einer Session vom Arbeitsplatz und hinterlässt seinen PC unbeaufsichtigt. Abhilfe: Den Startzeitpunkt einer Session in einer Datenbank auf dem Server festhalten und die Gültigkeit einer Session nach Ablauf einer maximal erlaubten Zeit automatisch beenden.

▶ Die Funktion `session_regenerate_id()` erzeugt eine neue Session mit einer neuen ID; dabei werden alle Daten der alten Session übernommen. So ist es einem Angreifer nicht mehr möglich, mit einer ihm bekannt gewordenen Session-ID oder einer von außen vorgegebenen Session-ID an weitere Daten zu gelangen.

▶ Mithilfe der Funktion `session_cache_limiter()` können Sie das Speichern von Seiten, die auch Session-Daten beinhalten, im Cache des Client-PCs oder auf einem Proxy vermeiden.

5.4.4   Variablen

Der Zugriff, das Hinzufügen oder das Auslesen von Variablen der PHP-Programme sollte nicht möglich sein. Sie sollten daher Folgendes beachten:

▶ Falls die Möglichkeit besteht, sollten Sie den Schalter `register_globals` in der Datei *php.ini* auf `Off` stellen. Seit PHP 5.4 gibt es diesen Schalter nicht mehr. Sie können ihn also nicht mehr (sicherheitsgefährdend) auf `On` stellen. Die Inhalte von Formularelementen können in diesem Fall im empfangenden PHP-Programm nur noch über das Array `$_POST[...]` verarbeitet werden.

▶ Variablen können vor ihrer Nutzung initialisiert und nach ihrer Nutzung mithilfe der Funktion `unset()` gelöscht werden.

▶ Den Gültigkeitsbereich von Variablen können Sie kleinhalten, wenn ein Programm stark modularisiert, das heißt in Funktionen zerlegt wird.

5.4.5   Eingaben prüfen

Formulare bieten viele Angriffsmöglichkeiten, da es hier notwendig ist, Daten vom Client an den Server zu übertragen. Abhilfe kann Folgendes schaffen:

▶ Sie sollten die Eingaben vor deren Weiterverarbeitung auf Typ und Plausibilität hin überprüfen. Entsprechen sie dem erwarteten Datentyp? Liegen sie im erlaubten Wertebereich? Handelt es sich um eine der vorgegebenen Möglichkeiten?

▶ Eingaben sollten Sie mithilfe der Funktion `htmlspecialchars()` oder der Funktion `htmlentities()` vor der weiteren Verarbeitung umwandeln, sodass kein schädlicher HTML-Code oder JavaScript-Code eingebettet werden kann. Die Funktion wandelt z. B. die Zeichen < (Beginn eines HTML-Tags), > (Ende eines HTML-Tags) und " (Anführungszeichen) in die entsprechenden HTML-Entities um (<, >, " usw.).

▶ Sie sollten prüfen, woher die Daten kommen. Handelt es sich um die erwartete Quelle?

▶ Bei den übermittelten Werten sollte es sich nicht um Funktionsnamen oder Dateinamen handeln, die anschließend direkt aufgerufen oder anderweitig bearbeitet werden. Dies spart zwar Code, setzt aber die Sicherheit herab.

▶ Falls Sie Eingaben benötigen, um anschließend eine Datenbankabfrage zu generieren, sollten Sie mit der Funktion `mysqli_real_escape_string()` arbeiten. Diese setzt u. a. jedes Hochkomma in der Eingabe in die Kombination Backslash und Hochkomma um. Dadurch wird das Einbetten von zusätzlichem, eventuell schädlichem SQL-Code verhindert.

5.4.6   Passwörter

Häufig kann der Zugang zu bestimmten Seiten nur mit einem Passwort erreicht werden. Die Sicherheit lässt sich hierbei durch die folgenden Maßnahmen erhöhen:

▶ Passwörter sollten eine bestimmte Mindestlänge haben. Sie sollten sowohl kleine Buchstaben als auch große Buchstaben sowie Ziffern und gegebenenfalls auch bestimmte Sonderzeichen beinhalten.

▶ Diese Regeln sollten in beiden möglichen Fällen beachtet werden:

  – falls der Benutzer sein Passwort selbst wählen kann

  – falls der Betreiber des Webservers ein per PHP-Programm generiertes Passwort vorgibt

▶ Die Speicherung des Passworts in einer Datenbank sollte in verschlüsselter Form erfolgen, z. B. mithilfe der Funktion `md5()`. Ein Vergleich wird in diesem Fall zwischen der verschlüsselten Eingabe und dem verschlüsselt gespeicherten Passwort vorgenommen.

Kapitel 6
Zeichenketten

Aus Formulareingabefeldern, Dateien und Datenbanken gelangen *Zeichenketten (Strings)*, die analysiert und bearbeitet werden müssen, in ein PHP-Programm. Zur Weiterverarbeitung dieser Zeichenketten stehen zahlreiche Funktionen zur Verfügung, einige nützliche stelle ich hier vor.

Strings

6.1 Länge und Umwandlungsfunktionen

Im nachfolgenden Programm sollen verschiedene Funktionen auf eine Zeichenkette angewendet werden:

▶ Die Länge der Zeichenkette, also die Anzahl der Zeichen, wird mit strlen() gemessen.

Länge messen

▶ Alle Zeichen der Zeichenkette werden in Kleinbuchstaben (strtolower()) oder in Großbuchstaben (strtoupper()) umgewandelt.

Klein/groß

▶ Der erste Buchstabe der Zeichenkette (ucfirst()) bzw. jedes einzelnen Worts (ucwords()) wird in einen Großbuchstaben umgewandelt.

Erster Buchstabe

▶ Die Zeichenkette wird umgedreht (strrev()).

Umdrehen

▶ Bestimmte Zeichen (strtr()) oder Teilzeichenketten (str_replace()) können durch andere Zeichen bzw. Teilzeichenketten ersetzt werden.

Zeichen ersetzen

Die Ausgabe des Programms sehen Sie in Abbildung 6.1.

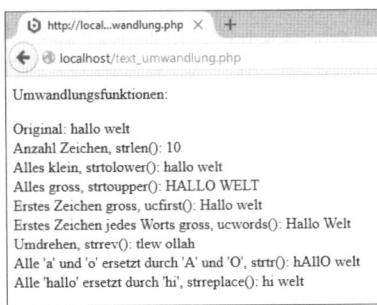

Abbildung 6.1 Ergebnis der verschiedenen Umwandlungen

Hier das Programm:

```php
<!DOCTYPE html><html><head><meta charset="utf-8"></head><body>
<?php
$test = "hallo welt";
echo "<p>Umwandlungsfunktionen:</p>";
echo "<p>Original: $test<br>";
echo "Anzahl Zeichen, strlen(): " . strlen($test) . "<br>";
echo "Alles klein, strtolower(): " . strtolower($test) . "<br>";
echo "Alles gross, strtoupper(): " . strtoupper($test) . "<br>";
echo "Erstes Zeichen gross, ucfirst(): "
    . ucfirst($test) . "<br>";
echo "Erstes Zeichen jedes Worts gross, ucwords(): "
    . ucwords($test) . "<br>";
echo "Umdrehen, strrev(): " . strrev($test) . "<br>";
echo "Alle 'a' und 'o' ersetzt durch 'A' und 'O', strtr(): "
    . strtr($test,"ao", "AO") . "<br>";
echo "Alle 'hallo' ersetzt durch 'hi', strreplace(): "
    . str_replace("hallo","hi",$test) . "</p>";
?>
</body></html>
```

Listing 6.1 Datei text_umwandlung.php

Die Funktionen strlen(), strtolower(), strtoupper(), ucfirst(), ucwords() und strrev() erhalten jeweils einen Parameter, und zwar die Originalzeichenkette. Sie liefern die umgewandelte Zeichenkette als Rückgabewert zurück. Die Funktion strtr() erhält drei Parameter:

▶ die Originalzeichenkette

▶ eine Zeichenkette mit allen einzelnen Zeichen, die zu ersetzen sind

▶ eine Zeichenkette mit den jeweiligen neuen Zeichen

Alle zu ersetzenden Zeichen werden durch die entsprechenden neuen Zeichen ausgetauscht.

Die Funktion str_replace() erhält ebenfalls drei Parameter:

▶ eine einzelne zu ersetzende Teilzeichenkette

▶ eine neue Teilzeichenkette

▶ die Originalzeichenkette

Alle zu ersetzenden Teilzeichenketten werden durch die entsprechenden neuen Teilzeichenketten ersetzt.

6.2   Zeichenketten und Felder

Mithilfe der Funktion explode() lässt sich eine Zeichenkette in ein Feld umwandeln. Dabei wird die Zeichenkette bei jedem Auftreten einer sogenannten *Separatorzeichenkette* zerlegt. Diese Separatorzeichenkette kann aus einem einzelnen Zeichen, wie z. B. einem Leerzeichen oder einem Semikolon, oder auch aus mehreren Zeichen bestehen. Anschließend können Sie die einzelnen Elemente des Felds mit den bekannten Operationen für Felder weiterbearbeiten. Diese Methode wird häufig angewendet und erleichtert die Analyse einer Eingabe.

Zerlegen

Die Funktion str_split() zerlegt ebenfalls eine Zeichenkette, allerdings in gleich lange Teile. Die einzelnen Teile werden, wie bei explode(), in einem Feld zur Verfügung gestellt.

Den umgekehrten Vorgang, nämlich das Zusammensetzen einer Zeichenkette aus den Elementen eines Felds zusammen mit einer Separatorzeichenkette, ermöglicht die Funktion implode(). Eine solche Zeichenkette mit Separatoren kann z. B. in einer CSV-Datei gespeichert werden. CSV steht für *kommaseparierte Werte* (englisch: *comma-separated values*). Dabei handelt es sich um ein sehr universelles Format, das von vielen Programmen unter unterschiedlichen Betriebssystemen gelesen werden kann.

Zusammensetzen

Es folgt der Programmcode eines Beispiels:

```
<!DOCTYPE html><html><head><meta charset="utf-8"></head><body>
<?php
   /* explode */
   $test = "Dies ist ein kurzer Satz";
   $worte = explode(" ", $test);
   for($i=0; $i<count($worte); $i++)
      echo "Wort $i: $worte[$i]<br>";
   echo "<br>";

   /* str_split */
   $teile = str_split($test, 5);
```

```
    for($i=0; $i<count($teile); $i++)
        echo "Teil $i: $teile[$i]<br>";
    echo "<br>";

    /* implode */
    $feld = array(17.5, 19.2, 21.8, 21.6, 17.5);
    $test = implode(";", $feld);
    echo "Eine Zeichenkette:<br>$test";
?>
</body></html>
```

Listing 6.2 Datei text_feld.php

Mithilfe der Funktionen `explode()` und `str_split()` wird die Zeichenkette `$test` jeweils in ein Feld umgewandelt. Beim Einsatz von `explode()` wird hier jedes Leerzeichen als Separator vom nächsten Feldelement angesehen. Bei `str_split()` haben alle Feldelemente eine identische Länge, hier von 5 Zeichen. Eine `for`-Schleife dient dazu, jedes Element des Felds einzeln und nummeriert auszugeben.

Das Feld `$feld` umfasst fünf Elemente. Diese Elemente werden mithilfe der Funktion `implode()` und des Separatorzeichens `;` (Semikolon) in der Zeichenkette `$test` zusammengeführt. Die Ausgabe sieht wie in Abbildung 6.2 aus.

Abbildung 6.2 »explode()«, »str_split()« und »implode()«

6.3   Teilzeichenketten

Teile von Zeichenketten können mithilfe von verschiedenen Funktionen ermittelt werden. Bei der Funktion substr() wird angegeben, ab welcher Position innerhalb der Zeichenkette und über welche Länge hinweg ermittelt werden soll:

Teile ermitteln

- ▶ Falls der zweite Parameter der Funktion substr() positiv ist, beginnt die zurückgegebene Teilzeichenkette bei der angegebenen Nummer, vom Beginn der Originalzeichenkette aus gemessen. Die Nummer des ersten Zeichens der Originalzeichenkette ist 0.

- ▶ Falls der zweite Parameter der Funktion substr() negativ ist, beginnt die zurückgegebene Teilzeichenkette bei der angegebenen Nummer, vom Ende der Originalzeichenkette aus gemessen.

- ▶ Falls der dritte Parameter der Funktion substr() existiert und positiv ist, werden dementsprechend viele Zeichen zurückgegeben.

Sie können auf ein einzelnes Zeichen einer Zeichenkette mithilfe der rechteckigen Klammern [] oder der geschweiften Klammern {} lesend oder schreibend zugreifen. Innerhalb der Klammern wird, ähnlich wie bei einem Feld, der Index des gewünschten Zeichens angegeben. Seit PHP 7.1 können Sie auch einen negativen Index angeben. Das letzte Zeichen hat den Index –1, das vorletzte den Index –2 und so weiter. Der Index sollte einen gültigen Wert haben, z. B. bei einer Zeichenkette der Länge 8 zwischen –8 und 7.

Bei der Funktion strstr() wird ein Zeichen oder eine Zeichenkette angegeben. Ab diesem Zeichen werden alle Zeichen bis zum Ende der Zeichenkette ermittelt. Die Funktion stristr() liefert das Gleiche, in diesem Fall aber unabhängig von der Groß- und Kleinschreibung der Vergleichszeichenkette.

Die Funktion strchr() sucht nach dem letzten Auftreten eines einzelnen Zeichens und ermittelt die Zeichen ab dieser Stelle. Es folgt ein Beispiel:

```
<!DOCTYPE html><html><head><meta charset="utf-8"></head><body>
<?php
   $test = "info@rz.uni-bonn.de";
   echo "<p>Teilzeichenketten:</p>";
   echo "<p>Original: $test<br>";
   echo "1) Ab Zeichen 3 bis Ende, substr(): "
       . substr($test,3) . "<br>";
   echo "2) Ab Zeichen 3, 5 Zeichen, substr(): "
       . substr($test,3,5) . "<br>";
```

```
      echo "3) Ab 5.letztem Zeichen bis Ende, substr(): "
         . substr($test,-5) . "<br>";
      echo "4) Ab 5.letztem Zeichen, 2 Zeichen, substr(): "
         . substr($test,-5,2) . "<br>";
      echo "5) Domain inklusive @, strstr(): "
         . strstr($test,"@") . "<br>";
      echo "6) Nur Domain, strstr() und substr(): "
         . substr(strstr($test,"@"),1) . "<br>";
      echo "7) Top Level Domain inklusive Punkt, strrchr(): "
         . strrchr($test,".") . "<br>";
      echo "8) Nur Top Level Domain, strrchr() und substr(): "
         . substr(strrchr($test,"."),1) . "</p>";
   ?>
   </body></html>
```

Listing 6.3 Datei text_teil.php

Die Ausgabe sehen Sie in Abbildung 6.3.

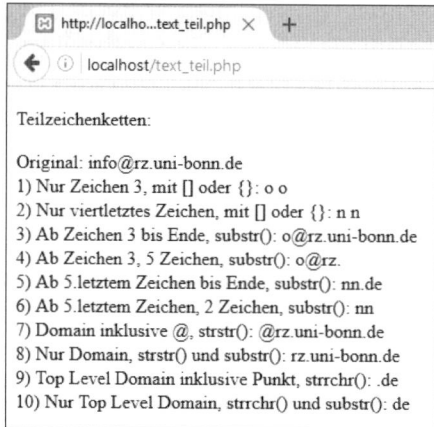

Abbildung 6.3 Teilzeichenketten

In den Zeilen 1 und 2 werden einzelne Zeichen gelesen, einmal mit positivem, einmal mit negativem Index. In den Zeilen 3 bis 6 werden Teilzeichenketten ermittelt, abhängig von ihrer Position in der Originalzeichenkette, gezählt ab dem Zeichen 0 bzw. ab dem letzten Zeichen. In den Zeilen 7 und 9 werden Teilzeichenketten ermittelt, abhängig vom Vorkommen eines bestimmten Zeichens. Dieses Zeichen wird vom Beginn bzw. vom Ende der Originalzeichenkette aus gesucht. In den Zeilen 8 und 10 wird der Rückgabewert einer Zeichenkettenfunktion wiederum als Parameter beim Aufruf einer weiteren Zeichenkettenfunktion genutzt.

6.4   Suchen nach Position

Die Funktionen `strpos()` und `strrpos()` dienen dem Suchen nach einzelnen Zeichen oder ganzen Zeichenketten innerhalb anderer Zeichenketten. Es wird die Position zurückgeliefert, an der etwas gefunden wird.

Zeichen suchen

Dabei sucht

▶ die Funktion `strpos()` ohne Angabe der Startposition nach dem ersten Vorkommen eines einzelnen Zeichens oder einer ganzen Zeichenkette,

▶ die Funktion `strpos()` mit Angabe der Startposition nach dem ersten Vorkommen eines einzelnen Zeichens oder einer ganzen Zeichenkette ab dem Offset und

▶ die Funktion `strrpos()` nach dem letzten Vorkommen eines einzelnen Zeichens.

Hierzu ein Beispiel:

```
<!DOCTYPE html><html><head><meta charset="utf-8"></head><body>
<?php
    $test = "info@edv.biologie.uni-bonn.de";
    echo "<p>Suchen in Zeichenketten:</p>";
    echo "<p>Original: $test<br>";
    echo "Position des ersten '@', strpos(): "
        . strpos($test,"@") . "<br>";

    $pos = strpos($test, ".");
    while($pos !== false)
    {
        echo "Folgender Punkt, strpos(): $pos<br>";
        $pos = strpos($test, ".", $pos + 1);
    }

    echo "Letztes 'd', strrpos(): " . strrpos($test,"d") . "</p>";
?>
</body></html>
```

Listing 6.4 Datei text_position.php

Eine Zeichenkette kann nach bestimmten Zeichen durchsucht und anschließend z. B. mithilfe der Funktion `substr()` zerlegt werden. Im vorliegenden Beispiel wird das erste Vorkommen des Zeichens @ gesucht.

Anschließend werden alle Punkte gesucht. Dabei muss der Vergleichsoperator `!==` verwendet und mit `false` verglichen werden (siehe auch Abschnitt 1.6.2). Damit wird vermieden, dass das Auffinden des Zeichens an der Position 0 mit einem Nichtauffinden des Zeichens verwechselt wird. Innerhalb der `while`-Schleife wird jeweils mit einer neuen Startposition weitergesucht, und zwar hinter dem letzten gefundenen Zeichen, sodass insgesamt alle Vorkommen des Zeichens gefunden werden. Außerdem wird noch das letzte Zeichen d gesucht. Die Ausgabe zeigt Abbildung 6.4.

Abbildung 6.4 Suchen nach Position

6.5   Vergleich von Zeichenketten

Die Funktionen `strcmp()` und `strcasecmp()` dienen dem Vergleich zweier Zeichenketten gemäß ihrer Reihenfolge in der Zeichencodetabelle. Die Funktion `strcmp()` achtet auf die Groß- und Kleinschreibung, die Funktion `strcasecmp()` hingegen nicht.

Strings vergleichen   Die Funktion `similar_text()` stellt fest, wie viele Zeichen innerhalb zweier Zeichenketten übereinstimmen, also wie ähnlich sich zwei Zeichenketten sind.

Ein Beispielprogramm:

```
<!DOCTYPE html><html><head><meta charset="utf-8"></head><body>
<?php
    $ErsterName = "Maier";
    $ZweiterName = "Mertens";
    $DritterName = "maier";
```

```
    echo "<p>Unterscheidung gross/klein, mit strcmp():<br>";
    if (strcmp($ErsterName,$ZweiterName) < 0)
        echo "$ErsterName steht vor $ZweiterName<br>";
    else
        echo "$ZweiterName steht vor $ErsterName<br>";
    if (strcmp($ZweiterName,$DritterName) < 0)
        echo "$ZweiterName steht vor $DritterName</p>";
    else
        echo "$DritterName steht vor $ZweiterName</p>";

    echo "<p>Ohne Untersch. gross/klein, mit strcasecmp():<br>";
    if (strcasecmp($ZweiterName,$DritterName) < 0)
        echo "$ZweiterName steht vor $DritterName</p>";
    else
        echo "$DritterName steht vor $ZweiterName</p>";

    echo "<p>Vergleichbarkeit, mit similar_text():<br>";
    $erg1 = similar_text($ErsterName,$ZweiterName);
    echo "Zwischen $ErsterName und $ZweiterName: "
        . "$erg1 gleiche Buchstaben<br>";
    $erg2 = similar_text($ErsterName,$DritterName);
    echo "Zwischen $ErsterName und $DritterName: "
        ."$erg2 gleiche Buchstaben";
?>
</body></html>
```

Listing 6.5 Datei text_vergleich.php

Die Ausgabe sehen Sie in Abbildung 6.5.

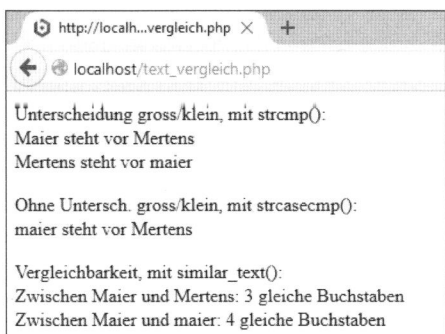

Abbildung 6.5 Vergleich von Zeichenketten

In der Zeichencodetabelle stehen Großbuchstaben vor Kleinbuchstaben, daher steht bei einer Verwendung von strcmp() der Wert Mertens vor dem Wert maier. Die Funktion strcasecmp() ignoriert die Groß- und Kleinschreibung; daher stehen die Namen in der üblichen alphabetischen Reihenfolge.

6.6   Codierung von Zeichen

Zeichen zu Zahlen

Jedem Zeichen einer Zeichenkette entspricht ein Zahlenwert gemäß der Zeichencodetabelle. Dieser Code wird beim Speichern einer Zeichenkette intern verwendet. Vergleichsfunktionen wie strcmp() basieren auf dieser Reihenfolge innerhalb der Zeichencodetabelle. Die Tabelle teilt sich in die folgenden Bereiche auf:

▶ Die Zeichen 0 bis 31 sind hauptsächlich Steuerzeichen zur Bildschirmsteuerung, also keine sichtbaren Zeichen.

▶ Die Zeichen 32 bis 127 beinhalten u. a. die Ziffern 0 bis 9 (Code 48 bis 57), die Großbuchstaben (Code 65 bis 90), die Kleinbuchstaben (Code 97 bis 122) sowie Sonderzeichen wie z. B. Komma, Doppelpunkt und Semikolon.

▶ Die Zeichen ab 128 beinhalten weitere Sonderzeichen, abhängig von der für den Rechner gewählten Codeseite und der Ländereinstellung.

Zahlen zu Zeichen

Die Zeichenkettenfunktion chr() liefert als Rückgabewert das Codezeichen des angegebenen Zahlenwerts. Die Funktion ord() macht das Gegenteil: Sie liefert die Codenummer zu dem angegebenen Zeichen. Das folgende Beispielprogramm benutzt die Funktion chr() und liefert dem Benutzer eine HTML-Tabelle der Zeichen 32 bis 127. Zunächst der Programmcode:

```
<!DOCTYPE html><html><head><meta charset="utf-8"></head><body>
<table><tr>
<?php
   for ($i=32; $i<=127; $i++)
   {
      echo "<td align='right'>$i:</td><td><b>"
         . chr($i) . "</b></td>";
      if($i%8 == 7 && $i < 127) echo "</tr><tr>";
   }
```

```
?>
</tr></table></body></html>
```

Listing 6.6 Datei text_code.php

Die Nummer jedes Zeichens wird rechtsbündig in einer eigenen Tabellenzelle ausgegeben. Das Zeichen selbst wird ebenfalls in einer eigenen Tabellenzelle ausgegeben. Falls die Nummer des Zeichens geteilt durch 8 den Rest 7 ergibt, wird eine neue Zeile innerhalb der Tabelle begonnen, außer beim letzten Zeichen. Auf diese Weise ergibt sich eine übersichtliche Tabelle (siehe Abbildung 6.6).

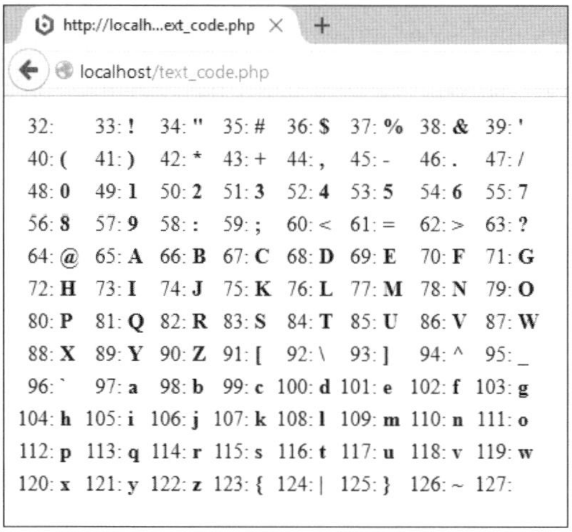

Abbildung 6.6 Zeichen mit Codes von 32 bis 127

6.7 Verschlüsselung

Der *Message-Digest-Algorithmus 5* (kurz *MD5*) ist eine häufig genutzte und sichere Methode zur Verschlüsselung von Texten. Innerhalb von PHP wird dieser Algorithmus mithilfe der Funktion md5() bereitgestellt. Im nachfolgenden Programm wird die Funktion zur Erkennung einer gültigen Benutzeranmeldung verwendet.

Es soll eine MySQL-Datenbank logindaten mit der Tabelle benutzer und der Struktur aus Abbildung 6.7 geben. Das Feld id wird mit einem Primärschlüssel versehen. Außerdem wird diesem Feld das Attribut AUTO_INCREMENT hinzugefügt (abgekürzt: A_I). Das führt dazu, dass die Werte der einzel-

Aufbau der Tabelle

MD5

AUTO_INCREMENT

nen Datensätze für dieses Feld automatisch fortlaufenden eindeutigen Nummern entsprechen. Die Passwörter für die Benutzer werden in php-MyAdmin mithilfe der Funktion md5() eingegeben, wie Sie in Abbildung 6.8 sehen.

[»]   **Hinweis**
Zur Erzeugung der Datenbank inklusive der Tabelle können Sie statt php-MyAdmin auch das PHP-Programm *login_db_neu.php* verwenden.

#	Name	Typ	Kollation	Attribute	Null	Standard	Extra
1	**id** 🔑	int(11)			Nein	*kein(e)*	AUTO_INCREMENT
2	**name**	varchar(50)	utf8_general_ci		Nein	*kein(e)*	
3	**pw**	varchar(50)	utf8_general_ci		Nein	*kein(e)*	

Abbildung 6.7 Struktur der Tabelle »benutzer«

Abbildung 6.8 Eingabe eines Datensatzes mit MD5-Verschlüsselung

Passwort gespeichert

Anschließend ist das Passwort in MD5-Verschlüsselung gespeichert. Falls jemand unberechtigten Zugriff auf die Datenbank erlangt, kann er das Klartextpasswort aus dem verschlüsselten Text nicht mehr ermitteln.

Das Passwort wird z. B. in folgendes Formular eingegeben:

```
<!DOCTYPE html><html><head><meta charset="utf-8"></head><body>
<p>Login:</p>
<form action="text_verschluesseln.php" method="post">
   <p><input name="na"> Name</p>
   <p><input name="pw" type="password"> Passwort</p>
   <p><input type="submit"></p>
</form>
</body></html>
```

Listing 6.7 Datei text_verschluesseln.htm

Die Daten werden an das folgende PHP-Programm gesendet:

```
<!DOCTYPE html><html><head><meta charset="utf-8"></head><body>
<?php
   $con = mysqli_connect("", "root", "", "logindaten");
   $sql = "SELECT * FROM benutzer WHERE name='" . $_POST["na"]
      . "' AND pw='" . md5($_POST["pw"]) . "'";
   echo "$sql<br>";
   $res = mysqli_query($con, $sql);
   if(mysqli_num_rows($res) > 0) echo "Login erlaubt";
   else                          echo "Login nicht erlaubt";
   mysqli_close($con);
?>
</body></html>
```

Listing 6.8 Datei text_verschluesseln.php

Das gesendete Passwort wird ebenfalls mit der Funktion md5() verschlüsselt und mit dem gespeicherten, verschlüsselten Passwort verglichen. Falls es einen Datensatz gibt, bei dem Name und Passwort übereinstimmen, wird der Login erlaubt (siehe Abbildung 6.9 und Abbildung 6.10).

Passwort vergleichen

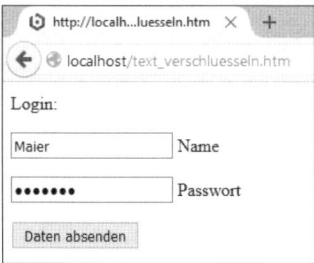

Abbildung 6.9 Eingabe von Benutzername und Passwort

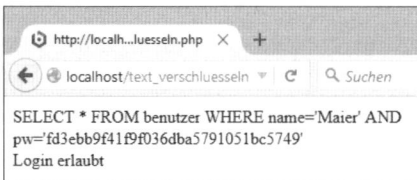

Abbildung 6.10 Ergebnis bei gültigem Passwort

Zur Verdeutlichung wird hier der SQL-Befehl einschließlich des verschlüsselten Passworts ausgegeben.

Kapitel 7
Dateien und Verzeichnisse

In vielen Fällen muss zur Speicherung kleinerer Datenmengen keine Datenbank angelegt werden. Für einen Seitenzugriffszähler reicht es beispielsweise aus, eine einfache Textdatei zu verwenden. In diesem Abschnitt behandle ich die Funktionen zum Schreiben und Lesen von Textdateien. Darüber hinaus erläutere ich Funktionen, die allgemein Informationen über Dateien und Verzeichnisse bereitstellen.

Dateien lesen und schreiben

Unter Ubuntu Linux oder macOS werden zur Erstellung oder Änderung von Dateien und Verzeichnissen zunächst Schreibrechte benötigt. Bei den meisten Website-Providern wird Linux genutzt. Dort werden Ihnen normalerweise Schreibrechte innerhalb Ihrer Domain gegeben.

Schreibrechte

7.1 Dateitypen

Bei der Ein- und Ausgabe von Daten in Dateien sollten Sie wissen, welcher Dateityp vorliegt und welche Zugriffsart Sie verwenden können. Man unterscheidet zwischen den folgenden Zugriffsarten:

▶ *Sequenzieller Zugriff*: Diese Möglichkeit wird bei einer Datei bevorzugt, deren einzelne Zeilen unterschiedlich lang sind und jeweils mit einem Zeilenumbruch beendet werden. Ihren Inhalt können Sie mit einem einfachen Texteditor bearbeiten. Die Zeilen werden rein sequenziell gelesen bzw. geschrieben. Es ist nicht möglich, auf eine bestimmte Zeile direkt zuzugreifen, da Sie nicht wissen können, wie viele Vorgängerzeilen es gibt und wie lang diese jeweils sind.

Sequenziell

▶ *Wahlfreier Zugriff*: Diese Möglichkeit haben Sie bei einer Datei, die gleich lange Datensätze beinhaltet. Es können Zeilenumbrüche existieren, müssen aber nicht. Die Länge und die Struktur eines einzelnen Datensatzes sollten bekannt sein. Die Datensätze können direkt gelesen bzw. verändert werden, da Sie den Ort jedes Datensatzes berechnen können.

Wahlfrei

Binär

▶ *Binärer Zugriff*: Diese Zugriffsmöglichkeit haben Sie bei jeder Datei. Sie arbeiten mit reinen Byte-Folgen. Diese können mithilfe eines darauf angepassten Programms gelesen oder verändert werden. Allerdings kann dies zur Folge haben, dass die Dateien nicht mehr mit den dazugehörigen Anwendungsprogrammen gelesen werden können. Beispiel: Sie überschreiben in einer Oracle-Datenbank die Stelle, an der die Anzahl der Datensätze einer bestimmten Tabelle steht. Das kann dazu führen, dass diese Tabelle oder sogar die ganze Datenbank zerstört wird.

Es gibt Mischformen zwischen den genannten Typen. Ohne Kenntnis der Struktur einer Datei ist es nicht möglich, diese korrekt zu bearbeiten.

7.2   Schreiben einer sequenziellen Datei

Überschreiben

Mithilfe des nachfolgenden Programms werden einige Zeilen in eine Textdatei geschrieben. Falls diese Datei bereits existiert, wird sie überschrieben. Zunächst das Programm:

```php
<!DOCTYPE html><html><head><meta charset="utf-8"></head><body>
<?php
    $fp = @fopen("daten.txt","w");
    // $fp = @fopen("daten.txt","a");
    // $fp = @fopen("unter/daten.txt","w");
    // $fp = @fopen("../daten.txt","w");
    // $fp = @fopen("../weitere/daten.txt","w");
    // $fp = @fopen("C:/Temp/daten.txt","w");

    if (!$fp)
        exit("Datei kann nicht zum Schreiben angelegt werden");

    fputs($fp, "Erste Zeile\n");
    for ($i=10; $i<=30; $i+=10)
        fputs($fp, "$i\n");
    fputs($fp, "Letzte Zeile\n");

    echo "Ausgabe in Datei geschrieben";
    fclose($fp);
?>
</body></html>
```

Listing 7.1 Datei schreiben.php

In Abbildung 7.1 sehen Sie den Inhalt der ausgegebenen Datei im Editor Notepad++ inklusive Angabe der Sonderzeichen. Das Zeichen LF (*Line Feed*, deutsch: Zeilenvorschub) wird durch die Zeichenfolge \n erzeugt. Innerhalb des PHP-Programms werden die Funktionen fopen(), exit(), fputs() und fclose() verwendet.

Line Feed

Abbildung 7.1 Nach dem Schreiben der Datei daten.txt

Die Funktion fopen() dient dem Öffnen einer Datei:

fopen()

▶ Der erste Parameter gibt den Namen der Datei an. In unserem Beispiel handelt es sich um die Datei mit dem Namen *daten.txt*, die sich im selben Verzeichnis wie das PHP-Programm befindet.

▶ Der zweite Parameter gibt den Öffnungsmodus an. Hier ist es w (für write), das heißt, die Datei wird zum Überschreiben geöffnet. Jeder Aufruf des Programms überschreibt den alten Inhalt der Datei, falls vorhanden. Andere Öffnungsmodi sind z. B. r (für read, Lesen aus einer Datei) und a (für append, Anhängen von Inhalten an eine Datei).

write

▶ Der Rückgabewert der Funktion fopen() ist ein sogenannter *Dateizeiger*. Er wird in der Variablen $fp gespeichert. Dieser Dateizeiger wird für weitere Zugriffe auf die Datei benötigt. Sollte die Datei am angegebenen Ort nicht existieren, gibt die Funktion fopen() den Wert false zurück.

Dateizeiger

▶ Das Zeichen @ (der sogenannte *Silence-Operator*) vor dem Namen einer Funktion sorgt dafür, dass eventuell auftretende Fehlermeldungen beim Ausführen der betreffenden Funktion auf dem Bildschirm erscheinen. Dies ist besonders beim Dateizugriff sinnvoll, damit einem potenziellen Angreifer kein Hinweis auf den Namen einer Datei auf dem Server gegeben werden kann.

Operator @

Kann die Datei nicht geöffnet werden, sollte das PHP-Programm mithilfe der Funktion exit() beendet werden, da die nachfolgenden Schritte nur möglich sind, wenn die Datei zum Schreiben geöffnet werden kann. Man kann der Funktion exit() eine Zeichenkette übergeben, die in diesem Fehlerfall auf dem Bildschirm ausgegeben wird.

exit()

fputs()   Die Funktion `fputs()` dient der Ausgabe in eine Datei:

▶ Der erste Parameter gibt an, in welche Datei ausgegeben werden soll. Dabei muss es sich um den Dateizeiger einer zuvor geöffneten Datei handeln. Hier ist es `$fp`.

▶ Der zweite Parameter beinhaltet die Ausgabe. Die Zeichenfolge `\n` dient der Erstellung eines Zeilenumbruchs innerhalb der Datei.

▶ Sie könnten einen optionalen dritten Parameter nutzen. Er begrenzt die Länge der Ausgabe auf die angegebene Zeichenanzahl.

Nach einem Schreibvorgang mithilfe von `fputs()` wird der Dateizeiger weitergesetzt. Der nächste Schreibvorgang erfolgt also hinter dem vorherigen Schreibvorgang. Es wird sequenziell weitergeschrieben.

fclose()   Die Funktion `fclose()` dient dem Schließen einer Datei:

▶ Der Parameter gibt an, welche Datei geschlossen werden soll. Dabei muss es sich um den Dateizeiger einer zuvor geöffneten Datei handeln. Hier ist es `$fp`.

▶ Sie sollten geöffnete Dateien immer schließen, auch wenn nach der Beendigung eines PHP-Programms ohnehin alle beteiligten Dateien geschlossen werden. Andernfalls könnte das Betriebssystem weitere Zugriffe auf diese Datei verwehren, da es sie für noch geöffnet hält.

Weitere Pfadangaben   Im Programm sehen Sie (aktuell auskommentierte) Möglichkeiten zum Öffnen von Dateien in anderen Verzeichnissen mithilfe von `fopen()`. Es wird sowohl mit relativen, also vom aktuellen Verzeichnis ausgehenden Pfadangaben, als auch mit absoluten Pfadangaben gearbeitet.

▶ Falls Sie die Datei mit dem Öffnungsmodus a aufrufen, werden die Inhalte an die bereits vorhandenen Inhalte angehängt.

▶ Der Aufruf `fopen("unter/daten.txt","w")` öffnet die Datei *daten.txt* im Unterverzeichnis *unter*, falls es dieses Verzeichnis gibt.

▶ Der Aufruf `fopen("../daten.txt","w")` öffnet die Datei *daten.txt* im übergeordneten Verzeichnis.

▶ Der Aufruf `fopen("../weitere/daten.txt","w")` öffnet die Datei *daten.txt* im Unterverzeichnis *weitere* des übergeordneten Verzeichnisses, falls es das Verzeichnis *weitere* gibt.

▶ Der Aufruf `fopen("C:/Temp/daten.txt","w")` öffnet die Datei *daten.txt* im absoluten Verzeichnis *C:/Temp*, falls es dieses Verzeichnis gibt.

7.3 Lesen einer sequenziellen Datei

Das nachfolgende Programm dient dem Lesen aller Zeilen einer Textdatei. Diese Textdatei kann mithilfe eines einfachen Texteditors oder z. B. mithilfe des Schreibprogramms aus Abschnitt 7.2 erzeugt werden. Zunächst das Programm:

```
<!DOCTYPE html><html><head><meta charset="utf-8"></head><body>
<?php
   $fp = @fopen("daten.txt","r");
   while(!feof($fp))
   {
      $zeile = fgets($fp, 100);
      echo "|$zeile|<br>";
   }
   fclose($fp);
?>
</body></html>
```

Listing 7.2 Datei lesen.php

In Abbildung 7.2 sehen Sie die Ausgabe des Programms im Browser. Innerhalb des PHP-Programms werden die Funktionen fopen(), feof(), fgets() und fclose() verwendet.

Die Datei *daten.txt* wird mithilfe der Funktion fopen() im Öffnungsmodus **read** r (für read, Lesen aus einer Datei) geöffnet.

Die Funktion feof() dient dazu, das Ende einer Datei anzuzeigen: **feof()**

▶ Der Parameter gibt an, welche Datei geprüft werden soll. Dabei muss es sich um den Dateizeiger einer zuvor geöffneten Datei handeln. Hier ist es $fp.

▶ Der Rückgabewert der Funktion ist true, falls das Ende der Datei festgestellt wird, ansonsten false.

▶ Im Programm wird eine bedingungsgesteuerte Schleife verwendet. Diese wird wiederholt, solange das Ende der Datei noch nicht erreicht ist (while (!feof($fp)).

▶ Im Namen der Funktion feof() steckt die Abkürzung *EOF* für *End of File*, also Dateiende.

fgets() Innerhalb der while-Schleife wird die Funktion fgets() zum Lesen eines Werts aus einer Datei eingesetzt:

▶ Der erste Parameter gibt an, aus welcher Datei gelesen werden soll. Dabei muss es sich um den Dateizeiger einer zuvor geöffneten Datei handeln. Hier ist es $fp.

▶ Der zweite Parameter gibt die Länge der einzulesenden Zeichenkette an. Es werden entweder (Länge –1) Zeichen aus der Datei gelesen (hier 99) oder bis zum Zeilenumbruch oder bis zum Ende der Datei. Dies gilt je nachdem, was zuerst eintritt. Sie sollten zum Lesen ganzer Zeilen eine Leselänge wählen, die auf jeden Fall für die Zeilen der betreffenden Datei ausreicht.

▶ Der Rückgabewert der Funktion fgets() ist der gelesene Wert (einschließlich des Zeilenumbruchs). Er wird hier in der Variablen $zeile gespeichert. Diese Variable wird auf dem Bildschirm ausgegeben.

Dateizeiger Nach einem Lesevorgang mithilfe von fgets() wird der Dateizeiger weitergesetzt. Der nächste Lesevorgang erfolgt also hinter dem vorherigen Lesevorgang. Es wird sequenziell weitergelesen.

Die Datei wird mithilfe von fclose() geschlossen.

Abbildung 7.2 Nach dem Lesen der Datei daten.txt

Mögliche Probleme In Abbildung 7.2 sehen Sie, dass jede Zeile aus der Datei zur Ausgabe in zwei senkrechte Striche eingekleidet wird. Sie können diese Striche natürlich auch im Programm weglassen. Sie dienen nur der Verdeutlichung von zwei möglichen Problemen:

▶ Am Ende jeder Zeile einer Textdatei stehen, abhängig vom Betriebssystem und abhängig von dem Programm, das die Textdatei erzeugt hat, noch ein oder zwei Zeichen. Diese Zeichen werden ebenfalls in der Variablen $zeile gespeichert. In der Ausgabe erscheinen sie als Leerzeichen und können ignoriert werden. Falls Sie die gelesenen Inhalte jedoch weiterverarbeiten möchten, müssen diese Zeichen gegebenenfalls gelöscht werden.

▶ Am Ende der gesamten Textdatei steht das Zeichen EOF für das Dateiende. Abhängig von dem Programm, das die Textdatei erzeugt hat, steht es in der letzten Zeile entweder zusammen mit nützlichem Inhalt oder als einziges Zeichen. Im vorliegenden Beispiel trifft der zweite Fall zu und erzeugt eine nicht notwendige leere Zeile.

In Abschnitt 7.4 sehen Sie eine verbesserte Version des Leseprogramms. Darin werden u. a. die hier genannten Probleme gelöst.

7.4   Verbessertes Lesen einer Datei

Das nachfolgende Programm stellt eine verbesserte Version des Leseprogramms aus Abschnitt 7.3 dar. Zunächst das Programm:

```php
<!DOCTYPE html><html><head><meta charset="utf-8"></head><body>
<?php
    if(!file_exists("daten.txt"))
        exit("Datei kann nicht gefunden werden");

    $fp = @fopen("daten.txt","r");
    if(!$fp)
        exit("Datei steht nicht zum Lesen bereit");

    while(!feof($fp))
    {
        $zeile = fgets($fp, 100);
        while(ord(substr($zeile, strlen($zeile)-1)) == 13
                || ord(substr($zeile, strlen($zeile)-1)) == 10)
            $zeile = substr($zeile, 0, strlen($zeile)-1);
        if(!(feof($fp) && $zeile == ""))
            echo "|$zeile|<br>";
    }
    fclose($fp);
?>
</body></html>
```

Listing 7.3 Datei lesen_besser.php

Existenz der Datei
Wenn mithilfe der Funktion `file_exists()` festgestellt wird, dass die Datei nicht existiert, wird das Programm mithilfe der Funktion `exit()` und der entsprechenden Fehlermeldung beendet.

Öffnen nicht möglich
Kann die Datei nicht zum Lesen geöffnet werden, wird das Programm ebenfalls mithilfe der Funktion `exit()` und der zugehörigen Fehlermeldung beendet.

Innerhalb der `while`-Schleife zum Durchlauf aller Zeilen der Datei sind zwei Elemente hinzugekommen:

Zeilenende abschneiden
▶ Eine weitere `while`-Schleife mit folgendem Ablauf: Solange das letzte Zeichen der Zeile den Code 13 oder den Code 10 hat, wird die Zeile um ein Zeichen verkürzt. Das betreffende Zeichen für Zeilenende wird also abgeschnitten, und es verbleibt der reine Zeileninhalt.

Letzte Zeile prüfen
▶ Eine Prüfung der Zeile, in der das Zeichen EOF steht: Falls eine Zeile das Zeichen EOF beinhaltet und ansonsten leer ist, erfolgt keine Ausgabe der Zeile auf dem Bildschirm.

Ein Vergleich der Ausgabe in Abbildung 7.3 mit der in Abbildung 7.2 zeigt den Erfolg der Maßnahmen.

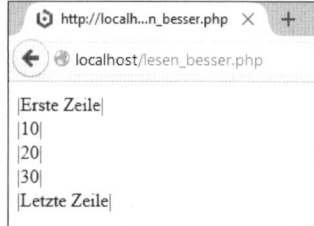

Abbildung 7.3 Nach dem verbesserten Lesen der Datei daten.txt

7.5 Vereinfachtes Lesen einer Datei

Die Funktionen `readfile()` und `file()` liefern eine Möglichkeit zum vereinfachten Lesen einer Datei:

readfile()
▶ `readfile()` liest den vollständigen Inhalt einer Datei auf einmal und gibt ihn direkt auf dem Bildschirm aus. Zeilenumbrüche werden als Leerzeichen ausgegeben, wie die Ausgabe in Abbildung 7.4 zeigt.

file()
▶ `file()` liest den vollständigen Inhalt einer Datei zeilenweise in ein eindimensionales Feld ein. In der Ausgabe in Abbildung 7.4 sehen Sie, dass

die Elemente des Felds jeweils die Zeichen am Ende der Zeile enthalten. Sie könnten mit der Maßnahme aus Abschnitt 7.4 abgeschnitten werden.

Abbildung 7.4 Nach dem vereinfachten Lesen der Datei daten.txt

Beide Funktionen werden im folgenden Beispiel dazu benutzt, den Inhalt der bereits bekannten Datei *daten.txt* vollständig wiederzugeben:

```php
<!DOCTYPE html><html><head><meta charset="utf-8"></head><body>
<?php
    if(!file_exists("daten.txt"))
        exit("Datei kann nicht gefunden werden");

    echo "<p>Lesen mit readfile():<br>";
    readfile("daten.txt");
    echo "</p>";

    echo "<p>Lesen mit file():<br>";
    $feld = file("daten.txt");
    for($i=0; $i<count($feld); $i++)
        echo "|$feld[$i]|<br>";
    echo "</p>";
?>
</body></html>
```

Listing 7.4 Datei lesen_einfach.php

7.6   Schreiben einer CSV-Datei

Das CSV-Format dient als universelles Austauschprogramm zwischen unterschiedlichen Anwendungen. Viele Programme, wie z. B. *MS Excel* unter

Datenaustausch

Windows oder *LibreOffice Calc* unter Ubuntu Linux und macOS, können Dateien im CSV-Format schreiben und lesen.

Trennzeichen

Die Datensätze in einer CSV-Datei stehen jeweils in einer eigenen Zeile. Die Informationen innerhalb eines Datensatzes werden durch ein Trennzeichen voneinander getrennt, meist ein Semikolon. Dies führt z. B. in MS Excel zu einer Aufteilung in einzelne Zellen.

Das nachfolgende Programm erzeugt eine CSV-Datei. Die ausgegebenen Daten in den Zeichenketten können ursprünglich die Ergebnisse von Berechnungen oder Eigenschaften einer Klasse sein oder aus einer Datenbank stammen.

```
daten.csv
1 Maier;Hans;6714;3500;15.03.1962LF
2 Schmitz;Peter;81343;3750;12.04.1958LF
3 Mertens;Julia;2297;3621,5;30.12.1959LF
4
```

Abbildung 7.5 Nach dem Schreiben der Datei daten.csv

	A	B	C	D	E
1	Maier	Hans	6714	3500	15.03.1962
2	Schmitz	Peter	81343	3750	12.04.1958
3	Mertens	Julia	2297	3621,5	30.12.1959
4					

Abbildung 7.6 Datei daten.csv in MS Excel

In Abbildung 7.5 sehen Sie die Datei in einem Texteditor, in Abbildung 7.6 in MS Excel. Beim Öffnen der Datei in LibreOffice Calc unter Ubuntu Linux oder macOS können Sie die Einstellungen des Textimport-Dialogfelds, das beim Import angezeigt wird, einfach mit OK bestätigen.

```
<!DOCTYPE html><html><head><meta charset="utf-8"></head><body>
<?php
   $fp = @fopen("daten.csv","w");
   if (!$fp)
      exit("Datei kann nicht zum Schreiben angelegt werden");

   fputs($fp, "Maier;Hans;6714;3500;15.03.1962\n");
   fputs($fp, "Schmitz;Peter;81343;3750;12.04.1958\n");
   fputs($fp, "Mertens;Julia;2297;3621,5;30.12.1959\n");

   echo "Ausgabe in CSV-Datei geschrieben";
   fclose($fp);
```

```
?>
</body></html>
```

Listing 7.5 Datei schreiben_csv.php

Falls Umlaute innerhalb von MS Excel falsch dargestellt werden, können   **iconv()**
Sie die betreffenden Zeichenketten mithilfe der Funktion `iconv()` in einem
anderen Zeichensatz codieren. Nachfolgend wird die Zeichenkette »Mül-
ler« von UTF-8 in ISO-8859-1 umgewandelt.

```php
$x = iconv("UTF-8", "ISO-8859-1//TRANSLIT", "Müller");
```

Sie haben beim Import von Daten in MS Excel auch die Möglichkeit, die Co-   **Import**
dierung einzustellen: Rufen Sie bei geöffneter Excel-Datei den Menüpunkt
DATEN • EXTERNE DATEN ABRUFEN • AUS TEXT auf. Im ersten Schritt des
Textkonvertierungs-Assistenten können Sie in der Liste DATEIURSPRUNG
z. B. die Codierung UNICODE (UTF-8) wählen.

7.7   Lesen einer CSV-Datei

Das nachfolgende Programm dient dem Lesen einer CSV-Datei. Sie kann
mithilfe eines beliebigen Programms erzeugt werden, das CSV-Daten ausgeben kann. Im vorliegenden Fall handelt es sich um die Ausgabedatei des
Programms in Abschnitt 7.6, die anschließend in MS Excel um einen Datensatz vergrößert wird (siehe Abbildung 7.7).

	A	B	C	D	E
1	Maier	Hans	6714	3500	15.03.1962
2	Schmitz	Peter	81343	3750	12.04.1958
3	Mertens	Julia	2297	3621,5	30.12.1959
4	Maier	Max	3644	3300	13.04.1982
5					

Abbildung 7.7 Datei daten.csv, in MS Excel verändert

Zunächst das Programm:

```php
<!DOCTYPE html><html><head><meta charset="utf-8"></head><body>
<?php
    if(!file_exists("daten.csv"))
        exit("Datei kann nicht gefunden werden");

    $fp = @fopen("daten.csv","r");
```

```
if(!$fp)
   exit("Datei steht nicht zum Lesen bereit");

while(!feof($fp))
{
   $zeile = fgets($fp, 100);
   while(ord(substr($zeile, strlen($zeile)-1)) == 13
         || ord(substr($zeile, strlen($zeile)-1)) == 10)
      $zeile = substr($zeile, 0, strlen($zeile)-1);
   if(!(feof($fp) && $zeile == ""))
   {
      $worte = explode(";", $zeile);
      for($i=0; $i<count($worte); $i++)
         echo "$i:|$worte[$i]| ";
      echo "<br>";
   }
}
fclose($fp);
?>
</body></html>
```

Listing 7.6 Datei lesen_csv.php

Nach dem erfolgreichen Öffnen der CSV-Datei werden die einzelnen Zeilen innerhalb einer while-Schleife gelesen. Wie bereits in Abschnitt 7.4 erläutert, werden die Zeichen für das Zeilenende abgeschnitten, und es wird diejenige Zeile ignoriert, die nur das Zeichen EOF beinhaltet.

explode() Aus jeder Zeile wird mithilfe der Funktion explode() ein Feld erzeugt. Die Elemente des Felds stellen die einzelnen Informationen des Datensatzes dar. Sie sind durch das Trennzeichen Semikolon voneinander getrennt. In der Ausgabe stehen die Elemente einzeln, nummeriert und ohne das Zeichen für das Zeilenende (siehe Abbildung 7.8).

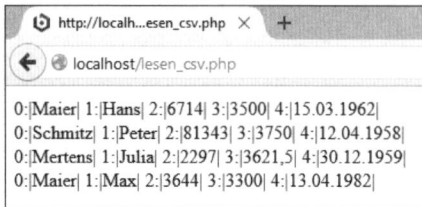

Abbildung 7.8 Nach dem Lesen der Datei daten.csv

7.8   Ein einfacher Webcounter

Im folgenden Beispiel wird ein Zähler realisiert, der die Anzahl der Zugriffe auf eine Datei festhält. Ein solcher *Webcounter* wird im Internet oft eingesetzt, um die Beliebtheit bzw. den Erfolg einer Webseite zu messen und anzuzeigen. Das Programm:

Webcounter

```
<!DOCTYPE html><html><head><meta charset="utf-8"></head><body>
<?php
   if(file_exists("schreiben_webcounter.txt"))
   {
      /* Kann Datei geöffnet werden? */
      $fp = @fopen("schreiben_webcounter.txt","r");
      if($fp)
      {
         $zahl = fgets($fp,10);
         fclose($fp);
      }
      else
         $zahl = 0;
   }
   else
      $zahl = 0;

   /* Zahl erhöhen */
   $zahl = $zahl + 1;
   echo "Webcounter steht auf $zahl";

   /* Neue Zahl schreiben */
   $fp = @fopen("schreiben_webcounter.txt", "w");

   if(!$fp)
      exit("Webcounter kann nicht geschrieben werden");

   fputs($fp,$zahl);
   fclose($fp);
?>
</body></html>
```

Listing 7.7 Datei schreiben_webcounter.php

Falls es sich um den ersten Zugriff auf die Datei handelt, existiert sie noch nicht (Funktion file_exists()), und der Zähler wird auf 0 gesetzt. Es wird versucht, die Datei zu öffnen. Falls dies gelingt, wird der aktuelle Zählerstand aus der Datei in die Variable $zahl eingelesen. Falls es nicht gelingt, wird der Zähler auf 0 gesetzt.

Anschließend hat die Variable in jedem Fall einen Wert. Dieser Wert wird um 1 erhöht, ausgegeben und anschließend in die Datei geschrieben, sodass sie für den nächsten Zugriff den aktuellen Wert bereitstellt. Die Ausgabe nach einigen weiteren Zugriffen sehen Sie in Abbildung 7.9.

Abbildung 7.9 Zugriffszähler

7.9   Wahlfreier Zugriff

Datensätze
fester Größe

Ein *wahlfreier Zugriff* auf eine Datei kann erfolgen, wenn in einer Datei Datensätze fester Größe stehen. Durch die feste Größe ist gewährleistet, dass die Position jedes einzelnen Datensatzes eindeutig berechnet werden kann.

Die Funktion fseek() versetzt den Dateizeiger einer zuvor geöffneten Datei an die angegebene Position. Damit erreichen Sie direkt jeden Datensatz, ohne alle vorhergehenden Datensätze lesen zu müssen.

Beim wahlfreien Zugriff können außerdem noch die beiden folgenden Funktionen nützlich sein:

► ftell() gibt die aktuelle Position an.

► rewind() setzt den Dateizeiger an den Anfang der Datei.

Als einfaches Beispiel soll eine Datei bearbeitet werden, die insgesamt 15 Datensätze beinhaltet. Jeder Datensatz besteht aus einer ganzen Zahl. Jede Zahl wird formatiert in die Datei geschrieben, sodass sie stets die gleiche Breite hat. Der Formatierung dient die Funktion sprintf().

Zunächst das Programm, das 15 zufällige Zahlen zwischen 1 und 30000 formatiert in eine Datei schreibt. Damit wird eine Datenbank-ähnliche Datei mit 15 Datensätzen erzeugt. Es folgt das Programm:

```
<!DOCTYPE html><html><head><meta charset="utf-8"></head><body>
<?php
    srand((double)microtime()*1000000);

    $fp = @fopen("beliebig.txt","w");
    if(!$fp)
        exit("Datei kann nicht zum Schreiben angelegt werden");

    for($i=1; $i<=15; $i++)
    {
        $zz = rand(1,30000);
        $zztext = sprintf("%6d",$zz);
        fputs($fp,$zztext);
    }
    fclose($fp);
    echo "15 Daten geschrieben";
?>
</body></html>
```

Listing 7.8 Datei schreiben_beliebig.php

Die Funktion sprintf() wandelt die Zahl $zz in die Zeichenkette $zztext um (Breite 6, mit führenden Leerzeichen). Die Variable $zz wird dabei als ganze Zahl interpretiert, ähnlich wie bei der Funktion printf() in der Programmiersprache C. Eine Zeichenkette der Länge 6 beansprucht 6 Byte Speicherplatz in einer Datei. Das Ergebnis sieht aus wie in Abbildung 7.10.

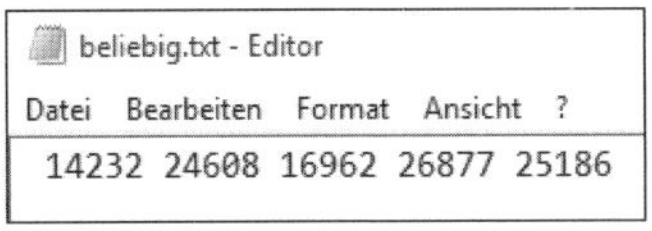

Abbildung 7.10 Datei mit Datensätzen gleicher Länge (Ausschnitt)

Zum Lesen in der Datenbank kann der Benutzer in einem Formular die Nummer des gewünschten Datensatzes eingeben, wie Sie in Abbildung 7.11 sehen.

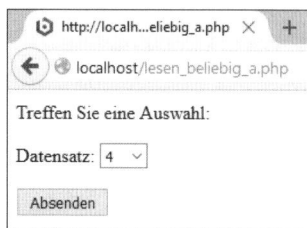

Abbildung 7.11 Eingabe der Datensatznummer

Der Code des Formulars:

```
<!DOCTYPE html><html><head><meta charset="utf-8"></head><body>
<?php
   if(!file_exists("beliebig.txt"))
       exit("Datei kann nicht gefunden werden");
?>
<p>Treffen Sie eine Auswahl:</p>
<form action="lesen_beliebig_b.php" method="post">
   <p>Datensatz: <select name="nummer">
<?php
   $anz = filesize("beliebig.txt") / 6;
   for($i=1; $i<=$anz; $i++)
       echo "<option value='$i'>$i</option>";
?>
   </select></p>
   <p><input type="submit" value="Absenden"></p>
</form>
</body></html>
```

Listing 7.9 Datei lesen_beliebig_a.php

filesize() Das Formular wird dynamisch erstellt: Mithilfe der Funktion `filesize()` wird die Größe der Datei in Byte (hier 90 Byte) berechnet. Aus diesem Wert und der Größe eines einzelnen Datensatzes (hier 6 Byte) wird die Anzahl der Datensätze (hier 90 Byte / 6 Byte = 15) errechnet.

Es wird ein `select`-Menü erstellt, das entsprechend viele Einträge hat. Somit kann der Benutzer keinen Fehler bei der Auswahl machen. Das PHP-Programm zur Auswertung der Eingabe:

```
<!DOCTYPE html><html><head><meta charset="utf-8"></head><body>
<?php
   $fp = @fopen("beliebig.txt","r");
   if (!$fp)
      exit("Datei kann nicht zum Lesen geöffnet werden<p>");

   fseek($fp, ($_POST["nummer"]-1)*6, SEEK_SET);
   $wert = fgets($fp,7);
   fclose($fp);

   echo "Datensatz " . $_POST["nummer"] . ", Wert: $wert";
?>
</body></html>
```

Listing 7.10 Datei lesen_beliebig_b.php

Die Funktion `fseek()` hat bis zu drei Parameter:

fseek()

▸ Der erste Parameter gibt an, aus welcher Datei gelesen werden soll. Dabei muss es sich um den Dateizeiger einer zuvor geöffneten Datei handeln. Hier ist es `$fp`.

▸ Der zweite Parameter gibt die relative Startposition an, das heißt die Anzahl der Byte relativ zur absoluten Startposition. Diese Anzahl wird über die eingegebene Nummer und die Größe eines Datensatzes berechnet.

▸ Der dritte Parameter gibt die absolute Startposition an. Dabei können Sie die Konstanten `SEEK_SET` (Dateianfang), `SEEK_CUR` (aktuelle Position) und `SEEK_END` (Dateiende) benutzen.

Anschließend wird mit der Funktion `fgets()` an der neuen Position des Dateizeigers gelesen. Es wird eine bestimmte Anzahl von Zeichen gelesen. Diese Anzahl entspricht der Länge der einzulesenden Zeichenkette -1, hier also 6. Damit ist gewährleistet, dass nur die unmittelbar folgende ganze Zahl gelesen wird. Die Ausgabe mit der oben ausgewählten Nummer sehen Sie in Abbildung 7.12.

Abbildung 7.12 Ausgabe des gewünschten Datensatzes

7.10   Informationen über Dateien

stat()

Die Funktion stat() liefert eine Reihe von Informationen zu einer Datei in Form eines Felds. Im folgenden Beispiel werden die Feldelemente 7 und 9 ausgegeben. Diese liefern die in Abbildung 7.13 dargestellten Informationen.

Timestamp

Die Zeitangabe wird als Unix-Timestamp geliefert. Sie muss noch in eine lesbare Form gebracht werden.

Abbildung 7.13 Dateiinformationen

```
<!DOCTYPE html><html><head><meta charset="utf-8"></head><body>
<?php
    $fn = "beliebig.txt";
    $info = stat($fn);

    echo "Datei: $fn<br>";
    echo "Anzahl Byte: $info[7]<br>";
    echo "Zeitpunkt der letzten Modifizierung: "
        . date("d.m.Y H:i:s", $info[9]) . "<br>";
?>
</body></html>
```

Listing 7.11 Datei datei_info.php

Im Feld $info wird der Rückgabewert der Funktion stat() gespeichert. Die Zeitangabe wird mithilfe der Funktion date() umgeformt. Genaue Informationen über die Formatierungsmöglichkeiten der Funktion date() und ähnlicher Funktionen finden Sie in Kapitel 9.

7.11   Informationen über ein einzelnes Verzeichnis

Verzeichnis
öffnen und lesen

Bisher wird immer nur eine einzelne Datei bearbeitet, deren Name bekannt ist. Häufig stellt sich aber die Aufgabe, eine ganze Reihe von Dateien zu bearbeiten, deren Namen und Anzahl unbekannt sind. Zu diesem Zweck können Sie die Verzeichnisfunktionen `opendir()`, `readdir()` und `closedir()` verwenden. Sie werden im folgenden Programm eingesetzt, um Informationen über Dateien und Verzeichnisse zu generieren, die sich in einem bestimmten Verzeichnis befinden. Zunächst das Programm:

```php
<!DOCTYPE html><html><head><meta charset="utf-8"></head><body>
<?php
  $verz = "D:/EasyPHP/eds-www";
  chdir($verz);

  echo "<h2>Verzeichnis $verz</h2>";
  echo "<table border='1'>";

  /* Überschrift */
  echo "<td>Name</td>";
  echo "<td>Datei /<br>Verz.</td>";
  echo "<td>Readable /<br>Writeable</td>";
  echo "<td align='right'>Anzahl<br>Byte</td>";
  echo "<td>Letzte<br>Modifizierung</td>";

  /* Öffnet Handle */
  $handle = opendir($verz);

  /* Liest alle Objektnamen */
  while ($dname = readdir($handle))
  {
    echo "<tr>";
    echo "<td>$dname</td>";

    /* Datei oder Verzeichnis? */
    if(is_file($dname))
      echo "<td>D</td>";
    else if(is_dir($dname))
      echo "<td>V</td>";
    else
      echo "<td> </td>";

    /* Lesbar bzw. schreibbar? */
    echo "<td>";
    if(is_readable($dname)) echo "R";
```

```
        else echo "-";
        if(is_writeable($dname)) echo "W";
        else echo "-";
        echo "</td>";

        /* Zugriffsdaten */
        $info = stat($dname);
        echo "<td align='right'>$info[7]</td>";
        echo "<td>" . date("d.m.y H:i", $info[9]) . "</td>";
        echo "</tr>";
    }

    /* Schließt Handle */
    closedir($handle);
?>
</table>
</body></html>
```

Listing 7.12 Datei verzeichnis.php

Im vorliegenden Fall soll der Inhalt des Hauptverzeichnisses des Pakets *EasyPHP* ermittelt werden, das bei mir in dem Verzeichnis *D:\EasyPHP* installiert ist. Diese Angabe in der ersten PHP-Zeile müssen Sie auf das von Ihnen gewünschte Verzeichnis anpassen.

chdir() Das genannte Verzeichnis wird mit der Funktion `chdir()` zum aktuellen Verzeichnis gemacht. Es folgt die Ausgabe der Tabellenüberschrift.

opendir(), readdir() Die Funktion `opendir()` dient dem Öffnen eines Zugriffs-Handles für das aktuelle Verzeichnis. Über dieses Handle liefert die Funktion `readdir()` jeweils einen Objektnamen aus dem Verzeichnis. Dabei wird unsortiert vorgegangen. Gleichzeitig setzt `readdir()` einen Zeiger weiter, sodass beim nächsten Aufruf der nächste Objektname geliefert wird usw. Dies kann so lange wiederholt werden, wie Objektnamen vorhanden sind.

Funktionen Im vorliegenden Programm wird die Wiederholung mit einer `while`-Schleife realisiert. Alle Objekte eines Verzeichnisses werden ermittelt. Für jedes Objekt werden insgesamt fünf Funktionen zur Lieferung von Informationen über das Objekt aufgerufen:

▶ Die Funktionen `is_file()` und `is_dir()` sagen aus, ob es sich bei dem Objekt um eine Datei bzw. ein Verzeichnis handelt.

▶ Die Funktionen `is_readable()` und `is_writeable()` sagen aus, ob das Objekt lesend bzw. schreibend geändert werden kann.

▶ Die Funktion `stat()` haben Sie bereits in Abschnitt 7.10 kennengelernt.

Nach dem Abschluss der `while`-Schleife wird das Zugriffs-Handle mithilfe der Funktion `closedir()` wieder geschlossen. Einen Ausschnitt der Ausgabe des Programms sehen Sie in Abbildung 7.14.

`closedir()`

Verzeichnis D:/EasyPHP/eds-www

Name	Datei / Verz.	Readable / Writeable	Anzahl Byte	Letzte Modifizierung
.	V	RW	131072	13.09.16 09:39
..	V	RW	4096	10.09.16 08:55
absatz.htm	D	RW	309	25.11.15 14:42
ajax_db_a.php	D	RW	1334	08.09.16 07:30
ajax_db_b.php	D	RW	458	08.09.16 07:30
ajax_ereignis.htm	D	RW	1197	25.11.15 14:42
ajax_hallo.htm	D	RW	621	25.11.15 14:42

Abbildung 7.14 Infos über ein Verzeichnis (Ausschnitt)

7.12   Informationen über den Verzeichnisbaum

Zur Ermittlung von Informationen über einen ganzen Verzeichnisbaum, also über die Unterverzeichnisse und deren Unterverzeichnisse usw., bedienen Sie sich der Funktionen aus dem vorherigen Abschnitt und eines rekursiven Aufrufs (siehe auch Abschnitt 1.11.5).

Diese Funktion wird vom Hauptprogramm aus erstmalig mit einem Startverzeichnis aufgerufen. Im vorliegenden Fall soll der Inhalt des Verzeichnisses *fpdf* unterhalb des Hauptverzeichnisses des Pakets *EasyPHP* ermittelt werden, das bei mir in dem Verzeichnis *D:\EasyPHP* installiert ist. Diese Angabe müssen Sie im Programm auf das von Ihnen gewünschte Verzeichnis anpassen. Innerhalb der Funktion wird mit der Verzeichnisfunktion `getcwd()` das aktuelle Arbeitsverzeichnis (englisch: *current working directory*, abgekürzt `cwd`) ermittelt.

`getcwd()`

Anschließend werden die Objekte innerhalb dieses Verzeichnisses ermittelt. Dabei steht das Kürzel . (ein Punkt) für das aktuelle Verzeichnis und das Kürzel .. (zwei Punkte) für das übergeordnete Verzeichnis. Für diese beiden Fälle erfolgt keine Aktion. Wenn es sich bei dem Objekt um eine Datei handelt, wird diese mit Namen ausgegeben.

Rekursive Funktion

Handelt es sich bei dem Objekt um ein Unterverzeichnis,

- wird in dieses Verzeichnis gewechselt,

- die Funktion ruft sich rekursiv auf, und

- es wird wieder in das übergeordnete Verzeichnis zurückgewechselt.

Mit dieser Methode gelingt die Bearbeitung des gesamten Verzeichnisbaums:

```php
<!DOCTYPE html><html><head><meta charset="utf-8"></head><body>
<table border="1">
<?php
   function objektliste()
   {
      /* Aktuelles Verzeichnis ermitteln */
      $verz = getcwd();

      /* Handle für aktuelles Verzeichnis */
      $handle = opendir(".");

      while ($dname = readdir($handle))
      {
         if($dname!="." && $dname!="..")
         {
            /* Falls Unterverzeichnis */
            if(is_dir($dname))
            {
               chdir($dname);  // nach unten
               objektliste();  // rekursiv
               chdir("..");    // nach oben
            }

            /* Falls Datei */
            else
               echo "<tr><td>$verz</td><td>$dname</td></tr>";
         }
```

```
      }
      closedir($handle);
   }

   /* Startverzeichnis */
   chdir("D:/EasyPHP/eds-www/fpdf");

   /* Erster Aufruf der Funktion */
   objektliste();
?>
</table>
</body></html>
```

Listing 7.13 Datei verzeichnisbaum.php

Die Ausgabe des Programms sehen Sie in Abbildung 7.15.

D:\EasyPHP\eds-www\fpdf\font	timesi.php
D:\EasyPHP\eds-www\fpdf\font	zapfdingbats.php
D:\EasyPHP\eds-www\fpdf	fpdf.css
D:\EasyPHP\eds-www\fpdf	fpdf.php
D:\EasyPHP\eds-www\fpdf	install.txt
D:\EasyPHP\eds-www\fpdf	license.txt
D:\EasyPHP\eds-www\fpdf\makefont	cp1250.map
D:\EasyPHP\eds-www\fpdf\makefont	cp1251.map
D:\EasyPHP\eds-www\fpdf\makefont	cp1252.map

Abbildung 7.15 Infos über den Verzeichnisbaum (Ausschnitt)

In der linken Spalte der Tabelle wird der Name des Verzeichnisses ausgegeben, in der rechten Spalte der Name des Objekts.

Kapitel 8
Felder

In Abschnitt 1.10 habe ich Ihnen bereits einige einfache Felder vorgestellt. In diesem Kapitel erhalten Sie weiterführende Informationen zu diesem Thema. Felder können eine oder mehrere Dimensionen haben:

- Ein eindimensionales Feld können Sie sich als Liste oder mathematischen Vektor vorstellen. So kann es sich z. B. um eine Preisliste oder die Namensliste der Mitglieder einer Gruppe handeln.

  Liste, Vektor

- Ein zweidimensionales Feld können Sie sich als Tabelle oder mathematische Matrix vorstellen. Dies kann z. B. der Inhalt einer Datenbanktabelle mit verschiedenen Feldern und Datensätzen sein. Zweidimensionale Felder existieren in drei Varianten: rein numerisch indiziert, rein assoziativ oder gemischt (numerisch indiziert/assoziativ).

  Tabelle

Es können auch Felder mit mehr als zwei Dimensionen zum Einsatz kommen. Eine geeignete Modellvorstellung wird allerdings mit wachsender Anzahl an Dimensionen immer schwieriger.

8.1   Feld kopieren

Das Verhalten von Feldern ähnelt mehr dem Verhalten einzelner Variablen als dem Verhalten von Objekten. Wenn Sie ein Feld einer anderen Variablen zuweisen, haben Sie damit eine Kopie des vollständigen Felds erstellt und nicht etwa eine zweite Referenz auf das Originalfeld. Im nachfolgenden Programm wird dies verdeutlicht:

Feld wie Variable

```
<!DOCTYPE html><html><head><meta charset="utf-8"></head><body>
<?php
   $feld = array(11, 12, 13);
   $kopie = $feld;
   $kopie[0] = 42;

   echo "Original: ";
```

```
   for($i=0; $i<count($feld); $i++)
      echo "$feld[$i] ";
   echo "<br>";

   echo "Kopie: ";
   for($i=0; $i<count($kopie); $i++)
      echo "$kopie[$i] ";
   echo "<br>";
?>
</body></html>
```

Listing 8.1 Datei feld_kopieren.php

Das Feld $kopie wird durch einfache Zuweisung erzeugt. Anschließend wird es verändert. Die beiden verschiedenen Felder sehen Sie in Abbildung 8.1.

Abbildung 8.1 Kopiertes und verändertes Feld

8.2 Feld als Parameter

Übergabe Sie können auch vollständige Felder als Parameter an eine Funktion übergeben, sowohl per Kopie als auch per Referenz. Wird das Feld innerhalb der Funktion verändert, hat dies nur im zweiten Fall dauerhafte Auswirkungen, wie Sie im nachfolgenden Programm und in der zugehörigen Ausgabe in Abbildung 8.2 sehen.

```
<!DOCTYPE html><html><head><meta charset="utf-8"></head><body>
<?php
   function vtauschen($f)
   {
      $temp = $f[0];
      $f[0] = $f[1];
      $f[1] = $temp;
   }
```

```
function rtauschen(&$f)
{
    $temp = $f[0];
    $f[0] = $f[1];
    $f[1] = $temp;
}


$f[0]=12;    $f[1]=18;
echo "<p>Per Kopie, vorher: $f[0], $f[1]<br>";
vtauschen($f);
echo "Per Kopie, nachher: $f[0], $f[1]</p>";


$f[0]=12;    $f[1]=18;
echo "<p>Per Referenz, vorher: $f[0], $f[1]<br>";
rtauschen($f);
echo "Per Referenz, nachher: $f[0], $f[1]</p>";
?>
</body></html>
```

Listing 8.2 Datei funktion_referenz_feld.php

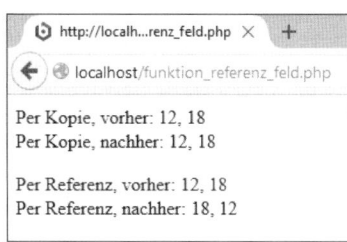

Abbildung 8.2 Feld per Kopie und per Referenz übergeben

8.3   Feld als Rückgabewert

Ein Feld kann als Ergebnis einer Funktion zurückgeliefert werden, ähnlich wie Sie es bei Objekten in Abschnitt 4.7 gesehen haben. Im nachfolgenden Programm werden zwei Felder an eine Funktion übergeben und dort zu einem dritten Feld zusammengefügt. Das dritte Feld stellt das Ergebnis der Funktion dar, das zurückgeliefert wird. Die Variable im Hauptprogramm, in der dieser Rückgabewert gespeichert wird, stellt eine Referenz auf das neue Feld dar.

Referenz

```
<!DOCTYPE html><html><head><meta charset="utf-8"></head><body>
<?php
    function zusammen($a, $b)
    {
        for($i=0; $i<count($a); $i++)
        {
            $c[$i*2] = $a[$i];
            $c[$i*2+1] = $b[$i];
        }
        return $c;
    }

    $x = array(1, 2, 3);
    $y = array(11, 12, 13);
    $z = zusammen($x, $y);

    echo "Zusammen: ";
    for($i=0; $i<count($z); $i++)
        echo "$z[$i] ";
    echo "<br>";
?>
</body></html>
```

Listing 8.3 Datei feld_rueckgabe.php

Innerhalb der Funktion zusammen() wird das Feld $c erzeugt. Die Elemente der beiden gleich großen Felder, die an die Funktion übergeben werden, werden abwechselnd in das neue Feld eingefügt. Eine Referenz auf das vollständige Feld wird zurückgeliefert. Im Hauptprogramm wird das Feld ausgegeben (siehe Abbildung 8.3).

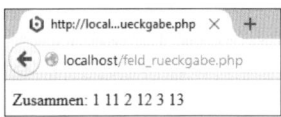

Abbildung 8.3 Feld als Rückgabewert

8.4 Zufällige Werte aus einem Feld

array_rand()

Mithilfe der Funktion array_rand() können Sie einen oder mehrere Werte aus einem numerischen oder assoziativen Feld zufällig auswählen. Sie liefert einen Index als Variable oder mehrere Indizes als Feld zurück. Nachfolgend ein Beispielprogramm:

```php
<!DOCTYPE html><html><head><meta charset="utf-8"></head><body>
<?php
    $feld = array(94, 95, 96, 97, 98);
    $anzahl = 3;
    if($anzahl>=1 && $anzahl<=count($feld))
    {
        $z = array_rand($feld, $anzahl);
        if(!is_array($z))
            echo "$z:" . $feld[$z];
        else
            for($i=0; $i<count($z); $i++)
                echo "$z[$i]:" . $feld[$z[$i]] . " ";
        echo "<br>";
    }

    $feld = array("A"=>94, "B"=>95, "C"=>96, "D"=>97, "E"=>98);
    $z = array_rand($feld, 3);
    for($i=0; $i<count($z); $i++)
        echo "$z[$i]:" . $feld[$z[$i]] . " ";
    echo "<br>";
?>
</body></html>
```

Listing 8.4 Datei feld_zufall.php

Zunächst wird ein numerisches Feld mit fünf Werten erzeugt. Beim Aufruf der Funktion array_rand() muss die Anzahl der gewünschten Indizes innerhalb der Anzahl der Feldelemente liegen. Als erster Parameter wird das Feld übergeben, in dem zufällig ausgewählt werden soll. Als zweiter Parameter folgt die Anzahl.

Numerisches Feld

Die Funktion is_array() dient zur Typprüfung, siehe auch Abschnitt 1.6.6 und Abschnitt 4.2.2. Sie liefert true, falls es sich bei dem Rückgabewert um ein Feld handelt. Im vorliegenden Fall könnten Sie natürlich auch mit if($anzahl==1) prüfen.

is_array()

Falls nur ein einzelner Index angefordert wird, wird er mit dem zugehörigen Feldelement ausgegeben. Falls mehrere Indizes gewünscht werden, werden sie in einem numerischen Ergebnisfeld geliefert, das nach dem In-

341

dex aufsteigend sortiert ist. Die Elemente dieses Ergebnisfelds werden mit den zugehörigen Elementen des ursprünglichen Felds ausgegeben.

Assoziatives Feld   Als Letztes wird ein assoziatives Feld erzeugt, das ebenfalls fünf Werte umfasst. Falls beim Aufruf von `array_rand()` mehrere Indizes gewünscht werden, wird ebenso ein numerisches Ergebnisfeld geliefert, das nach dem Index aufsteigend sortiert ist.

In Abbildung 8.4 sehen Sie die Ausgabe des Programms:

Abbildung 8.4 Zufällige Werte aus verschiedenen Feldern

8.5   Typhinweise

Seit PHP 7.0   Sie haben in Abschnitt 1.11.1 und in Abschnitt 4.8 bereits die Typhinweise kennengelernt, die mit PHP 7.0 eingeführt wurden. Diese Möglichkeit zur stärkeren Kontrolle von Datentypen können Sie auch bei Feldern nutzen.

Als Beispiel dient die Funktion `zusammen()` aus Abschnitt 8.3. Nachfolgend die geänderten Zeilen des Programms:

```php
<?php declare(strict_types=1); ?>
...
    function zusammen(array $a, array $b):array
...
```

Listing 8.5 Datei feld_typhinweise.php (geänderte Zeilen)

declare   Damit sich die Kontrolle der Datentypen innerhalb der Datei auswirkt, steht die `declare`-Anweisung als allererste Anweisung in der Datei. Vergessen Sie nicht, die Codierung der Datei auf UTF-8 ohne BOM zu ändern, siehe Abschnitt 1.11.1.

Typ array   Vor den Parametern der Funktion steht jeweils der Typhinweis `array`. Hinter den Parameterklammern und einem Doppelpunkt wird der Datentyp der Funktion angegeben, in diesem Fall ebenso mithilfe des Typhinweises array. Bei einem Aufruf der Funktion wird nunmehr darauf geachtet, dass die Parameter den richtigen Datentyp besitzen. Die Ausgabe des Programms entspricht derjenigen in Abbildung 8.3.

8.6   foreach-Schleife mit Referenzen

Sie haben die foreach-Schleife bereits für den lesenden Zugriff auf Feldelemente in Abschnitt 1.10.2 kennengelernt. Ein schreibender Zugriff ist dort nicht möglich, da die Variable nach dem Schlüsselwort as die Kopie eines Feldelements darstellt.

Kopie

8

Falls Sie allerdings an dieser Stelle eine Referenz übergeben, können Sie die Werte der Feldelemente permanent ändern. Im nachfolgenden Beispiel wird das sowohl an einem numerischen als auch an einem assoziativen Feld gezeigt:

Referenz

```
<!DOCTYPE html><html><head><meta charset="utf-8"></head><body>
<?php
    /* Numerisches Feld */
    $tp = array(17.3, 19.2, 21.8);

    foreach($tp as $wert)
       $wert = $wert * 2;
    echo "$tp[0] $tp[1] $tp[2]<br>";

    foreach($tp as &$wert)
       $wert = $wert * 2;
    echo "$tp[0] $tp[1] $tp[2]<br>";

    /* Assoziatives Feld */
    $tp = array("Mo"=>17.3, "Di"=>19.2, "Mi"=>21.8);

    foreach($tp as $name=>$wert)
       $wert = $wert * 2;
    echo $tp["Mo"] . " " . $tp["Di"] . " " . $tp["Mi"] . "<br>";

    foreach($tp as $name=>&$wert)
       $wert = $wert * 2;
```

```
    echo $tp["Mo"] . " " . $tp["Di"] . " " . $tp["Mi"] . "<br>";
?>
</body></html>
```

Listing 8.6 Datei foreach.php

Numerisches Feld Es wird zunächst ein numerisches Feld erzeugt. Bei der ersten foreach-Schleife werden die Feldelemente per Kopie an die Schleife übergeben. Die Verdopplung der Werte hat keine Auswirkungen auf das Feld, wie die erste Zeile der Ausgabe zeigt. Bei der zweiten foreach-Schleife werden die Feldelemente per Referenz an die Schleife übergeben. Die zweite Zeile der Ausgabe zeigt, dass so das Feld dauerhaft verändert werden kann.

Assoziatives Feld Dasselbe wird anschließend für ein assoziatives Feld durchgeführt. Die Feldelemente werden einmal per Kopie und einmal per Referenz übergeben. Das führt zum selben Ergebnis, wie die dritte und die vierte Zeile der Ausgabe in Abbildung 8.5 zeigen.

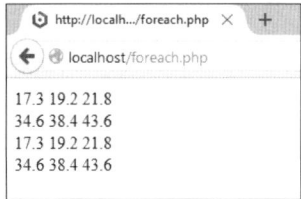

Abbildung 8.5 foreach-Schleife mit Referenzen

8.7   Operationen für numerisch indizierte Felder

Es gibt bestimmte Operationen, die häufig mit Feldern ausgeführt werden. Diese Operationen sollen zunächst besprochen werden.

8.7.1   Erzeugung mit der Funktion range()

Feld erzeugen Die Funktion range() dient der schnellen Erzeugung und Befüllung eines regelmäßig aufgebauten Felds. Ein solches Feld kann gespeichert und später genutzt werden. Es kann aber auch unmittelbar zum Durchlauf mithilfe einer foreach-Schleife verwendet werden. Beide Möglichkeiten sehen Sie in nachfolgendem Programm:

```
<!DOCTYPE html><html><head><meta charset="utf-8"></head><body>
<?php
   $tp = range(3, 20, 4);
   foreach($tp as $element)
      echo "$element ";
   echo "<br>";

   foreach(range(3, 20, 4) as $wert)
      echo "$wert ";
   echo "<br>";

   foreach(range(20, 3, 4) as $wert)
      echo "$wert ";
   echo "<br>";

   foreach(range(20, 3) as $wert)
      echo "$wert ";
?>
</body></html>
```

Listing 8.7 Datei range.php

Im ersten Beispiel wird $tp ein Feld zugewiesen, das vorher mithilfe der Funktion range() erzeugt wird. Die drei Parameter stehen für den Startwert, den Endwert und die Schrittweite, ähnlich wie beim Aufbau einer for-Schleife.

In den drei weiteren Beispielen wird das Feld, das mithilfe von range() erzeugt wird, nicht gespeichert, sondern unmittelbar innerhalb einer foreach-Schleife eingesetzt. Ist der Startwert größer als der Endwert, handelt es sich um eine fallende Abfolge von Werten. Die Angabe der Schrittweite ist optional. Fehlt sie, wird die Schrittweite 1 angenommen.

Die Ausgabe der vier Felder sehen Sie in Abbildung 8.6.

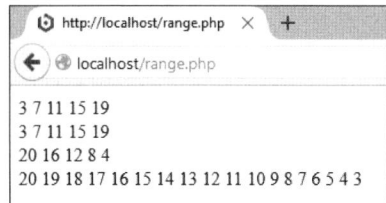

Abbildung 8.6 Erzeugung von Feldern mit »range()«

345

8.7.2 Sortierung

Feld sortieren

Im folgenden Beispiel wird ein Feld, das Temperaturwerte beinhaltet, aufsteigend sortiert und ausgegeben. Anschließend wird das Feld absteigend sortiert und ausgegeben. Das Programm:

```
<!DOCTYPE html><html><head><meta charset="utf-8"></head><body>
<?php
    /* Erzeugen und unsortiert ausgeben */
    $tp = array(17.5, 19.2, 21.8, 21.6, 20.2, 16.6);
    foreach($tp as $element)
        echo "$element   ";
    echo " unsortiert<br>";

    /* Aufsteigend sortieren und ausgeben */
    sort($tp);
    foreach($tp as $element)
        echo "$element   ";
    echo "aufsteigend sortiert<br>";

    /* Absteigend sortieren und ausgeben */
    rsort($tp);
    foreach($tp as $element)
        echo "$element   ";
    echo "absteigend sortiert";
?>
</body></html>
```

Listing 8.8 Datei num_sortieren.php

Die beiden Funktionen sort() für aufsteigende Sortierung und rsort() für absteigende Sortierung (englisch: *reverse sort*) erwarten als Parameter jeweils den Namen des Felds. Die Ausgabe des Programms sehen Sie in Abbildung 8.7.

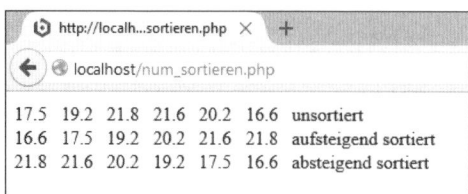

Abbildung 8.7 Sortierung eines Felds

Die Extremwerte, also der größte und der kleinste Wert des Felds, lassen sich nach einer Sortierung leicht ermitteln. Sie entsprechen dem ersten und dem letzten Wert des Felds.

8.7.3   Wert und Position der Extrema

Falls die Elemente des Felds nicht sortiert werden sollen, also ihre ursprüngliche Sortierung erhalten bleiben soll, ist die Ermittlung der Extrema etwas aufwendiger. Dazu wählen wir folgende Vorgehensweise:

Minimum, Maximum

▶ Zunächst wird angenommen, dass der erste Wert gleichzeitig der Maximalwert ist.

▶ Die anderen Werte werden mit diesem Maximalwert verglichen. Falls einer der Werte größer ist als der bisherige Maximalwert, ist dieser Wert der neue Maximalwert. Die Position und der Wert werden gespeichert. Nach der Bearbeitung des gesamten Felds steht das gewünschte Ergebnis fest.

▶ Die gleiche Methode wird für das Minimum angewendet.

Das Programm:

```
<!DOCTYPE html><html><head><meta charset="utf-8"></head><body>
<?php
    $tp = array(17.5, 19.2, 21.8, 21.6, 20.2, 16.6);

    /* Erste Annahmen */
    $maxpos = 0;    $max = $tp[0];
    $minpos = 0;    $min = $tp[0];

    /* Restliche Elemente untersuchen */
    for($i=1; $i<count($tp); $i++)
    {
        if($tp[$i] > $max)
        {
            $max = $tp[$i];
            $maxpos = $i;
        }
        if($tp[$i] < $min)
        {
```

```
        $min = $tp[$i];
        $minpos = $i;
      }
    }

    /* Unverändert ausgeben */
    for($i=0; $i<count($tp); $i++)
      echo "<b>$i:</b> $tp[$i]   ";

    echo "<br>Maximum: $max bei Position $maxpos<br>";
    echo "Minimum: $min bei Position $minpos";
?>
</body></html>
```

Listing 8.9 Datei num_extrema.php

Zur Kontrolle wird das Feld nach der Ermittlung der Extrema noch einmal ausgegeben, wie Sie in Abbildung 8.8 sehen.

Abbildung 8.8 Wert und Position der Extrema

Zur schnellen Extremwertbestimmung stehen auch die mathematischen Funktionen `max()` und `min()` zur Verfügung. Allerdings liefern diese nur den Wert, nicht aber die Position des jeweiligen Extremums.

8.7.4 Statistische Auswertung

Mithilfe des folgenden Programms wird festgestellt, welcher Anteil einer Menge von Temperaturwerten oberhalb einer definierten Grenze liegt. Diese Grenze kann vom Benutzer gewählt werden. Die Werte werden aus einer sequenziellen Datei eingelesen (siehe Kapitel 7), in der sie zeilenweise gespeichert werden (siehe Abbildung 8.9).

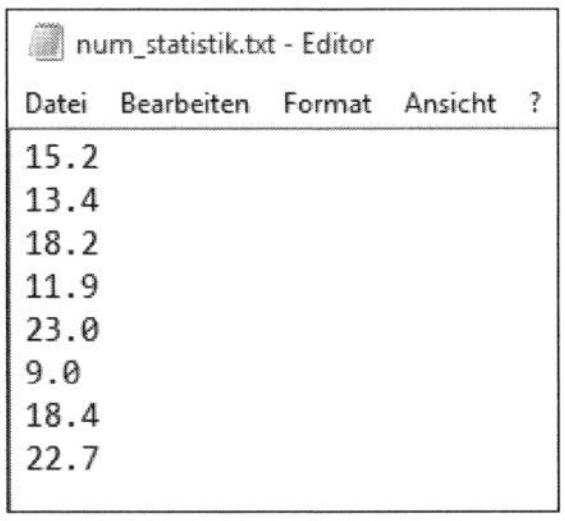

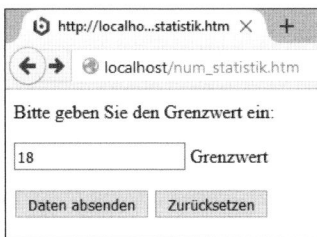

Abbildung 8.9 Eingabedatei

Zunächst das Formular:

```
<!DOCTYPE html><html><head><meta charset="utf-8"></head><body>
<p>Bitte geben Sie den Grenzwert ein:</p>
<form action = "num_statistik.php" method = "post">
    <p><input name="gr"> Grenzwert</p>
    <p><input type="submit">
    <input type="reset"></p>
</form>
</body></html>
```

Listing 8.10 Datei num_statistik.htm

Das Formular sehen Sie in Abbildung 8.10.

Abbildung 8.10 Eingabeformular für den Grenzwert

Der PHP-Programmcode zur Auswertung:

```
<!DOCTYPE html><html><head><meta charset="utf-8"></head><body>
<?php
    if(!file_exists("num_statistik.txt"))
        exit("Datei kann nicht gefunden werden");
```

```
$fp = @fopen("num_statistik.txt","r");
if(!$fp)
    exit("Datei steht nicht zum Lesen bereit");

/* Alle Werte in ein Feld lesen */
$tp = array();
while (!feof($fp))
{
    $zeile = fgets($fp, 100);
    if(!(feof($fp) && $zeile == ""))
        array_push($tp, doubleval($zeile));
}
fclose($fp);

/* Anzahl der Werte oberhalb der Grenze ermitteln */
$c = 0;
$grenze = doubleval($_POST["gr"]);
foreach($tp as $element)
    if($element > $grenze)
        $c++;

/* Ausgabe */
if(count($tp) > 0)
{
    $anteil = $c / count($tp) * 100;
    $ausgabe = number_format($anteil, 2, ",", ".");
    echo "$ausgabe% der Werte liegen oberhalb von $grenze";
}
else
    echo "Die Datei beinhaltet keine Werte";
?>
</body></html>
```

Listing 8.11 Datei num_statistik.php

Nach dem erfolgreichen Öffnen der Textdatei *num_statistik.txt* werden die Werte zeilenweise gelesen, mithilfe der Funktion doubleval() in Zahlen verwandelt und mithilfe der Funktion array_push() am Ende des Felds $tp gespeichert. Das Feld muss vor Einsatz der Funktion array_push() existieren.

Der Einsatz der Funktion doubleval() ist hier notwendig, da die Werte aus der Datei zunächst als Zeichenketten eingelesen und in Zahlen mit Nachkommastellen umgewandelt werden müssen.

Falls Sie bereits Erfahrungen mit anderen Programmiersprachen haben, wird Ihnen spätestens an dieser Stelle auffallen, dass das Feld dynamisch vergrößert wird. Sie müssen daher zu Beginn des Programms keine statische Feldgröße festlegen.

Der vom Benutzer eingegebene Grenzwert steht im Programm in der Variablen $_POST["gr"] zur Verfügung. Auch diese Zeichenkette wird in eine Zahl mit Nachkommastellen (Variable $grenze) umgewandelt.

Innerhalb einer foreach-Schleife wird der Zähler (Variable $c) erhöht, falls ein Element gefunden wird, das oberhalb der eingegebenen Grenze liegt. Der prozentuale Anteil dieser Werte an der Gesamtzahl der Elemente wird berechnet (Variable $anteil). Diese Variable wird auf zwei Stellen nach dem Komma formatiert. Die Ausgabe des Programms zeigt Abbildung 8.11.

Abbildung 8.11 Statistische Auswertung

Übung »u_num«

In einer Textdatei (*u_num.txt*) sind Namen und Altersangaben aller Mitarbeiter einer Firma gespeichert. In der ersten Zeile steht der Name des ersten Mitarbeiters, in der zweiten Zeile das Alter des ersten Mitarbeiters, in der dritten Zeile der Name des zweiten Mitarbeiters usw. (siehe Abbildung 8.12).

```
u_num.txt - Editor
Datei  Bearbeiten  Format  Ansicht  ?
Jürgen Schmitz
52
Monika Weisler
34
Peter Sebastian
22
Gerda Müller
55
Herbert Hering
35
```

Abbildung 8.12 Eingabedatei der Übung »u_num«

Schreiben Sie ein Programm (Datei *u_num.php*), mit dem Informationen über die Altersstruktur ermittelt und wie in Abbildung 8.13 ausgegeben werden.

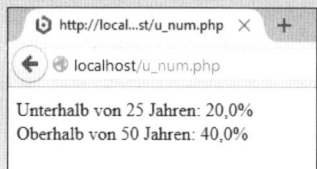

Abbildung 8.13 Ausgabe der Übung »u_num«

8.7.5 Feld verändern

Es gibt zahlreiche Funktionen zum komfortablen Umgang mit Feldern, wie z. B. die Funktion array_push(), die Sie bereits in Abschnitt 8.7.4 kennengelernt haben. Ihre Namen beginnen jeweils mit array_. Als Beispiel sollen vier Funktionen dienen, die zur schnellen Veränderung eines Felds führen. Dies sind im Einzelnen:

array_push() ▸ array_push()
zum Hinzufügen von Elementen am Ende des Felds

array_pop() ▸ array_pop()
zum Entfernen von Elementen am Ende des Felds

array_unshift() ▸ array_unshift()
zum Hinzufügen von Elementen am Anfang des Felds

array_shift() ▸ array_shift()
zum Entfernen von Elementen am Anfang des Felds

Die Anzahl der Elemente des Felds verändert sich dabei jedes Mal. Die beiden letzten Funktionen führen zusätzlich zu einer Verschiebung der restlichen Feldelemente. Ein Beispiel:

```
<!DOCTYPE html><html><head><meta charset="utf-8"></head><body>
<?php
   function ausgabe($x)
   {
      $ergebnis = "";
      foreach($x as $element)
         $ergebnis .= "$element ";
      return "$ergebnis<br> <br>";
```

```
   }

   $st = array("Berlin", "Rom");
   echo ausgabe($st);

   array_push($st, "Madrid", "Amsterdam");
   echo "array_push():<br>" . ausgabe($st);

   $x = array_pop($st);
   echo "array_pop():<br>Entfernt: $x<br>" . ausgabe($st);

   array_unshift($st, "Paris", "London");
   echo "array_unshift():<br>" . ausgabe($st);

   $x = array_shift($st);
   echo "array_shift():<br>Entfernt: $x<br>" . ausgabe($st);
?>
</body></html>
```

Listing 8.12 Datei num_aendern.php

Erläuterung:

▶ Zunächst wird ein Feld mit zwei Elementen erzeugt und ausgegeben. Nach jeder Veränderung innerhalb des Programms wird das Feld zur Kontrolle erneut ausgegeben. Die Ausgabemethode liefert eine Zeichenkette mit den Nummern und Werten aller Feldelemente sowie zwei Zeilenumbrüchen.

▶ Mit array_push() werden zwei Elemente am Ende angefügt. Mit array_unshift() werden zwei Elemente am Anfang eingefügt. Die Anzahl der Elemente, die an- oder eingefügt werden können, ist beliebig. Die neuen Elemente befinden sich anschließend in der gleichen Reihenfolge wie beim Aufruf der Funktion.

▶ Mit array_pop() wird das letzte Element des Felds entfernt und als Rückgabewert geliefert. Das Gleiche passiert bei array_shift(), nur am Anfang des Felds. Der Rückgabewert wird jeweils ausgegeben.

▶ Nach dem Aufruf der Funktionen array_unshift() und array_shift() haben die restlichen Feldelemente ihre Position verändert.

Eine Darstellung des jeweils aktuellen Felds sehen Sie in Abbildung 8.14.

Abbildung 8.14 Feld ändern

8.8   Sortierung eines assoziativen Felds

Key, Value   Mit den Funktionen asort(), arsort(), ksort() und krsort() lassen sich assoziative Felder nach *Key* (= Schlüssel) bzw. nach *Value* (= Wert) sortieren. Im folgenden Programm stelle ich Ihnen diese Sortierfunktionen anhand eines Beispiels vor:

```php
<!DOCTYPE html><html><head><meta charset="utf-8"></head><body>
<?php
    function ausgabe($x)
    {
        $ergebnis = "";
        foreach($x as $name=>$wert)
            $ergebnis .= "$name: $wert   ";
        return $ergebnis;
    }

    $tp["Mo"] = 17.5; $tp["Di"] = 19.2; $tp["Mi"] = 21.8;
    $tp["Do"] = 21.6; $tp["Fr"] = 17.5; $tp["Sa"] = 20.2;
    $tp["So"] = 16.6;

    echo ausgabe($tp) . "unsortiert<br>";

    asort($tp);
    echo ausgabe($tp) . "aufsteigend nach Werten<br>";
```

```
    arsort($tp);
    echo ausgabe($tp) . "absteigend nach Werten<br>";

    ksort($tp);
    echo ausgabe($tp) . "aufsteigend nach Schlüsseln<br>";

    krsort($tp);
    echo ausgabe($tp) . "absteigend nach Schlüsseln<br>";
?>
</table>
</body></html>
```

Listing 8.13 Datei assoz_sortieren.php

Es wird ein assoziatives Feld mit sieben Werten erzeugt – ein Wert pro Wochentag. Anschließend erfolgen die Sortierungen:

▶ Die Funktion asort() sortiert das Feld nach aufsteigenden Werten und die Funktion arsort() nach absteigenden Werten.

▶ Die Funktion ksort() sortiert das Feld nach aufsteigenden Schlüsseln und die Funktion krsort() nach absteigenden Schlüsseln.

In allen Fällen bleibt die Zuordnung von Schlüssel zu Wert erhalten. Das Feld wird sowohl unsortiert als auch nach jedem Sortiervorgang ausgegeben (siehe Abbildung 8.15).

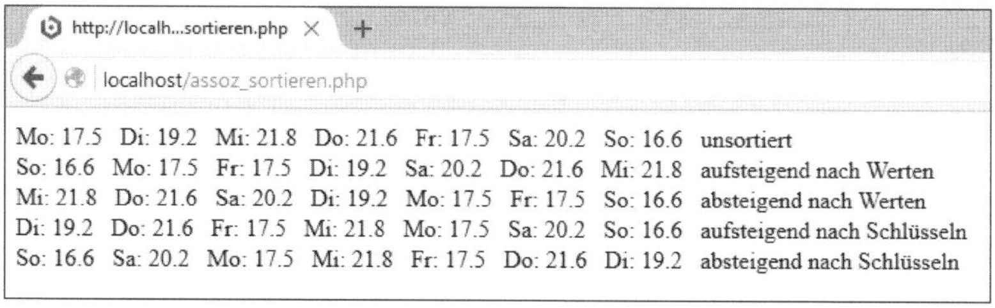

Abbildung 8.15 Sortierung eines assoziativen Felds

8.9   Zweidimensionale Felder

Bei mehrdimensionalen Feldern können Sie numerische und assoziative Felder wie auch gemischte Felder anwenden. Ein gemischtes Feld beinhaltet sowohl numerische als auch assoziative Komponenten.

Betrachten wir einmal die folgende Tabelle 8.1. Sie ist Ihnen bereits aus Kapitel 3, bekannt und soll hier der Einführung von zweidimensionalen Feldern dienen. Es wird nur das Feld Geburtstag weggelassen, um das Programm nicht zu aufwendig werden zu lassen.

Name	Vorname	Personalnummer	Gehalt
Maier	Hans	6714	3500,00
Schmitz	Peter	81343	3750,00
Mertens	Julia	2297	3621,50

Tabelle 8.1 Inhalt einer Datenbanktabelle

Die oben angegebenen Daten sollen in einem zweidimensionalen Feld abgelegt werden, um sie innerhalb eines Programms bearbeiten zu können. Im ersten Beispiel ist dies ein rein numerisches Feld und im zweiten Beispiel ein gemischtes Feld.

Später erläutere ich Ihnen, wie Sie die Daten aus einer Datenbank in ein zweidimensionales assoziatives Feld einlesen können. Dadurch ergibt sich innerhalb des Programms eine permanente Zugriffsmöglichkeit auf die gesamten Daten, ohne erneut eine Datenbankabfrage durchführen zu müssen.

8.9.1   Zweidimensionale numerische Felder

Zwei Indizes   Ein zweidimensionales numerisches Feld hat zwei Indizes. Der erste Index stellt die Nummer der Zeile und der zweite Index die Nummer der Spalte dar. Dies ist nur ein mögliches Vorstellungsmodell, genauso gut könnte es umgekehrt sein. Sie sollten allerdings bei einem einmal gewählten Modell bleiben, denn das erleichtert die Bearbeitung zweidimensionaler Probleme (und später die Bearbeitung höherdimensionaler Probleme).

Im folgenden Beispiel sind die Daten aus Tabelle 8.1 (ohne Überschrift) in einem zweidimensionalen Feld abgelegt:

```
<!DOCTYPE html><html><head><meta charset="utf-8"></head><body>
<?php
    /* 1. Zeile und 2. Zeile */
    $pers = array(array("Maier", "Hans", 6714, 3500),
                  array("Schmitz", "Peter", 81343, 3750));
```

```php
    /* 3. Zeile */
    $pers[2][0] = "Mertens";
    $pers[2][1] = "Julia";
    $pers[2][2] = 2297;
    $pers[2][3] = 3621.50;

    echo "<table border='1'>";
    for($i=0; $i<3; $i++)
    {
        echo "<tr>";
        for($k=0; $k<4; $k++)
            echo "<td>" . $pers[$i][$k] . "</td>";
        echo "</tr>";
    }
    echo "</table>";
?>
</body></html>
```

Listing 8.14 Datei num_zweidim.php

Es werden zwei verschiedene Techniken gezeigt, mit denen Sie zweidimensionale Felder erzeugen bzw. Elemente hinzufügen können:

► Mithilfe der Funktion array() wird die Variable $pers zu einem Feld mit zwei Elementen. Diese Elemente sind wiederum Teilfelder, haben die Namen $pers[0] und $pers[1] und bestehen jeweils aus vier Elementen. Die Nummerierung der Elemente beginnt sowohl beim ersten als auch beim zweiten Index bei 0. Jedes Teilfeld wird ebenfalls mithilfe der Funktion array() erzeugt.

► Mehrdimensionale Felder können Sie, genau wie eindimensionale Felder, einfach durch die Zuweisung einzelner Elemente erzeugen oder vergrößern. Dies ist hier mit den Zuweisungen in der Form $pers[2][0] = "Mertens"; usw. geschehen. Dabei müssen Sie die bisherige Nummerierung beachten, andernfalls könnten auch hier vorhandene Elemente überschrieben werden.

Insgesamt hat das Feld nun zwölf Elemente: drei Teilfelder mit je vier Elementen. Die Struktur erkennen Sie in Tabelle 8.2.

Name des Elements	Zeilenindex des Elements	Spaltenindex des Elements	Wert des Elements
$pers[0][0]	0	0	"Maier"
$pers[0][1]	0	1	"Hans"
$pers[0][2]	0	2	6714
$pers[0][3]	0	3	3500
$pers[1][0]	1	0	"Schmitz"
$pers[1][1]	1	1	"Peter"
$pers[1][2]	1	2	81343
$pers[1][3]	1	3	3750
$pers[2][0]	2	0	"Mertens"
$pers[2][1]	2	1	"Julia"
$pers[2][2]	2	2	2297
$pers[2][3]	2	3	3621,50

Tabelle 8.2 Zweidimensionales numerisches Feld

Diese Elemente werden anschließend mithilfe einer geschachtelten for-Schleife ausgegeben. Eine Zeile der Tabelle wird als eine Zeile auf dem Bildschirm dargestellt. Dabei nimmt die Schleifenvariable $i nacheinander die verwendeten Werte für den Zeilenindex (0 bis 2) an. Die Schleifenvariable $k nimmt nacheinander die verwendeten Werte für den Spaltenindex (0 bis 3) an. Die Ausgabe des Programms sehen Sie in Abbildung 8.16.

Abbildung 8.16 Zweidimensionales numerisches Feld

Hinweis **[«]**

Einfache Variablen, Elemente von eindimensionalen numerischen Feldern und Objekteigenschaften lassen sich auch innerhalb von Zeichenketten notieren, um z. B. eine Ausgabeanweisung übersichtlicher zu gestalten. Elemente von assoziativen Feldern oder von Feldern mit mehr als einer Dimension müssen Sie außerhalb von Zeichenketten notieren.

Übung »u_num_zweidim« **[⎀]**

Speichern Sie die Daten aus der Tabelle der Festplatten aus Abschnitt 3.1.6 in einem zweidimensionalen Feld ab, aber ohne das Feld prod. Geben Sie anschließend die Daten dieses zweidimensionalen Felds wie in Abbildung 8.17 auf dem Bildschirm aus (*u_num_zweidim.php*).

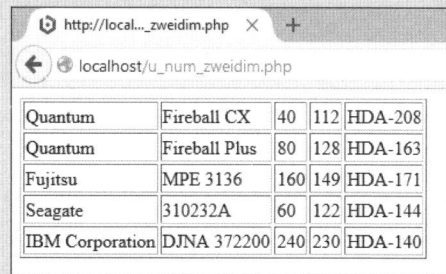

Abbildung 8.17 Ergebnis der Übung »u_num_zweidim«

8.9.2 Zweidimensionale gemischte Felder

Ein zweidimensionales gemischtes Feld hat ebenfalls zwei Indizes. Der erste Index stellt die Nummer der Zeile und der zweite Index die Bezeichnung der Spalten als Schlüssel dar. Dies ist ebenfalls lediglich eines der möglichen Vorstellungsmodelle:

Ein Index und ein Schlüssel

```
<!DOCTYPE html><html><head><meta charset="utf-8"></head><body>
<?php
    /* 1. Zeile und 2. Zeile */
    $pers = array(
        array("Name"=>"Maier", "Vorname"=>"Hans",
            "Pnr"=>6714, "Gehalt"=>3500),
        array("Name"=>"Schmitz", "Vorname"=>"Peter",
            "Pnr"=>81343, "Gehalt"=>3750));
```

```
/* 3. Zeile */
$pers[2]["Name"] = "Mertens";
$pers[2]["Vorname"] = "Julia";
$pers[2]["Pnr"] = 2297;
$pers[2]["Gehalt"] = 3621.50;

echo "<table border='1'>";
for($i=0; $i<3; $i++)
{
   echo "<tr>";
   foreach($pers[$i] as $name=>$wert)
      echo "<td>$name: $wert</td>";
   echo "</tr>";
}
echo "</table>";
?>
</body></html>
```

Listing 8.15 Datei num_assoz.php

In dem Feld $pers sind die Daten aus der Tabelle und außerdem die Spaltenüberschriften (als Schlüssel) abgelegt. Es werden wiederum zwei verschiedene Techniken zur Erzeugung eines Felds bzw. zum Hinzufügen der Elemente gezeigt:

► Mithilfe der Funktion array() wird die Variable $pers zu einem numerischen Feld mit zwei Elementen. Die Nummerierung des numerischen Felds beginnt bei 0.

► Die beiden Elemente des Felds sind assoziative Teilfelder, haben die Namen $pers[0] und $pers[1] und bestehen jeweils aus vier Elementen. Die einzelnen assoziativen Teilfelder werden genauso wie eindimensionale assoziative Felder (mit Schlüssel und Wert) erzeugt.

► Gemischte Felder können auch einfach durch die Zuweisung einzelner Elemente erzeugt oder vergrößert werden. Dies ist hier mit den Zuweisungen in der Form $pers[2]["Name"] = "Mertens"; usw. geschehen.

Insgesamt hat das Feld nun zwölf Elemente: drei Teilfelder mit je vier Elementen. Die Struktur erkennen Sie in Tabelle 8.3:

Name des Elements	Index des Teilfelds	Schlüssel des Elements innerhalb des Teilfelds	Wert des Elements
$pers[0]["Name"]	0	"Name"	"Maier"
$pers[0]["Vorname"]	0	"Vorname"	"Hans"
$pers[0]["Pnr"]	0	"Pnr"	6714
$pers[0]["Gehalt"]	0	"Gehalt"	3500
$pers[1]["Name"]	1	"Name"	"Schmitz"
$pers[1]["Vorname"]	1	"Vorname"	"Peter"
$pers[1]["Pnr"]	1	"Pnr"	81343
$pers[1]["Gehalt"]	1	"Gehalt"	3750
$pers[2]["Name"]	2	"Name"	"Mertens"
$pers[2]["Vorname"]	2	"Vorname"	"Julia"
$pers[2]["Pnr"]	2	"Pnr"	2297
$pers[2]["Gehalt"]	2	"Gehalt"	3621,50

Tabelle 8.3 Zweidimensionales gemischtes Feld

Diese Elemente werden anschließend mithilfe einer geschachtelten Schleife ausgegeben. Eine Zeile der Tabelle wird als eine Zeile auf dem Bildschirm dargestellt. Dabei nimmt die Schleifenvariable $i nacheinander die verwendeten Werte für die Nummer des Teilfelds an (0 bis 2).

Innerhalb der for-Schleife werden, jeweils mithilfe einer foreach-Schleife, die Elemente der Teilfelder ausgegeben. Jedes Teilfeld entspricht einem eindimensionalen assoziativen Feld. Es muss allerdings darauf geachtet werden, dass foreach auf den Namen des Teilfelds angewendet wird ($pers[$i]). Die Ausgabe des Programms zeigt Abbildung 8.18.

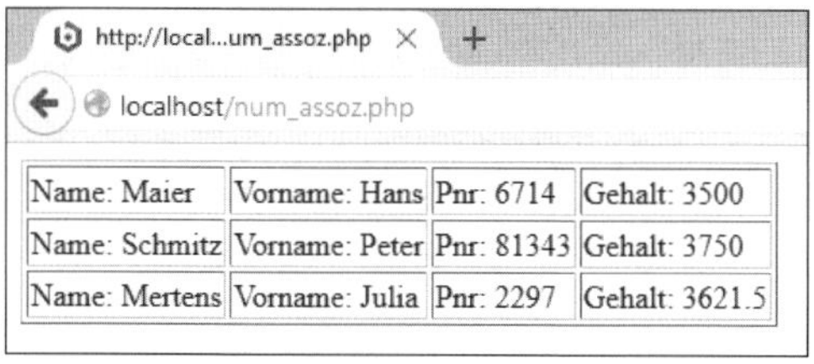

Abbildung 8.18 Zweidimensionales gemischtes Feld

[✐]   **Übung »u_num_assoz«**

Speichern Sie die Daten aus der Tabelle der Festplatten aus Kapitel 3 in einem zweidimensionalen Feld ab, aber ohne das Feld prod. Benutzen Sie die Feldnamen als Schlüssel. Geben Sie anschließend die Daten dieses zweidimensionalen Felds wie in Abbildung 8.19 auf dem Bildschirm aus (Datei *u_num_assoz.php*). Beachten Sie besonders die Aufteilung: Die Schlüssel stehen in der Überschrift, die Werte danach.

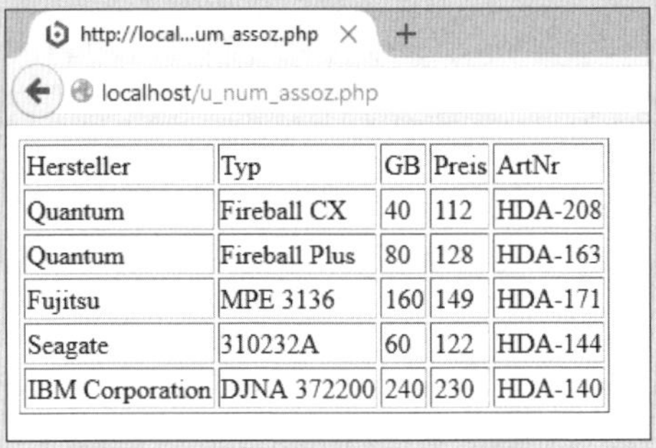

Hersteller	Typ	GB	Preis	ArtNr
Quantum	Fireball CX	40	112	HDA-208
Quantum	Fireball Plus	80	128	HDA-163
Fujitsu	MPE 3136	160	149	HDA-171
Seagate	310232A	60	122	HDA-144
IBM Corporation	DJNA 372200	240	230	HDA-140

Abbildung 8.19 Ergebnis der Übung »u_num_assoz«

8.9.3   Zweidimensionale assoziative Felder

Im folgenden Programm wird eine Abfrage an eine Datenbank gesendet. Das Ergebnis der Abfrage wird vollständig in einem zweidimensionalen assoziativen Feld gespeichert. Auf alle Elemente des Felds kann zu einem späteren Zeitpunkt des Programms zugegriffen werden.

Zwei Schlüssel   Als Schlüssel der ersten Dimension des Felds wird eine eindeutige Bezeichnung benötigt. Dazu bietet sich das eindeutige Feld der Tabelle an. Im vorliegenden Fall ist dies das Feld personalnummer aus der Tabelle personen. Jeder beliebige Feldinhalt aus jedem Datensatz steht anschließend über die Personalnummer zur Verfügung.

```
<!DOCTYPE html><html><head><meta charset="utf-8"></head><body>
<?php
    /* Die Informationen werden aus der Datenbank geholt */
    $con = mysqli_connect("", "root", "", "firma");
    $res = mysqli_query($con, "SELECT * FROM personen");

    /* Die Datensätze werden einzeln gelesen */
    while($dsatz = mysqli_fetch_assoc($res))
```

```
    {
        /* Der Schlüssel wird ermittelt, als Zeichenkette */
        $ax = $dsatz["personalnummer"];

        /* Die Informationen aus dem Datensatz werden
           über den Schlüssel gespeichert */
        $tab[$ax]["name"] = $dsatz["name"];
        $tab[$ax]["vorname"] = $dsatz["vorname"];
        $tab[$ax]["gehalt"] = $dsatz["gehalt"];
    }
    mysqli_close($con);

    /* Alle Datensätze werden mit allen Inhalten angezeigt */
    echo "<table border='1'>";
    foreach($tab as $dsname=>$dswert)
    {
        echo "<tr>";
        /* Der Schlüssel wird ausgegeben */
        echo "<td>$dsname:</td>";

        /* Die Infos aus dem Datensatz werden ausgegeben */
        foreach($dswert as $name=>$wert)
            echo "<td>$wert</td>";
        echo "</tr>";
    }
    echo "</table>";

    /* Einzelne Beispielinformationen werden angezeigt */
    echo "<p>";
    echo $tab["2297"]["name"] . "<br>";
    echo $tab["6715"]["vorname"] . "<br>";    // Schlüssel unbekannt
    echo $tab["6714"]["gehalt"] . "</p>";
?>
</body></html>
```

Listing 8.16 Datei assoz_zweidim.php

Jeder Datensatz des Abfrageergebnisses wird kurzfristig in dem assoziativen Feld $dsatz gespeichert. Das Element personalnummer dient dem zweidimensionalen assoziativen Feld $tab als erster Schlüssel. Mit diesem

Schlüssel werden die restlichen Inhalte (außer `personalnummer`) jedes Datensatzes im Feld `$tab` gespeichert.

foreach
Die Ausgabe jedes Feldelements gelingt über eine doppelte `foreach`-Schleife. In der äußeren Schleife wird nur der erste Schlüssel ermittelt. Der Wert dieses ersten Schlüssels dient wiederum als zweiter Schlüssel.

Am Ende werden zu Demonstrationszwecken einige einzelne Feldelemente ausgegeben. Ein Zugriff auf einen nichtexistierenden Schlüssel wird ignoriert bzw. führt zu einer Meldung, je nach Einstellung der Fehleranzeige. Die Ausgabe des Programms sieht wie in Abbildung 8.20 aus.

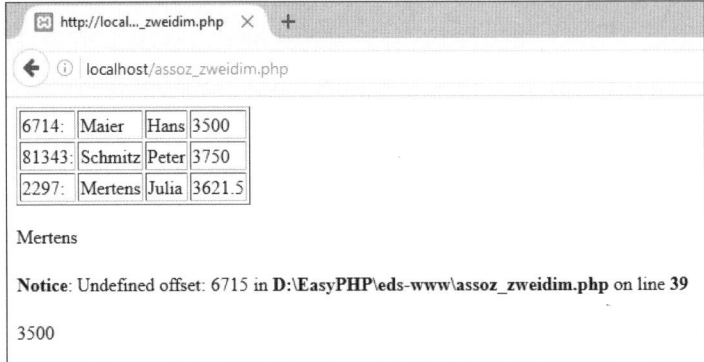

Abbildung 8.20 Zweidimensionales assoziatives Feld

[✎]
Übung »u_assoz_zweidim«

Aus der Tabelle `fp` der Datenbank `hardware` sollen alle Datensätze gelesen und mithilfe der Funktion `mysqli_fetch_assoc()` in einem zweidimensionalen assoziativen Feld gespeichert werden (Datei *u_assoz_zweidim.php*). Anschließend soll eine HTML-Tabelle mit den folgenden Spalten ausgegeben werden:

▶ Artikelnummer

▶ Maximaler Speicherplatz in GByte

▶ Preis und Preis-Leistungs-Verhältnis (PLV = Preis in €/GByte)

Das Ergebnis für PLV soll nicht nur temporär berechnet und unmittelbar ausgegeben werden; stattdessen soll für die zweite Dimension des assoziativen Felds eine weitere Spalte mit dem Schlüssel `plv` angelegt werden. Der Wert steht somit für die gesamte Dauer des Programms innerhalb des assoziativen Felds zur Verfügung. Nutzen Sie die Funktion `number_for-`

mat() zur Darstellung des PLV-Werts. Die Ausgabe sollte wie in Abbildung 8.21 aussehen.

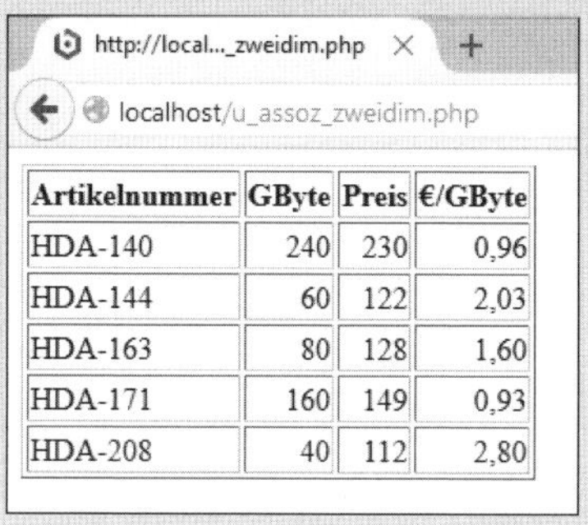

Artikelnummer	GByte	Preis	€/GByte
HDA-140	240	230	0,96
HDA-144	60	122	2,03
HDA-163	80	128	1,60
HDA-171	160	149	0,93
HDA-208	40	112	2,80

Abbildung 8.21 Ergebnis der Übung »u_assoz_zweidim«

8.10 Benutzerdefinierte Sortierung

usort()

Die Funktion usort() ermöglicht Ihnen die Sortierung eines Felds nach benutzerdefinierten Kriterien. Eine solche Sortierung wird z. B. für mehrdimensionale Felder oder Felder von Objekten benötigt, bei denen die einfachen Sortierfunktionen nicht ausreichen.

Zwei Beispiele

Im nachfolgenden Programm sehen Sie zwei Beispiele:

- Die Datensätze eines gemischten zweidimensionalen Felds werden nach dem Schlüssel *Gehalt* sortiert.
- Die Objekte innerhalb eines Felds von Objekten werden nach der Eigenschaft *Geschwindigkeit* sortiert.

Beide Felder werden sortiert ausgegeben (siehe Abbildung 8.22):

```
<!DOCTYPE html><html><head><meta charset="utf-8"></head><body>
<?php
   /* Sortieren eines zweidimensionalen Felds */
   function vergleich($a, $b)
   {
      if($a["Gehalt"] < $b["Gehalt"])       return -1;
      else if($a["Gehalt"] > $b["Gehalt"])  return 1;
      else                                  return 0;
   }
```

```php
$pers = array(
    array("Name"=>"Maier", "Vorname"=>"Hans",
        "Pnr"=>6714, "Gehalt"=>3500),
    array("Name"=>"Schmitz", "Vorname"=>"Peter",
        "Pnr"=>81343, "Gehalt"=>3750),
    array("Name"=>"Mertens", "Vorname"=>"Julia",
        "Pnr"=>2297, "Gehalt"=>3621.50));
usort($pers, "vergleich");
foreach($pers as $element)
{
    foreach($element as $name=>$wert)
        echo "$name: $wert ";
    echo "<br>";
}
echo "<br>";

/* Sortieren eines Felds von Objekten */
class Fahrzeug
{
    private $geschw;
    private $bezeichnung;

    function __construct($bez, $ge)
    {
        $this->bezeichnung = $bez;
        $this->geschw = $ge;
    }

    static function fahrzeugVergleich($a, $b)
    {
        if($a->geschw < $b->geschw)      return -1;
        else if($a->geschw > $b->geschw) return 1;
        else                             return 0;
    }

    function __toString()
    {
        return "$this->bezeichnung, $this->geschw km/h<br>";
    }
}
```

```
$feld = array(new Fahrzeug("Opel Astra", 155),
              new Fahrzeug("Scania TS 360", 62),
              new Fahrzeug("Vespa Piaggio", 25),
              new Fahrzeug("VW Golf", 145));
usort($feld, array("Fahrzeug", "fahrzeugVergleich"));
foreach($feld as $element)
    echo $element;
?>
</body></html>
```

Listing 8.17 Datei feld_usort.php

Es wird das gemischte zweidimensionale Feld erzeugt, das Sie bereits in Abschnitt 8.9.2 kennengelernt haben. Dieses Feld wird durch einen Aufruf der Funktion usort() sortiert. Als erster Parameter wird dabei das zu sortierende Feld angegeben, als zweiter Parameter folgt der Name einer Vergleichsfunktion innerhalb einer Zeichenkette. Hier handelt es sich um die Funktion vergleich().

Zweidimensionales Feld

Diese Funktion wird intern von der Funktion usort() mehrfach aufgerufen. Bei jedem Aufruf werden zwei Elemente des Felds miteinander verglichen. Falls das Gehalt des ersten Feldelements größer ist, wird der Wert 1 zurückgeliefert. Ist das Gehalt des zweiten Feldelements größer, wird eine -1 zurückgeliefert. Sind beide Gehälter gleich hoch, liefert die Funktion den Wert 0 zurück. Diesen Rückgabewert nutzt die Funktion usort() zum Sortieren der Feldelemente.

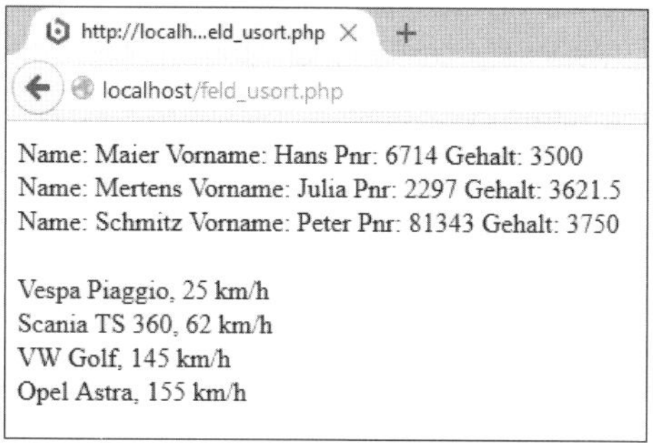

Interne Nutzung

Abbildung 8.22 Benutzerdefinierte Sortierung

Ganz ähnlich sieht es im zweiten Teil des Programms aus. Nach der Definition der Klasse Fahrzeug wird ein Feld von Objekten dieser Klasse erzeugt. Es wird ebenfalls durch einen Aufruf der Funktion usort() sortiert. Als

Feld von Objekten

zweiter Parameter wird diesmal ein Feld mit zwei Elementen übergeben. Das erste Element ist der Name der Klasse, das zweite Element der Name einer statischen Methode dieser Klasse, die zum Vergleich von zwei Objekten dienen soll, jeweils innerhalb einer Zeichenkette. Hier handelt es sich um die Methode `fahrzeugVergleich()`.

Diese Methode hat den gleichen Aufbau wie die zuvor beschriebene Funktion `vergleich()`. Bei jedem Aufruf werden zwei Elemente des Felds, also zwei Objekte, miteinander verglichen. Falls der Wert der Eigenschaft `$geschw` des ersten Objekts größer ist, wird der Wert 1 zurückgeliefert. Ist der Wert der Eigenschaft `$geschw` des zweiten Objekts größer, wird eine -1 zurückgeliefert. Sind beide Werte gleich, liefert die Methode den Wert 0 zurück. Diesen Rückgabewert nutzt die Funktion `usort()` zum Sortieren der Feldelemente.

8.11   list-Anweisung

Mit Hilfe der `list`-Anweisung lassen sich in einem Zug mehrere Elemente eines Felds einzelnen Variablen zuordnen. Nachfolgend einige Beispiele:

```
<!DOCTYPE html><html><head><meta charset="utf-8"></head><body>
<?php
   /* Elemente aus numerischen Arrays, Komma setzen */
   $farben = array("Rot", "Gelb", "Blau", "Magenta", "Cyan");
   list($erstes, $zweites, , $viertes) = $farben;
   echo "$erstes, $zweites, $viertes <br><br>";
   $tp = array("Sonntag"=>22.8, "Montag"=>17.5, "Dienstag"=>19.2);
   list("Sonntag"=>$erstes, "Dienstag"=>$drittes) = $tp;
   echo "$erstes, $drittes <br><br>";

   /* Datenbankzugriff, mit mysqli_fetch_row() */
   $con = mysqli_connect("", "root", "", "firma");
   $res = mysqli_query($con, "SELECT * FROM personen");
   while(list($name, $vorname, , $gehalt) = mysqli_fetch_row($res))
      echo "$name, $vorname, $gehalt <br>";
   mysqli_close($con);
?>
</body></html>
```

Listing 8.18 Datei num_list.php

Im ersten Beispiel wird ein numerisches Array mit fünf Elementen erzeugt. Das erste, das zweite und das vierte Element des Felds werden mithilfe der list-Anweisung einzelnen Variablen zugeordnet. Es müssen nicht alle Elemente zugewiesen werden; allerdings müssen Kommata gesetzt werden, damit die richtigen Elemente des Arrays ausgewählt werden. Falls keine Variable zur Aufnahme eines Elements vorhanden ist, wird das Element ignoriert.

Numerisches Array

Im zweiten Beispiel wird ein assoziatives Array mit drei Elementen erzeugt. Seit PHP 7.1 können auch einzelne Elemente eines solchen Felds mithilfe der list-Anweisung über ihren Schlüssel einzelnen Variablen zugeordnet werden.

Assoziatives Array

Im dritten Beispiel wird mithilfe der Funktion mysqli_fetch_row() ein numerisches Array aus einem Datenbankabfrageergebnis ermittelt. Es wird anschließend zusammen mit der list-Anweisung genutzt, um die Inhalte der Datenbankfelder einzelnen Variablen zuzuweisen.

mysqli_fetch_row()

Die Ausgabe des Programms sehen Sie in Abbildung 8.23.

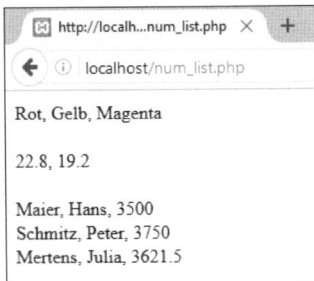

Abbildung 8.23 Mehrfache Zuweisung mit list

Kapitel 9
Datum und Zeit

In diesem Kapitel stelle ich Ihnen die wichtigsten Funktionen zur Verarbeitung und Formatierung von Datums- und Zeitangaben sowie nützliche Techniken in diesem Zusammenhang vor.

Auf vielen Betriebssystemen gilt der 1. Januar 1970 00:00 Uhr als Nullpunkt für die Verarbeitung von Datums- und Zeitangaben. Die Zeit wird in Sekunden ab diesem Zeitpunkt gerechnet. Sie sollten in jedem Fall prüfen, ob auf Ihrem lokalen Webserver die richtige Zeitzone eingestellt ist (siehe Anhang B).

9.1 Zeit ermitteln und ausgeben

Die beiden Funktionen `time()` und `microtime()` ermitteln die Systemzeit des Rechners. Ein Beispielprogramm:

Systemzeit

```php
<!DOCTYPE html><html><head><meta charset="utf-8"></head><body>
<?php
   /* time */
   $jetzt = time();
   echo "<p>Sekunden seit 01.01.1970: $jetzt</p>";

   /* microtime */
   echo "Mit Sekundenbruchteilen:<br>";
   for($i=0; $i<20e6; $i++)
      if($i%2e6==0)
      {
         $msfeld = explode(" ",microtime());
         $genau = doubleval($msfeld[0]) + doubleval($msfeld[1]);
         echo "$genau<br>";
      }
```

```
?>
</body></html>
```

Listing 9.1 Datei zeit_ausgabe.php

Erläuterung:

time()
▶ Die Funktion time() liefert die aktuelle Zeit in Sekunden seit dem 1. Januar 1970. Diese Zeitangabe wird auch Unix-Timestamp genannt.

microtime()
▶ Es folgt eine Schleife, die mehrere Sekunden benötigt. Innerhalb der Schleife wird mehrmals die Zeit genau festgestellt. Die Funktion microtime() liefert eine Zeichenkette in der Form »Mikrosekunden Sekunden«. Die Funktion explode() dient hier der Zerlegung in zwei Feldelemente. Diese werden anschließend in Zahlen verwandelt, addiert und ausgegeben.

Eine mögliche Ausgabe sehen Sie in Abbildung 9.1.

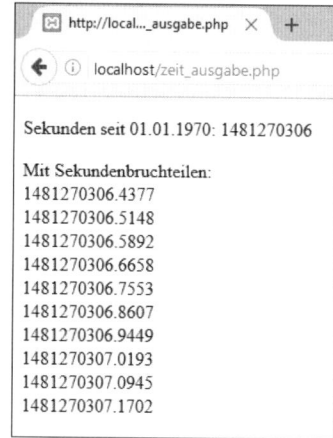

Abbildung 9.1 Zeit ermitteln und ausgeben

Diese Angaben in Sekunden und Sekundenbruchteilen können beispielsweise dazu genutzt werden, mit Zeitangaben zu rechnen. Viele andere Datums- und Zeitfunktionen benötigen einen Timestamp als Parameter.

9.2 Zeit formatiert ausgeben

Zeit formatieren
Die Funktionen strftime() und date() benötigen Sie zur formatierten Ausgabe von Datum und Uhrzeit. Sie liefern diese Angaben in vielen verschie-

denen Formen. Beide Funktionen haben einen festen und einen optionalen Parameter:

▶ In jedem Fall gibt es eine Formatierungszeichenkette für die gewünschte Ausgabe. Innerhalb dieser Zeichenketten werden einzelne Klein- bzw. Großbuchstaben verwendet, die die gewünschte Teilinformation liefern.

▶ Optional existiert ein Timestamp. Falls dieser nicht existiert, wird die aktuelle Systemzeit verwendet.

Zusätzlich zu den reinen Datums- und Zeitangaben werden allgemeine Informationen bereitgestellt, z. B.:

▶ Zeit im Zwölf-Stunden-Format mit Angabe von AM bzw. PM

▶ Jahresangabe nur mit zwei Ziffern

▶ Name des Wochentages, abgekürzt bzw. ausgeschrieben, und die Nummer des Wochentages

▶ Name des Monats, abgekürzt bzw. ausgeschrieben

▶ Kalenderwoche des Jahres, bezogen auf verschiedene Systeme (Sonntag oder Montag als erster Tag der Woche)

▶ Angabe der Zeitzone

Ein Beispielprogramm:

```
<!DOCTYPE html><html><head><meta charset="utf-8"></head><body>
<?php
    $jetzt = time();

    /* strftime */
    echo "<p>Formatiert mit strftime():<br>";
    echo strftime("%d.%m.%Y %H:%M:%S",$jetzt) . "<br>";
    echo strftime("%j.",$jetzt) . " Tag des Jahres<br>";
    setlocale(LC_ALL, "german");
    echo strftime("%A, %d.%B",$jetzt) . "</p>";

    /* date */
    echo "<p>Formatiert mit date():<br>";
    echo date("d.m.Y H:i:s",$jetzt) . "<br>";
    echo intval(date("z",$jetzt))+1 . ". Tag des Jahres<br>";
    echo date("W",$jetzt) . ". Kalenderwoche<br>";
```

```
        /* Feld mit deutschen Wochentagen */
        $wtag = array("Sonntag","Montag","Dienstag","Mittwoch",
            "Donnerstag","Freitag","Samstag");
        $wt = intval(date("w",$jetzt));
        echo "$wtag[$wt]</p>";
    ?>
    </body></html>
```

Listing 9.2 Datei zeit_format.php

Sie sehen die Ausgabe in Abbildung 9.2.

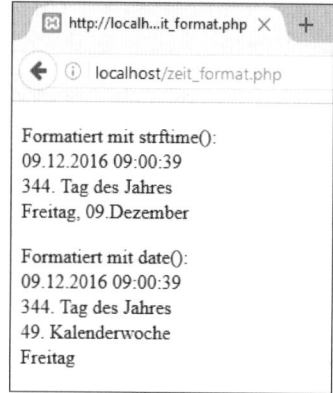

Abbildung 9.2 Zeit formatiert ausgeben

Alle Zeitangaben werden mit dem gleichen Timestamp vorgenommen, um die Vergleichbarkeit zu wahren. Mit den beiden Funktionen werden jeweils mehrere Ausgabezeilen erzeugt.

strftime(), date() Die erste Zeile liefert Datum und Zeit im »klassischen« Format. Die dabei verwendeten Formatierungen sind in Tabelle 9.1 dargestellt.

Die Angabe »zweistellig« bedeutet, dass gegebenenfalls führende Nullen vorangestellt werden, um ein einheitliches Format zu erzeugen. Punkte, Leerzeichen und Doppelpunkte werden zur Vervollständigung der Zeitangabe zwischen den einzelnen Formatierungszeichen eingesetzt.

strftime()	date()	Erläuterung
%d	d	Tag des Monats, zweistellig, 00 bis 31
%m	m	Monat, zweistellig, 01 bis 12
%Y	Y	Jahr, vierstellig
%H	H	Stunde, zweistellig, 00 bis 23
%M	i	Minute, zweistellig, 00 bis 59
%S	s	Sekunde, zweistellig, 00 bis 59
	W	Kalenderwoche nach ISO 8601

Tabelle 9.1 Einige Formate der Funktionen »strftime()« und »date()«

Bei strftime() könnten Sie weitere Sonderzeichen oder Zeichenketten integrieren. Die Funktion date() reagiert wesentlich empfindlicher. Falls die Ausgabe nicht wie gewünscht erscheint, sollten Sie die zusätzlichen Zeichen außerhalb der Formatierungszeichenkette hinzufügen.

Die Formatierung für »Tag des Jahres« wird bei strftime() mit %j und bei date() mit z vorgenommen. Dabei liefert strftime() einen dreistelligen Wert von 001 bis 366. Die Funktion date() liefert einen Wert mit unterschiedlicher Stellenanzahl von 0 bis 365 (!), daher muss nach der Umrechnung der Angabe in eine Zahl noch 1 hinzuaddiert werden. Es werden auch der Wochentagsname bzw. der Monatsname ausgegeben:

▶ Bei der Funktion strftime() ist dies mit %A und %B relativ einfach, da Sie mithilfe der Funktion setlocale() die Lokalität einstellen können. Auf Windows-Systemen geht dies über die Zeichenkette "german" für Deutschland.

▶ Für die Funktion date() muss zunächst die Nummer des Wochentags ermittelt werden. Die Formatierung w liefert eine Zeichenkette, die einen Wert von 0 (= Sonntag) bis 6 (= Samstag) beinhaltet. Da dieser Wert als Feldindex benötigt wird, muss er zunächst mit intval() in eine Zahl umgewandelt werden. Diese Zahl wird als Index für das Feld $wtag (mit Wochentagsnamen) genutzt.

9.3   Zeitangabe prüfen

Zeitangabe prüfen

Die Funktion `checkdate()` überprüft eine Zeitangabe auf ihre Gültigkeit gemäß dem gregorianischen Kalender. Sie erhält ihre drei Parameter in der Form Monat, Tag, Jahr und liefert wahr oder falsch. Dabei wird kontrolliert,

▶ ob die Jahresangabe zwischen 1 und 32767 liegt,

▶ ob die Monatsangabe zwischen 1 und 12 liegt und

▶ ob die Tagesangabe zwischen 1 und dem größten erlaubten Wert für diesen Monat liegt (Schaltjahre werden berücksichtigt).

Ein Beispielprogramm:

```
<!DOCTYPE html><html><head><meta charset="utf-8"></head><body>
<?php
    for($jahr=2013; $jahr<=2021; $jahr++)
    {
        echo "29.02.$jahr";
        if (checkdate(2,29,$jahr)) echo " Datum existiert<br>";
        else                       echo "<br>";
    }
?>
</body></html>
```

Listing 9.3 Datei zeit_check.php

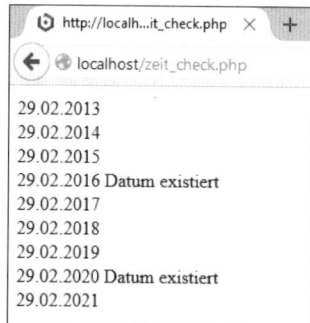

Abbildung 9.3 Zeitangabe auf Gültigkeit überprüfen

Es wird geprüft, ob der 29. Februar der Jahre 2013 bis 2021 als gültiges Datum existiert. Dies trifft natürlich nur für die Schaltjahre zu, wie die Ausgabe in Abbildung 9.3 zeigt.

9.4   Absolute Zeitangabe erzeugen

Zur Erzeugung einer bestimmten, absoluten Zeitangabe nutzen Sie die Funktion mktime(). Sie benötigt als Parameter bis zu sechs Angaben in der folgenden Reihenfolge:

Zeitangabe erzeugen

▶ Stunde

▶ Minute

▶ Sekunde

▶ Monat

▶ Tag

▶ Jahr

Sollten Sie aus früheren PHP-Versionen einen Parameter vermissen: Der siebte Parameter zur Festlegung des Zeitwerts als Sommerzeitwert oder als Winterzeitwert wird mit PHP 7.0 entfernt. Die Funktion mktime() liefert einen Timestamp, der für eine lesbare Ausgabe noch formatiert werden muss, z. B. mit date(). Ungültige Angaben für einzelne Parameter werden korrigiert, wie auch das Beispiel zeigt:

```
<!DOCTYPE html><html><head><meta charset="utf-8"></head><body>
<?php
   $dz = mktime(15, 32, 55, 03, 31, 2016);
   echo date("d.m.Y H:i:s", $dz) . "<br>";

   for($minute=58; $minute<=62; $minute++)
   {
      $dz = mktime(13, $minute, 0);
      echo date("H:i:s", $dz) . "   ";
   }
   echo "<br>";

   for($tag=26; $tag<=32; $tag++)
   {
      $dz = mktime(0 ,0, 0, 2, $tag, 2016);
      echo date("d.m.Y", $dz) . "   ";
   }
?>
</body></html>
```

Listing 9.4 Datei zeit_absolut.php

Innerhalb der ersten Schleife werden nur die Angaben für Stunde, Minute und Sekunde besetzt. Die restlichen Angaben werden mit dem heutigen Datum besetzt; dieses wird hier nicht benötigt. Die Angaben für die Minute (58 bis 62) werden bei Bedarf automatisch korrigiert.

Innerhalb der zweiten Schleife werden nur die Angaben für Monat, Tag und Jahr benötigt. Die Angaben für Stunde, Minute und Sekunde werden mit 0 besetzt; sie sind hier nicht wichtig. Die Angaben für den Tag (26 bis 32) werden bei Bedarf automatisch korrigiert. Die Ausgabe zeigt Abbildung 9.4.

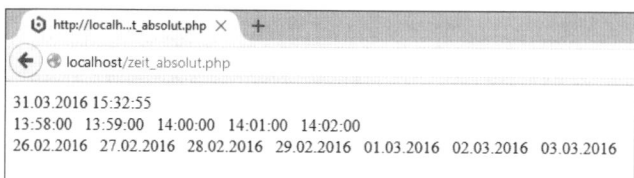

Abbildung 9.4 Absolute Zeitangabe erzeugen

9.5 Relative Zeitangabe erzeugen

Die Funktion strtotime() können Sie nutzen, um relative Zeitangaben zu erzeugen. Sie benötigt bis zu zwei Parameter:

▶ Im ersten Parameter geben Sie mithilfe englischer Begriffe den gewünschten zeitlichen Abstand zum Bezugspunkt an.

▶ Im zweiten Parameter nennen Sie den Bezugspunkt in Form eines Timestamps. Falls kein Bezugspunkt vorhanden ist, wird die aktuelle Systemzeit verwendet.

Ein Beispiel, in dem mehrere relative Angaben bezogen auf die Datumsangabe »25.02.2016« erzeugt werden:

```
<!DOCTYPE html><html><head><meta charset="utf-8"></head><body>
<?php
    $jetzt = mktime(0, 0, 0, 2, 25, 2016);
    echo date("d.m.Y",$jetzt) . " jetzt<br><br>";

    $dann = strtotime("+1 day", $jetzt);
    echo date("d.m.Y",$dann) . " +1 day<br>";

    $dann = strtotime("+2 week", $jetzt);
    echo date("d.m.Y",$dann) . " +2 week<br>";
```

```
    $dann = strtotime("+2 week +2 day", $jetzt);
    echo date("d.m.Y",$dann) . " +2 week +2 day<br>";

    $dann = strtotime("-5 month", $jetzt);
    echo date("d.m.Y",$dann) . " -5 month<br>";

    $dann = strtotime("next Monday", $jetzt);
    echo date("d.m.Y",$dann) . " next Monday<br>";

    $dann = strtotime("last Monday", $jetzt);
    echo date("d.m.Y",$dann) . " last Monday<br>";
?>
</body></html>
```

Listing 9.5 Datei zeit_relativ.php

Im Programm wird eine Reihe von Timestamps erzeugt. Dem ersten Element wird eine absolute Zeitangabe zugewiesen. In Abhängigkeit von diesem Element werden die weiteren Elemente erzeugt. Dabei können die Angaben week, day, month, year wie folgt benutzt werden:

Von Zeitpunkten ausgehen

▶ mit positivem oder negativem Vorzeichen

▶ einzeln oder zu mehreren zusammen

▶ mit oder ohne s am Ende (z. B.: day oder days)

Außerdem ist die Angabe eines englischen Wochentages möglich:

▶ mit dem Zusatz next: der nächste entsprechende Wochentag

▶ mit dem Zusatz last: der vorhergehende entsprechende Wochentag

Im Programm werden alle Elemente des Felds anschließend mit date() formatiert und ausgegeben, wie Sie aus Abbildung 9.5 ersehen können.

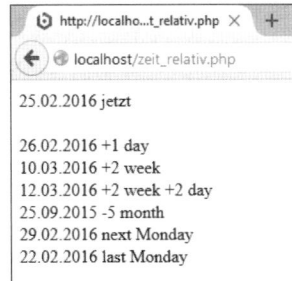

Abbildung 9.5 Relative Zeitangabe erzeugen

379

9.6   Mit Zeitangaben rechnen

Mit Zeit rechnen

Zur Berechnung eines Zeitraums, also der Differenz zwischen zwei Zeitangaben, müssen beide Zeitangaben einzeln erzeugt werden. Anschließend können Sie die Differenz in Sekunden (als Timestamp) berechnen. Daraus lässt sich die Differenz in Minuten, Stunden bzw. Tagen berechnen.

Im folgenden Programm wird die Differenz zwischen dem 15. Februar 2016, 23:55:00 Uhr, und dem 16. Februar 2016, 00:05:15 Uhr, berechnet:

```php
<!DOCTYPE html><html><head><meta charset="utf-8"></head><body>
<?php
   /* Zwei Zeitangaben erzeugen */
   $zeit1 = mktime(23, 55, 0 ,2, 15, 2016);
   echo date("d.m.Y H:i:s",$zeit1) . "<br>";

   $zeit2 = mktime(0, 5, 15, 2, 16, 2016);
   echo date("d.m.Y H:i:s",$zeit2) . "<br><br>";

   /* Differenz berechnen */
   $diff_sek = $zeit2 - $zeit1;
   echo "Differenz: $diff_sek Sekunden<br>";

   $diff_min = $diff_sek / 60;
   echo "das sind: $diff_min Minuten<br>";

   $diff_std = $diff_min / 60;
   echo "das sind: $diff_std Stunden<br>";

   $diff_tag = $diff_std / 24;
   echo "das sind: $diff_tag Tage";
?>
</body></html>
```

Listing 9.6 Datei zeit_rechnen.php

Erläuterung:

▶ In der Variablen $diff_sek wird die Differenz zwischen den beiden Zeitangaben $zeit1 und $zeit2 in Sekunden berechnet.

▶ Zur Ermittlung der Minuten wird diese Zahl durch 60 geteilt.

▶ Zur Ermittlung der Stunden wird dieses Ergebnis durch 60 geteilt.

▶ Zur Ermittlung der Tage wird das letzte Ergebnis durch 24 geteilt.

Die Ausgabe zeigt Abbildung 9.6.

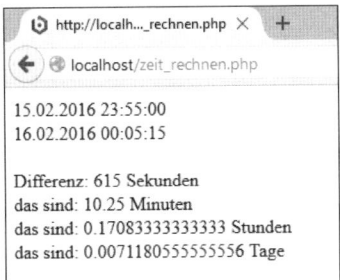

Abbildung 9.6 Mit Zeitangaben rechnen

Die Differenz lässt sich natürlich auf diese Weise nicht in Monaten oder Jahren ermitteln, da Monate bzw. Jahre nicht einheitlich lang sind. Um z. B. das Alter einer Person zu berechnen, müssen Sie daher einen anderen Weg beschreiten. Diesen will ich Ihnen im folgenden Programm zeigen:

```
<!DOCTYPE html><html><head><meta charset="utf-8"></head><body>
<?php
    /* Geburtstag */
    $geburt = mktime(0, 0, 0, 11, 7, 1979);
    echo "Geburt: " . date("d.m.Y",$geburt) . "<br>";

    /* Aktuell */
    $heute = time();
    echo "Heute: " . date("d.m.Y",$heute) . "<br>";

    /* Alter berechnen */
    $hy = intval(date("Y",$heute));
    $gy = intval(date("Y",$geburt));
    $alter = $hy - $gy;

    /* Noch keinen Geburtstag gehabt dieses Jahr? */
    $hm = intval(date("m",$heute));
    $hd = intval(date("d",$heute));
    $gm = intval(date("m",$geburt));
    $gd = intval(date("d",$geburt));
```

```
        if ($hm<$gm || $hm==$gm && $hd<$gd)
            $alter = $alter - 1;

    echo "Alter: " . $alter;
?>
</body></html>
```

Listing 9.7 Datei zeit_alter.php

Erläuterung:

▶ Die Zeitangabe für den Geburtstag, z. B. für den 7. November 1979, wird mithilfe der Funktion `mktime()` erzeugt.

▶ Die aktuelle Zeitangabe wird mit der Funktion `time()` erzeugt.

▶ Das Alter wird zunächst aus der Differenz der Jahresangaben errechnet.

▶ Falls die Person in diesem Jahr noch nicht Geburtstag hatte, also entweder der Geburtsmonat noch nicht erreicht oder innerhalb des Geburtsmonats der Geburtstag noch nicht erreicht ist, wird das Alter um 1 reduziert.

Die Ausgabe sehen Sie in Abbildung 9.7.

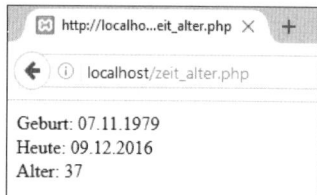

Abbildung 9.7 Berechnung des Alters

9.7 Zeitbereich auswählen

Zeitbereich

Sie können sowohl mithilfe von PHP-Zeitfunktionen als auch mithilfe von SQL-Zeitfunktionen bestimmte Zeitbereiche auswählen. Dies können Sie z. B. dazu nutzen, alle Personen zu ermitteln, die innerhalb eines bestimmten Monats Geburtstag haben:

```
<!DOCTYPE html><html><head><meta charset="utf-8"></head><body>
<?php
    // Monat ermitteln
    $jetzt = time();
```

```
$monat = intval(date("m", $jetzt));

// Anzahl Datensätze ermitteln
$con = mysqli_connect("", "root", "", "firma");
$sql = "SELECT * FROM personen WHERE MONTH(geburtstag) = $monat";
$res = mysqli_query($con, $sql);

// Datensätze ausgeben
$num = mysqli_num_rows($res);
if($num > 0) echo "Ergebnis:<br>";
else         echo "Keine Ergebnisse<br>";
while ($dsatz = mysqli_fetch_assoc($res))
    echo $dsatz["name"] . ", " . $dsatz["geburtstag"] . "<br>";
mysqli_close($con);
?>
</body></html>
```

Listing 9.8 Datei zeit_bereich.php

Nach Ermittlung des aktuellen Monats wird eine SQL-Abfrage gestartet, in der mit der SQL-Funktion MONTH() gearbeitet wird. Diese Funktion ermittelt den Monat innerhalb eines Werts des Datentyps date.

MONTH()

9.8   Zeitstempel in Datenbanken

Bei vielen Datenbanksystemen besteht die Möglichkeit, einen sogenannten Zeitstempel zu speichern. MySQL stellt hierzu den Datentyp timestamp zur Verfügung. Der Wert für ein Feld dieses Typs wird automatisch besetzt, wenn ein Datensatz erzeugt wird. Somit wird festgehalten, zu welchem Zeitpunkt der Datensatz entstanden ist. Diesen Zeitstempel können Sie später für viele Zwecke (Sortierung, Filterung) nutzen. Ein Eintrag hat die Form JJJJ-MM-TT HH:MM:SS. Das sieht für den 15. Februar 1979, 23:55:12 Uhr z. B. wie folgt aus: 1979-02-15 23:55:12.

Datentyp timestamp

Im folgenden Programm wird die Tabelle stempel der Datenbank logdaten mit sogenannten Log-Einträgen gefüllt. Jedes Mal, wenn auf die Seite zugegriffen wird, werden eine automatisch erzeugte eindeutige ID zur Identifizierung, ein Timestamp sowie die IP-Adresse des Benutzers gespeichert. Die IP-Adresse lässt sich über die PHP-Systemvariable $_SERVER["REMOTE_ADDR"] ermitteln. Die Struktur der Tabelle stempel zeigt Abbildung 9.8.

IP-Adresse, Log

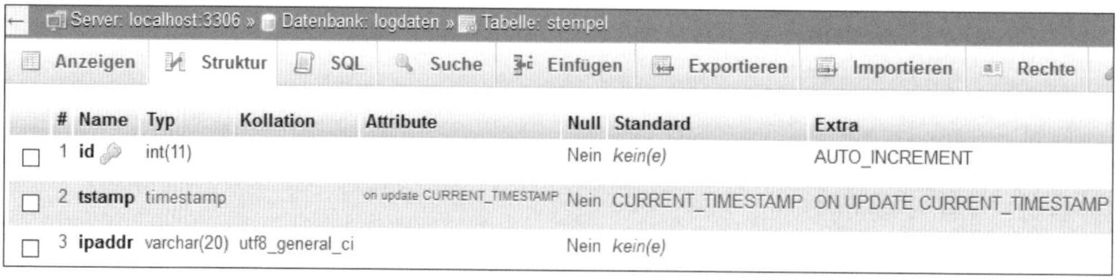

← Server: localhost:3306 » Datenbank: logdaten » Tabelle: stempel

Anzeigen | Struktur | SQL | Suche | Einfügen | Exportieren | Importieren | Rechte

#	Name	Typ	Kollation	Attribute	Null	Standard	Extra
1	id	int(11)			Nein	kein(e)	AUTO_INCREMENT
2	tstamp	timestamp		on update CURRENT_TIMESTAMP	Nein	CURRENT_TIMESTAMP	ON UPDATE CURRENT_TIMESTAMP
3	ipaddr	varchar(20)	utf8_general_ci		Nein	kein(e)	

Abbildung 9.8 Tabellenstruktur

AUTO_INCREMENT

Es wird ein Primärschlüssel für das Feld `id` definiert. Außerdem erhält es das Attribut `AUTO_INCREMENT` (abgekürzt: `A_I`). Dies bedeutet, dass jeder neu eingefügte Datensatz automatisch die nächsthöhere Nummer erhält. Die Nummerierung erfolgt also automatisch.

Das Feld `tstamp` erhält den Datentyp `timestamp`. Dies bedeutet, dass für jeden neu eingefügten oder geänderten Datensatz in diesem Feld der aktuelle Zeitstempel gespeichert wird. Als Standardwert wird `CURRENT_TIMESTAMP` eingestellt.

[»]

Hinweis

Zur Erzeugung der Datenbank inklusive der Tabelle können Sie statt phpMyAdmin einfach das PHP-Programm *zeit_stempel_db_neu.php* verwenden.

Das Programm *zeit_stempel.php*:

```
<!DOCTYPE html><html><head><meta charset="utf-8"></head><body>
<?php
   $jetzt = time();
   echo "Zugriff " . date("d.m.Y H:i:s",$jetzt) . "<br>";

   $ip = $_SERVER["REMOTE_ADDR"];
   echo "IP-Adresse: $ip";

   $con = mysqli_connect("", "root", "", "logdaten");
   $sql = "INSERT INTO stempel (ipaddr) VALUES('$ip')";
   mysqli_query($con, $sql);
   mysqli_close($con);
?>
</body></html>
```

Listing 9.9 Datei zeit_stempel.php

Zunächst wird (lediglich zu Kontrollzwecken) die aktuelle Zeit bestimmt und ausgegeben. Anschließend wird die IP-Adresse des Benutzers ermittelt und ausgegeben. Im Normalfall sind dies Informationen, die dem Benutzer nicht gezeigt werden.

In der Datenbanktabelle wird ein neuer Datensatz erzeugt. Dabei muss nur das Feld ipaddr belegt werden, die ID und der Timestamp werden automatisch erzeugt.

Abbildung 9.9 Kontrollausgabe bei Zugriff

Die IP-Adresse des lokalen Webservers *localhost* ist 127.0.0.1. Bei Aufruf über diese Adresse sieht die Ausgabe wie in Abbildung 9.9 aus.

127.0.0.1

Abbildung 9.10 zeigt einen möglichen Inhalt der Datenbanktabelle nach einigen Zugriffen.

id	tstamp	ipaddr
1	2015-10-25 05:47:57	127.0.0.1
2	2015-10-25 05:48:38	127.0.0.1
3	2015-10-25 05:49:00	127.0.0.1

Abbildung 9.10 Daten mit Timestamp

9.9   Beispiel Feiertagsberechnung

In Abschnitt 1.12.5 wird bereits eine Funktion zur Verfügung gestellt, die den Termin des Ostersonntags mit der Formel nach Gauß berechnet. Diese Funktion nutzen wir nun dazu, alle Feiertage eines beliebigen Jahres zu berechnen. Eine solche Berechnung wird häufig im Zusammenhang mit der Ermittlung von Arbeitstagen und der Betriebsdatenerfassung benötigt. Sie ist bis zum Jahre 2037 gültig. Ab dem Jahr 2038 erfolgt eine Bereichsüberschreitung bei den im Programm verwendeten UNIX-Timestamps.

Die Feiertage sind je nach Bundesland unterschiedlich. Sie teilen sich in feste und bewegliche Feiertage auf. Die beweglichen Feiertage hängen mit

Feiertage berechnen

dem Termin des Ostersonntags zusammen. Tabelle 9.2 zeigt die beweglichen Feiertage im Bundesland Nordrhein-Westfalen (NRW):

Feiertag	Zeitpunkt
Karfreitag	2 Tage vor Ostersonntag
Ostermontag	1 Tag nach Ostersonntag
Christi Himmelfahrt	39 Tage nach Ostersonntag
Pfingstsonntag	49 Tage nach Ostersonntag
Pfingstmontag	50 Tage nach Ostersonntag
Fronleichnam	60 Tage nach Ostersonntag

Tabelle 9.2 Bewegliche Feiertage in NRW

Das Programm liefert nach der Eingabe der Jahreszahl 2016 die sortierte Liste aller Feiertage in NRW, wie Sie aus Abbildung 9.11 ersehen können.

Abbildung 9.11 Feiertagsberechnung

Zunächst das Eingabeformular:

```
<!DOCTYPE html><html><head><meta charset="utf-8"></head><body>
<h2>Feiertage in NRW</h2>
<p>Bitte geben Sie eine Jahreszahl ein:</p>
```

```
<form action="zeit_feiertag.php" method="post">
   <p><input name="jahr"> Jahreszahl</p>
   <p><input type="submit">
   <input type="reset"></p>
</form>
</body></html>
```

Listing 9.10 Datei zeit_feiertag.htm

Es liefert den Wert des Formularfelds jahr an das PHP-Programm:

```
<!DOCTYPE html><html><head><meta charset="utf-8"></head><body>
<?php
   include "zeit_feiertag.inc.php";
   echo "<h2>Feiertage in NRW " . $_POST["jahr"] . "</h2>";

   /* Feiertage ermitteln */
   feiertagNRW($_POST["jahr"], $ftag);

   /* Liste ausgeben */
   echo "<table border='1'>";
   foreach($ftag as $name=>$wert)
   {
      $datum = date("d.m.Y", $wert);
      echo "<tr><td>$datum</td><td>$name</td></tr>";
   }
   echo "</table>";
?>
</body></html>
```

Listing 9.11 Datei zeit_feiertag.php

Im PHP-Programm wird die Datei *zeit_feiertag.inc.php* eingebunden. In   Ostersonntag
dieser Datei stehen die bereits bekannte Funktion ostersonntag() (siehe
auch Abschnitt 1.12.5) und die Funktion feiertagNRW().

Die Funktion feiertagNRW() benutzt intern die Funktion ostersonntag()
und liefert ein assoziatives Feld mit den Namen und Daten aller Feiertage
zurück. Das Feld ist nach Daten aufsteigend sortiert, und die Daten werden
in Form von Timestamps geliefert. Das Feld wird innerhalb einer foreach-
Schleife formatiert in einer Tabelle ausgegeben. Die Funktion feiertag-
NRW() sieht wie folgt aus:

```
function feiertagNRW($jahr, &$ftag)
{
   /* Die festen Feiertage */
   $ftag["Neujahr"] = mktime(0,0,0,1,1,$jahr);
   $ftag["Tag der Arbeit"] = mktime(0,0,0,5,1,$jahr);
   $ftag["Tag der deutschen Einheit"] = mktime(0,0,0,10,3,$jahr);
   $ftag["Allerheiligen"] = mktime(0,0,0,11,1,$jahr);
   $ftag["1. Weihnachtsfeiertag"] = mktime(0,0,0,12,25,$jahr);
   $ftag["2. Weihnachtsfeiertag"] = mktime(0,0,0,12,26,$jahr);

   /* Ostersonntag berechnen */
   ostersonntag($jahr, $t_ostern, $m_ostern);
   $ostern = mktime(0, 0, 0, $m_ostern, $t_ostern, $jahr);

   /* Die beweglichen Feiertage, abhängig vom Ostersonntag */
   $ftag["Karfreitag"] = strtotime("-2 day",$ostern);
   $ftag["Ostersonntag"] = strtotime("0 day",$ostern);
   $ftag["Ostermontag"] = strtotime("+1 day",$ostern);
   $ftag["Christi Himmelfahrt"] = strtotime("+39 day",$ostern);
   $ftag["Pfingstsonntag"] = strtotime("+49 day",$ostern);
   $ftag["Pfingstmontag"] = strtotime("+50 day",$ostern);
   $ftag["Fronleichnam"] = strtotime("+60 day",$ostern);

   /* Liste nach Werten sortieren */
   asort($ftag);
}
```

Listing 9.12 Datei zeit_feiertag.inc.php, Funktion feiertagNRW()

Die Timestamps für die festen Feiertage werden mit der Funktion mktime()
erzeugt. Sie werden Elementen des assoziativen Felds $ftag zugewiesen.
Als Schlüssel wird jeweils die Bezeichnung des Feiertages verwendet.

Nach dem Aufruf der Funktion ostersonntag() stehen in $t_ostern und
$m_ostern Tag und Monat des Ostersonntags bereit. Diese Angaben werden
zusammen mit dem Jahr in den Timestamp $ostern umgeformt.

Die beweglichen Feiertage werden mit der Funktion strtotime() relativ zu
Ostern bestimmt und dem assoziativen Feld hinzugefügt. Anschließend
wird das Feld mithilfe der Funktion asort() nach Werten aufsteigend sortiert.

9.10 Kopfrechnen mit Zeitmessung

Das Ihnen bereits bekannte Beispiel »Kopfrechnen« (siehe Abschnitt 4.15) wird um eine Zeitmessung und eine Speicherung erweitert. Name und erreichte Zeit des Spielers werden nach dem Spiel in einer MySQL-Datenbank festgehalten. Die Dateien des Beispiels haben das einheitliche Präfix kopf-zeit. Es geht also los mit *kopfzeit.htm* (siehe Abbildung 9.12).

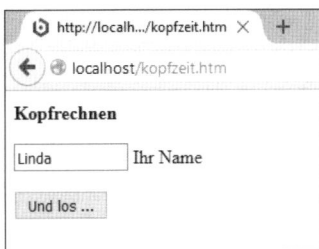

Abbildung 9.12 Kopfrechnen mit Zeitmessung

Es folgen die Aufgaben (siehe Abbildung 9.13).

Abbildung 9.13 Kopfrechnen, die Aufgaben

Als Letztes folgt die Auswertung inklusive der Zeitangabe und der High-score-Liste (siehe Abbildung 9.14).

Abbildung 9.14 Kopfrechnen, die Auswertung

Nachfolgend erläutere ich nur die Unterschiede zu der Version ohne Zeitmessung und Datenbankspeicherung. Der Programmablauf und die Einbindung der Klassendateien bleiben gleich. Innerhalb der Klasse Spiel gibt es folgende Veränderungen:

```php
<?php
include "kopfzeit_highscore.inc.php";

/* Klasse "Spiel" */
class Spiel
{
   . . .
   function __construct($sp, $st, $zi)
   {
      . . .
      /* Startzeit messen */
      $msfeld = explode(" ",microtime());
      $this->startzeit = doubleval($msfeld[0])
         + doubleval($msfeld[1]);
   }
   . . .
   function auswerten($eingabe)
   {
      /* Spieldauer messen */
      $msfeld = explode(" ",microtime());
```

```php
      $endzeit = doubleval($msfeld[0]) + doubleval($msfeld[1]);
      $this->dauer = number_format(
         $endzeit - $this->startzeit, 1, ".", "");
      . . .
      /* Falls alles richtig: Highscore speichern in DB,
         Highscore anzeigen */
      if($this->richtig == $this->anzahl)
         new Highscore($this->spieler, $this->dauer);
   }
}

<?php
include "kopfzeit_highscore.inc.php";
...
class Spiel
...
   function __construct($sp, $st, $zi)
...
      /* Startzeit messen */
      $msfeld = explode(" ",microtime());
      $this->startzeit = doubleval($msfeld[0])
         + doubleval($msfeld[1]);
...
   function auswerten($eingabe)
...
      /* Spieldauer messen */
      $msfeld = explode(" ",microtime());
      $endzeit = doubleval($msfeld[0])
         + doubleval($msfeld[1]);
      $this->dauer = number_format(
         $endzeit - $this->startzeit, 1, ".", "");
...
      /* Falls alles richtig: Highscore speichern in DB,
         Highscore anzeigen */
      if($this->richtig == $this->anzahl)
         new Highscore($this->spieler, $this->dauer);
...
```

Listing 9.13 Datei kopfzeit_spiel.inc.php

Erläuterung:

▶ Zunächst wird die Datei mit der Definition der neuen Klasse Highscore eingebunden.

▶ Am Ende des Konstruktors wird mithilfe der Funktion microtime() die aktuelle Zeit genommen. Sie wird in der Eigenschaft startzeit der Klasse Spiel festgehalten.

Zeitdifferenz ▶ Zu Beginn der Auswertungsfunktion wird das Gleiche noch einmal für die Endzeit durchgeführt. Die Zeitdifferenz zwischen Startzeit und Endzeit wird ermittelt und, gerundet auf eine Stelle nach dem Komma, als Eigenschaft dauer der Klasse Spiel festgehalten.

▶ Falls alle Aufgaben richtig gelöst werden, wird ein neues Objekt der Klasse Highscore erzeugt. Name und Spieldauer werden dabei übergeben, und den Rest erledigt das Highscore-Objekt.

Klasse »Highscore« Die Definition der neuen Klasse Highscore:

```php
<?php
/* Klasse "Highscore" */
class Highscore
{
    private $con;

    function __construct($spieler, $dauer)
    {
        /* Verbindung zum DB-Server */
        $this->con = mysqli_connect("", "root", "");

        /* Falls keine DB vorhanden: mit Tabelle erstellen */
        if(!mysqli_select_db($this->con, "kopfzeit"))
        {
            mysqli_query($this->con, "CREATE DATABASE kopfzeit");
            mysqli_select_db($this->con, "kopfzeit");
            mysqli_query($this->con, "CREATE TABLE highscore"
                . " (name VARCHAR(20), zeit DOUBLE)"
                . " ENGINE=MyISAM DEFAULT CHARSET=UTF8");
        }

        /* Datensatz einfügen */
        mysqli_query($this->con, "INSERT INTO highscore (name, zeit)"
            . " VALUES ('$spieler', $dauer)");
```

```
    /* Datensätze anzeigen */
    $this->anzeigen();
}

function anzeigen()
{
    /* Datensätze anzeigen */
    echo "<p><b>Highscore:</b></p>";
    echo "<p><table>";
    echo "<tr><td><b>Name</b></td>"
        . " <td><b>Zeit</b></td></tr>";
    $res = mysqli_query($this->con, "SELECT * FROM highscore"
        . " ORDER BY zeit LIMIT 10");
    while($dsatz = mysqli_fetch_assoc($res))
        echo "<tr><td>" . $dsatz["name"]
            . "</td><td align='right'>" . $dsatz["zeit"]
            . " Sek.</td></tr>";
    echo "</table></p>";
}

function __destruct()
{
    mysqli_close($this->con);
}
}
?>
```

Listing 9.14 Datei kopfzeit_highscore.inc.php

Erläuterung:

▶ Im Konstruktor wird zunächst eine Verbindung zum Datenbankserver aufgenommen, noch ohne Angabe der Datenbank.

▶ Anschließend wird versucht, die Datenbank kopfzeit mithilfe der Funktion mysqli_select_db() auszuwählen. Falls der Versuch nicht gelingt, wird die Datenbank neu erzeugt, ausgewählt und mit einer neuen Tabelle bestückt.

mysqli_select_db()

▶ Nach dem Einfügen eines neuen Datensatzes in die Tabelle, die jetzt auf jeden Fall existiert, wird die Methode anzeigen() aufgerufen.

▶ In der Methode `anzeigen()` werden die maximal zehn besten Ergebnisse aus der Datenbanktabelle abgerufen und in einer kleinen Tabelle auf dem Bildschirm ausgegeben.

▶ Im letzten Schritt wird im Destruktor die Verbindung zur Datenbank geschlossen.

Kapitel 10
Mathematische Funktionen

Mathematische Funktionen werden für Berechnungen genutzt. In den folgenden Beispielprogrammen werden zwei unterschiedliche Methoden verwendet. Diese beiden Methoden können Sie generell bei allen Funktionsaufrufen anwenden. Die erste Methode wird insbesondere bei mathematischen Funktionen genutzt:

- ▶ Methode 1: Das Ergebnis der mathematischen Funktion wird unmittelbar ausgegeben, das heißt, Berechnung und Ausgabe finden in einem Schritt statt. Vorteil dieser Methode ist ihre kompakte Schreibweise.

    Ausgabe

- ▶ Methode 2: Das Ergebnis der mathematischen Funktion wird in einer Variablen gespeichert. Diese Variable wird anschließend oder erst später ausgegeben, das heißt, Berechnung und Ausgabe finden in zwei Schritten statt. Diese Methode hat den Vorteil, dass das Ergebnis mehrmals verwendet werden kann, ohne dafür die Funktion erneut aufrufen zu müssen und dabei Rechenzeit zu beanspruchen.

    Rückgabe

10.1   Ganze Zahlen und Fließkommazahlen

In diesem Abschnitt schauen wir uns zunächst den Zahlenbereich und die Genauigkeit von ganzen Zahlen und Fließkommazahlen an.

Ganze Zahlen sind absolut genau. Die größte und die kleinste ganze Zahl können mithilfe der Konstanten PHP_INT_MAX und PHP_INT_MIN (letztere seit PHP 7.0) ermittelt werden. Zahlen jenseits der größten ganzen Zahl werden als Fließkommazahl verarbeitet.

    Größte und kleinste ganze Zahl

Fließkommazahlen sind nur auf 15 oder 16 Stellen nach dem Komma genau. Die größte und die kleinste mögliche Fließkommazahl werden mit dem nachfolgenden Programm verdeutlicht.

    Fließkommazahl

Die Funktion var_dump() liefert genaue Informationen über Variablen.

    var_dump()

Zunächst das Programm:

```
<!DOCTYPE html><html><head><meta charset="utf-8"></head><body>
<?php
   $i = PHP_INT_MAX;  echo "$i<br>";
   $f = $i + 1;       echo "$f<br>";
   $i = PHP_INT_MIN;  echo "$i<br><br>";

   $x = 1e308;        echo "$x<br>";
   $x = $x * 10;      echo "$x<br>";
   $x = 1e-323;       echo "$x<br>";
   $x = $x / 10;      echo "$x<br><br>";

   $x = 1.0 / 7.0;    echo number_format($x,20) . "<br><br>";

   $x = array($i, $f, true, "Hallo");
   var_dump($x);
?>
</body></html>
```

Listing 10.1 Datei math_zahlen.php

Die Ausgabe des Programms sehen Sie in Abbildung 10.1.

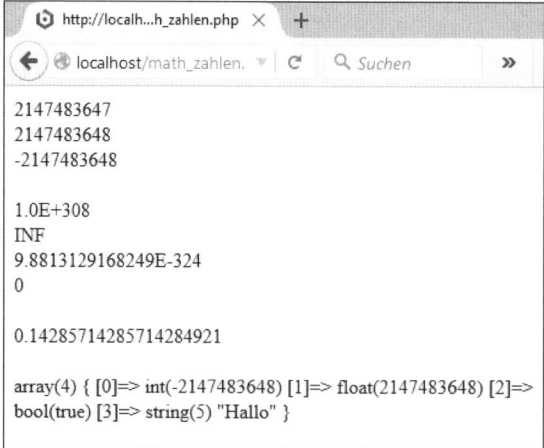

Abbildung 10.1 Zahlenbereiche und -genauigkeit

Der Wert von `PHP_INT_MAX` beträgt ca. 2,1 Milliarden. Die nächstgrößere ganze Zahl wird zur Fließkommazahl, wie Sie auch an der Ausgabe mithilfe der Funktion `var_dump()` sehen können.

Zwischen 10^{308} und 10^{309} liegt die obere Grenze für Fließkommazahlen. Zahlen oberhalb der Grenze werden als unendlich (englisch: *infinity*) interpretiert. Zwischen 10^{-323} und 10^{-324} liegt betragsmäßig die untere Grenze. Zahlen unterhalb der Grenze werden als 0 interpretiert.

Grenze

Die Division von 1 durch 7 ergibt einen Wert, in dem die Zahlenfolge 142857 endlos oft vorkommt. An der Ausgabe mit 20 Nachkommastellen können Sie erkennen, dass der Wert ab der 15. bzw. 16. Stelle ungenau wird.

Genauigkeit

Die Funktion `var_dump()` liefert u. a. die Information, ob es sich bei einer Variablen um einen `int`-Wert, einen `float`-Wert, einen booleschen Wert, eine Zeichenkette oder ein Array handelt.

10

10.2   Exponentialoperator **

Den Exponentialoperator ** gibt es seit PHP 5.6. Er dient der Potenzierung von Zahlen. Es folgt ein Programm mit einigen Beispielen:

```php
<!DOCTYPE html><html><head><meta charset="utf-8"></head><body>
<?php
    echo "2 ** 3 = 2 * 2 * 2 = " . 2 ** 3 . "<br>";
    echo "2 ** -3 = 1 / (2**3) = " . 2 ** -3 . "<br>";
    echo "2.5 ** 3 = 2.5 * 2.5 * 2.5 = " . 2.5 ** 3 . "<br>";
    echo "2.5 ** -3 = 1 / (2.5**3) = " . 2.5 ** -3 . "<br>";
    echo "-2.5 ** -3 = " . -2.5 ** -3 . "<br>";
    echo "2**3 * 2**3 = 8*8 = " . 2**3*2**3 . "<br>";
    echo "2**(3*2)**3 = 2**(6**3) = " . 2**(3*2)**3 . "<br>";
?>
</body></html>
```

Listing 10.2 Datei math_exponential.php

In Abbildung 10.2 sehen Sie die Ausgabe des Programms, in der auch einige Rechenregeln erkennbar sind.

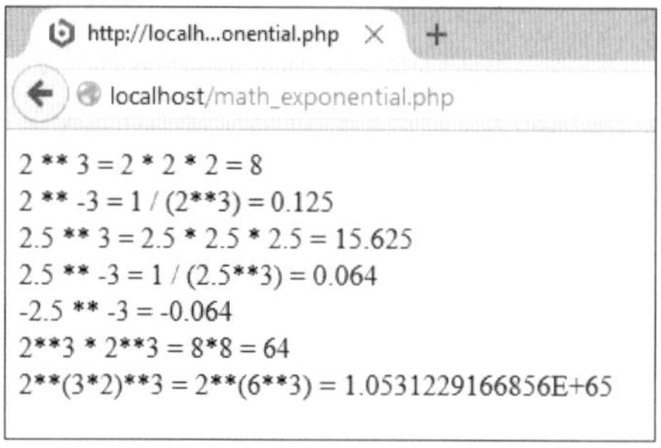

Abbildung 10.2 Berechnungen mit dem Exponentialoperator **

Potenzierung

Der Wert von 2 ** 3 entspricht 2 * 2 * 2, also 8. Bei der Potenzierung wird die Zahl vor dem Operator als *Basis* bezeichnet, die Zahl danach als *Exponent*. Beide Zahlen können negativ sein und Nachkommastellen besitzen.

Rechtsassoziativ

Der Operator ** hat Vorrang vor den Operatoren für Multiplikation und Division. In der vorletzten Zeile der Ausgabe sehen Sie dafür ein Beispiel. Der Operator ** ist *rechtsassoziativ*. Ein Ausdruck, in dem der Operator zweimal vorkommt, wird also von rechts nach links bearbeitet, wie Sie in der letzten Zeile der Ausgabe sehen.

10.3   PHP als Taschenrechner

Einfache Funktionen

Im folgenden Programm werden einige Funktionen und Konstanten genutzt, die Ihnen von Ihrem Taschenrechner her bekannt sind:

▶ die Funktion sqrt() zur Berechnung der Wurzel

▶ die Funktion pow() zur Exponentialrechnung mit beliebiger Basis

▶ die Funktion exp() zur Exponentialrechnung zur Basis *e* (eulersche Zahl)

▶ die Funktionen log() und log10() zur Berechnung des natürlichen Logarithmus und des 10er-Logarithmus

▶ die mathematischen Konstanten *pi* (Kreiszahl) und *e* (eulersche Zahl)

```
<!DOCTYPE html><html><head><meta charset="utf-8"></head><body>
<?php
    echo "<p><b>Wurzel, Potenz, e-Funktion, Logarithmus,"
        . " Konstanten:</b></p>";
    $a = 4.75;
    echo "Variable a: $a <br>";
    echo "&radic;a: " . sqrt($a) . "<br>";
```

```
    echo "a<sup>2</sup>: " . pow($a,2) . "<br>";
    echo "a<sup>3</sup>: " . pow($a,3) . "<br>";
    echo "log(a) = Nat. Logarithmus von a: " . log($a) . "<br>";
    echo "e<sup>a</sup> : " . exp($a) . "<br>";
    echo "e<sup>1/a</sup> :" . exp(1/$a) . "<br>";
    echo "log<sub>10</sub>(a), 10er-Logarithmus von a: "
        . log10($a) . "<br>";
    echo "Kreiszahl &pi;: " . M_PI . "<br>";
    echo "Eulersche Zahl e: " . M_E . "<br>";
?>
</body></html>
```

Listing 10.3 Datei math_rechner.php

Die Ausgabe sehen Sie in Abbildung 10.3.

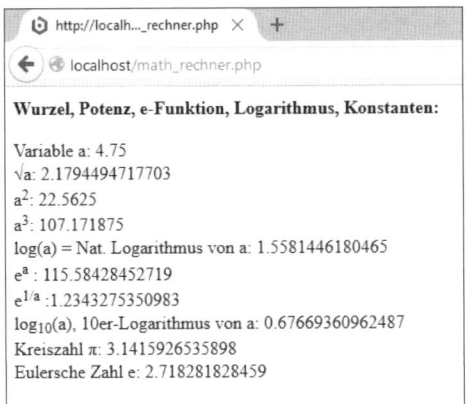

Abbildung 10.3 Funktionen und Konstanten

10.4   Umwandlung in ganze Zahl

In diesem Abschnitt beschäftigen wir uns damit, eine Zahl mit Dezimalstellen durch verschiedene Rundungsarten in eine Ganzzahl umzuwandeln. Das Programm:

```
<!DOCTYPE html><html><head><meta charset="utf-8"></head><body>
<?php
    echo "<p><b>Zahlen in Ganzzahlen verwandeln:</b><br>";
    $a = 4.75;
    echo "Variable a: $a<br>";
```

```
    echo "Nach unten mit floor(): " . floor($a) . "<br>";
    echo "Nach oben mit ceil(): " . ceil($a) . "<br>";
    echo "Gerundet mit round(): " . round($a) . "</p>";

    $b = -4.75;
    echo "<p>Variable b: $b<br>";
    echo "Nach unten mit floor(): " . floor($b) . "<br>";
    echo "Nach oben mit ceil(): " . ceil($b) . "<br>";
    echo "Gerundet mit round(): " . round($b) . "</p>";
?>
</body></html>
```

Listing 10.4 Datei math_umwandeln.php

Runden

Das Runden kann auf verschiedene Weisen geschehen:

▶ Runden nach unten: Funktion floor()

▶ Runden nach oben: Funktion ceil()

▶ kaufmännisch runden (bei positiven Zahlen bis 0,4999… auf 0, ab 0,5000… auf 1): Funktion round()

Die Ausgabe sehen Sie in Abbildung 10.4.

Abbildung 10.4 Ganzzahlermittlung

10.5   Ganzzahlige Division

intdiv()

Seit PHP 7.0 gibt es die Funktion intdiv() zur Durchführung einer ganzzahligen Division. Dabei werden die Nachkommastellen des Ergebnisses der Division abgeschnitten. Falls eine der beiden beteiligten Zahlen Nachkommastellen hat, werden sie vor der Division abgeschnitten. Nachfolgend ein Beispiel:

```
<!DOCTYPE html><html><head><meta charset="utf-8"></head><body>
<?php
    echo 7 / 4 . "<br>";
    echo intdiv(7, 4) . "<br>";
    echo 12.1 / 2.5 . "<br>";
    echo intdiv(12.1, 2.5) . "<br>";
?>
</body></html>
```

Listing 10.5 Datei math_division.php

Zunächst werden zwei ganze Zahlen dividiert. Bei der normalen Division mithilfe des Zeichens / bleiben die Nachkommastellen des Ergebnisses erhalten. Beim Einsatz der Funktion intdiv() werden sie abgeschnitten.

Nachkommastellen
abschneiden

Anschließend werden zwei Zahlen mit Nachkommastellen dividiert. Beim Einsatz der Funktion intdiv() werden zunächst die Nachkommastellen dieser beiden Zahlen abgeschnitten. Anschließend wird also 12 durch 2 geteilt. Hätte das Ergebnis Nachkommastellen, würden auch diese nun abgeschnitten.

Die Ausgabe sehen Sie in Abbildung 10.5.

Abbildung 10.5 Ganzzahlige Division

10.6   Extremwerte

In diesem Abschnitt wird das Maximum bzw. das Minimum unterschiedlich vieler Werte ermittelt. Das Programm:

```
<!DOCTYPE html><html><head><meta charset="utf-8"></head><body>
<?php
    echo "<p><b>Maxima, Minima:</b><br>";
```

```
$a = 4.75;
$b = -4.75;
$c = 30;
echo "a: $a, b: $b, c: $c<br>";
echo "Maximum von a, b und c: "
     . max($a,$b,$c) . "<br>";
echo "Minimum von a, b und c: " . min($a,$b,$c) . "</p>";

$f = array(-4.75, 5.37, 30, -6.2, 0.05);
echo "<p>Feld: ";
for($i=0; $i<count($f); $i++)
   echo "$f[$i]   ";
echo "<br>";
echo "Feld-Maximum: " . max($f) . "<br>";
echo "Feld-Minimum: " . min($f) . "</p>";
?>
</body></html>
```

Listing 10.6 Datei math_extrema.php

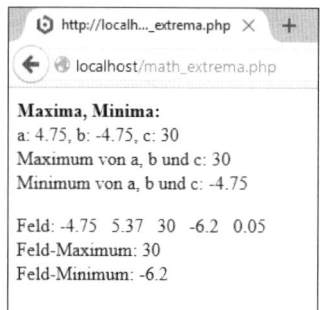

Abbildung 10.6 Extremwerte

Die Funktionen max() bzw. min() ermitteln aus einer beliebigen Menge Zahlen die größte bzw. die kleinste Zahl. Die Funktionen können auch bei Feldern angewendet werden. Die Ausgabe zeigt Abbildung 10.6.

10.7   Winkelfunktionen

sin(), cos(), tan()

In diesem Abschnitt stelle ich Ihnen einige Winkelfunktionen (Sinus, Kosinus, Tangens usw.) vor. Dabei ist zu beachten, dass ein Winkel, der in Grad angegeben wird, zunächst in das Bogenmaß umgerechnet werden muss. Erst anschließend können Sie eine Winkelfunktion anwenden. Die Umrechnung von Winkel in Bogenmaß erfolgt mithilfe der Funktion deg2rad().

Umgekehrt muss das Ergebnis einer Arcus-Funktion (Arcussinus, Arcuskosinus, Arcustangens) anschließend wieder vom Bogenmaß in Grad umgewandelt werden. Dies wird durch die Funktion rad2deg() ermöglicht.

```
<!DOCTYPE html><html><head><meta charset="utf-8"></head><body>
<?php
    echo "<h2>Winkelfunktionen:</h2>";

    $w = 32;
    echo "<p>Winkel w: $w (in Grad)<br>";
    $wbm = deg2rad($w);
    echo "Winkel w: $wbm (in Bogenmaß)<br>";
    echo "sin(w): " . sin($wbm) . "<br>";
    echo "cos(w): " . cos($wbm) . "<br>";
    echo "tan(w): " . tan($wbm) . "</p>";

    $x = 0.53;
    echo "<p>Wert x: $x<br>";
    echo "asin(x): " . rad2deg(asin($x)) . " (in Grad)<br>";
    echo "acos(x): " . rad2deg(acos($x)) . " (in Grad)";
?>
</body></html>
```

Listing 10.7 Datei math_winkel.php

Die Ausgabe sehen Sie in Abbildung 10.7.

Abbildung 10.7 Winkelfunktionen

10.8   Zufallszahlen

In vielen Programmen (Spiele, Simulationen, Tests usw.) werden zufällige Zahlen gebraucht. Wie in fast jeder anderen Programmiersprache existieren diese Zufallszahlen auch in PHP. Allerdings handelt es sich immer um Quasi-Zufallszahlen und keine mathematisch echten Zufallszahlen. Normalerweise genügen diese zufälligen Werte allerdings für die genannten Aufgaben. In PHP gibt es mehrere sogenannte *Zufallszahlengeneratoren*:

rand() ▶ Ein einfacher Zufallszahlengenerator arbeitet mit der Funktion `rand()` und stellt Folgendes zur Verfügung:

– entweder beliebige Zahlen zwischen 0 und dem systemabhängigen Wert von `getrandmax()`, Aufruf: `rand()`,

– oder beliebige Zahlen zwischen den angegebenen Grenzen, jeweils einschließlich, Aufruf z. B.: `rand(1,6)`.

srand() ▶ Diesen einfachen Zufallszahlengenerator können Sie nach Aufruf des Programms zunächst einmalig mit `srand()` initialisieren. Das ist allerdings nicht zwingend notwendig. Die Funktion `srand()` benutzt die Funktion `microtime()`, die die Systemzeit als ganze Zahl in Mikrosekunden ermittelt. Dieser Wert ist zu jedem Zeitpunkt unterschiedlich. Daher ergibt sich auf jeden Fall immer ein anderer Startwert für den Zufallszahlengenerator.

random_int() ▶ Seit PHP 7.0 gibt es die Funktion `random_int()`. Sie stellt zufällige Zahlen mithilfe eines Algorithmus zur Verfügung, der besser ist als derjenige der Funktion `rand()` und sich somit eher für Verschlüsselungen eignet. Die Funktion `random_int()` muss mit einer Untergrenze und einer Obergrenze aufgerufen werden. Dabei dürfen die Werte von `PHP_INT_MIN` und `PHP_INT_MAX` nicht unterschritten bzw. überschritten werden.

Das Programm:

```
<!DOCTYPE html><html><head><meta charset="utf-8"></head><body>
<?php
    echo "<p><b>Seite bitte mehrmals neu laden</b></p>";

    srand((double)microtime()*1000000);
    echo "<p>3 Zufallszahlen mit rand():<br>";
    echo "(von 0 bis " . getrandmax() . ")<br>";
    for ($i=1; $i<=3; $i++)
        echo rand() . "   ";
```

```
    echo "</p>";

    echo "<p>3 Zufallszahlen mit random_int():<br>";
    echo "(von " . number_format(PHP_INT_MIN,0,",",".") . " bis "
        . number_format(PHP_INT_MAX,0,",",".") . ")<br>";
    for ($i=1; $i<=3; $i++)
        echo number_format(random_int(
            PHP_INT_MIN, PHP_INT_MAX),0,",",".") . "   ";
    echo "</p>";

    echo "<p>15 Zufallszahlen mit random_int() von 1 bis 49:<br>";
    for ($i=1; $i<=15; $i++)
        echo random_int(1, 49) . "  ";
    echo "</p>";
?>
</body></html>
```

Listing 10.8 Datei math_zufall.php

Die Ausgabe sieht, abhängig von den zufällig ermittelten Zahlen, wie in Ab-   **Modulo**
bildung 10.8 aus.

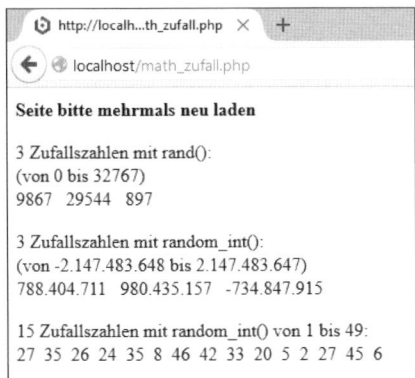

Abbildung 10.8 Zufallszahlen

Nach jedem neuen Laden (Aktualisieren) der Seite erscheinen andere Zah-   **Mehrfache Ziehung**
len. Bei näherem Hinsehen, insbesondere bei den Zahlen zwischen 1 und
49, fällt allerdings auf, dass manche Zahlen mehrfach gezogen werden.
Woran liegt das? Es wird jedes Mal aus dem gesamten Bereich der Zufallszahlen gezogen. Keine Zahl wird von der Ziehung ausgeschlossen. Daher
kann das Ergebnis für mehrere Ziehungen identisch sein.

10.9   Mischen

Für viele Problemstellungen ist es erforderlich, die bereits gezogenen Zufallszahlen von der Ziehung auszuschließen. Denken Sie an die Ziehung der Lottozahlen, bei der eine Kugel mit einem bestimmten Zahlenwert nicht zweimal gezogen werden darf.

Skatblatt mischen

Es muss also gemischt werden. Nachfolgend führen wir dies mit zwei Methoden für ein Kartenspiel mit 32 Karten (Skatblatt) durch:

▶ mit einem eigenen, erweiterungsfähigen Algorithmus, der einen Zufallszahlengenerator benutzt

▶ mit der Feldfunktion shuffle(), die sich intern eines Zufallszahlengenerators bedient

10.9.1   Mischen mit eigenem Algorithmus

Das Ziel ist die Ermittlung einer zufälligen Abfolge von Zahlen aus einem bestimmten Bereich, wobei jede Zahl nur einmal vorkommen darf. Es muss demzufolge festgehalten werden, welche Zahlen bereits gezogen worden sind. Sollte eine dieser Zahlen noch einmal gezogen werden, muss die aktuelle Ziehung wiederholt werden. Das Programm:

```
<!DOCTYPE html><html><head><meta charset="utf-8"></head><body>
<?php
    for ($i=1; $i<=32; $i++)
        $cnt[$i]=0;  // Zähler auf 0

    for($i=1; $i<=32; $i++)  // 32-mal ziehen
    {
        do  // mehrmals ziehen, falls Zähler > 0
            $z = random_int(1, 32);
        while($cnt[$z]>0);

        $cnt[$z] = $cnt[$z]+1;  // Zähler erhöhen
        $karte[$i] = $z;        // Karte speichern
    }

    /* Karten ausgeben */
    echo "Spieler A: ";
    for ($i=1; $i<=10; $i++)  echo $karte[$i] . " ";
```

```
    echo "<br>";

    echo "Spieler B: ";
    for ($i=11; $i<=20; $i++) echo $karte[$i] . " ";
    echo "<br>";

    echo "Spieler C: ";
    for ($i=21; $i<=30; $i++) echo $karte[$i] . " ";
    echo "<br>";

    echo "Im Stock: ";
    for ($i=31; $i<=32; $i++)
        echo $karte[$i] . " ";
?>
</body></html>
```

Listing 10.9 Datei math_mischen.php

Im Feld $karte werden die 32 verschiedenen zufälligen Zahlen gespeichert. Im Feld $cnt wird gespeichert, wie oft eine Zahl (also eine Karte) bereits gezogen wurde. Zu Beginn wird dieser Wert für alle Karten auf 0 gestellt. Während der Ziehung wird der Wert überprüft. Nach erfolgreicher Ziehung einer Zahl, die vorher noch nicht gezogen worden ist, wird dieser Wert auf 1 gestellt. Die Ausgabe kann wie in Abbildung 10.9 aussehen.

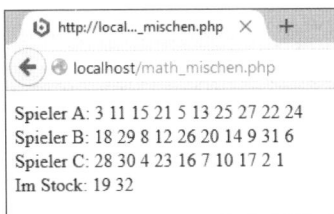

Abbildung 10.9 Skat, Mischvorgang

10.9.2 Mischen mit shuffle()

Die Funktion shuffle() dient dem Mischen der Inhalte eines Felds. Sie bedient sich eines Zufallsgenerators, der sich für einfache Zwecke wie in diesem Beispiel, aber nicht für Verschlüsselungen eignet. Das Beispielprogramm:

```
<!DOCTYPE html><html><head><meta charset="utf-8"></head><body>
```

```php
<?php
  /* 32 Karten geordnet im Feld speichern */
  for ($i=0; $i<=31; $i++) $karte[$i]=$i+1;

  /* Mischen */
  shuffle($karte);

  /* Karten ausgeben */
  echo "Spieler A: ";
  for ($i=0; $i<=9; $i++) echo $karte[$i] . " ";
  echo "<br>";

  echo "Spieler B: ";
  for ($i=10; $i<=19; $i++) echo $karte[$i] . " ";
  echo "<br>";

  echo "Spieler C: ";
  for ($i=20; $i<=29; $i++) echo $karte[$i] . " ";
  echo "<br>";

  echo "Im Stock: ";
  for ($i=30; $i<=31; $i++)
     echo $karte[$i] . " ";
  echo "<br><br>";

  echo str_shuffle("abcdefghijklmnopqrstuvwxyz");
?>
</body></html>
```

Listing 10.10 Datei math_shuffle.php

shuffle()   Der Zufallszahlengenerator muss für die Funktion `shuffle()` ebenfalls nicht gesondert initialisiert werden. Im Programm werden die Feldelemente 0 bis 31 der Reihe nach mit den Werten 1 bis 32 belegt. Anschließend wird mit `shuffle()` gemischt.

str_shuffle()   Zusätzlich wird eine Zeichenkette angehängt, die sich nach Aufruf der verwandten Funktion `str_shuffle()` ergibt. Diese dient dem Mischen der Inhalte einer Zeichenkette, in diesem Fall aller kleinen Buchstaben. Die Ausgabe des Programms sehen Sie in Abbildung 10.10.

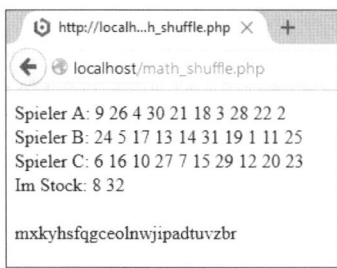

Abbildung 10.10 Funktionen shuffle() und str_shuffle()

10.10   Stellenwertsysteme

Ein Stellenwertsystem ist ein System zur Darstellung von Zahlen durch Ziffern und Zeichen, bei denen der Wert einer Ziffer von der Stelle abhängt, an der sie sich innerhalb der Zahl befindet.

Das gebräuchlichste Stellenwertsystem ist das *Dezimalsystem* (Zahlen zur Basis 10). In der Informatik werden außerdem das *Dualsystem* (Basis 2) und das *Hexadezimalsystem* (Basis 16) eingesetzt, seltener das *Oktalsystem* (Basis 8).

Dezimal, dual, oktal, hexadezimal

Die benutzten Ziffern und Zeichen in den verschiedenen Systemen sind: im Dualsystem 0 und 1, im Oktalsystem 0 bis 7, im Dezimalsystem 0 bis 9, im Hexadezimalsystem 0 bis 9 und A bis F. Die Buchstaben A bis F entsprechen dabei den Dezimalwerten von 10 bis 15. Ein Zahlenwert, der als Dualzahl interpretiert werden soll, muss den Präfix 0b oder 0B haben. Beim Oktalsystem ist der Präfix 0, beim Hexadezimalsystem 0x oder 0X.

Beispiele

▶ Dezimalzahl 456: $4 * 10^2 + 5 * 10^1 + 6 * 10^0 = 400 + 50 + 6 = 456$

▶ Dualzahl 0b11001: $1 * 2^4 + 1 * 2^3 + 0 * 2^2 + 0 * 2^1 + 1 * 2^0 = 16 + 8 + 0 + 0 + 1 = 25$ (dezimal)

▶ Oktalzahl 0637: $6 * 8^2 + 3 * 8^1 + 7 * 8^0 = 384 + 24 + 7 = 415$ (dezimal)

▶ Hexadezimalzahl 0x2A5F: $2 * 16^3 + 10 * 16^2 + 5 * 16^1 + 15 * 16^0 = 2 * 4096 + 10 * 256 + 5 * 16 + 15 = 10847$ (dezimal)

PHP stellt die Funktionen decbin(), dechex(), decoct(), bindec(), hexdec() und octdec() zur Umrechnung zwischen den oben angegebenen Stellenwertsystemen zur Verfügung. Die drei erstgenannten Funktionen zur Umwandlung einer Dezimalzahl liefern eine Zeichenkette. Die drei letztgenannten Funktionen zur Ermittlung einer Dezimalzahl erwarten eine Zeichenkette als Parameter.

Außerdem bietet die Funktion base_convert() die Möglichkeit der Umrechnung zwischen zwei beliebigen Stellenwertsystemen im Bereich von 2 bis 36. Die Begrenzung auf 36 existiert deshalb, weil zur Darstellung der Ziffern und Zeichen nur die Ziffern 0 bis 9 sowie die 26 Buchstaben (A bis Z) des Alphabets verwendet werden.

```
<!DOCTYPE html><html><head><meta charset="utf-8"></head><body>
<?php
   echo "<p><b>Zahlensysteme:</b></p>";
   $x = 29;
   echo "Dezimalzahl: $x<br>";
   echo "als Dualzahl: " . decbin($x) . " = "
      . bindec("11101") . " = " . 0b11101 . "<br>";
   echo "als Oktalzahl: " . decoct($x) . " = "
      . octdec("35") . " = " . 035 . "<br>";
   echo "als Hexadezimalzahl: " . dechex($x) . " = "
      . hexdec("1d") . " = " . 0x1d . "<br>";
   echo "Zahl zur Basis 4: " . base_convert($x,10,4) . "<br>";
   echo "Zahl zur Basis 32: " . base_convert($x,10,32);
?>
</body></html>
```

Listing 10.11 Datei math_basis.php

Die Ausgabe zeigt Abbildung 10.11.

Abbildung 10.11 Stellenwertsysteme

10.11   Bit-Operatoren

Bit-Operatoren ermöglichen es, auf die einzelnen Bits zuzugreifen, aus denen sich eine Zahl intern zusammensetzt. Auf einem 32-Bit-System wird eine ganze Zahl in 4 Byte, also 32 Bit, gespeichert. Innerhalb einer solchen Zahl können Sie 32 verschiedene boolesche Informationen speichern, also z. B. die Zustände An/Aus oder die Werte wahr/falsch.

Es folgt ein Beispielprogramm mit allen Bit-Operatoren:

```php
<!DOCTYPE html><html><head><meta charset="utf-8"></head><body>
<?php
    $bit0 = 1;              // 0000 0001
    $bit1 = 2;              // 0000 0010
    $bit2 = 4;              // 0000 0100
    $bit3 = 8;              // 0000 1000

    $a = 5;                 // 0000 0101
    $erg = $a & $bit2;      // 0000 0100
    echo "Bitweise Und: $erg<br>";

    $erg = 0;               // 0000 0000
    $erg = $erg | $bit0;    // 0000 0001
    $erg = $erg | $bit3;    // 0000 1001
    echo "Bitweise Oder: $erg<br>";

    $a = 5;                 // 0000 0101
    $b = 3;                 // 0000 0011
    $erg = $a ^ $b;         // 0000 0110
    echo "Bitweise Exklusiv-Oder: $erg<br>";

    $a = 11;                // ... 0000 1011
    $erg = ~$a;             // ... 1111 0100
    echo "Bitweise Inversion: $erg<br>";

    $a = 11;                // 0000 1011
    $erg = $a >> 1;         // 0000 0101
    echo "Bitweise Schieben nach rechts: $erg<br>";
    $erg = $a << 2;         // 0010 1100
    echo "Bitweise Schieben nach links: $erg<br>";
```

```
?>
</body></html>
```

Listing 10.12 Datei math_basis.php

Im Kommentarbereich auf der rechten Seite des Programms sehen Sie die letzten acht Bit der dualen Darstellung der jeweiligen Zahl. Bei den Variablen $bit0 bis $bit3 ist jeweils nur ein Bit gesetzt.

Operator & Mithilfe des Operators & wird eine bitweise Und-Verknüpfung der Operanden durchgeführt. Im Ergebnis sind nur die Bits gesetzt, die in *beiden* Operanden gesetzt sind. Auf diese Weise können Sie prüfen, ob ein bestimmtes Bit gesetzt ist.

Operatoren | und ^ Der Operator | wird für eine bitweise Oder-Verknüpfung der Operanden genutzt. Im Ergebnis sind die Bits gesetzt, die *mindestens* bei einem der Operanden gesetzt sind. Der Operator ^ wird für eine bitweise Exklusiv-Oder-Verknüpfung der Operanden genutzt. Im Ergebnis sind die Bits gesetzt, die *nur* bei einem der Operanden gesetzt sind.

Operator ~ Mithilfe des Operators ~ wird eine bitweise Inversion des Operanden durchgeführt. Aus einer 1 wird eine 0 und umgekehrt. Das allererste Bit der dualen Darstellung einer Zahl steht für ihr Vorzeichen. Durch die Inversion wechselt somit das Vorzeichen.

Operatoren << und >> Die Operatoren << und >> führen zu einem *Links-Shift* bzw. *Rechts-Shift* (deutsch: Verschiebung) aller Bits um den angegebenen Wert. Bei einem Links-Shift werden dabei Nullen von rechts eingeschoben. Durch das Hinausschieben des ersten Bits nach links bleibt das Vorzeichen nicht erhalten. Bei einem Rechts-Shift werden Kopien des ersten Bits von links eingeschoben; das Vorzeichen bleibt erhalten.

Die Ausgabe zeigt Abbildung 10.12.

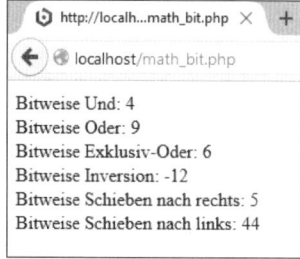

Abbildung 10.12 Rechnungen mit Bit-Operatoren

Übung »u_math«

[✐]

Erstellen Sie eine HTML-Tabelle. Darin soll das Ergebnis der nachfolgend beschriebenen Berechnungen stehen. Für jeden Wert x von 15 bis 90 in Schritten von 15 sollen die folgenden Funktionen berechnet werden (Datei *u_math.php*):

▶ Umrechnung des Werts x in das Bogenmaß (Radiant)
▶ Sinus und Kosinus des Bogenmaßwerts
▶ Wurzel (x), Quadrat von x
▶ natürlicher Logarithmus von x, 10er-Logarithmus von x
▶ $e^{1/x}$
▶ x als Binärzahl und als Hexadezimalzahl

Die Ergebnisse sollen jeweils mit zwei Nachkommastellen in deutscher Schreibweise formatiert ausgegeben werden, jedoch mit Ausnahme von Wert x, Quadrat von x, Dualzahl und Hexadezimalzahl. Diese sollen unformatiert ausgegeben werden.

Ein Tipp zur Durchführung: Schreiben Sie dieses umfangreiche Programm in mehreren Schritten. Lassen Sie zunächst die HTML-Tabelle mit einer einzigen Spalte (Wert x) anzeigen. Nachdem Sie diese Aufgabe erfolgreich bewältigt haben, erweitern Sie die Tabelle nach und nach um die weiteren Spalten. So lassen sich eventuell auftretende Fehler leichter finden.

Das Ergebnis sollte wie in Abbildung 10.13 aussehen.

x	radiant	sin	cos	$\sqrt{x}$	x^2	log	$\log_{10}$	$e^{1/x}$	dual	hex
15	0,26	0,26	0,97	3,87	225	2,71	1,18	1,07	1111	f
30	0,52	0,50	0,87	5,48	900	3,40	1,48	1,03	11110	1e
45	0,79	0,71	0,71	6,71	2025	3,81	1,65	1,02	101101	2d
60	1,05	0,87	0,50	7,75	3600	4,09	1,78	1,02	111100	3c
75	1,31	0,97	0,26	8,66	5625	4,32	1,88	1,01	1001011	4b
90	1,57	1,00	0,00	9,49	8100	4,50	1,95	1,01	1011010	5a

Abbildung 10.13 Ergebnis der Übung »u_math«

Kapitel 11
Sessions und Cookies

Jeder Aufruf einer Internetseite über HTTP wird einzeln bearbeitet und ist unabhängig von vorherigen Aufrufen. Wenn ein Benutzer bei mehreren Aufrufen direkt nacheinander oder an verschiedenen Tagen auf den gleichen Webserver zugreift, kann es nützlich sein, bestimmte individuelle Daten für ihn aufzubewahren bzw. zu transportieren. Hierzu stehen in PHP *Cookies* und das *Session-Management* zur Verfügung. Einige Beispiele:

▶ Sie melden sich per Login auf einer geschützten Website an und »bewegen« sich anschließend innerhalb dieser Website. In diesem Fall können die Anmeldedaten transportiert werden, damit Sie sich nicht auf jeder Seite neu anmelden müssen.

▶ Sie tätigen Einkäufe auf verschiedenen Seiten eines Webshops. Die Einkäufe werden einzeln in einem Warenkorb abgelegt und dort aufbewahrt, bis Sie zur Kasse gehen.

▶ Sie besuchen häufiger eine Website, auf der Sie Ihre individuelle Umgebung schaffen können oder auf der Ihnen häufig genutzte Daten schnell zur Verfügung gestellt werden sollen.

Diese Daten können in Cookies (das sind kleine Dateien) für einen längeren Zeitraum auf dem Rechner des Benutzers gespeichert werden. Je nach Einstellung des Browsers wird dies allerdings eingeschränkt oder ganz verhindert. Daher kann diese Möglichkeit nicht immer eingesetzt werden.

Cookies

Beim Session-Management können diese Daten im superglobalen Array `$_SESSION` abgelegt werden. Dessen Inhalt wird nur für die Dauer einer abgeschlossenen Internetsitzung auf dem Server gespeichert. Das Session-Management von PHP kann trotz all seiner Möglichkeiten keinen 100%igen Schutz der Benutzerdaten vor unerlaubtem Zugriff garantieren. Überlegen Sie also, welche Daten Ihrer Programme innerhalb einer Session transportiert werden sollen und welche nicht. Empfehlen Sie den Benutzern Ihrer Programme, den Browser nach einem Logoff zu schließen.

`$_SESSION`

11.1   Session-Management

Eine Session muss explizit begonnen werden. Sie endet später entweder mit dem Schließen des Browserfensters durch den Benutzer oder indem sie durch das Programm explizit geschlossen wird. Das Beenden einer Session führt zum Löschen des Session-Arrays.

session_start(),
session_destroy()

Die Funktion session_start() muss auf jeder Seite, die zu einer Session gehört, aufgerufen werden. Diese Funktion beginnt entweder eine neue Session oder nimmt eine vorhandene Session wieder auf. Um eine Session explizit zu beenden, wird die Funktion session_destroy() benötigt.

11.2   Beispiel für Sessions: Zugriffszähler

Zunächst ein einfaches Beispiel mit einem Zugriffszähler, dessen Wert im bereits erwähnten Session-Array gespeichert wird. Der erste Besuch auf der Seite liefert eine Ausgabe wie in Abbildung 11.1.

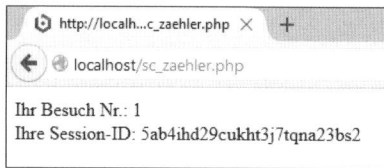

Abbildung 11.1 Erster Besuch der Seite

Nach einigen Aktualisierungen sieht die Seite wie in Abbildung 11.2 aus.

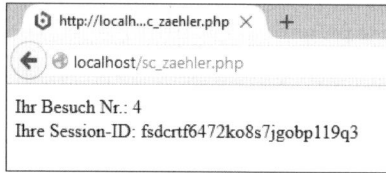

Abbildung 11.2 Nach einigen Aktualisierungen

Sie erkennen, dass der Zähler hochzählt. Es wird also festgestellt, dass dieser Benutzer diese Seite mehrmals nacheinander besucht hat. Wenn Sie den Browser schließen und wieder öffnen, erscheint eine Ausgabe wie in Abbildung 11.3.

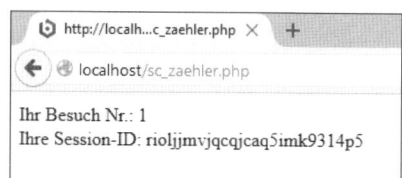

Abbildung 11.3 Eine andere Session

Eine Session ist also unabhängig von der vorherigen Session. Es handelt sich wiederum um einen ersten Besuch. Die Eindeutigkeit der Session ist auch an der individuellen Session-ID erkennbar, die hier nur zu Kontrollzwecken ausgegeben wird.

Session-ID

Der Programmcode sieht wie folgt aus:

```php
<?php
   /* Session-Start oder Session-Wiederaufnahme */
   session_start();
?>
<!DOCTYPE html><html><head><meta charset="utf-8"></head><body>
<?php
   if (isset($_SESSION["zz"]))   /* Zugriffszähler existiert */
      $_SESSION["zz"] = $_SESSION["zz"] + 1;
   else                          /* Zugriffszähler ist neu */
      $_SESSION["zz"] = 1;
   echo "Ihr Besuch Nr.: " . $_SESSION["zz"] . "<br>";
   echo "Ihre Session-ID: " . session_id();
?>
</body></html>
```

Listing 11.1 Datei sc_zaehler.php

Erläuterung:

▶ Zum Start einer neuen Session bzw. zur Wiederaufnahme einer vorhandenen Session wird ein Aufruf der Funktion session_start() benötigt. Dieser Aufruf muss im Programmcode vor dem einleitenden Tag <html> erfolgen.

▶ Mithilfe der Funktion isset() wird festgestellt, ob das Element zz des superglobalen Session-Arrays existiert.

isset()

▶ Falls es existiert, handelt es sich um eine wieder aufgenommene Session, und der Wert des Elements zz wird um 1 erhöht.

▶ Falls es nicht existiert, handelt es sich um eine neue Session, und der Wert des Elements zz wird auf 1 gesetzt.

▶ Der Wert des Zugriffszählers wird ausgegeben.

session_id() ▶ Der Wert der eindeutigen Session-ID, die zur Verwaltung der Session auf dem Server benötigt wird, wird mithilfe der Funktion session_id() ermittelt und anschließend (hier nur zur Kontrolle) ausgegeben.

11.3 Beispiel für Sessions: geschützte Website

Nachfolgend sehen Sie eine Anwendung für Sessions bei einer geschützten Website, die aus drei Seiten besteht:

▶ einer Login-Seite zur Website, auf der der Benutzer den Namen und das Passwort eingibt,

▶ einer Intro-Seite, in der die Session gestartet wird, und

▶ einer beliebigen weiteren Seite innerhalb der Website.

11.3.1 Ablauf

Zwischen der Intro-Seite und einer beliebigen Seite kann sich der Benutzer nach erfolgreicher Anmeldung hin- und herbewegen. Von jeder dieser Seiten aus kann er sich zudem abmelden und gelangt wieder zur Login-Seite. Keine der Seiten kann direkt im Browser angewählt werden, da die zugehörigen Session-Daten fehlen. Beide Seiten sind also erst nach einem Login erreichbar. Beim Aufruf der Login-Seite erscheint eine Ausgabe wie in Abbildung 11.4.

Abbildung 11.4 Hier kann sich der Benutzer anmelden.

Nach der Eingabe eines falschen Namens und/oder Passworts sieht die Antwort des Webservers aus wie in Abbildung 11.5.

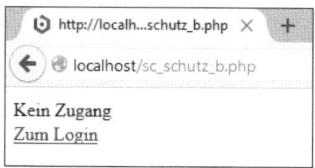

Abbildung 11.5 Die Anmeldung ist gescheitert.

Nach Betätigung des Hyperlinks gelangt der Benutzer wieder zur Login-Seite. Falls er dort den richtigen Namen (z. B. Hans) und das richtige Passwort (in diesem Fall bingo) angibt, erscheint die Intro-Seite (siehe Abbildung 11.6).

Abbildung 11.6 Die Anmeldung ist erfolgreich.

Der Benutzer wird mit Namen begrüßt und kann von hier aus weiter zu einer beliebigen Seite gehen oder sich wieder abmelden (zur Login-Seite). Nach Betätigen des ersten Hyperlinks erscheint die beliebige Seite, wie in Abbildung 11.7 zu sehen.

Abbildung 11.7 Beliebige weitere Seite der Website

Ein direkter Aufruf der Intro-Seite oder der beliebigen Seite durch die Eingabe der jeweiligen URL führt hingegen nicht zum Erfolg.

11.3.2   Login-Seite

Anmeldung   Zunächst der Code der Login-Seite:

```php
<?php
   /* Vor Beenden der Session wieder aufnehmen */
   session_start();

   /* Beenden der Session */
   session_destroy();
   $_SESSION = array();
?>
<!DOCTYPE html><html><head><meta charset="utf-8"></head><body>
<h3>Login-Seite</h3>
<form action="sc_schutz_b.php" method="post">
   <p><input name="n"> Name</p>
   <p><input type="password" name="p"> Passwort</p>
   <p><input type="submit" value="Login"></p>
</form>
</body></html>
```

Listing 11.2 Datei sc_schutz_a.php

Erläuterung:

▶ Zunächst fragen Sie sich sicher, warum auf der Login-Seite bereits ein
  Aufruf der Funktion session_start() steht.

  Zur Erinnerung: Der Benutzer gelangt zur Login-Seite auch durch ein
  Logoff von der Website. In diesem Fall soll die Session explizit beendet
  werden; also ist ein Aufruf von session_destroy() notwendig. Bevor
  aber eine Session beendet werden kann, muss sie wieder aufgenommen
  werden – daher zunächst der Aufruf von session_start().

▶ Zur Erhöhung der Sicherheit wird das superglobale Array $_SESSION mit
  einem leeren Array neu initialisiert. Damit werden alle Session-Daten
  explizit gelöscht.

▶ Es folgt ein Anmeldeformular. Von hier aus wird die Intro-Seite der Website aufgerufen (sc_schutz_b.php). Die Formularelemente tragen die folgenden Namen: n für den Benutzernamen und p für das Passwort.

11.3.3   Intro-Seite

Es folgt der Code für die Intro-Seite:

```php
<?php
    /* Session starten oder wieder aufnehmen */
    session_start();

    /* Falls Aufruf von Login-Seite */
    if(isset($_POST["n"]))
    {
        /* Falls Name und Passwort korrekt */
        if($_POST["n"] == "Hans" && $_POST["p"] == "bingo"
            || $_POST["n"] == "Gerd" && $_POST["p"] == "tango")
        {
            $_SESSION["n"] = $_POST["n"];
        }
    }

    /* Kontrolle, ob innerhalb der Session */
    if (!isset($_SESSION["n"]))
        exit("<p>Kein Zugang<br><a href='sc_schutz_a.php'>"
            . "Zum Login</a></p>");
?>
<!DOCTYPE html><html><head><meta charset="utf-8"></head><body>
<h3>Intro-Seite</h3>
<?php
    /* Begrüßung des Benutzers */
    echo "<p>Hallo " . $_SESSION["n"] . "</p>";
?>
<p><a href="sc_schutz_c.php">Zur beliebigen Seite</a></p>
<p><a href="sc_schutz_a.php">Logoff</a></p>
</body></html>
```

Listing 11.3 Datei sc_schutz_b.php

Erläuterung:

Als Erstes wird eine Session gestartet bzw. wiederaufgenommen. Anschließend wird festgestellt, woher der Aufruf dieser Seite stammt:

▶ Per Formular von der Login-Seite: In diesem Fall existiert die Variable $_POST $_POST["n"]. Stimmen Name und Passwort (hier entweder Hans und bingo oder Gerd und tango), wird der aus dem Formular übermittelte Name in das Session-Array übernommen und steht während der Session zur Verfügung.

▶ Von einer beliebigen anderen Seite innerhalb oder außerhalb der Website bzw. durch die direkte Eingabe der URL: In diesem Fall gibt es die Variable $_POST["n"] nicht; Name und Passwort werden daher nicht überprüft.

[»] **Hinweis**

Name und Passwort sind hier zur Vereinfachung fest codiert. Natürlich werden sie in der Realität verschlüsselt in einer Datenbank abgelegt, und es erfolgt an dieser Stelle eine entsprechende Datenbankabfrage.

Im nächsten Schritt wird geprüft, ob überhaupt ein Benutzer angemeldet ist:

$_SESSION
▶ Falls sich der Benutzer soeben angemeldet hat oder von einer anderen Seite innerhalb der Website kommt, existiert die Variable $_SESSION["n"]. Falls nicht, erscheinen nur der Text Kein Zugang und ein Hyperlink zur Login-Seite.

▶ Falls also der Benutzer von einer beliebigen Seite außerhalb der Website bzw. durch direkte Eingabe der URL hierherkommt, wird ihm der Zugang verwehrt.

Nunmehr weiter im Code der Intro-Seite:

▶ Es wird der Titel ausgegeben, und der Benutzer wird mit Namen begrüßt. Der Name steht während der Session in der Variablen $_SESSION["n"] zur Verfügung. Zwei Hyperlinks führen nun zur beliebigen Seite bzw. zum Ausloggen.

Beliebige Seite
Zu guter Letzt der Code der beliebigen Seite innerhalb der Website:

```php
<?php
    /* Session wieder aufnehmen */
    session_start();

    /* Kontrolle, ob innerhalb der Session */
    if (!isset($_SESSION["n"]))
```

```
      exit("<p>Kein Zugang<br><a href='sc_schutz_a.php'>"
          . "Zum Login</a></p>");
?>
<!DOCTYPE html><html><head><meta charset="utf-8"></head><body>
<h3>Beliebige Seite</h3>
<?php
   /* Begrüßung des Benutzers */
   echo "<p>Hallo " . $_SESSION["n"] . "</p>";
?>
<p><a href="sc_schutz_b.php">Zur Intro-Seite</a></p>
<p><a href="sc_schutz_a.php">Logoff</a></p>
</body></html>
```

Listing 11.4 Datei sc_schutz_c.php

Erläuterung:

▶ Im Code fehlt nur der Block zur Prüfung der übermittelten Formulardaten. Das ist auf dieser Seite (innerhalb der Website) unnötig, da die
notwendigen Daten für den angemeldeten Benutzer bereits mit dem
Session-Array transportiert werden.

Sie können diese Anwendung testen, indem Sie mehrere Browserfenster   Testen
öffnen, verschiedene Anmeldungen ausprobieren (mit Hans, mit Gerd, mit
anderen Namen) und sich wieder abmelden. Sie werden entweder abgewiesen oder auf den Seiten innerhalb der Website mit dem richtigen Namen
begrüßt. Bei einem direkten Aufruf der Intro-Seite bzw. der beliebigen Seite
werden Sie abgewiesen.

11.4   Beispiel für Sessions: Webshop

Als drittes Beispiel soll ein Webshop dienen. Der Benutzer wählt die jeweils
gewünschte Anzahl von verschiedenen Artikeln aus insgesamt drei Abteilungen aus und legt sie in den Warenkorb. Dabei werden diese Daten in das
Session-Array eingetragen. Zu einem beliebigen Zeitpunkt kann der Benutzer sich den Inhalt des Warenkorbs ansehen und zur Kasse gehen. Der Warenkorb wird erst nach dem Schließen des Browsers gelöscht.

11.4.1   Ablauf

Webshop   Beim Aufruf der Startseite des Webshops hat der Benutzer die Möglichkeit, eine Abteilung zu wählen oder sich direkt den Warenkorb anzeigen zu lassen. Dies sehen Sie in Abbildung 11.8.

Abbildung 11.8 Startseite des Webshops

Abteilung   Nach Auswahl einer Abteilung erscheint eine Tabelle mit den Artikeln dieser Abteilung, wie in Abbildung 11.9 zu sehen.

Abbildung 11.9 Abteilung Computer und Hardware

Der Benutzer kann die jeweils gewünschte Anzahl von verschiedenen Artikeln eintragen und in den Warenkorb legen. Es erscheint der Warenkorb mit der bisher getroffenen Auswahl (siehe Abbildung 11.10).

Abbildung 11.10 Warenkorb

Möchte der Benutzer weitere Artikel aus anderen Abteilungen auswählen, kann er diese über den »Umweg« über die Startseite erreichen. Falls er zu einer Abteilung wechselt, in der er bereits Artikel ausgewählt hat, erscheint die eingegebene Anzahl des jeweiligen Artikels im Eingabefeld. Der Warenkorb füllt sich (siehe Abbildung 11.11).

Warenkorb

11

```
http://localh....php?abtnr=2  ×  +
localhost/sc_shop_c.php?abtnr=2
```

Warenkorb

Ihre bisherige Auswahl:

Artikel	Nr.	Einzelpreis	Anzahl	Gesamtpreis
USB-Stick	7612	12,95 €	1	12,95 €
Camcorder	6267	59,95 €	1	59,95 €
Gesamteinkaufspreis				72,90 €

Zur Kasse

Zur Startseite

Abbildung 11.11 Warenkorb nach weiteren Einkäufen

Abschließend geht der Benutzer zur Kasse (die in Abbildung 11.12 nur angedeutet wird).

Kasse

Abbildung 11.12 Abschluss des Einkaufs

Sicherlich ist dieses Beispiel noch unkomfortabel und einfach gehalten. Es zeigt aber das Wesentliche: die Übernahme und Aufbewahrung ausgewählter Daten im Session-Array.

11.4.2   Startseite

Zunächst der Code der Startseite:

```
<!DOCTYPE html><html><head><meta charset="utf-8"></head><body>
<h3>Willkommen im Webshop</h3>
<p>Zur Abteilung:<br>
<?php
/* Arrays einbinden */
include "sc_shop.inc.php";

/* Abteilungsnamen mit Hyperlinks ausgeben */
for($i=0; $i<count($abtname); $i++)
    echo "<a href='sc_shop_b.php?abtnr=$i'>$abtname[$i]</a><br>";
?>
</p>
<p><a href="sc_shop_c.php">Zum Warenkorb</a></p>
</body></html>
```

Listing 11.5 Datei sc_shop_a.php

Erläuterung:

▸ Es wird (wie auch auf den anderen Seiten des Webshops) die Datei *sc_shop.inc.php* mit mehreren Arrays eingebunden. Diese Arrays beinhalten den Gesamtkatalog des Webshops mit

- den Namen der Abteilungen (eindimensionales Array $abtname)
- den Namen der Artikel (zweidimensionales Array $aname)
- den Nummern der Artikel (zweidimensionales Array $artnr)
- den Preisen der Artikel (zweidimensionales Array $preis)

> **Hinweis**   [«]
>
> Die Arrays sind hier zur Vereinfachung fest codiert. Natürlich werden sie in
> der Praxis in einer Datenbank abgelegt, und es erfolgen die entsprechen-
> den Datenbankabfragen. Den Inhalt der include-Datei sehen Sie in Ab-
> schnitt 11.4.3.

▶ Auf der Startseite werden nun die Namen der Abteilungen ausgegeben.   count()
  Falls später weitere Abteilungen oder Artikel hinzukommen, führt dies
  nicht zu einer Änderung des Codes, da mit der Funktion count() automatisch die aktuelle Größe jedes Arrays ermittelt wird.

▶ Jeder Name einer Abteilung ist gleichzeitig ein Hyperlink zur Tabelle der   GET-Parameter
  Artikel dieser Abteilung. Die ausgewählte Abteilungsnummer wird per
  GET-Parameter (sc_shop_b.php?abtnr=$i) übergeben.

11.4.3   include-Datei

Die include-Datei mit den verschiedenen Arrays:

```php
<?php
    /* Namen der Abteilungen */
    $abtname[0] = "Computer und Hardware";
    $abtname[1] = "TV, Video und DVD";
    $abtname[2] = "Fotografie";

    /* Namen der Artikel */
    $aname[0][0] = "Notebook";
    $aname[0][1] = "USB-Stick";
    $aname[0][2] = "Laserdrucker";
    $aname[0][3] = "NAS-Server";

    $aname[1][0] = "LED-Fernseher";
    $aname[1][1] = "Blu-ray-Player";
    $aname[1][2] = "Sat-Antenne";
    $aname[1][3] = "Beamer";
```

```php
        $aname[1][4] = "Heimkino";

        $aname[2][0] = "Digitalkamera";
        $aname[2][1] = "Action-Cam";
        $aname[2][2] = "Camcorder";

        /* Nummern der Artikel */
        $artnr[0][0] = "7609";
        $artnr[0][1] = "7612";
        $artnr[0][2] = "7632";
        $artnr[0][3] = "7678";

        $artnr[1][0] = "4418";
        $artnr[1][1] = "4422";
        $artnr[1][2] = "4471";
        $artnr[1][3] = "4475";
        $artnr[1][4] = "4482";

        $artnr[2][0] = "6213";
        $artnr[2][1] = "6265";
        $artnr[2][2] = "6267";

        /* Preise der Artikel */
        $preis[0][0] = 395.90;
        $preis[0][1] = 12.95;
        $preis[0][2] = 125.50;
        $preis[0][3] = 280.15;

        $preis[1][0] = 249.00;
        $preis[1][1] = 49.95;
        $preis[1][2] = 39.95;
        $preis[1][3] = 179.00;
        $preis[1][4] = 489.00;

        $preis[2][0] = 89.95;
        $preis[2][1] = 129.95;
        $preis[2][2] = 59.95;
?>
```

Listing 11.6 Datei sc_shop.inc.php

11.4.4   Tabelle der Artikel

Nachfolgend der Code für die Tabelle der Artikel:

```php
<?php
    /* Session starten oder wieder aufnehmen */
    session_start();
?>
<!DOCTYPE html><html><head><meta charset="utf-8"></head><body>
<?php
    /* Falls diese Seite direkt angewählt wurde */
    if(!isset($_GET["abtnr"]))
    {
        echo "Keine Abteilung angegeben!";
        echo "<p><a href='sc_shop_a.php'>Zur Startseite</a></p>";
        echo "</body></html>";
        exit;
    }

    /* Abteilungsnummer übernehmen */
    $abtnr = $_GET["abtnr"];

    /* Arrays einbinden */
    include "sc_shop.inc.php";

    /* Abteilungsname ausgeben */
    echo "<h3>$abtname[$abtnr]</h3>";

    echo "<p>Ihre Auswahl:</p>";
    echo "<form action='sc_shop_c.php?abtnr=$abtnr' method='post'>";
?>
<table border="1">
<tr>
    <td><b>Artikel</b></td>
    <td><b>Nr.</b></td>
    <td><b>Preis</b></td>
    <td><b>Anzahl</b></td>
</tr>
<?php
/* Alle Artikel dieser Abteilung ausgeben */
    for($i=0; $i<count($aname[$abtnr]); $i++)
```

11

```
        {
            echo "<tr>";
            echo "<td>" . $aname[$abtnr][$i] . "</td>";
            echo "<td>" . $artnr[$abtnr][$i] . "</td>";
            echo "<td align='right'>" . number_format(
                $preis[$abtnr][$i],2,",",".") . " &euro;</td>";

            /* Eingabefeld für Anzahl */
            echo "<td><input name='anzahl[$i]' size='5'";
            if(isset($_SESSION["anzahl"][$abtnr][$i]))
                echo " value='" . $_SESSION["anzahl"][$abtnr][$i] . "'";
            else
                echo " value='0'";
            echo "></td>";
            echo "</tr>";
        }
    ?>
    </table>
    <p><input type="submit" value="In den Warenkorb"></p>
    </form>

    <p><a href="sc_shop_a.php">Zur Startseite</a></p>
    </body></html>
```

Listing 11.7 Datei sc_shop_b.php

Erläuterung:

▶ Zunächst wird mit session_start() eine Session gestartet (beim ersten Aufruf der Seite) oder wieder aufgenommen. Bei Wiederaufnahme stehen alle Elemente des Session-Arrays (also die bisherigen Einkäufe) zur Verfügung.

▶ Falls der Benutzer diese Seite direkt anwählt, also über die Eingabe der Adresse, steht keine Abteilungsnummer zur Verfügung. Es wird eine Fehlermeldung ausgegeben. Ein Hyperlink führt zur Startseite, und das Dokument wird beendet.

$_GET ▶ Im »Normalfall« wird die Abteilungsnummer per GET-Parameter übergeben, und zwar mithilfe des superglobalen Arrays $_GET. Sie wird hier zur Vereinfachung in der Variablen $abtnr abgespeichert. Die Arrays werden eingebunden, und der Abteilungsname wird ausgegeben.

▶ Es folgt ein Formular, dessen Inhalt an den Warenkorb (Datei *sc_shop_c.php*) gesendet wird. Die Abteilungsnummer wird per GET-Parameter übergeben (sc_shop_c.php?abtnr=$abtnr).

▶ In der Tabelle werden für jeden Artikel dieser Abteilung der Artikelname, die Artikelnummer und der Preis ausgegeben. Der Preis wird mithilfe der Funktion number_format() formatiert (Darstellung mit Tausenderpunkt, zwei Nachkommastellen und Komma als Dezimaltrennzeichen).

number_format()

▶ Außerdem steht jeweils ein Eingabefeld für die gewünschte Anzahl zur Verfügung. Alle Eingabefelder haben den gleichen Namen und werden durch eine laufende Nummer voneinander unterschieden. Falls der Benutzer in dieser Abteilung bereits vorher eine Auswahl getroffen hat, wird das Eingabefeld mit dem bereits existierenden Wert aus $_SESSION ["anzahl"] gefüllt. Ansonsten steht im Eingabefeld der Wert 0.

Wert übernehmen

11

▶ Die Submit-Schaltfläche führt zur Übermittlung der Daten in den Warenkorb.

11.4.5   Warenkorb

Der Programmcode für den Warenkorb:

```php
<?php
   /* Session starten oder wieder aufnehmen */
   session_start();
?>
<!DOCTYPE html><html><head><meta charset="utf-8"></head><body>
<h3>Warenkorb</h3>
<p>Ihre bisherige Auswahl:</p>

<table border="1">
<tr>
   <td><b>Artikel</b></td>
   <td><b>Nr.</b></td>
   <td><b>Einzelpreis</b></td>
   <td><b>Anzahl</b></td>
   <td><b>Gesamtpreis</b></td>
</tr>
<?php
```

```php
/* Arrays einbinden */
include "sc_shop.inc.php";

/* Falls neue Artikel in den Warenkorb kommen,
   werden sie in das Session-Array übernommen */
if(isset($_GET["abtnr"]))
{
   /* Abteilungsnummer übernehmen */
   $abtnr = $_GET["abtnr"];

   for($i=0; $i<count($aname[$abtnr]); $i++)
   {
      /* Falls Anzahl größer als 0 */
      if(intval($_POST["anzahl"][$i]) > 0)
         $_SESSION["anzahl"][$abtnr][$i] =
            intval($_POST["anzahl"][$i]);
      /* Falls keine Anzahl oder Anzahl = 0 */
      else
         $_SESSION["anzahl"][$abtnr][$i] = 0;
   }
}

/* Ausgabe der Inhalte des Session-Arrays: */
/* Gesamteinkaufspreis */
$summe = 0;

/* Alle Abteilungen */
for($a=0; $a<count($abtname); $a++)
{
   /* Alle Artikel einer Abteilung */
   for($i=0; $i<count($aname[$a]); $i++)
   {
      /* Falls dieser Artikel im Session-Array vorhanden ist
         und die eingetragene Anzahl größer als 0 ist */
      if(isset($_SESSION["anzahl"][$a][$i])
         && $_SESSION["anzahl"][$a][$i] > 0)
      {
         echo "<tr>";
         echo "<td>" . $aname[$a][$i] . "</td>";
         echo "<td>" . $artnr[$a][$i] . "</td>";
```

```
            echo "<td align='right'>"
                . number_format($preis[$a][$i],2,",",".")
                . " &euro;</td>";
            echo "<td align='right'>"
                . $_SESSION["anzahl"][$a][$i] . "</td>";

            /* Gesamtpreis für diesen Artikel berechnen */
            $gp = $preis[$a][$i] * $_SESSION["anzahl"][$a][$i];

            /* Gesamtpreis aktualisieren und ausgeben */
            $summe += $gp;
            echo "<td align='right'>"
                . number_format($gp,2,",",".") . " &euro;</td>";
            echo "</tr>";
        }
      }
   }

   /* Gesamteinkaufspreis im Session-Array speichern */
   $_SESSION["summe"] = $summe;

   /* Gesamteinkaufspreis ausgeben */
   echo "<tr>";
   echo "<td colspan='4'>Gesamteinkaufspreis</td>";
   echo "<td align='right'>" . number_format($summe,2,",",".")
      . " &euro;</td>";
   echo "</tr>";
?>
</table>
<p><a href="sc_shop_d.php">Zur Kasse</a></p>
<p><a href="sc_shop_a.php">Zur Startseite</a></p>
</body></html>
```

Listing 11.8 Datei sc_shop_c.php

Erläuterung:

▶ Zunächst wird mit session_start() eine Session gestartet (beim ersten
  Aufruf der Seite) oder wieder aufgenommen. Bei Wiederaufnahme ste-
  hen alle Elemente des Session-Arrays (also die bisherigen Einkäufe) zur
  Verfügung.

▶ Die Überschrift und der Beginn der Tabelle mit den Spaltenüberschriften werden ausgegeben.

▶ Die Arrays werden eingebunden.

▶ Für den Fall, dass diese Seite über die Schaltfläche IN DEN WARENKORB aufgerufen wird, steht die Abteilungsnummer in einem GET-Parameter zur Verfügung. Sie wird hier zur Vereinfachung in der Variablen $abtnr abgespeichert.

▶ Anschließend wird für alle Artikel der Abteilung, von der aus der Warenkorb aufgerufen wird, überprüft, ob im zugehörigen Eingabefeld für die Anzahl eine gültige ganze Zahl gestanden hat, die größer als 0 ist, mit anderen Worten, ob der betreffende Artikel ausgewählt ist. Diese ganze Zahl steht im Array $_POST zur Verfügung. Da jedes Element im Formular den gleichen Namen (anzahl) und eine laufende Nummer hat, heißt das betreffende Element $_POST["anzahl"][$i].

▶ Ist der betreffende Artikel ausgewählt, wird die ganze Zahl in das Array $_SESSION übernommen. Dieses Array hat im vorliegenden Beispiel drei Dimensionen:

– Die erste Dimension bezeichnet das Element anzahl. Alle Mengenangaben sind hier gespeichert.

– Die zweite Dimension bezeichnet die Abteilung.

– Die dritte Dimension entspricht der laufenden Nummer innerhalb der Abteilung.

Wert 0 ▶ Wenn der betreffende Artikel nicht ausgewählt ist, also gar kein Eintrag im Eingabefeld für die Anzahl steht, oder aber die ganze Zahl 0 eingetragen wird, wird die ganze Zahl 0 in das Array $_SESSION übernommen.

▶ Sie sehen, dass im Array $_SESSION nicht nur einzelne Variablen, sondern ganze Felder gespeichert werden können. Die Regeln für mehrdimensionale Felder finden wie gewohnt Anwendung.

▶ Für den Fall, dass diese Seite direkt über den Hyperlink ZUM WARENKORB von der Startseite aufgerufen wird, wird dem Array $_SESSION kein Element hinzugefügt. Es erfolgt lediglich die Anzeige des Warenkorbinhalts.

▶ Dazu wird das gesamte Array $_SESSION für alle Abteilungen und alle Artikel durchlaufen. Es wird geprüft, ob das zugehörige Element existiert (also der Artikel im Warenkorb liegt). Ist das der Fall, werden die Daten des Artikels ausgegeben. Gleichzeitig werden aus dem Einzelpreis und der Anzahl der Gesamtpreis pro Artikel sowie der Gesamteinkaufspreis berechnet. Alle Preise werden (wie weiter oben bereits erläutert) formatiert ausgegeben.

▶ Der Gesamteinkaufspreis wird am Ende der Tabelle ausgegeben und zusätzlich im Array $_SESSION gespeichert.

▶ Der Kunde kann nun weitere Artikel auswählen oder zur Kasse gehen.

11.4.6   Kasse

Der Gang zur Kasse wird hier nur angedeutet, daher im Folgenden ein minimaler Programmcode:

```php
<?php
    /* Session starten oder wieder aufnehmen */
    session_start();
?>
<!DOCTYPE html><html><head><meta charset="utf-8"></head><body>
<h3>Kasse</h3>
<?php
    echo "<p>Bitte bezahlen Sie den Gesamteinkaufspreis von ";
    echo number_format($_SESSION["summe"],2,",",".")
        . " &euro;.</p>";
?>
<p>........</p>
<p><a href="sc_shop_a.php">Zur Startseite</a></p>
</body></html>
```

Listing 11.9 Datei sc_shop_d.php

Erläuterung:

Zunächst wird mit session_start() die Session wieder aufgenommen. Anschließend wird der Benutzer aufgefordert, den Gesamteinkaufspreis zu bezahlen, der über das Session-Array hierher »transportiert« wird.

11.5   Cookies

Falls Daten über einen längeren Zeitraum aufbewahrt werden sollen, z. B. über mehrere Tage oder ein Jahr, können Sie Cookies verwenden. Dabei handelt es sich um kleine Dateien auf dem Rechner des Benutzers. Je nach

Einstellung des Browsers werden Cookies allerdings teilweise oder vollständig verhindert. Daher können Sie diese Möglichkeit nicht immer einsetzen.

setcookie()   Zum Erzeugen von Cookies benötigen Sie die Funktion `setcookie()`. Diese hat sechs Parameter:

▶ Name

▶ Wert

▶ Ablaufdatum

▶ Domain

▶ Pfad

▶ Sicherheitsstatus

Domain   Nur die ersten drei Parameter müssen Sie im Regelfall explizit setzen. Nach dem Ablaufdatum wird das Cookie automatisch gelöscht. Die Cookies werden der erzeugenden Domain zugeordnet, damit jede Domain nur ihre eigenen Cookies auf dem Rechner des Benutzers lesen kann. Außerdem kann der Server einer Domain gleiche Cookies in unterschiedlichen Anwendungen setzen (die in unterschiedlichen Pfaden installiert sein müssen). Der Name der Domain und der Pfad werden automatisch gesetzt, falls Sie sie beim Setzen weglassen.

Werden auf dem Rechner eines Benutzers Cookies gefunden, die zur Domain und zum Pfad passen, stehen sie im superglobalen Array `$_COOKIE` zur Verfügung.

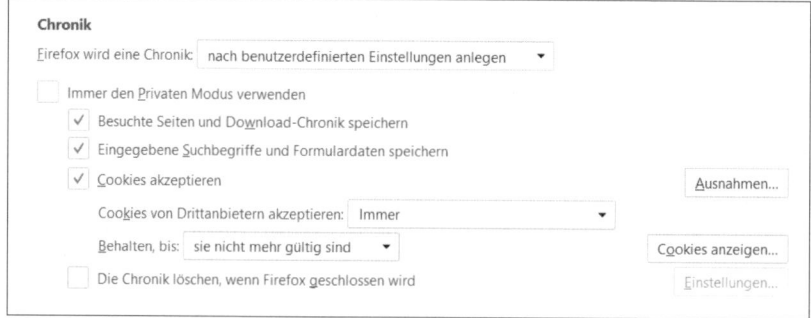

Abbildung 11.13 Cookie-Einstellung in Mozilla Firefox

Je nach Einstellung des Browsers des Benutzers werden Cookies automatisch gelöscht, unabhängig von den gewählten Werten. Falls Sie nicht möchten, dass sie gelöscht werden, gehen Sie z. B. in Mozilla Firefox im Menü EINSTELLUNGEN zur Registerkarte DATENSCHUTZ. Dort wählen Sie FIREFOX WIRD EINE CHRONIK NACH BENUTZERDEFINIERTEN EINSTELLUNGEN ANLEGEN. Anschließend entfernen Sie das Häkchen bei IMMER DEN PRIVATEN MODUS VERWENDEN. Im Bereich COOKIES VON DRITTANBIETERN AKZEPTIEREN wählen Sie BEHALTEN, BIS SIE NICHT MEHR GÜLTIG SIND aus (siehe Abbildung 11.13).

11.6   Beispiel für Cookies: Besuch

Zunächst ein einfaches Beispiel, in dem die Existenz eines Cookies geprüft wird: Beim ersten Besuch auf der Seite sehen Sie die Darstellung aus Abbildung 11.14.

Abbildung 11.14 Erster Besuch

Bei weiteren Besuchen auf der Seite erscheint eine Ausgabe wie in Abbildung 11.15 (vorausgesetzt, der Browser akzeptiert Cookies und speichert diese lange genug).

Abbildung 11.15 Weiterer Besuch

Dies gilt unabhängig davon, ob

▶ die Seite lediglich aktualisiert wird,

▶ der Benutzer innerhalb der gleichen Session auf die gleiche Seite zurück-
kehrt,

▶ der Browser in der Zwischenzeit geschlossen wird oder

▶ der Rechner des Benutzers in der Zwischenzeit ausgeschaltet war.

Die Information, ob der Benutzer diese Seite bereits besucht hat, bleibt erhalten.

Cookies anzeigen   Als Beispiel soll das Cookie im Browser Mozilla Firefox gezeigt werden. Neben der in Abbildung 11.13 gewählten Einstellung BEHALTEN, BIS SIE NICHT
MEHR GÜLTIG SIND gelangen Sie über die Schaltfläche COOKIES ANZEIGEN
zur Liste der Cookies.

Sie erkennen in Abbildung 11.16 den Namen Besuch, den Wert 1, die Domain
localhost, gegebenenfalls den Pfad unterhalb des Basisverzeichnisses und
das Ablaufdatum.

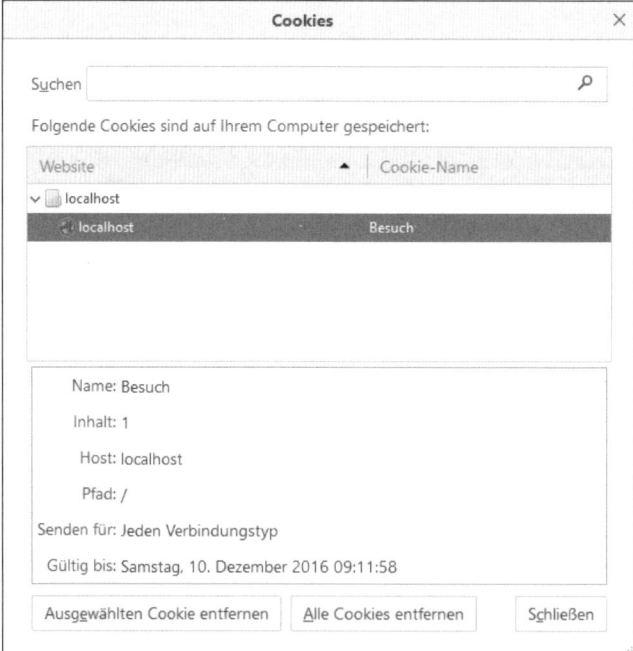

Abbildung 11.16 Anzeige des gespeicherten Cookies

> **Hinweis**
>
> Falls Sie die gleiche Seite mit einem anderen Browser besuchen, handelt
> es sich wieder um einen ersten Besuch. Dies liegt daran, dass jeder Brow-
> ser seine eigenen Cookies an anderer Stelle auf dem Rechner des Benut-
> zers speichert. Im Regelfall kann man aber davon ausgehen, dass durchge-
> hend der gleiche Browser benutzt wird.

[«]

Zum Code dieser Seite:

```php
<?php
    /* Falls Cookie vorhanden */
    if (isset($_COOKIE["Besuch"])) $neu = 0;
    else                           $neu = 1;
    setcookie("Besuch", "1", time() + 86400);
?>
<!DOCTYPE html><html><head><meta charset="utf-8"></head><body>
<h3>Cookies</h3>
<?php
    /* Falls erster Besuch */
    if ($neu==1)
        echo "<p>Sie waren noch nicht hier<br>"
            . "oder Sie speichern keine Cookies.</p>";
    else
        echo "<p>Sie waren schon einmal hier.</p>";
?>
</body></html>
```

Listing 11.10 Datei sc_besuch.php

Erläuterung:

▶ Zunächst wird geprüft, ob im superglobalen Array $_COOKIE das Element
  Besuch existiert. Ist dies nicht der Fall, handelt es sich um den ersten Be-
  such. Der Benutzer ist also neu auf der Seite. Die Variable $neu erhält den
  Wert 1 oder 0, je nachdem, ob das Element Besuch existiert.

▶ Die Funktion setcookie() wird aufgerufen. Das Cookie erhält den Namen   setcookie()
  Besuch, den Wert 1 (hier nicht wichtig) und läuft in 24 Stunden ab.

▶ Zur Zeitbestimmung wird hier die Funktion time() aufgerufen. Diese lie-   time()
  fert einen aktuellen Timestamp (in Sekunden). Zu diesem Wert werden
  24 Stunden (= 86.400 Sekunden) hinzugerechnet.

▶ Wie auch bei der Funktion `session_start()` muss der Aufruf von `set-cookie()` vor dem Aufruf der eigentlichen Seite erfolgen.

▶ Im eigentlichen Dokument wird – abhängig vom Wert der Variablen `$neu` – ein Informationstext ausgegeben.

11.7   Beispiel für Cookies: Adressspeicherung

In diesem Beispiel soll eine Adresse gespeichert werden, z. B. die Lieferadresse oder die Rechnungsadresse eines Benutzers bei einem Webshop. Bei der nächsten Bestellung kann dem Benutzer somit Arbeit erspart werden.

Beim ersten Besuch erscheint die Adressseite (in Abbildung 11.17 nur NACHNAME und VORNAME) mit einem leeren Formular, da der Benutzer dem Webshop noch unbekannt ist.

Abbildung 11.17 Neuer Kunde, Daten noch nicht gespeichert

Der Benutzer gibt seine Adressdaten ein, betätigt die Schaltfläche BESTELLEN und erhält eine Bestätigung (siehe Abbildung 11.18). Gleichzeitig werden seine Adressdaten in Cookies gespeichert.

Abbildung 11.18 Bestätigung der Adresse

Beim nächsten Besuch des Webshops erscheint die Adressseite mit einem bereits gefüllten Formular (siehe Abbildung 11.19).

Abbildung 11.19 Bekannter Kunde, Daten bereits gespeichert

Die Daten werden aus den gespeicherten Cookies ermittelt. Der Benutzer kann diese Daten direkt verwenden oder geänderte Daten eintragen. Der Programmcode des Formulars sieht wie folgt aus:

```php
<!DOCTYPE html><html><head><meta charset="utf-8"></head><body>
<h3>Ihr Name</h3>
<form action="sc_adresse_b.php" method="post">
<?php
   echo "<p><input name='nname' size='20' value='";
   if(isset($_COOKIE["nname"]))
      echo $_COOKIE["nname"];
   echo "'> Nachname</p>";

   echo "<p><input name='vname' size='20' value='";
   if(isset($_COOKIE["vname"]))
      echo $_COOKIE["vname"];
   echo "'> Vorname</p>";
?>
<p><input type="submit" value="Bestellen"></p>
</form>
</body></html>
```

Listing 11.11 Datei sc_adresse_a.php

Erläuterung:

▶ Es wird ein Formular abgebildet, das eine Bestätigung (Datei *sc_adresse_b.php*) anfordert.

▶ Es beinhaltet die beiden Eingabefelder nname und vname.

▶ Falls es bereits zugehörige Cookies gibt, werden die entsprechenden Werte eingetragen, ansonsten bleiben die Eingabefelder leer.

Der Programmcode der Bestätigung des Empfangs sieht wie folgt aus:

```php
<?php
   $t = time() + 60 * 60 * 24 * 365;
   setcookie("nname", $_POST["nname"], $t);
   setcookie("vname", $_POST["vname"], $t);
?>
<!DOCTYPE html><html><head><meta charset="utf-8"></head><body>
<h3>Daten empfangen</h3>
<p>Ihre Ware wird versandt,
<?php
   echo $_POST["vname"] . " " . $_POST["nname"];
?>
</p>
</body></html>
```

Listing 11.12 Datei sc_adresse_b.php

Erläuterung:

▶ Es werden zwei Cookies gesetzt. Diese erhalten die Werte aus dem gesendeten Formular.

▶ Bei jedem Absenden überschreibt also der aktuelle Formularinhalt die Cookies, falls diese bereits vorhanden sind.

▶ Als Ablaufdatum wird »heute in einem Jahr« gesetzt (heutiges Datum + $60 \times 60 \times 24 \times 365$ Sekunden).

▶ In der Bestätigung werden die gesendeten Formulardaten zur Kontrolle noch einmal ausgegeben.

In Abbildung 11.20 wird die zugehörige Liste der Cookies angezeigt, davon das Cookie vname mit Wert.

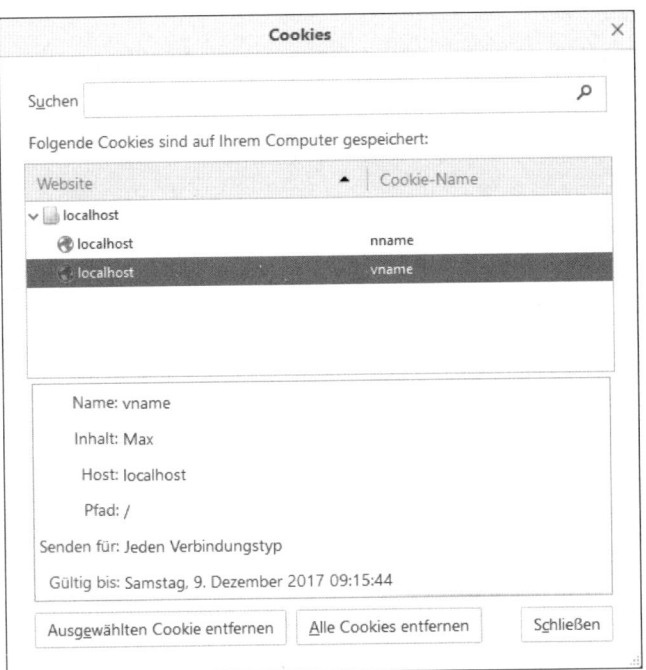

Abbildung 11.20 Liste der Cookies, Cookie »vname«

Kapitel 12
Datenbanken mit SQLite3 und PDO

Bei *SQLite3* handelt es sich um ein dateibasiertes Datenbanksystem. Es kann als vereinfachter Ersatz für ein komplexes, serverbasiertes Datenbankmanagementsystem dienen.

Bibliothek laden

Die SQLite3-Bibliothek ist nur verfügbar, falls Sie die zugehörige Erweiterung aktiviert haben. Dazu müssen Sie in der Zeile `extension=php_sqlite3.dll` in der Datei *php.ini* das Semikolon am Anfang der Zeile entfernen und anschließend den Webserver neu starten. Den Speicherort dieser Datei finden Sie für die verschiedenen Installationspakete in Anhang B.

Schreibrechte

Unter Ubuntu Linux und macOS werden zunächst Schreibrechte zur Erstellung der Datenbankdatei benötigt. Bei den meisten Website-Providern wird Linux genutzt. Dort werden Ihnen normalerweise Schreibrechte innerhalb Ihrer Domain gegeben.

PDO

PDO steht für *PHP Data Objects*. Diese Erweiterung bietet Ihnen eine einheitliche Möglichkeit des Zugriffs, z. B. für MySQL- oder SQLite3-Datenbanken. Am Ende des Kapitels finden Sie dazu weitere Erläuterungen und ein Beispiel.

Doch zunächst zu SQLite3. Starten Sie das nachfolgende Programm:

```
<!DOCTYPE html><html><head><meta charset="utf-8"></head><body>
<?php
   if (extension_loaded("sqlite3"))
      echo "sqlite3-Bibliothek geladen<br>";
   else
      echo "sqlite3-Bibliothek nicht geladen<br>";
?>
</body></html>
```

Listing 12.1 Datei sq3_pruefen.php

Die Funktion `extension_loaded()` prüft, ob die betreffende Extension geladen ist.

12.1   SQLite3

SQLite3 arbeitet auf der Basis von Textdateien und nutzt die aus Kapitel 3 bekannten SQL-Befehle. Einige Eigenschaften von SQLite3:

Textdatei
▶ Sie müssen sich keine Gedanken um einen Datenbankserver machen, der zusätzlich zum Webserver installiert sein muss. Sie sollten allerdings die Textdateien von SQLite3 in eigenen, geschützten Verzeichnissen unterbringen, damit sie nicht einfach vom Webserver heruntergeladen werden können.

Leicht zu publizieren
▶ Jede Datenbank wird bei SQLite3 in einer separaten Datei abgespeichert. Hierdurch wird es sehr einfach, die Datenbank zu publizieren. Die Datenbankdatei kann einfach mit einem FTP-Programm (z. B. FileZilla, siehe Abschnitt 2.6) auf den Server geladen werden. Mehrere Schreibvorgänge sind allerdings nicht gleichzeitig möglich, da für die Dauer des ersten Schreibvorgangs die gesamte Datei gesperrt wird.

Geschwindigkeit
▶ Bei kleineren Datenbanken ist SQLite3 mindestens genauso schnell wie z. B. ein MySQL-Datenbankserver. Bei größeren Datenbanken ergeben sich Vorteile aufseiten »echter« Datenbankserver, weil bessere Techniken eingesetzt werden. Im Unterschied zu MySQL darf eine SQLite3-Datenbank auch im kommerziellen Rahmen eingesetzt werden.

Datentyplos
SQLite3 hat eine weitere Besonderheit: Es ist ein datentyploses System (mit einer Ausnahme, siehe nächster Absatz). Sie haben hierdurch den Vorteil, keine Datentypen angeben zu müssen – allerdings entfallen im Gegenzug einige automatische Kontrollmöglichkeiten. Sollte es also wichtig sein, Daten des richtigen Typs zu verwenden, müssen Sie dies durch zusätzlichen Code kontrollieren.

INTEGER PRIMARY KEY
Eine Ausnahme bildet der Datentyp INTEGER PRIMARY KEY. Ein Feld dieses Typs kann für den Primärschlüssel verwendet werden und hat automatisch die Eigenschaft AUTO_INCREMENT. Falls Sie also keinen Wert vorgeben, wird der höchste vorhandene Wert um 1 erhöht.

12.2   Datenbankdatei, Tabelle und Datensätze erzeugen

Bei der Bibliothek für SQLite3 handelt es sich um eine Klassenbibliothek. Die verschiedenen Funktionen werden als Objektmethoden ausgeführt. Dabei kommen Objekte zum Einsatz, die die Verbindung zur SQLite3-Datenbank bzw. das Abfrageergebnis repräsentieren.

Zunächst sollen eine Datenbankdatei und eine Tabelle erzeugt werden. Aus Gründen der Vergleichbarkeit verwenden wir das Beispiel aus Kapitel 3 (Datenbank `firma`, Tabelle `personen` und drei Datensätze). Der Programmcode hierzu lautet:

```
<!DOCTYPE html><html><head><meta charset="utf-8"></head><body>
<?php
    /* Datenbankdatei öffnen bzw. erzeugen */
    $db = new SQLite3("sq3.db");

    /* Tabelle mit Primärschlüssel erzeugen */
    $db->exec("CREATE TABLE personen (name, vorname, "
      . "personalnummer INTEGER PRIMARY KEY, gehalt, geburtstag);");

    /* Drei Datensätze eintragen */
    $sqlstr = "INSERT INTO personen (name, vorname, "
      . "personalnummer, gehalt, geburtstag) VALUES ";
    $db->query($sqlstr
      . "('Maier', 'Hans', 6714, 3500, '1962-03-15')");
    $db->query($sqlstr
      . "('Schmitz', 'Peter', 81343, 3750, '1958-04-12')");
    $db->query($sqlstr
      . "('Mertens', 'Julia', 2297, 3621.5, '1959-12-30')");

    /* Verbindung zur Datenbankdatei wieder lösen */
    $db->close();
?>
</body></html>
```

Listing 12.2 Datei sq3_neu.php

Erläuterung:

▶ Zunächst wird mithilfe von `new` ein neues Objekt der Klasse `SQLite3` erzeugt. Der Name der Datenbankdatei ist hier *sq3.db*. Die Endung ist beliebig wählbar. Falls die Datenbankdatei nicht existiert, wird sie erzeugt. Rückgabewert ist eine Referenz auf das neu erzeugte Objekt.   **new SQLite3**

▶ Über diese Referenz wird die Methode `exec()` aufgerufen. Sie wird bei SQL-Befehlen genutzt, die kein Rückgabeergebnis liefern. In diesem Fall wird sie zur Erzeugung der Tabelle mit CREATE TABLE eingesetzt. Die Tabelle wird mit insgesamt fünf Feldern erzeugt. Es fällt auf, dass keine   **exec()**

12

Datentypen angegeben werden außer für das Feld `personalnummer`. Auf diesem Feld sollte der Primärschlüssel liegen.

query() ▶ Die Methode `query()` wird für SQL-Abfragen mit Rückgabeergebnis eingesetzt. Damit werden hier die drei Datensätze mithilfe von INSERT INTO erzeugt. Der Anfang des Befehls ist für alle drei Datensätze gleich; daher wird er in der Variablen `$sqlstr` gespeichert. Zeichenketten und Datumsangaben werden wie gewohnt in Anführungszeichen gesetzt. Als Dezimaltrennzeichen wird der Punkt verwendet (ein Komma würde den Übergang zum nächsten Feldinhalt kennzeichnen).

close() ▶ Zuletzt wird die Verbindung zur Datenbank mithilfe der Methode `close()` wieder geschlossen.

[»]   Hinweis

Auch wenn es nicht notwendig ist, werden beim Einfügen eines Datensatzes dennoch alle Feldnamen angegeben. Dies ist wegen der Datentyplosigkeit von SQLite3 noch wichtiger als bei anderen Datenbanksystemen. Ein möglicher Fehler kann in SQLite3 nicht so leicht bemerkt werden, da beim Einfügen alle Typen akzeptiert werden.

12.3   Abfrage der Datensätze

Die Datensätze aus der soeben erzeugten Tabelle sollen abgefragt und ausgegeben werden. Das Ergebnis sehen Sie in Abbildung 12.1.

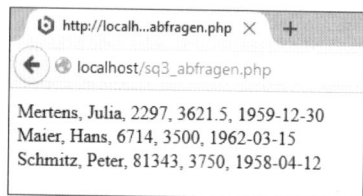

Abbildung 12.1 Datensätze aus der SQLite3-Datenbankdatei

Wie Ihnen sicher aufgefallen ist, sind die Datensätze unabhängig von der Einfügereihenfolge automatisch nach dem Feld `personalnummer` sortiert. Dies ist das Feld, auf dem der Primärschlüssel liegt. Der Programmcode:

```
<!DOCTYPE html><html><head><meta charset="utf-8"></head><body>
<?php
```

```php
/* Datenbankdatei öffnen bzw. erzeugen */
$db = new SQLite3("sq3.db");

/* Abfrage ausführen */
$res = $db->query("SELECT * FROM personen");

/* Abfrageergebnis ausgeben */
while($dsatz = $res->fetchArray(SQLITE3_ASSOC))
{
   echo $dsatz["name"] . ", "
      . $dsatz["vorname"] . ", "
      . $dsatz["personalnummer"] . ", "
      . $dsatz["gehalt"] . ", "
      . $dsatz["geburtstag"] . "<br>";
}

/* Verbindung zur Datenbankdatei wieder lösen */
$db->close();
?>
</body></html>
```

Listing 12.3 Datei sq3_abfragen.php

Erläuterung:

▶ Nach dem Öffnen der Datenbankdatei wird mithilfe der Methode que-ry() die Abfrage ausgeführt. Sie liefert eine Referenz auf das Objekt der Klasse SQLite3Result, das das Abfrageergebnis beinhaltet.

SQLite3Result

▶ Die Methode fetchArray() dient der Speicherung eines Datensatzes aus dem Abfrageergebnis in einem eindimensionalen Array. Gleichzeitig wird der Rückgabewert benutzt, um die while-Schleife zu steuern. Die Inhalte des Arrays können Sie in der gewohnten Form unter Verwendung des assoziativen Index ausgeben.

fetchArray()

▶ Der zweite Parameter der Methode fetchArray() ist optional. Die Angabe SQLITE3_ASSOC bewirkt, dass jeder Datensatz nur einmal zurückgeliefert wird, mit dem Feldnamen als assoziativem Index. Falls Sie den zweiten Parameter weglassen, wird jeder Datensatz zweimal zurückgeliefert, einmal mit numerischem Index, einmal mit assoziativem Index. Dies sollten Sie aus Performancegründen vermeiden.

SQLITE3_ASSOC

12.4   Benutzeroberfläche mit JavaScript und CSS

Das Beispielprogramm *db_linkcss.php* aus Abschnitt 3.2.9 stelle ich nun in einer SQLite3-Variante vor. Damit soll noch einmal die Ähnlichkeit zwischen SQLite3 und klassischen Datenbanken verdeutlicht werden.

JavaScript und CSS   In diesem Programm werden SQL-Abfragen zum Anzeigen, Erzeugen, Ändern und Löschen von Datensätzen zu einer komfortabel zu bedienenden Benutzeroberfläche einer Tabelle vereinigt. Es werden Hyperlinks mit JavaScript-Code zur Erzeugung dynamischer Abfragen sowie CSS-Formatierungen zur optischen Gestaltung eingesetzt.

Sortierung   Hinzugefügt wird lediglich die Möglichkeit, die Datensätze nach einem beliebigen Feld aufsteigend zu sortieren. Durch Betätigen eines der Hyperlinks in den Feldnamen wird nach dem betreffenden Feldnamen sortiert. Abbildung 12.2 zeigt die dazugehörige Bildschirmausgabe.

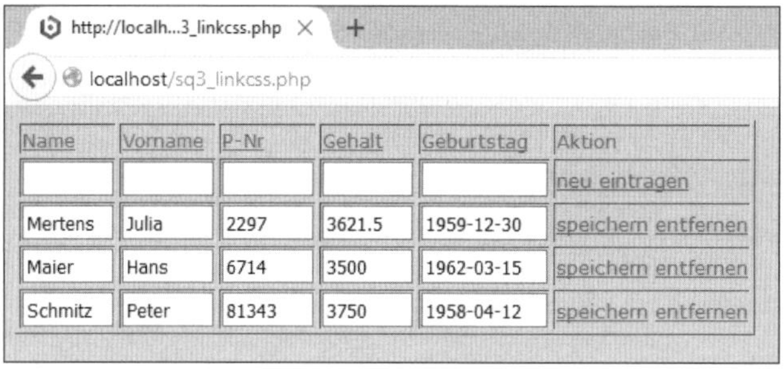

Abbildung 12.2 Hyperlinks zum Sortieren, Ändern und Löschen

Es folgt der Programmcode:

```
<!DOCTYPE html><html><head><meta charset="utf-8">
<link rel="stylesheet" type="text/css" href="sq3_linkcss.css">

<script type="text/javascript">
function send(ak,id)
{
    if(ak==0)
        document.f.ak.value = "in";
    else if(ak==1)
        document.f.ak.value = "up";
    else if(ak==2)
    {
```

```
      if (confirm("Datensatz mit id " + id + " entfernen?"))
         document.f.ak.value = "de";
      else
         return;
   }

   document.f.id.value = id;
   document.f.submit();
}
</script>
</head>
<body>
<?php
   /* Datenbankdatei öffnen bzw. erzeugen */
   $db = new SQLite3("sq3.db");

   /* Sortierung, wird ggf. überschrieben */
   $od = "";

   /* Aktion ausführen */
   if(isset($_POST["ak"]))
   {
      /* neu eintragen */
      if($_POST["ak"] == 'in')
      {
         $sql = "INSERT INTO personen"
           . "(name, vorname, personalnummer,"
           . " gehalt, geburtstag) VALUES "
           . "('" . $_POST["na"][0] . "', "
           . "'" . $_POST["vo"][0] . "', "
           . "'" . $_POST["pn"][0] . "', "
           . "'" . $_POST["gh"][0] . "', "
           . "'" . $_POST["gb"][0] . "')";
         $db->query($sql);
      }

      /* ändern */
      else if($_POST["ak"] == "up")
      {
         $id = $_POST["id"];
```

```php
        $sql = "UPDATE personen SET name = '"
          . $_POST["na"][$id] . "', "
          . " vorname = '" . $_POST["vo"][$id] . "',"
          . " personalnummer = '" . $_POST["pn"][$id] . "',"
          . " gehalt = '" . $_POST["gh"][$id] . "',"
          . " geburtstag = '" . $_POST["gb"][$id] . "'"
          . " WHERE personalnummer = $id";
      $db->query($sql);
    }

    /* löschen */
    else if($_POST["ak"] == "de")
    {
      $sql = "DELETE FROM personen WHERE personalnummer = "
        . $_POST["id"];
      $db->query($sql);
    }
  }

  /* sortieren */
  else if(isset($_GET["ak"]))
  {
    if($_GET["ak"] == "sna")
      $od = " ORDER BY name";
    else if($_GET["ak"] == "svo")
      $od = " ORDER BY vorname";
    else if($_GET["ak"] == "spe")
      $od = " ORDER BY personalnummer";
    else if($_GET["ak"] == "sgh")
      $od = " ORDER BY gehalt";
    else if($_GET["ak"] == "sgb")
      $od = " ORDER BY geburtstag";
  }

  /* Formularbeginn */
  echo "<form name='f' action='sq3_linkcss.php' method='post'>";
  echo "<input name='ak' type='hidden'>";
  echo "<input name='id' type='hidden'>";
```

```php
/* Tabellenbeginn */
echo "<table border='1'><tr>";
echo "<td><a href='sq3_linkcss.php?ak=sna'>Name</a></td>";
echo "<td><a href='sq3_linkcss.php?ak=svo'>Vorname</a></td>";
echo "<td><a href='sq3_linkcss.php?ak=spe'>P-Nr</a></td>";
echo "<td><a href='sq3_linkcss.php?ak=sgh'>Gehalt</a></td>";
echo "<td><a href='sq3_linkcss.php?ak=sgb'>Geburtstag</a></td>";
echo "<td>Aktion</td></tr>";

/* Neuer Eintrag */
echo "<tr>";
echo "<td><input name='na[0]' size='6'></td>";
echo "<td><input name='vo[0]' size='6'></td>";
echo "<td><input name='pn[0]' size='6'></td>";
echo "<td><input name='gh[0]' size='6'></td>";
echo "<td><input name='gb[0]' size='10'></td>";
echo "<td><a href='javascript:send(0,0);'>"
   . "neu eintragen</a></td>";
echo "</tr>";

/* Anzeigen */
$res = $db->query("SELECT * FROM personen $od");

/* Alle vorhandenen Datensätze */
while($dsatz = $res->fetchArray())
{
   $id = $dsatz["personalnummer"];
   echo "<tr>";
   echo "<td><input name='na[$id]' value='"
      . $dsatz["name"] . "' size='6'></td>";
   echo "<td><input name='vo[$id]' value='"
      . $dsatz["vorname"] . "' size='6'></td>";
   echo "<td><input name='pn[$id]' value='"
      . $id . "' size='6'></td>";
   echo "<td><input name='gh[$id]' value='"
      . $dsatz["gehalt"] . "' size='6'></td>";
   echo "<td><input name='gb[$id]' value='"
      . $dsatz["geburtstag"] . "' size='10'></td>";
   echo "<td><a href='javascript:send(1,$id);'>speichern</a>";
   echo " <a href='javascript:send(2,$id);'>entfernen</a></td>";
```

453

```
        echo "</tr>";
    }
    echo "</table></form>";
    $db->close();
?>
</body></html>
```

Listing 12.4 Datei sq3_linkcss.php

Ähnlichkeiten bzw. Unterschiede zur Datei *db_linkcss.php*:

▶ Die Bildschirmausgabe bleibt gleich.

▶ Im Dokumentkopf wird nun die CSS-Datei *sq3_linkcss.css* eingebunden.
  Der Inhalt der Datei wird gegenüber der Datei *db_linkcss.css* nicht verändert.

▶ Die JavaScript-Funktion send() im Dokumentkopf wird nicht verändert,
  da sich die Namen des Formulars und seiner Elemente nicht verändert
  haben.

▶ Die Datenbankdatei wird mit new SQLite3() geöffnet. Die zurückgegebene Referenz wird im restlichen Programm verwendet, um die Datenbankdatei zu erreichen.

▶ Die SQL-Abfragen für die Funktionen NEU EINTRAGEN, SPEICHERN und
  ENTFERNEN bleiben unverändert. Sie werden mit der Methode query()
  gesendet.

ORDER BY ▶ Falls eine Sortierung gewünscht wird, wird die Zeichenkette $od mit ...
  ORDER BY <Feldname> zusammengesetzt. Diese wird später für die Anzeige
  benötigt.

▶ Der Formularbeginn und die Zeile mit den Formularfeldern für den neuen Eintrag bleiben gleich.

▶ In der Tabellenüberschrift werden Hyperlinks zum Sortieren eingefügt.
  Bei der Betätigung eines Hyperlinks ruft sich die PHP-Datei mit dem
  Parameter ak=<Sortierfeld> auf.

▶ Die SQL-Abfrage zum Anzeigen der Daten wird um die Zeichenkette $od
  (mit ... ORDER BY <Feldname>) verlängert. Sie wird mit der Methode fetch-
  Array() gesendet; das Ergebnis steht für jeden Datensatz im Array
  $dsatz zur Verfügung.

Leicht zu ändern   Sie sehen also, dass ein vorhandenes Programm zur Bearbeitung einer
MySQL-Tabelle mit relativ wenigen Schritten und ohne tiefe Eingriffe in

den Ablauf in ein entsprechendes Programm für SQLite3 umgewandelt werden kann.

12.5 Beispiel »Kopfrechnen«

Das Ihnen bereits bekannte Beispiel »Kopfrechnen« (siehe Abschnitt 9.10) führe ich nachfolgend in einer leicht abgeänderten Version vor. Die ermittelte Zeit des Spielers wird in einer SQLite3-Datenbank statt in einer MySQL-Datenbank gespeichert.

Die Dateien des Beispiels haben das einheitliche Präfix kopfsq3. Es geht los mit *kopfsq3.htm.* Lediglich die Klasse Highscore muss geändert werden:

```php
<?php
/* Klasse "Highscore" */
class Highscore
{
   function __construct($spieler, $dauer)
   {
      /* Falls keine DB vorhanden: DB mit Tabelle erstellen */
      if(!file_exists("kopfsq3.db"))
      {
         $db = new SQLite3("kopfsq3.db");
         $db->exec("CREATE TABLE highscore(name, zeit)");
      }

      /* Falls DB vorhanden: DB öffnen */
      else
         $db = new SQLite3("kopfsq3.db");

      /* Datensatz einfügen */
      $db->query("INSERT INTO highscore (name, zeit)"
         . " VALUES ('$spieler', $dauer)");
      $db->close();

      /* Datensätze anzeigen */
      $this->anzeigen();
   }
```

12

```
function anzeigen()
{
   /* Datensätze anzeigen */
   echo "<p><b>Highscore:</b></p>";
   echo "<p><table>";
   echo "<tr><td><b>Name</b></td><td><b>Zeit</b></td></tr>";
   $db = new SQLite3("kopfsq3.db");
   $res = $db->query("SELECT * FROM highscore"
      . " ORDER BY zeit LIMIT 10");
   while($dsatz = $res->fetchArray())
      echo "<tr><td>" . $dsatz["name"]
         . "</td><td align='right'>"
         . $dsatz["zeit"] . " Sek.</td></tr>";
   $db->close();
   echo "</table></p>";
   }
}
?>
```

Listing 12.5 Datei kopfsq3_highscore.inc.php

Erläuterung:

▶ Im Konstruktor wird geprüft, ob die SQLite-Datenbankdatei *kopfsq3.db* existiert. Ist das nicht der Fall, wird die Datenbankdatei neu erzeugt und mit einer neuen Tabelle bestückt. Ansonsten wird nur die Verbindung zur Datenbankdatei aufgenommen.

▶ Nach dem Einfügen eines neuen Datensatzes in die Tabelle, die jetzt auf jeden Fall existiert, wird die Methode anzeigen() aufgerufen. Anschließend wird die Verbindung zur Datenbankdatei wieder geschlossen.

▶ In der Methode anzeigen() werden die maximal zehn besten Ergebnisse aus der Datenbanktabelle abgerufen und in einer kleinen Tabelle auf dem Bildschirm ausgegeben.

12.6   PDO

PDO steht für *PHP Data Objects*. Diese Erweiterung bietet Ihnen mithilfe der Klasse PDO eine einheitliche Möglichkeit des Zugriffs z. B. auf MySQL-, SQLite3- oder MS Access-Datenbanken.

Wie Sie am nachfolgenden Beispiel sehen werden, unterscheiden sich die **Gleiche Programme** Programme für verschiedene Datenbanktypen nur bei der Erzeugung des Objekts der Klasse PDO zu Beginn des Programms. Die weiteren Anweisungen sind identisch. In Abbildung 12.3 sehen Sie die Ausgabe des Programms.

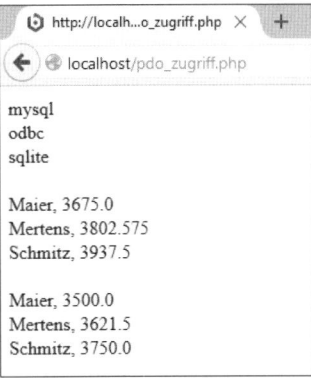

Abbildung 12.3 Datenbanktreiber und Zugriffe

Der Code des Beispiels:

```php
<!DOCTYPE html><html><head><meta charset="utf-8"></head><body>
<?php
foreach(PDO::getAvailableDrivers() as $treiber)
   echo "$treiber<br>";
echo "<br>";

$con = new PDO("mysql:host=localhost;dbname=firma","root", "");
// $con = new PDO("sqlite:sq3.db");
/*$db = $_SERVER["DOCUMENT_ROOT"] . "/firma.mdb";
echo "$db<br><br>";
$con = new PDO("odbc:DRIVER={Microsoft Access Driver (*.mdb)}; "
   . "DBQ=$db; Uid=; Pwd=;");*/

$con->exec("UPDATE personen SET gehalt = gehalt * 1.05");
$res = $con->query("SELECT name, gehalt "
   . "FROM personen ORDER BY name");
foreach($res as $dsatz)
   echo $dsatz["name"] . ", " . $dsatz["gehalt"] . "<br>";
echo "<br>";
```

```
$con->exec("UPDATE personen SET gehalt = gehalt / 1.05");
$res = $con->query("SELECT name, gehalt "
   . "FROM personen ORDER BY name");
foreach($res as $dsatz)
   echo $dsatz["name"] . ", " . $dsatz["gehalt"] . "<br>";
?>
</body></html>
```

Listing 12.6 Datei pdo_zugriff.php

Treiber

Zunächst wird mithilfe der statischen Methode getAvailableDrivers() fest-gestellt, welche Datenbanktreiber für PDO geladen werden, also auf welche Datenbanktypen zugegriffen werden kann. Im vorliegenden Fall sind dies MySQL, SQLite und ODBC (für MS Access).

Bibliothek laden

Die verschiedenen Treiber sind nur verfügbar, falls Sie die betreffende Er-weiterung aktiviert haben. Dazu müssen Sie in der zugehörigen Zeile in der Konfigurationsdatei *php.ini* das Semikolon am Anfang der Zeile entfernen und anschließend den Webserver neu starten:

- ▶ Für MySQL ist das die Zeile extension=php_pdo_mysql.dll,
- ▶ für SQLite die Zeile extension=php_pdo_sqlite.dll und
- ▶ für ODBC die Zeile extension=php_pdo_odbc.dll.

Den Speicherort der Datei *php.ini* finden Sie für die verschiedenen Installa-tionspakete in Anhang B.

Mithilfe eines Konstruktors wird ein neues PDO-Objekt erzeugt und eine Re-ferenz auf dieses Objekt zurückgeliefert. Diese Referenz repräsentiert die Verbindung zur Datenbank.

MySQL-Konstruktor

Der erste Parameter des Konstruktors umfasst im Fall von MySQL den Datenbanktyp, den Namen des Datenbankservers und den Namen der Da-tenbank. Im zweiten und dritten Parameter folgen der Name des Daten-bankbenutzers und das Passwort.

SQLite-Konstruktor

In der Zeile darunter wird ein PDO-Objekt für eine SQLite3-Datenbank er-zeugt. Der Konstruktor benötigt nur den Datenbanktyp und den Namen der Datenbankdatei. Sie können durch einen Wechsel der Auskommentie-rung feststellen, dass das Beispiel ebenso für SQLite3 funktioniert.

mdb, accdb

In den nächsten Zeilen wird ein PDO-Objekt für eine MS Access-Datenbank erzeugt. Der Konstruktor benötigt die Bezeichnung des Treibers, den Namen der Datenbankdatei (also *firma.mdb* oder *firma.accdb* inklusive des absoluten Pfads zum Basisverzeichnis des Webservers) und gegebenenfalls Passwort und weitere Zugangsdaten für die Datenbankdatei. Auch hier können Sie durch einen Wechsel der Auskommentierung feststellen, dass das Beispiel für MS Access funktioniert. Die PHP-Systemvariable DOCUMENT_ ROOT stellt den Verzeichnispfad zur Verfügung. Dateiname inklusive Pfad werden zur Kontrolle ausgegeben.

Die Methode exec() führt eine Aktionsabfrage aus und liefert die Anzahl der betroffenen Zeilen zurück. Die Methode query() führt eine Auswahlab-frage aus und liefert ein PDOStatement-Objekt zurück. Dieses Objekt umfasst das Ergebnis der Auswahlabfrage. Die Datensätze des Ergebnisses können mithilfe einer foreach-Schleife durchlaufen werden.

exec(), query()

12

Kapitel 13
XML

XML ist ein weitverbreitetes, plattformunabhängiges Datenformat, das sich zum universellen Datenaustausch eignet. XML-Dateien sind mit einem einfachen Texteditor editierbar. Einige Regeln zur Erstellung von XML-Dateien erläutere ich Ihnen kurz anhand der Beispiele.

Universelles Datenformat

Es soll eine mögliche Methode zum Einlesen, Bearbeiten und Ausgeben von XML-Dateien (von PHP aus) vorgestellt werden: die PHP-Erweiterung *SimpleXML*.

SimpleXML

13.1 Einlesen eines einzelnen Objekts

SimpleXML liest den gesamten Inhalt einer XML-Datei ein und konvertiert ihn in ein PHP-Objekt, das die gleiche hierarchische Struktur hat wie die XML-Daten. An einem einfachen Beispiel soll dies verdeutlicht werden. Zunächst eine XML-Datei, in der die Daten eines Objekts (hier eines Fahrzeugs) gespeichert sind:

Hierarchische Struktur

```
<?xml version="1.0" encoding="utf-8"?>
<fahrzeug>
    <marke>Opel</marke>
    <typ>Astra</typ>
    <motordaten>
        <leistung>70 KW</leistung>
        <hubraum>1600 ccm</hubraum>
    </motordaten>
    <gewicht>1200 kg</gewicht>
</fahrzeug>
```

Listing 13.1 Datei xml_einzel.xml

Der Aufbau einer XML-Datei:

▶ Die erste Zeile kennzeichnet den Inhalt als XML. Mit der anschließenden Zeichencodierung wird der genutzte Zeichensatz genannt.

▶ Auf der obersten Ebene darf es nur ein Objekt geben. Hier ist dies das Objekt fahrzeug.

XML-Markierungen ▶ XML-Daten werden ähnlich wie HTML-Markierungen notiert, also mit einer Anfangsmarkierung (hier <fahrzeug>) und einer Endmarkierung (hier </fahrzeug>); allerdings können Sie die Markierungen frei wählen.

Schachtelung ▶ XML-Daten können wie HTML-Markierungen geschachtelt werden, hier z. B. <marke> ... </marke> innerhalb von <fahrzeug> und </fahrzeug>. Dadurch entstehen Objekteigenschaften, hier marke, typ, motordaten und gewicht.

▶ Die Eigenschaft motordaten ist wiederum ein Objekt mit den Eigenschaften leistung und hubraum.

Baumstruktur Wenn Sie die Datei in einem Browser aufrufen, wird lediglich die hierarchische Struktur (Baumstruktur) der XML-Daten wiedergegeben (siehe Abbildung 13.1). Sie können XML-Dateien außerdem zur besseren Darstellung mit Style-Informationen verknüpfen. Das ist hier nicht geschehen.

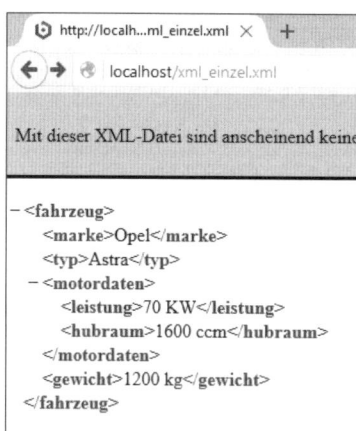

Abbildung 13.1 XML-Datei im Browser

Die Daten werden mit dem folgenden PHP-Programm eingelesen und auf dem Bildschirm ausgegeben:

```
<!DOCTYPE html><html><head><meta charset="utf-8"></head><body>
<?php
```

```
/* Einlesen der Datei in ein Objekt */
$fahrzeug = simplexml_load_file("xml_einzel.xml");

/* Ausgabe der Objektdaten */
echo "Marke: $fahrzeug->marke<br>";
echo "Typ: $fahrzeug->typ<br>";
echo "Motordaten:<br>";
echo "--- Leistung: " . $fahrzeug->motordaten->leistung . "<br>";
echo "--- Hubraum: " . $fahrzeug->motordaten->hubraum . "<br>";
echo "Gewicht: $fahrzeug->gewicht";
?>
</body></html>
```

Listing 13.2 Datei xml_einzel.php

Erläuterung:

▶ Die Funktion `simplexml_load_file()` dient dem Einlesen der gesamten XML-Datei in ein Objekt, hier `$fahrzeug`.

simplexml_
load_file()

▶ Auf die Eigenschaften wird in der Objektnotation zugegriffen.

▶ Die Eigenschaft `motordaten` ist wiederum ein Objekt; daher wird auf dessen Eigenschaften wie folgt zugegriffen: `$fahrzeug->motordaten-> leistung`.

Zugriff über ->

Die Ausgabe sehen Sie in Abbildung 13.2.

Abbildung 13.2 Verarbeitung der XML-Datei mit PHP

Hinweis   [«]

Einfache Variablen, Elemente von eindimensionalen numerischen Feldern und Objekteigenschaften können Sie auch innerhalb von Zeichenketten notieren, um z. B. eine Ausgabeanweisung übersichtlicher zu gestalten.

> Dagegen müssen Sie Elemente von assoziativen Feldern oder von Feldern
> mit mehr als zwei Dimensionen und auch Eigenschaften von Objekten, die
> wiederum Eigenschaften übergeordneter Objekte sind, außerhalb von Zei-
> chenketten notieren, wie hier z. B.:
>
> ```
> $fahrzeug->motordaten->leistung
> ```

13.2   Einlesen mehrerer Objekte

Array von Objekten

Falls Sie mehrere gleiche Objekte in einer XML-Datei speichern möchten,
müssen Sie sie innerhalb eines Hauptobjekts anordnen. Mehrere gleiche
Objekte werden als Bestandteile eines Felds betrachtet, das man mithilfe
einer Schleife durchlaufen kann. Auf jeder Ebene können gleiche Objekte
bzw. gleiche Eigenschaften vorkommen. Diese werden wiederum als Elemente eines Felds betrachtet. Zunächst die XML-Datei, in der die Daten
mehrerer Objekte des Typs fahrzeug gespeichert sind:

```xml
<?xml version="1.0" encoding="utf-8"?>
<sammlung>
<fahrzeug>
    <marke>Opel</marke>
    <typ>Astra</typ>
    <motordaten>
        <leistung>70 KW</leistung>
        <hubraum>1600 ccm</hubraum>
    </motordaten>
    <gewicht>1200 kg</gewicht>
    <reifen>155 R 14</reifen>
    <reifen>165 H 14</reifen>
</fahrzeug>
<fahrzeug>
    <marke>Ford</marke>
    <typ>Focus</typ>
    <motordaten>
        <leistung>80 KW</leistung>
        <hubraum>1700 ccm</hubraum>
    </motordaten>
    <gewicht>1100 kg</gewicht>
    <reifen>185-60 R 13</reifen>
```

```
    <reifen>205-70 R 13</reifen>
</fahrzeug>
</sammlung>
```

Listing 13.3 Datei xml_mehrere.xml

Der Aufbau der XML-Datei sieht wie folgt aus:

▶ Jedes einzelne Fahrzeug wird innerhalb der Markierungen `<fahrzeug>` und `</fahrzeug>` notiert.

▶ Alle Fahrzeuge werden innerhalb des Hauptobjekts `<sammlung>` ... `</sammlung>` angeordnet.

▶ Jedem Fahrzeug sind zwei Reifensätze zugeordnet. Die Eigenschaft reifen ist also pro Fahrzeug zweimal vorhanden.

Das PHP-Programm, in dem die Daten der Fahrzeugsammlung eingelesen werden, beinhaltet zwei Varianten zur Bildschirmausgabe:

```
<!DOCTYPE html><html><head><meta charset="utf-8"></head><body>
<?php
/* Einlesen der Datei in ein Objekt */
$sammlung = simplexml_load_file("xml_mehrere.xml");

/* Ausgabe der Objektdaten, Variante 1 */
foreach ($sammlung->fahrzeug as $fz)
{
    echo "Marke: $fz->marke<br>";
    echo "Typ: $fz->typ<br>";
    echo "Motordaten:<br>";
    echo "--- Leistung: " . $fz->motordaten->leistung . "<br>";
    echo "--- Hubraum: " . $fz->motordaten->hubraum . "<br>";
    echo "Gewicht: $fz->gewicht<br>";
    echo "Reifen: " . $fz->reifen[0] . "<br>";
    echo "Reifen: " . $fz->reifen[1] . "<br><br>";
}

/* Ausgabe der Objektdaten, Variante 2 */
for($i=0; $i<count($sammlung); $i++)
{
    echo "Marke: " . $sammlung->fahrzeug[$i]->marke . "<br>";
```

13

465

```
    echo "Typ: " . $sammlung->fahrzeug[$i]->typ . "<br>";
    echo "Motordaten:<br>";
    echo "--- Leistung: "
        . $sammlung->fahrzeug[$i]->motordaten->leistung . "<br>";
    echo "--- Hubraum: "
        . $sammlung->fahrzeug[$i]->motordaten->hubraum . "<br>";
    echo "Gewicht: " . $sammlung->fahrzeug[$i]->gewicht . "<br>";
    echo "Reifen: " . $sammlung->fahrzeug[$i]->reifen[0] . "<br>";
    echo "Reifen: "
        . $sammlung->fahrzeug[$i]->reifen[1] . "<br><br>";
}
?>
</body></html>
```

Listing 13.4 Datei xml_mehrere.php

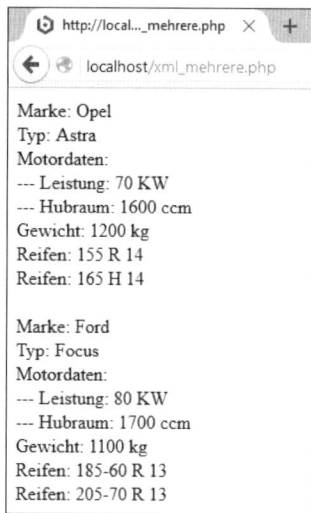

Abbildung 13.3 Mehrere gleiche Objekte

Erläuterung:

- ▶ Mit simplexml_load_file() wird das Hauptobjekt eingelesen.
- foreach ▶ Variante 1: Bei jedem Durchlauf der foreach-Schleife wird auf ein einzelnes Fahrzeugobjekt als Objekt $fz zugegriffen.

▶ Variante 2: Bei jedem Durchlauf der for-Schleife wird auf ein einzelnes Fahrzeugobjekt als Feldelement zugegriffen. Die Anzahl der Fahrzeugobjekte wird mithilfe der Funktion count() ermittelt.

for-Schleife, Index

▶ Die beiden Objekte des Typs reifen werden im Programm als Feldelemente betrachtet und mit einem numerischen Index angesprochen.

Die Ausgabe (hier nur eine Variante) sehen Sie in Abbildung 13.3.

13.3   Zugriff auf Attribute

XML-Daten können wie HTML-Markierungen auch Attribute haben. Ein Beispiel bei HTML: <font color="#ff0000" size="4"> ... </font>. Diese Attribute werden bei der Umwandlung in ein PHP-Objekt mit SimpleXML als Elemente eines assoziativen Arrays betrachtet. Zunächst die XML-Datei, in der XML-Daten mit Attributen notiert sind:

Assoziatives Array

13

```
<?xml version="1.0" encoding="utf-8"?>
<fahrzeug>
    <marke land="Deutschland">Opel</marke>
    <typ>Astra</typ>
    <motordaten zylinder="4" katalysator="Euro 5">
        <leistung>70 KW</leistung>
        <hubraum ventilzahl="3">1600 ccm</hubraum>
    </motordaten>
    <gewicht>1200 kg</gewicht>
</fahrzeug>
```

Listing 13.5 Datei xml_attribut.xml

Der Aufbau der XML-Datei:

▶ Die Markierung marke hat das Attribut land.

▶ Die Markierung motordaten hat die Attribute zylinder und katalysator.

▶ Die Markierung hubraum hat das Attribut ventilzahl.

Das PHP-Programm zum Einlesen und zur Bildschirmausgabe sieht wie folgt aus:

```
<!DOCTYPE html><html><head><meta charset="utf-8"></head><body>
<?php
```

```
/* Einlesen der Datei in ein Objekt */
$fahrzeug = simplexml_load_file("xml_attribut.xml");

/* Ausgabe der Objektdaten */
echo "Marke: $fahrzeug->marke<br>";
echo "--- Land: " . $fahrzeug->marke["land"] . "<br>";
echo "Typ: $fahrzeug->typ<br>";
echo "Motordaten:<br>";
echo "--- Zylinder: "
   . $fahrzeug->motordaten["zylinder"] . "<br>";
echo "--- Katalysator: "
   . $fahrzeug->motordaten["katalysator"] . "<br>";
echo "--- Leistung: " . $fahrzeug->motordaten->leistung . "<br>";
echo "--- Hubraum: " . $fahrzeug->motordaten->hubraum . "<br>";
echo "--- --- Ventilzahl: "
   . $fahrzeug->motordaten->hubraum["ventilzahl"] . "<br>";
echo "Gewicht: $fahrzeug->gewicht";
?>
</body></html>
```

Listing 13.6 Datei xml_attribut.php

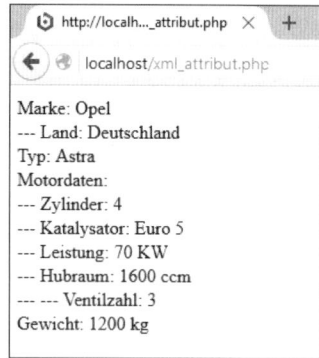

Abbildung 13.4 Objekte mit Attributen

Erläuterung:

Zugriff über ["..."]
- Über $fahrzeug->marke["land"] können Sie auf das Attribut land zugreifen.
- Über $fahrzeug->motordaten->hubraum["ventilzahl"] können Sie auf das Attribut ventilzahl zugreifen.

Die Ausgabe zeigt Abbildung 13.4.

13.4   Interne XML-Daten

XML-Daten können, anstatt aus einer externen XML-Datei eingelesen zu werden, auch Bestandteil des Programms sein. Allerdings liegt in solch einem Fall keine saubere Trennung zwischen Programm und Daten vor.

Falls interne XML-Daten vorliegen, werden sie durch SimpleXML mithilfe der Funktion `simplexml_load_string()` aus einer XML-Zeichenkette in ein Objekt eingelesen. Die weitere Verarbeitung bleibt erhalten. Der Programmcode sieht wie folgt aus:

simplexml_load_string()

```
<!DOCTYPE html><html><head><meta charset="utf-8"></head><body>
<?php

/* Erzeugen der Zeichenkette */
$xml_zk = <<< XML
<?xml version="1.0" encoding="utf-8"?>
<fahrzeug>
    <marke>Opel</marke>
    <typ>Astra</typ>
    <motordaten>
        <leistung>70 KW</leistung>
        <hubraum>1600 ccm</hubraum>
    </motordaten>
    <gewicht>1200 kg</gewicht>
</fahrzeug>
XML;

/* Einlesen der Zeichenkette in ein Objekt */
$fahrzeug = simplexml_load_string($xml_zk);

/* Ausgabe der Objektdaten */
echo "Marke: $fahrzeug->marke<br>";
echo "Typ: $fahrzeug->typ<br>";
echo "Motordaten:<br>";
echo "--- Leistung: " . $fahrzeug->motordaten->leistung . "<br>";
echo "--- Hubraum: " . $fahrzeug->motordaten->hubraum . "<br>";
echo "Gewicht: $fahrzeug->gewicht<br>";
?>
</body></html>
```

Listing 13.7 Datei xml_intern.php

Erläuterung:

▶ Die XML-Zeichenkette beginnt mit <<< XML und endet mit XML. Dazwischen muss das Objekt wie bisher im XML-Format notiert sein. Für den späteren Zugriff müssen Sie die XML-Zeichenkette einer PHP-Variablen (hier $xml_zk) zuweisen.

▶ Die Funktion simplexml_load_string() liest die Zeichenkette in ein Objekt ein. Anschließend wird auf die Eigenschaften dieses Objekts wie gewohnt zugegriffen.

13.5   Speicherung von Objekten

Ausgabe

Die Daten eines Objekts können selbstverständlich geändert werden. Falls Sie diese Änderungen in einer XML-Datei speichern möchten, können Sie die Funktion file_put_contents() und die Objektmethode asXML() verwenden. Im folgenden Beispiel soll eine Objekteigenschaft geändert und gespeichert werden. Zunächst die XML-Datei mit den Originalwerten:

```xml
<?xml version="1.0" encoding="utf-8"?>
<fahrzeug>
    <marke>Opel</marke>
    <typ>Astra</typ>
    <gewicht>1200 kg</gewicht>
</fahrzeug>
```

Listing 13.8 Datei xml_speichern.xml

Das Programm sieht wie folgt aus:

```php
<!DOCTYPE html><html><head><meta charset="utf-8"></head><body>
<?php
/* Einlesen der Datei in ein Objekt, Teilausgabe */
$fahrzeug = simplexml_load_file("xml_speichern.xml");
echo "<p>Gewicht: " . $fahrzeug->gewicht . "</p>";

/* Ändern von Teildaten, Dateiausgabe des Objekts */
$fahrzeug->gewicht ="2200 kg";
file_put_contents("xml_speichern.xml", $fahrzeug->asXML());
```

```
/* Einlesen der Datei in ein Objekt, Teilausgabe */
$fahrzeug = simplexml_load_file("xml_speichern.xml");
echo "<p>Gewicht: " . $fahrzeug->gewicht . "</p>";
?>
</body></html>
```

Listing 13.9 Datei xml_speichern.php

Erläuterung:

▸ Die Objekteigenschaft gewicht wird zunächst mit ihrem Originalwert ausgegeben.

▸ Die Eigenschaft wird verändert: von 1200 kg auf 2200 kg.

▸ Die Methode file_put_contents() wird aufgerufen.   **file_put_contents()**

  – Als erster Parameter wird die Datei angegeben, in die geschrieben werden soll. In diesem Fall ist das wiederum die Datei *xml_speichern.xml*.

  Als zweiter Parameter wird die Methode asXML() für das Objekt $fahr-   **asXML()**
  zeug aufgerufen. Dies führt dazu, dass die Objektdaten überschrieben werden. Ansonsten bleibt der Aufbau der Datei unverändert.

Das Objekt wird einmal vor und einmal nach der Veränderung eingelesen. Es werden nur die in Abbildung 13.5 dargestellten Teildaten ausgegeben.

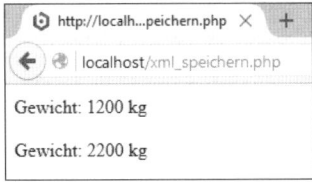

Abbildung 13.5 Vorher/nachher

471

Kapitel 14
Ajax

Ajax steht für *Asynchronous JavaScript and XML*. Diese Technik bietet eine asynchrone Datenübertragung zwischen Browser und Webserver. Das ermöglicht Ihnen, Teile einer Internetseite zu ändern, ohne die gesamte Seite neu erstellen und übermitteln zu müssen. Auf diese Weise reduziert sich der Entwicklungsaufwand, verringert sich der Netzverkehr und werden die Internetseiten schneller und flexibler. Die Ajax-Technik wird seit Jahren erfolgreich im Web eingesetzt und ist ein selbstverständlicher Bestandteil vieler Internetseiten.

Asynchron

Zum Ablauf: Aus einer Internetseite heraus wird eine Anforderung an den Webserver gesendet. Dieser sendet, hier mithilfe von PHP, eine Antwort zurück. Die Antwort wird in der weiterhin angezeigten Internetseite ausgewertet und führt zur Änderung eines Teils der Seite.

14

Zentraler Bestandteil des gesamten Ablaufs ist ein Objekt des Typs `XMLHttpRequest`. Ein solches Objekt wird von allen modernen Browsern erkannt. Falls Sie auch auf die Version 6 oder eine frühere Version des MS Internet Explorers Rücksicht nehmen wollen, müssen Sie ein Objekt eines anderen Typs nutzen. Darauf gehe ich hier nicht weiter ein.

XMLHttpRequest

Alle Seiten in diesem Kapitel werden über einen Webserver aufgerufen, da sie von diesem Webserver Daten anfordern, um sie in die Seiten einzufügen. Die Daten können auf dem Webserver in verschiedenen Formen vorliegen:

▶ als PHP-Programm, siehe Abschnitt 14.1
▶ als Text in einer Textdatei, siehe das Ende von Abschnitt 14.1
▶ als XML-Datei, siehe Abschnitt 14.3
▶ als *JSON-Objekt* in einer Textdatei, siehe Abschnitt 14.4

14.1   Hallo Ajax

Anhand des ersten Beispiels *Hallo Ajax* erläutere ich Ihnen den grundsätzlichen Ablauf, wie er im gesamten Kapitel gilt.

Es wird eine HTML-Seite mit einem Hyperlink dargestellt. Die Seite (siehe Abbildung 14.1) enthält einen Absatz mit einer eindeutigen ID.

Abbildung 14.1 Dauerhaft angezeigte Seite

[»]   **Hinweis**

Der Absatz darf nicht gänzlich leer sein, er muss einen Inhalt haben, daher das explizite Leerzeichen im Absatz, siehe vorletzte Zeile im Code der Datei *ajax_hallo.htm*.

Nach Betätigung des Hyperlinks wird eine Anforderung an den Webserver gesendet. Dieser sendet einen Text als Antwort. Der gesendete Text wird in den (zunächst leeren) Absatz eingesetzt und erscheint auf der Seite, wie Sie es in Abbildung 14.2 sehen.

Abbildung 14.2 Seite ergänzt aus PHP-Datei

Zunächst die HTML-Seite mit dem JavaScript-Code:

```
<!DOCTYPE html><html><head><meta charset="utf-8">
<script type="text/javascript">
function anfordern()
{
   var req = new XMLHttpRequest();
   req.open("get", "ajax_hallo.php", true);
```

```
   // req.open("get", "ajax_hallo.txt", true);
   req.onreadystatechange = auswerten;
   req.send();
}

function auswerten(e)
{
   if(e.target.readyState == 4 && e.target.status == 200)
      document.getElementById("idAbsatz").firstChild.nodeValue =
         e.target.responseText;
}
</script>
</head>
<body>
<p><a href="javascript:anfordern()">Bitte klicken</a></p>
<p id="idAbsatz"> </p>
</body></html>
```

Listing 14.1 Datei ajax_hallo.htm

Dazu das antwortende PHP-Programm:

```
<?php
   header("Content-type: text/html; charset=utf-8");
   echo "PHP-Datei: Hallo Ajax";
?>
```

Listing 14.2 Datei ajax_hallo.php

In der Datei *ajax_hallo.htm* stehen der Hyperlink und der optisch leere Absatz. Durch Betätigung des Hyperlinks wird die Funktion anfordern() aufgerufen. Darin wird zunächst ein neues XMLHttpRequest-Objekt erzeugt. Die Methode open() dieses Objekts eröffnet die Kommunikation mit der antwortenden Seite, hier mit *ajax_hallo.php*, mithilfe der GET-Methode. Der dritte Parameter der Methode open() steht im Normalfall auf true. Damit wird dafür gesorgt, dass die Kommunikation asynchron abgewickelt wird. Andere Abläufe müssen in diesem Fall nicht auf das Ende der Anforderung warten.

open()

Dem Event-Handler onreadystatechange wird ein Verweis auf die Funktion auswerten() zugewiesen. Nach dem Senden ändert das XMLHttpRequest-

onready-
statechange

Objekt mehrmals seinen Status. Auf dieses Änderungsereignis reagiert der genannte Event-Handler. Kurz gesagt: Bei jeder Statusänderung wird die Methode `auswerten()` aufgerufen.

send()   Die Methode `send()` des `XMLHttpRequest`-Objekts sendet die Anforderung an den Webserver. Weitere Daten werden zunächst nicht übermittelt. Das Senden sollte erst erfolgen, nachdem der Event-Handler registriert ist. Auf diese Weise bleibt kein Ereignis unbemerkt.

readystate, status   An die Methode `auswerten()` wird ein Ereignisobjekt übermittelt. Die Eigenschaft `target` dieses Objekts verweist auf das `XMLHttpRequest`-Objekt. Zunächst werden dessen Eigenschaften `readystate` und `status` betrachtet. Die Auswertung ist erst interessant, wenn `readystate` den Wert 4 (= complete) und `status` den Wert 200 angenommen hat. `status` repräsentiert den Wert des Statuscodes des *Hypertext Transfer Protocol* (HTTP). 200 steht für OK, 404 für PAGE NOT FOUND, 500 für INTERNAL SERVER ERROR usw.

responseText   Die Eigenschaft `responseText` des `XMLHttpRequest`-Objekts enthält die Antwort des Webservers, in diesem Fall den Text `PHP-Datei: Hallo Ajax`. Dieser Text wird in den (zunächst leeren) Absatz gesetzt.

Textdatei laden   Sie können statt der Ausgabe einer PHP-Datei auch den Inhalt einer Textdatei vom Webserver anfordern und in ein vorhandenes Dokument einsetzen. Dazu müssen Sie den Aufruf der Methode `open()` in der Funktion `anfordern()` tauschen, also die Kommentarzeichen für die zweite Zeile entfernen und für die dritte Zeile setzen. Die Textdatei sieht wie folgt aus:

```
TXT-Datei: Hallo Ajax
```

Listing 14.3 Datei ajax_hallo.txt

14.2   Parameter senden

In diesem Abschnitt folgt ein Beispiel, bei dem Parameter an den Webserver gesendet werden. Die jeweilige Antwort des PHP-Programms hängt von den Daten dieser Parameter ab.

Es wird eine HTML-Seite mit zwei Hyperlinks gezeigt, wie Sie sie in Abbildung 14.3 sehen.

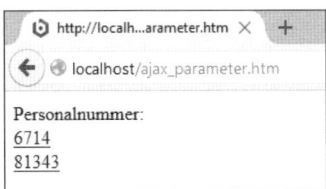

Abbildung 14.3 Dauerhaft angezeigte Seite

Wird der erste Hyperlink betätigt, werden Daten zu der Person mit der Personalnummer 6714 angefordert. Im zweiten Fall handelt es sich um die Daten zur Personalnummer 81343. Mit diesen Daten wird der Absatz unterhalb der Hyperlinks gefüllt (siehe Abbildung 14.4 und Abbildung 14.5).

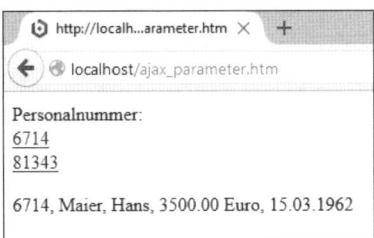

Abbildung 14.4 Alle Daten zu Personalnummer 6714

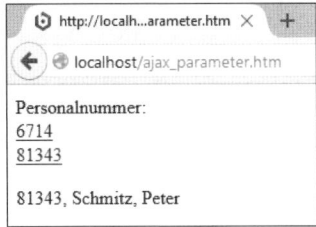

Abbildung 14.5 Ein Teil der Daten zu Personalnummer 81343

Zunächst die HTML-Seite mit dem JavaScript-Code:

```
<!DOCTYPE html><html><head><meta charset="utf-8">
<script type="text/javascript">
function anfordern(personalnummer, umfang)
{
   var req = new XMLHttpRequest();
   req.open("get", "ajax_parameter.php?pnr=" + personalnummer
      + "&umfang=" + umfang, true);
```

```
        req.setRequestHeader("Content-Type",
           "application/x-www-form-urlencoded");
        req.onreadystatechange = auswerten;
        req.send();
}

function auswerten(e)
{
    if(e.target.readyState == 4 && e.target.status == 200)
        document.getElementById("idAbsatz").firstChild.nodeValue
            = e.target.responseText;
}
</script>
</head>

<body>
<p>Personalnummer:<br>
<a href="javascript:anfordern(6714, 'alle');">6714</a><br>
<a href="javascript:anfordern(81343, 'teil');">81343</a></p>
<p id="idAbsatz"> </p>
</body></html>
```

Listing 14.4 Datei ajax_parameter.htm

Dazu das antwortende PHP-Programm:

```
<?php
    header("Content-type: text/html; charset=utf-8");

    if($_GET["pnr"] == 6714)
    {
        if($_GET["umfang"] == "alle")
            echo "6714, Maier, Hans, 3500.00 Euro, 15.03.1962";
        else
            echo "6714, Maier, Hans";
    }
    else if($_GET["pnr"] == 81343)
    {
        if($_GET["umfang"] == "alle")
            echo "81343, Schmitz, Peter, 3750.00 Euro, 12.04.1958";
```

```
    else
       echo "81343, Schmitz, Peter";
  }
?>
```

Listing 14.5 Datei ajax_parameter.php

Ich werde nur die Unterschiede zum vorherigen Beispiel erläutern. Zunächst zur Datei *ajax_parameter.htm*: Durch Betätigung eines der beiden Hyperlinks wird die Funktion `anfordern()` aufgerufen. Dabei werden zwei Parameter übermittelt: eine Zahl und eine Zeichenkette.

Mithilfe der Methode `setRequestHeader()` des `XMLHttpRequest`-Objekts wird festgelegt, in welcher Form diese Daten übermittelt werden, in diesem Fall angehängt an die Adresse der Seite. Im Parameter der Methode `send()` des `XMLHttpRequest`-Objekts werden die einzelnen Teile mit dem Zeichen & voneinander getrennt. Im ersten Fall ergibt sich somit: `ajax_parameter.php?pnr=6714&umfang=alle`.

setRequestHeader()

Nun zur Datei *ajax_parameter.php*: Nach dem Senden der Daten stehen hier die beiden Elemente `$_GET["pnr"]` und `$_GET["umfang"]` mit ihren jeweiligen Werten zur Verfügung. Innerhalb einer Verzweigung wird entschieden, welche Antwort zurückgesendet wird.

$_GET

14

14.3   XML-Datei lesen

Sie können mit Ajax die Inhalte von XML-Dateien (siehe Kapitel 13), die mit externen Programmen erzeugt werden und auf dem Webserver gespeichert sind, in Ihre Dokumente einbauen.

14.3.1   Einzelnes Objekt

Zunächst sollen die Werte der Knoten und Attribute eines einzelnen Objekts aus einer XML-Datei auf dem Webserver in eine Internetseite eingebunden werden, hier erst mal die XML-Datei:

```
<?xml version="1.0" encoding="utf-8"?>
<fahrzeug>
   <farbe>Rot</farbe>
```

```
    <geschwindigkeit>50</geschwindigkeit>
    <leistung hubraum="1600" zylinder="4">76.2</leistung>
</fahrzeug>
```

Listing 14.6 Datei ajax_xml_einzel.xml

Hierarchie
der Knoten

Der Wurzelknoten ist hier das Element `fahrzeug`. Ein `fahrzeug` hat drei Eigenschaften mit Werten, die als Kindknoten definiert werden. Der dritte Kindknoten hat zwei Attribute, jeweils mit Werten. Falls es sich bei einem Wert um eine Zahl mit Nachkommastellen handelt, werden diese mit Dezimalpunkt abgetrennt. Diese Daten werden nach Betätigung eines Hyperlinks mithilfe von Ajax aus der XML-Datei gelesen und füllen den Absatz (siehe Abbildung 14.6).

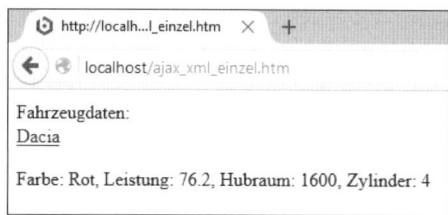

Abbildung 14.6 Daten eines einzelnen Objekts

Es folgt das zugehörige Programm:

```
<!DOCTYPE html><html><head><meta charset="utf-8">
<script type="text/javascript">
function anfordern()
{
    req = new XMLHttpRequest();
    req.open("get", "ajax_xml_einzel.xml", true);
    req.onreadystatechange = auswerten;
    req.send();
}

function auswerten(e)
{
    if(e.target.readyState == 4 && e.target.status == 200)
    {
        var antwort = e.target.responseXML;
        var kfarbe = antwort.getElementsByTagName("farbe")[0];
        var kleistung = antwort.getElementsByTagName("leistung")[0];
```

```
    document.getElementById("idDaten").firstChild.nodeValue =
        "Farbe: " + kfarbe.firstChild.nodeValue
        + ", Leistung: " + kleistung.firstChild.nodeValue
        + ", Hubraum: " + kleistung.getAttribute("hubraum")
        + ", Zylinder: " + kleistung.getAttribute("zylinder");
    }
}
</script>
</head>

<body>
<p>Fahrzeugdaten:<br>
<a href="javascript:anfordern();">Dacia</a></p>
<p id="idDaten"> </p>
</body></html>
```

Listing 14.7 Datei ajax_xml_einzel.htm

In der Funktion anfordern() eröffnet die Methode open() die Kommunikation mit der antwortenden XML-Seite. Es wird kein Text, sondern ein XML-Dokument angefordert, daher wird in der Funktion auswerten() mit der Eigenschaft responseXML und nicht mit der Eigenschaft responseText gearbeitet.

responseXML()

14

Die Methode getElementsByTagName() des document-Objekts liefert ein Feld mit Verweisen auf alle XML-Elemente mit der gewünschten Markierung. Dies wird hier für die Markierung farbe und für die Markierung leistung durchgeführt. Das erste Element des Felds hat jeweils die Nummer 0.

getElementsBy-TagName()

Mithilfe der Eigenschaft firstChild eines node-Objekts wird der erste Kindknoten des jeweils ersten Elements ausgegeben. Anschließend wird mit der Methode getAttribute() eines node-Objekts der Wert von zwei verschiedenen Attributen ermittelt und ausgegeben.

firstChild, getAttribute()

14.3.2   Sammlung von Objekten

In der folgenden XML-Datei sehen Sie eine Sammlung von gleichartig aufgebauten Objekten. Mithilfe von Ajax werden auch Inhalte dieser XML-Datei in eine Internetseite eingebaut. Zunächst die XML-Datei:

```
<?xml version="1.0" encoding="utf-8"?>
<sammlung>
```

```
<fahrzeug>
    <farbe>Rot</farbe>
    <geschwindigkeit>50</geschwindigkeit>
    <leistung hubraum="1600" zylinder="4">76.2</leistung>
</fahrzeug>
<fahrzeug>
    <farbe>Gelb</farbe>
    <geschwindigkeit>65</geschwindigkeit>
    <leistung hubraum="1800" zylinder="4">85.0</leistung>
</fahrzeug>
</sammlung>
```

Listing 14.8 Datei ajax_xml_sammlung.xml

Auch in dieser XML-Datei gibt es nur ein Hauptelement bzw. einen Wurzel-knoten. Dieses Element hat die Markierung sammlung und zwei Kindknoten vom bereits beschriebenen Typ fahrzeug.

Nach Betätigung eines der Hyperlinks in Abbildung 14.7 wird mithilfe von Ajax der zunächst leere Absatz gefüllt.

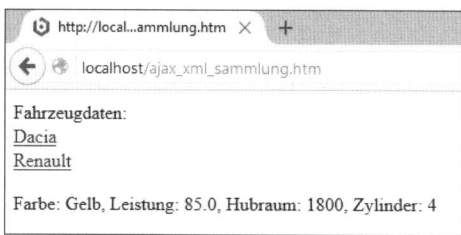

Abbildung 14.7 Daten eines Objekts aus einer Sammlung

Es folgt das zugehörige Programm:

```
<!DOCTYPE html><html><head><meta charset="utf-8">
<script type="text/javascript">
function anfordern(x)
{
   req = new XMLHttpRequest();
   req.open("get", "ajax_xml_sammlung.xml", true);
   req.onreadystatechange = function(e) { auswerten(e, x); };
   req.send();
}
```

```
function auswerten(e, x)
{
   if(e.target.readyState == 4 && e.target.status == 200)
   {
      var antwort = e.target.responseXML;
      var kfarbe = antwort.getElementsByTagName("farbe")[x];
      var kleistung = antwort.getElementsByTagName("leistung")[x];
      document.getElementById("idDaten").firstChild.nodeValue =
         "Farbe: " + kfarbe.firstChild.nodeValue
         + ", Leistung: " + kleistung.firstChild.nodeValue
         + ", Hubraum: " + kleistung.getAttribute("hubraum")
         + ", Zylinder: " + kleistung.getAttribute("zylinder");
   }
}
</script>
</head>

<body>
<p>Fahrzeugdaten:<br>
<a href="javascript:anfordern(0);">Dacia</a><br>
<a href="javascript:anfordern(1);">Renault</a></p>
<p id="idDaten"> </p>
</body></html>
```

Listing 14.9 Datei ajax_xml_sammlung.htm

Bei Betätigung eines der Hyperlinks wird der zugehörige Wert als Parameter an die Funktion anfordern() übergeben. Dieser Wert wird an die Funktion auswerten() weitergereicht. Damit kann das passende Objekt aus der Sammlung ermittelt werden. Die Daten dieses Objekts werden zurückgeliefert und füllen den zunächst leeren Absatz.

14.4   JSON-Datei lesen

Die *JavaScript Object Notation*, kurz *JSON*, stellt eine Alternative zu XML als universelles Datenaustauschformat dar. An dieser Stelle zeige ich, wie JSON den Transport von Daten zwischen verschiedenen Anwendungen vereinfacht, z. B. zwischen einer PHP- und einer JavaScript-Anwendung.

PHP zu JavaScript

483

In einer Textdatei stehen JSON-Daten, die z. B. mithilfe von PHP codiert und gespeichert werden. Diese Daten werden wir in den nächsten beiden Abschnitten mithilfe von Ajax in eine bestehende Internetseite einbauen.

Im dritten Abschnitt wird der umgekehrte Weg beschritten. Es wird gezeigt, wie JSON-Daten, die von einer anderen Anwendung erzeugt werden, in PHP decodiert und verwendet werden können.

14.4.1   Einzelnes Objekt

Zunächst geht es um ein einzelnes JSON-Objekt in einer Textdatei. Die Textdatei wird mithilfe des nachfolgenden PHP-Programms erzeugt:

```
<!DOCTYPE html><html><head><meta charset="utf-8"></head><body>
<?php
    $fp = @fopen("ajax_json_einzel.txt","w");
    if (!$fp) exit("Dateifehler");
    $feld_einzel = array("farbe"=>"Rot", "geschwindigkeit"=>50.2);
    $ausgabe = json_encode($feld_einzel);
    fputs ($fp, $ausgabe);
    fclose($fp);
?>
</body></html>
```

Listing 14.10 Datei ajax_json_einzel.php

json_encode() Die Daten eines Objekts werden in einem assoziativen Feld gespeichert. Dieses Feld wird mithilfe der Funktion json_encode() in die JSON-Repräsentation des Objekts umgewandelt. Diese wird wiederum in eine Textdatei ausgegeben, die später mithilfe von Ajax gelesen werden kann.

Die Datei mit der JSON-Repräsentation sieht wie folgt aus:

```
{"farbe":"Rot","geschwindigkeit":50.2}
```

Listing 14.11 Datei ajax_json_einzel.txt

Das gesamte Objekt steht in geschweiften Klammern. Die Eigenschaft-Wert-Paare sind durch ein Komma voneinander getrennt. Die Eigenschaften und die Werte werden jeweils in doppelte Anführungszeichen gesetzt und durch einen Doppelpunkt voneinander getrennt. Falls es sich bei einem Wert um eine Zahl handelt, muss diese nicht in Anführungszeichen gesetzt werden.

Diese JSON-Daten werden nach Betätigung eines Hyperlinks mithilfe von Ajax aus der Textdatei gelesen und füllen den Absatz (siehe Abbildung 14.8).

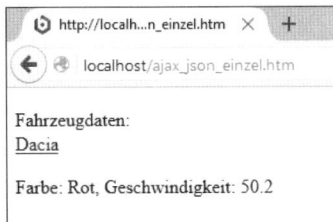

Abbildung 14.8 Daten eines einzelnen Objekts

Es folgt das zugehörige Programm:

```
<!DOCTYPE html><html><head><meta charset="utf-8">
<script type="text/javascript">
function anfordern()
{
   req = new XMLHttpRequest();
   req.open("get", "ajax_json_einzel.txt", true);
   req.onreadystatechange = auswerten;
   req.send();
}

function auswerten(e)
{
   if(e.target.readyState == 4 && e.target.status == 200)
   {
      var antwort;
      if(window.JSON)
         antwort = JSON.parse(e.target.responseText);
      else
         antwort = eval("(" + e.target.responseText + ")");
      document.getElementById("idAusgabe").firstChild.nodeValue
         = "Farbe: " + antwort.farbe + ", Geschwindigkeit: "
         + antwort.geschwindigkeit;
   }
}
</script>
</head>
```

```
<body>
<p>Fahrzeugdaten:<br>
<a href="javascript:anfordern();">Dacia</a></p>
<p id="idAusgabe"> </p>
</body></html>
```

Listing 14.12 Datei ajax_json_einzel.htm

In der Funktion anfordern() eröffnet die Methode open() die Kommunikation mit der antwortenden Textdatei. Es wird ein Text angefordert, daher steht in der Funktion auswerten() die Antwort in der Eigenschaft response-Text.

parse(), eval()   Falls der Browser das JSON-Objekt kennt, wird die Zeichenkette mithilfe der Methode parse() in ein Objekt umgewandelt. Falls nicht, wird das Objekt mithilfe der Funktion eval() erzeugt. Diese Funktion führt eine Anweisung aus, die innerhalb einer Zeichenkette vorliegt und aus einzelnen Elementen zusammengesetzt werden kann, wie in diesem Fall mit den zusätzlichen runden Klammern. Die Werte der Eigenschaften des Objekts werden ausgegeben.

14.4.2   Sammlung von Objekten

Das nachfolgende PHP-Programm erzeugt eine Textdatei mit einer Sammlung von Objekten in der kompakten JSON-Schreibweise:

```
<!DOCTYPE html><html><head><meta charset="utf-8"></head><body>
<?php
    $fp = @fopen("ajax_json_sammlung.txt","w");
    if (!$fp) exit("Dateifehler");
    $feld_sammlung = array(
        array("farbe"=>"Rot", "geschwindigkeit"=>50.2),
        array("farbe"=>"Blau", "geschwindigkeit"=>85.0),
        array("farbe"=>"Gelb", "geschwindigkeit"=>65.5));
    $ausgabe = json_encode($feld_sammlung);
    fputs ($fp, $ausgabe);
    fclose($fp);
?>
</body></html>
```

Listing 14.13 Datei ajax_json_sammlung.php

Die Sammlung von Objekten wird in einem numerischen Feld gespeichert. Dieses Feld enthält die assoziativen Felder mit den einzelnen Objekten. Das numerische Feld wird in die JSON-Repräsentation umgewandelt. Diese JSON-Repräsentation wird in eine Textdatei ausgegeben. Die Textdatei sieht wie folgt aus:

```
[{"farbe":"Rot","geschwindigkeit":50.2},
 {"farbe":"Blau","geschwindigkeit":85},
 {"farbe":"Gelb","geschwindigkeit":65.5}]
```

Listing 14.14 Datei ajax_json_sammlung.txt

Das Feld, das die Sammlung von Objekten beinhaltet, steht in eckigen Klammern. Nach Betätigung eines der Hyperlinks in Abbildung 14.9 wird mithilfe von Ajax der Absatz gefüllt.

Abbildung 14.9 Daten eines Objekts aus einer Sammlung

Es folgt das zugehörige Programm:

```
<!DOCTYPE html><html><head><meta charset="utf-8">
<script type="text/javascript">
function anfordern(x)
{
   req = new XMLHttpRequest();
   req.open("get", "ajax_json_sammlung.txt", true);
   req.onreadystatechange = function(e) { auswerten(e, x); };
   req.send();
}

function auswerten(e, x)
{
```

```
    if(e.target.readyState == 4 && e.target.status == 200)
    {
        var antwort;
        if(window.JSON)
            antwort = JSON.parse(e.target.responseText);
        else
            antwort = eval("(" + e.target.responseText + ")");
        document.getElementById("idAusgabe").firstChild.nodeValue
            = "Farbe: " + antwort[x].farbe
            + ", Geschwindigkeit: " + antwort[x].geschwindigkeit;
    }
}
</script>
</head>
<body>
<p>Fahrzeugdaten:<br>
<a href="javascript:anfordern(0);">Dacia</a><br>
<a href="javascript:anfordern(1);">Nissan</a><br>
<a href="javascript:anfordern(2);">Renault</a></p>
<p id="idAusgabe"> </p>
</body></html>
```

Listing 14.15 Datei ajax_json_sammlung.htm

Bei Betätigung eines der Hyperlinks wird der zugehörige Wert als Parameter an die Funktion anfordern() übergeben. Dieser Wert wird an die Funktion auswerten() weitergereicht. Damit kann das passende Element aus dem Feld ermittelt werden. Die Daten dieses Elements werden zurückgeliefert und füllen den Absatz.

14.4.3   Decodieren von JSON-Daten

Es werden JSON-Daten aus zwei verschiedenen Textdateien gelesen, decodiert und auf dem Bildschirm ausgegeben. In der ersten Textdatei stehen die Daten eines einzelnen Objekts. Die zweite Textdatei beinhaltet die Daten einer Sammlung von Objekten. In Abbildung 14.10 sehen Sie das Ergebnis des Programms. Den Aufbau der Textdateien kennen Sie bereits aus den beiden letzten Abschnitten.

Abbildung 14.10 Einzelnes Objekt und Sammlung von Objekten

Es folgt das Programm:

```php
<!DOCTYPE html><html><head><meta charset="utf-8"></head><body>
<?php
    /* Einzelnes Objekt */
    $fp = @fopen("ajax_json_einzel.txt","r");
    if (!$fp) exit("Dateifehler");
    $zeile = fgets($fp, 1000);
    $feld_einzel = json_decode($zeile);
    foreach($feld_einzel as $eigenschaft=>$wert)
        echo "$eigenschaft: $wert<br>";
    fclose($fp);
    echo "<br>";

    /* Sammlung von Objekten */
    $fp = @fopen("ajax_json_sammlung.txt","r");
    if (!$fp) exit("Dateifehler");
    $zeile = fgets($fp, 1000);
    $feld_sammlung = json_decode($zeile);
    foreach($feld_sammlung as $feld_einzel)
        foreach($feld_einzel as $eigenschaft=>$wert)
            echo "$eigenschaft: $wert<br>";
    fclose($fp);
?>
</body></html>
```

Listing 14.16 Datei ajax_json_decode.php

json_decode()

Sowohl das einzelne Objekt als auch die Sammlung stehen innerhalb einer Zeile, die zunächst aus der jeweiligen Textdatei eingelesen wird. Mithilfe der Funktion json_decode() wird daraus ein Feld mit den Daten erzeugt. Im Fall des einzelnen Objekts handelt es sich um ein assoziatives Feld. Die Sammlung von Objekten wird in ein numerisches Feld umgewandelt, das wiederum assoziative Felder mit den einzelnen Objekten beinhaltet.

Innerhalb einer einfachen foreach-Schleife werden anschließend die Daten des einzelnen Objekts ausgegeben. Die Sammlung von Objekten erscheint mithilfe einer doppelten foreach-Schleife auf dem Bildschirm.

14.5 Zugriff auf MySQL-Datenbank

Ergänzung aus Datenbank

Im nachfolgenden Beispiel zeige ich Ihnen Ajax im Zusammenspiel mit einem Datenbankzugriff. Es werden alle Datensätze der bereits bekannten Tabelle personen aus der MySQL-Datenbank firma angezeigt. Jeder Datensatz wird mit den Inhalten der Felder name und vorname als Hyperlink dargestellt, wie Sie aus Abbildung 14.11 ersehen können.

Abbildung 14.11 Aufbau der Seite aus einer Datenbank

span

Sobald der Benutzer einen Hyperlink betätigt, werden die Daten zu den Feldern gehalt und geburtstag des betreffenden Datensatzes in span-Containern angezeigt (siehe Abbildung 14.12). span-Container dienen in HTML der Kennzeichnung von Bereichen innerhalb eines Absatzes.

Abbildung 14.12 Webserver ergänzt Seite aus Datenbank.

Zunächst das PHP-Programm, das die dauerhaft angezeigte Seite erzeugt:

```
<!DOCTYPE html><html><head><meta charset="utf-8">
<script type="text/javascript">
function anfordern(personalnummer)
{
   var req = new XMLHttpRequest();
   req.open("get", "ajax_db_b.php?pnr=" + personalnummer, true);
   req.setRequestHeader("Content-Type",
      "application/x-www-form-urlencoded");
   req.onreadystatechange = auswerten;
   req.send();
}

function auswerten(e)
{
   if(e.target.readyState == 4 && e.target.status == 200)
   {
      var antwort = e.target.responseXML;
      document.getElementById("idGehalt").firstChild.nodeValue
         = antwort.getElementsByTagName("gh")[0].
         firstChild.nodeValue;
      document.getElementById("idGeburtstag").firstChild.nodeValue
         = antwort.getElementsByTagName("gb")[0].
         firstChild.nodeValue;
   }
}
</script>
</head>
<body>
<p>
<?php
   $con = mysqli_connect("", "root", "", "firma");
   $res = mysqli_query($con,
      "SELECT * FROM personen ORDER BY name, vorname");
   while ($dsatz = mysqli_fetch_assoc($res))
      echo "<a href='javascript:anfordern("
         . $dsatz["personalnummer"] . ")'>" . $dsatz["name"]
         . ", " . $dsatz["vorname"] . "</a><br>";
   mysqli_close($con);
?>
```

14

```
</p>
<p><span id="idGehalt"> </span>
<span id="idGeburtstag"> </span></p>
</body></html>
```

Listing 14.17 Datei ajax_db_a.php

Dazu das antwortende PHP-Programm:

```php
<?php
    header("Content-Type: text/xml; charset=utf-8");

    $con = mysqli_connect("", "root", "", "firma");
    $res = mysqli_query($con, "SELECT * FROM personen"
        . " WHERE personalnummer = " . $_GET["pnr"]);
    $dsatz = mysqli_fetch_assoc($res);

    echo "<?xml version='1.0' encoding='utf-8'?>";
    echo "<daten>";
    echo " <gh>" . $dsatz["gehalt"] . "</gh>";
    echo " <gb>" . $dsatz["geburtstag"] . "</gb>";
    echo "</daten>";
?>
```

Listing 14.18 Datei ajax_db_b.php

Bei Betätigung des Hyperlinks auf einem der Datensätze wird die Funktion anfordern() mit einer Zahl für den Parameter personalnummer aufgerufen. Der Parameter für das XMLHttpRequest-Objekt könnte anschließend wie folgt aussehen: pnr=6714.

Im antwortenden PHP-Programm wird der Datensatz mit dem betreffenden Wert im Feld personalnummer ermittelt. Aus diesem Datensatz werden die Werte für die Felder gehalt und geburtstag als Knoten innerhalb eines XML-Dokuments zurückgesendet.

14.6   Weitere Ereignisse

Bisher wird nur das Ereignis *Betätigen eines Hyperlinks* zum Aufruf einer JavaScript-Funktion genutzt. Der Benutzer kann aber noch weitere Ereignisse auslösen, die wiederum für Ajax genutzt werden können. Im nachfolgenden Beispiel werden einige Möglichkeiten hierzu gezeigt, wie Sie in Abbildung 14.13 sehen.

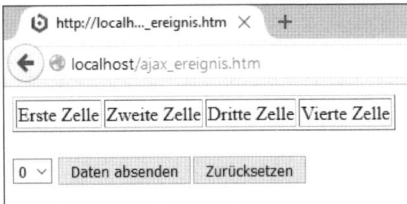

Abbildung 14.13 Tabelle und Formular

Der HTML- und JavaScript-Code:

```
<!DOCTYPE html><html><head><meta charset="utf-8">
<script type="text/javascript">
function ev(p)
{
   switch(p)
   {
      case 1: alert("Maus in 1. Zelle hinein bewegt");        break;
      case 2: alert("Maus aus 2. Zelle heraus bewegt");       break;
      case 3: alert("Maustaste in 3. Zelle gedrückt");        break;
      case 4: alert("Maustaste in 4. Zelle losgelassen");     break;
      case 5: alert("Formular gesendet");                     break;
      case 6: alert("Formular zurückgesetzt");                break;
      case 7: alert("Auswahl: "+document.f.s.selectedIndex); break;
   }
}
</script>
</head>

<body>
<table border="1">
   <tr>
      <td onmouseover="ev(1)">Erste Zelle</td>
      <td onmouseout="ev(2)">Zweite Zelle</td>
      <td onmousedown="ev(3)">Dritte Zelle</td>
      <td onmouseup="ev(4)">Vierte Zelle</td>
   </tr>
</table><br>
```

```
<form name="f" onsubmit="ev(5)" onreset="ev(6)">
   <select name="s" onchange="ev(7)">
      <option value="0" selected="selected">0</option>
      <option value="1">1</option>
      <option value="2">2</option>
   </select>
   <input type="submit"><input type="reset">
</form>
</body></html>
```

Listing 14.19 Datei ajax_ereignis.htm

Mausereignisse   Das Dokument beinhaltet eine Tabelle und ein Formular. In jeder der vier Zellen kann der Benutzer ein anderes Mausereignis auslösen: Maus hinein (onmouseover), **Maus heraus** (onmouseout), **Maustaste gedrückt** (onmousedown) oder Maustaste losgelassen (onmouseup).

Formularereignisse   Das Formular beinhaltet ein Auswahlelement. Das Absenden (onsubmit) und Zurücksetzen (onreset) des Formulars sowie der Wechsel (onchange) der Auswahl innerhalb des Auswahlelements sind ebenfalls Ereignisse.

Kapitel 15
Grafiken programmieren

PHP gibt Ihnen mit der *GD-Bibliothek* eine Möglichkeit, eigene Grafiken zu erstellen. Diese Grafiken lassen sich unmittelbar anzeigen oder als Grafikdatei speichern. Außerdem können Sie vorhandene Grafiken laden und verändern.

GD-Bibliothek

Am Ende des Kapitels finden Sie zwei größere Beispiele: Zum einen wird der Verlauf eines Aktienkurses dargestellt, und zum anderen sehen Sie, wie Sie ein eigenes *CAPTCHA* (*Completely Automated Public Turing Test to tell Computers and Humans Apart*, zu Deutsch: vollautomatischer öffentlicher Turing-Test zur Unterscheidung zwischen Computern und Menschen) zur Abwehr automatisierter Formulareingaben programmieren können. Ein weiteres umfangreiches Beispiel für die Anwendung der GD-Bibliothek finden Sie in Abschnitt 18.2.

15

15.1 Installation testen

Bei den in diesem Buch empfohlenen Installationen für Windows, Ubuntu Linux und macOS ist die GD-Bibliothek als Erweiterung (Extension) bereits aktiviert.

Bibliothek geladen

Allerdings werden unter Ubuntu Linux und macOS zunächst Schreibrechte zur Erstellung der Bilddatei benötigt. Bei den meisten Website-Providern wird Linux genutzt. Dort werden Ihnen normalerweise Schreibrechte innerhalb Ihrer Domain gegeben.

Schreibrechte

Die Aktivierung der GD-Bibliothek können Sie wie folgt testen:

```
<!DOCTYPE html><html><head><meta charset="utf-8"></head><body>
<?php
   if (extension_loaded("gd"))
   {
      echo "GD-Bibliothek aktiviert<br>";
      $gd = gd_info();
```

```
           echo "Version: " . $gd["GD Version"] . "<br>";
           echo "Grafikformate: ";
           if ($gd["JPEG Support"]) echo "JPEG ";
           if ($gd["PNG Support"]) echo "PNG ";
       }
       else
           echo "GD-Bibliothek nicht aktiviert";
   ?>
   </body></html>
```

Listing 15.1 Datei im_pruefen.php

Falls GD aktiviert ist, erfolgt die Ausgabe, die Sie in Abbildung 15.1 sehen.

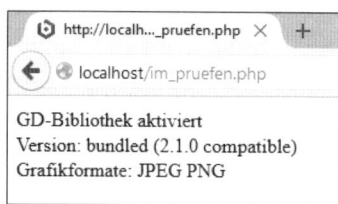

Abbildung 15.1 Prüfung der GD-Aktivierung

Erläuterung:

extension_loaded()

▶ Die Funktion extension_loaded() stellt fest, ob die GD-Bibliothek geladen ist. Falls ja, erfolgt die entsprechende Ausgabe.

gd_info()

▶ Die Funktion gd_info() liefert ein assoziatives Feld mit Informationen über die GD-Bibliothek.

▶ Das Element "GD Version" beinhaltet die Versionsnummer.

▶ Die Elemente "JPEG Support" und "PNG Support" nehmen den Wert 1 an, falls das entsprechende Format unterstützt wird. Dies sind zwei interessante Formate für Bilder auf Internetseiten.

15.2   Grafik anzeigen

Sie haben zwei Möglichkeiten, eine Grafik zu erzeugen und anzuzeigen:

▶ Falls Sie sie dauerhaft oder mehrmals benötigen, können Sie sie erzeugen und in einer Bilddatei speichern. Diese Bilddatei können Sie an der gewünschten Stelle in Ihrem Dokument anzeigen lassen.

▶ Falls Sie sie nur im Moment der Erzeugung benötigen und später nicht mehr, können Sie sie unmittelbar anzeigen lassen.

Beide Techniken sollen nachfolgend demonstriert werden.

15.2.1   Grafik speichern

Im nachfolgenden Programm wird eine einfache Grafik ohne Inhalt erzeugt und in einer Bilddatei gespeichert. Diese Bilddatei wird in ein Dokument eingebunden:

```
<!DOCTYPE html><html><head><meta charset="utf-8"></head><body>
<?php
   $im = imagecreate(150,100);
   $grau = imagecolorallocate($im, 192, 192, 192);
   imagefill ($im, 0, 0, $grau);
   imagejpeg($im, "im_test.jpg");
   imagedestroy($im);
?>
<img src="im_test.jpg">
</body></html>
```

Listing 15.2 Datei im_speichern.php

Die Grafik ist in der Bilddatei *im_test.jpg* im selben Verzeichnis wie die Programmdatei *im_speichern.php* gespeichert. Die Ausgabe sehen Sie in Abbildung 15.2.

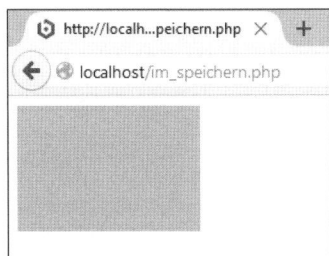

Abbildung 15.2 Eine erste Grafik

Erläuterung:

▶ Die Funktion imagecreate() erzeugt ein Grafikobjekt in der angegebenen Breite (150 Pixel) und Höhe (100 Pixel). Sie liefert eine Referenz auf   imagecreate()

das Grafikobjekt. Diese Referenz wird anschließend benötigt, um das Grafikobjekt zu bearbeiten.

imagecolor-
allocate()

▶ Die Funktion `imagecolorallocate()` dient der Erstellung einer Farbe für die Farbpalette dieser Grafik. Sie benötigt vier Parameter: die Referenz auf das Grafikobjekt und drei Werte zwischen 0 und 255 für die Rot-, Grün- und Blauanteile der Grafik. Sie liefert eine Farb-ID für die erstellte Farbe zurück.

imagefill()

▶ Die Funktion `imagefill()` füllt eine Grafik mit Farbe. Sie benötigt vier Parameter: die Referenz auf das Grafikobjekt, zwei Werte für die x- und y-Koordinaten des Startpunkts für den Füllvorgang sowie die Farb-ID.

imagejpeg()

▶ Die Funktion `imagejpeg()` erzeugt und speichert die Grafikdatei. Sie benötigt zwei Parameter: die Referenz auf das Grafikobjekt und den Dateinamen.

imagedestroy()

▶ Die Funktion `imagedestroy()` gibt den Speicher, der zur Erzeugung der Grafik benötigt wird, wieder frei.

[»]   **Hinweis**

Eine Grafik im PNG-Format können Sie wie folgt erzeugen:

```
imagepng($im, "im_test.png");
```

15.2.2   Grafik unmittelbar anzeigen

Im nachfolgenden Programm wird eine Grafik ohne Inhalt unmittelbar nach ihrer Erzeugung und ohne Speicherung angezeigt (siehe Abbildung 15.3):

```php
<?php
   $im = imagecreate(150,100);
   $grau = imagecolorallocate($im, 192, 192, 192);
   imagefill ($im, 0, 0, $grau);

   header("Content-Type: image/jpeg");
   imagejpeg($im);

   imagedestroy($im);
?>
```

Listing 15.3 Datei im_anzeigen.php

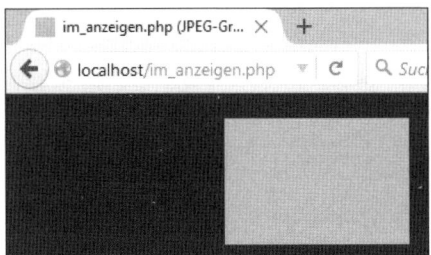

Abbildung 15.3 Grafik unmittelbar anzeigen

Erläuterung:

▶ Die Funktion header() wird zum Senden des Headers benutzt. Es handelt **header()**
sich um Startinformationen für das HTTP-Protokoll. Hier wird der Typ
der nachfolgenden Informationen (image/jpg) übermittelt.

▶ Die Funktion imagejpeg() benötigt jetzt keinen Dateinamen mehr.

▶ In einer PHP-Datei, die direkt ein Bild oder eine andere Anwendung und
keine HTML-Datei erzeugt, sollten Sie keinen HTML-Header nutzen, also
ohne <html> und </html>. Die Codierung der Datei muss auf UTF-8 OHNE
BOM geändert werden.

15

Hinweis **[«]**

Eine Grafik im PNG-Format können Sie wie folgt erzeugen:

```
header("Content-Type: image/png");
imagepng($im);
```

Sie können ein solches *programmiertes Bild* auch direkt in eine HTML-Datei
einbinden:

```
<!DOCTYPE html><html><head><meta charset="utf-8"></head><body>
Es folgt ein Bild: <img src="im_anzeigen.php">
</body></html>
```

Listing 15.4 Datei im_anzeigen.htm

Das Ergebnis sieht wie in Abbildung 15.4 aus.

Abbildung 15.4 Einbindung in eine HTML-Datei

15.3   Texte anzeigen

Zur Anzeige von Text können Sie sowohl interne Fonts als auch TrueType-Fonts nutzen.

15.3.1   Text mit internen Fonts

Es folgt ein Beispiel mit internen Fonts, das Sie in Abbildung 15.5 sehen.

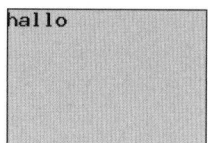

Abbildung 15.5 Text mit internem Font

In diesem Beispiel und in den nachfolgenden Beispielen wird die Grafik in einer Bilddatei gespeichert, die in einem Dokument eingebunden wird. Der Programmcode:

```
<!DOCTYPE html><html><head><meta charset="utf-8"></head><body>
<?php
    $im = imagecreate(150,100);
    $grau = imagecolorallocate($im, 192, 192, 192);
    imagefill ($im, 0, 0, $grau);

    $schwarz = imagecolorallocate($im, 0, 0, 0);
    imagestring($im, 5, 0, 0, "hallo", $schwarz);

    imagejpeg($im, "im_test.jpg");
    imagedestroy($im);
```

```
?>
<img src="im_test.jpg">
</body></html>
```

Listing 15.5 Datei im_intern.php

Erläuterung:

▶ Der Farbpalette der Grafik wird eine weitere Farbe (Schwarz) hinzugefügt.

▶ Die Funktion `imagestring()` erzeugt einen Text in einem internen Font.   **imagestring()**
  Sie benötigt sechs Parameter: die Referenz auf das Grafikobjekt, die
  Größe des Fonts, die x- und y-Koordinaten, den Text selbst und die Farb-
  ID. Die x- und y-Koordinaten werden ab der linken oberen Ecke der Seite
  gemessen und kennzeichnen den oberen linken Startpunkt des Textes.

> **Hinweis**   [«]
>
> Der Wert für die Größe des Fonts kann zwischen 1 (klein) und 5 (groß) lie-
> gen. Interne Fonts bieten nicht sehr viele Variationsmöglichkeiten.

15

15.3.2   Text mit TrueType-Fonts

Weitaus mehr Möglichkeiten bieten *TrueType-Fonts* (TTF). Bei manchen
Grafiken besteht auch die Notwendigkeit, den Text zu drehen, z. B. für eine
Achsenbeschriftung. Ein Beispiel dafür sehen Sie in Abbildung 15.6.

Der Programmcode:

```
<!DOCTYPE html><html><head><meta charset="utf-8"></head><body>
<?php
   $im = imagecreate(150,100);
   $grau = imagecolorallocate($im, 192, 192, 192);
   imagefill ($im, 0, 0, $grau);

   $schwarz = imagecolorallocate($im, 0, 0, 0);
   $schriftart = "arial.ttf";
   imagettftext($im, 20, 0, 0, 20, $schwarz, $schriftart, "normal");
   imagettftext($im, 20, 90, 144, 100,
      $schwarz, $schriftart, "gedreht");

   imagejpeg($im, "im_test.jpg");
```

```
        imagedestroy($im);
    ?>
    <img src="im_test.jpg">
    </body></html>
```

Listing 15.6 Datei im_ttf.php

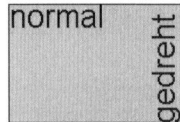

Abbildung 15.6 Text mit dem TrueType-Font Arial

Erläuterung:

▶ Der Name einer TTF-Datei, die sich im selben Verzeichnis wie die Programmdatei *im_ttf.php* befindet, wird in einer Variablen gespeichert. Dies ist von Vorteil, falls mehrere Texte ausgegeben werden und eventuell später die Schriftart für alle Texte geändert werden soll.

▶ Unter Windows finden sich die systemweit verfügbaren TTF-Dateien meist im Verzeichnis *C:\Windows\Fonts*, z. B. die Datei *arial.ttf*. Unter Ubuntu Linux liegen sie im Verzeichnis */usr/share/fonts/truetype* und darunter, z. B. die Datei *ubuntu-font-family/Ubuntu-R.ttf*.

imagettftext()   ▶ Die Funktion imagettftext() erzeugt einen Text. Sie benötigt acht Parameter: die Referenz auf das Grafikobjekt, die Größe des Fonts, einen Drehwinkel, zwei Werte für die x- und y-Koordinaten, die Farb-ID, die Schriftart und den Text selbst.

▶ Die x- und y-Koordinaten kennzeichnen den Startpunkt des Textes; dies ist das linke Ende der Basislinie des Textes. Die Basislinie ist die Linie, die direkt unter den Buchstaben verläuft, die keine Unterlänge, also kein »Anhängsel« nach unten haben. Buchstaben ohne Unterlänge sind in der hier verwendeten Schriftart z. B. e und d, Buchstaben mit einer Unterlänge sind z. B. g und p.

▶ Im ersten Beispiel wird die Schriftgröße 20 gewählt, der erste Text erhält die Startkoordinaten 0, 20. Daher beginnt der Text am linken Rand der Grafik; der obere Rand des Textes schließt mit dem oberen Rand der Grafik ab.

Text drehen   ▶ Der Drehwinkel wird in Grad angegeben. Er wird wie in der Mathematik verwendet, das heißt, 0 Grad liegt bei 3 Uhr, und es wird entgegen dem

Uhrzeigersinn gerechnet (90 Grad = 12 Uhr, 180 Grad = 9 Uhr, 270 Grad = 6 Uhr). Drehpunkt ist wiederum das linke Ende der Basislinie des Textes.

▶ Im zweiten Beispiel wird ein Drehwinkel von 90 Grad gewählt. Die y-Koordinate liegt bei 100, also beginnt der Text am unteren Rand der Grafik. Die x-Koordinate wird etwas kleiner als 150 gewählt. Damit liegt der Startpunkt etwas links von der rechten unteren Ecke der Grafik. Da der Buchstabe g eine Unterlänge hat, würde er ansonsten nicht vollständig angezeigt.

15.4 Bilder anzeigen

Neben der Erzeugung von eigenen Bildern können Sie auch vorhandene Bilder aus Dateien laden, verändern, anzeigen und speichern. Sie können Bilder sogar ineinander einbetten.

15.4.1 Bilder aus Dateien laden

Ein erstes Beispiel zum Laden von Bildern zeigt Abbildung 15.7. Der Programmcode:

15

```
<!DOCTYPE html><html><head><meta charset="utf-8"></head><body>
<?php
    $im = imagecreatefromjpeg("im_blume.jpg");
    $breite = imagesx($im);
    $hoehe = imagesy($im);
    $schwarz = imagecolorallocate($im, 0, 0, 0);
    $weiss = imagecolorallocate($im, 255, 255, 255);
    $schriftart = "arial.ttf";
    imagettftext($im, 20, 90, $breite, $hoehe, $weiss,
        $schriftart, "Sonnen");
    imagettftext($im, 20, 180, $breite, 0, $schwarz,
        $schriftart, "blume");
    imagejpeg($im, "im_test.jpg");
    imagedestroy($im);
?>
<img src="im_test.jpg">
</body></html>
```

Listing 15.7 Datei im_laden.php

503

Erläuterung:

imagecreate-
fromjpeg()

▶ Die Funktion `imagecreatefromjpeg()` dient dem Laden eines Bildes aus einer Datei. Als Parameter wird der Name einer Bilddatei angegeben, hier im selben Verzeichnis. Der Rückgabewert ist wie bei `imagecreate()` eine Referenz auf das Bild, der anschließend verwendet wird.

imagesx(),
imagesy()

▶ Die Funktionen `imagesx()` und `imagesy()` werden eingesetzt, um die Breite bzw. Höhe des geladenen Bildes zu ermitteln. Im dargestellten Beispiel wird es dadurch möglich, zwei Texte am rechten unteren bzw. am rechten oberen Rand zu platzieren.

Abbildung 15.7 Bild aus Datei, mit Text

[»]   **Hinweis**

Eine Grafik im PNG-Format können Sie wie folgt laden:

```
imagecreatefrompng($im, "im_test.png");
```

15.4.2   Bilder spiegeln

imageflip()   Seit PHP 5.6 gibt es die Funktion `imageflip()`, die Ihnen das Spiegeln von Bildern ermöglicht. Zunächst ein Beispielprogramm:

```
<!DOCTYPE html><html><head><meta charset="utf-8"></head><body>
<?php
    $im = imagecreatefromjpeg("im_blume.jpg");
    // imageflip($im, IMG_FLIP_HORIZONTAL);
    imageflip($im, IMG_FLIP_VERTICAL);
    // imageflip($im, IMG_FLIP_BOTH);
```

```
    imagejpeg($im, "im_test.jpg");
    imagedestroy($im);
?>
<img src="im_test.jpg">
</body></html>
```

Listing 15.8 Datei im_spiegeln.php

Das bereits bekannte Bild mit der Sonnenblume dient als Basis. Es wird mithilfe der Konstanten IMG_FLIP_VERTICAL vertikal gespiegelt, wie Sie in Abbildung 15.8 sehen. Sie können es auch horizontal spiegeln (IMG_FLIP_HORIZONTAL) oder gleichzeitig horizontal und vertikal (IMG_FLIP_BOTH).

IMG_FLIP_VERTICAL

Abbildung 15.8 Ein gespiegeltes Bild

15.4.3   Bildausschnitte erstellen

Ebenfalls seit PHP 5.6 gibt es die Funktion imagecrop(), mit der Sie einen Bildausschnitt erstellen können. Ein Beispielprogramm:

imagecrop()

```
<!DOCTYPE html><html><head><meta charset="utf-8"></head><body>
<?php
    $im = imagecreatefromjpeg("im_blume.jpg");
    // $re = array("x"=>0, "y"=>0, "width"=>187, "height"=>283);
    $re = array("x"=>0, "y"=>0, "width"=>90, "height"=>140);
    // $re = array("x"=>90, "y"=>140, "width"=>97, "height"=>143);
    $im = imagecrop($im, $re);

    imagejpeg($im, "im_test.jpg");
    imagedestroy($im);
?>
```

15

```
<img src="im_test.jpg">
</body></html>
```

Listing 15.9 Datei im_ausschneiden.php

Feld für Ausschnitt

Wiederum dient das Bild mit der Sonnenblume als Basis. Zunächst wird ein assoziatives Feld mit vier Elementen erstellt und in $re gespeichert. Darin wird der Bildausschnitt festgelegt. Mit diesem Feld wird die Funktion imagecrop() anschließend aufgerufen. Der aktuell gewählte Bildausschnitt beinhaltet das linke obere Viertel des Originalbildes (siehe Abbildung 15.9).

Abbildung 15.9 Bildausschnitt

x, y, width, height

Die beiden Schlüssel x und y des assoziativen Felds verweisen auf den linken oberen Startpunkt des Ausschnitts. Die beiden Schlüssel width und height legen die Größe des Ausschnitts fest. Ein Rechteck mit den Werten 0, 0, 187, 283 umfasst das gesamte Bild, ein Rechteck mit den Werten 90, 140, 97, 143 beinhaltet das rechte untere Viertel des Originalbildes.

15.4.4   Bilder aus Dateien ineinander einbetten

Es ist auch möglich, Bilder vollständig oder teilweise in andere Bilder einzubetten, wie Sie aus Abbildung 15.10 ersehen können.

Abbildung 15.10 Bild einbetten

Der Programmcode:

```
<!DOCTYPE html><html><head><meta charset="utf-8"></head><body>
<?php
```

```php
$im = imagecreate(250,150);
$grau = imagecolorallocate($im, 192, 192, 192);
imagefill ($im, 0, 0, $grau);

$ve = imagecreatefromjpeg("im_vogel.jpg");
imagecopy($im, $ve, 0, 0, 0, 0, imagesx($ve), imagesy($ve));
imagecopy($im, $ve, 150, 50, 20, 10, 50, 50);

imagejpeg($im, "im_test.jpg");
imagedestroy($im);
imagedestroy($ve);
?>
<img src="im_test.jpg">
</body></html>
```

Listing 15.10 Datei im_einbetten.php

Erläuterung:

▶ Mit der Funktion imagecreate() wird eine eigene Grafik mit grauem Hintergrund in der Größe 250 × 150 Pixel erzeugt.

▶ Mit der Funktion imagecreatefromjpeg() wird ein vorhandenes Bild aus einer Datei geladen.

▶ Die Funktion imagecopy() dient dem Einbetten eines zweiten Bildes in ein Basisbild. Sie benötigt acht Parameter: die Referenz auf das Basisbild, die Referenz auf das zweite Bild, die x- und y-Koordinaten im Basisbild, die x- und y-Koordinaten im zweiten Bild sowie Breite und Höhe des Ausschnitts des zweiten Bildes.   **imagecopy()**

▶ Die x- und y-Koordinaten dienen jeweils als oberer linker Bezugspunkt. Das zweite Bild wird ab den x- und y-Koordinaten im Basisbild eingebettet. Es wird der Ausschnitt des zweiten Bildes eingebettet, der ab den x- und y-Koordinaten im zweiten Bild beginnt und die angegebene Breite und Höhe hat.   **Bildausschnitt**

▶ Im ersten Beispiel werden die Parameter ($im, $ve, 0, 0, 0, 0, imagesx($ve), imagesy($ve)) verwendet. Ein Ausschnitt des Bildes $ve wird in das Bild $im eingebettet. Der Ausschnitt beginnt bei 0, 0 und hat die Maße des zweiten Bildes, demnach wird das vollständige Bild verwendet. Eingebettet wird in das Bild $im ab 0, 0, also links oben.

15

507

▶ Im zweiten Beispiel werden die Parameter ($im, $ve, 150, 50, 20, 10, 50, 50) verwendet. Es wird wiederum ein Ausschnitt des Bildes $ve im Bild $im eingebettet. Der Ausschnitt beginnt bei 20, 10 und hat die Maße 50, 50, somit wird ein kleiner Ausschnitt aus dem linken oberen Teil von $ve verwendet. Eingebettet wird in das Bild $im ab 150, 50, also etwas rechts vom Zentrum.

15.5 Zeichnungen erzeugen

Es gibt eine Reihe von grafischen Elementen zur Erzeugung von Zeichnungen, z. B. Ellipsen und Bogen, Rechtecke und Polygone, Linien und Pixel sowie Farbfüllungen. Die Zeichnungen können der grafischen Darstellung von größeren Datenmengen dienen.

15.5.1 Ellipsen und Bogen

Beginnen wir mit Ellipsen und Bogen. Diese sehen Sie in Abbildung 15.11.

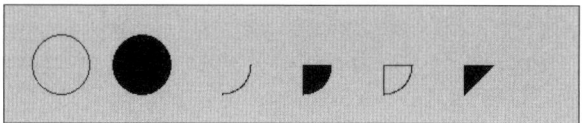

Abbildung 15.11 Ellipsen und Bogen

Der Programmcode:

```
<!DOCTYPE html><html><head><meta charset="utf-8"></head><body>
<?php
   $im = imagecreate(500,100);
   $grau = imagecolorallocate($im, 192, 192, 192);
   imagefill ($im, 0, 0, $grau);
   $s = imagecolorallocate($im, 0, 0, 0);

   imageellipse($im, 50, 50, 50, 50, $s);
   imagefilledellipse($im, 120, 50, 50, 50, $s);

   imagearc($im, 190, 50, 50, 50, 0, 90, $s);
   imagefilledarc($im, 260, 50, 50, 50, 0, 90, $s, IMG_ARC_PIE);
   imagefilledarc($im, 330, 50, 50, 50, 0, 90, $s,
      IMG_ARC_EDGED | IMG_ARC_NOFILL);
```

```
    imagefilledarc($im, 400, 50, 50, 50, 0, 90, $s, IMG_ARC_CHORD);

    imagejpeg($im, "im_test.jpg");
    imagedestroy($im);
?>
<img src="im_test.jpg">
</body></html>
```

Listing 15.11 Datei im_bogen.php

Erläuterung:

▶ Die Funktion imageellipse() zeichnet eine Ellipse. Sie benötigt sechs Parameter: die Referenz auf das Grafikobjekt, die x- und y-Koordinaten des Mittelpunkts der Ellipse, die Breite und Höhe der Ellipse sowie die Farbe des Randes. Falls Breite und Höhe gleich groß sind, wird ein Kreis gezeichnet.

imageellipse()

▶ Die Funktion imagefilledellipse() zeichnet eine gefüllte Ellipse. Sie hat die gleichen Parameter wie die Funktion imageellipse(). Die angegebene Farbe dient dem Füllen des Objekts.

imagefilledellipse()

▶ Die Funktion imagearc() zeichnet einen Bogen. Sie hat fast die gleichen Parameter wie die Funktion imageellipse(). Zusätzlich werden nach den Koordinaten- und Größenangaben der Startwinkel und der Endwinkel des Bogens in Grad notiert. 0 Grad liegt bei 3 Uhr, und es wird im Uhrzeigersinn gerechnet (90 Grad = 6 Uhr, 180 Grad = 9 Uhr, 270 Grad = 12 Uhr), also nicht wie in der Mathematik üblich, sondern umgekehrt. Im vorliegenden Beispiel wird jeweils die Angabe 0, 90 verwendet, es handelt sich also um den unteren rechten Ausschnitt.

imagearc()

▶ Die Funktion imagefilledarc() bietet Füllmöglichkeiten für Bogen. Nach den Parametern der Funktion imagearc() wird zusätzlich mithilfe von Konstanten die Art der Füllung notiert. Diese Konstanten können einzeln stehen oder durch den Operator | (Bit-weises Oder) miteinander verknüpft werden:

imagefilledarc()

  – IMG_ARC_PIE: gefüllter Bogen (Kuchenstück)

  – IMG_ARC_EDGED: Verbindung des Startwinkels und des Endwinkels mit dem Zentrum

  – IMG_ARC_NOFILL: Randbegrenzung statt Füllung

  – IMG_ARC_CHORD: direkte Verbindung zwischen Startwinkel und Endwinkel

15

15.5.2   Rechtecke und Polygone

Es geht weiter mit Rechtecken und Polygonen. Abbildung 15.12 zeigt einige
Beispiele.

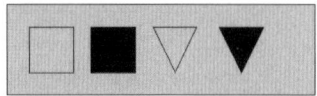

Abbildung 15.12 Rechtecke und Polygone

Der Programmcode:

```
<!DOCTYPE html><html><head><meta charset="utf-8"></head><body>
<?php
    $im = imagecreate(350,100);
    $grau = imagecolorallocate($im, 192, 192, 192);
    imagefill($im, 0, 0, $grau);
    $s = imagecolorallocate($im, 0, 0, 0);

    imagerectangle($im, 25, 25, 75, 75, $s);
    imagefilledrectangle($im, 95, 25, 145, 75, $s);

    $poly1 = array(165, 25, 190, 75, 215, 25);
    imagepolygon($im, $poly1, 3, $s);

    $poly2 = array(240, 25, 265, 75, 290, 25);
    imagefilledpolygon($im, $poly2, 3, $s);

    imagejpeg($im, "im_test.jpg");
    imagedestroy($im);
?>
<img src="im_test.jpg">
</body></html>
```

Listing 15.12 Datei im_ecke.php

Erläuterung:

imagerectangle()   ▶   Die Funktion imagerectangle() zeichnet ein Rechteck. Sie benötigt sechs
Parameter: die Referenz auf das Grafikobjekt, die x- und y-Koordinaten
der linken oberen Ecke und der rechten unteren Ecke des Rechtecks sowie die Farbe des Randes.

▶ Die Funktion `imagefilledrectangle()` zeichnet ein gefülltes Rechteck. Sie hat die gleichen Parameter wie die Funktion `imagerectangle()`. Die angegebene Farbe dient dem Füllen des Objekts.

imagefilled-
rectangle()

▶ Die Funktion `imagepolygon()` zeichnet ein geschlossenes Vieleck (Polygon). Sie benötigt vier Parameter: die Referenz auf das Grafikobjekt, ein Koordinaten-Array, die Anzahl der Eckpunkte und die Farbe des Randes. Das Array wird nacheinander mit den x- und y-Koordinaten der einzelnen Eckpunkte gefüllt.

imagepolygon()

▶ Die Funktion `imagefilledpolygon()` zeichnet ein gefülltes Vieleck (Polygon). Sie benötigt die gleichen Parameter wie die Funktion `imagepolygon()`. Die angegebene Farbe dient dem Füllen des Objekts.

imagefilled-
polygon()

15.5.3   Linien und Pixel

Es folgen Linien und Pixel, wie Sie sie in Abbildung 15.13 sehen. Der Programmcode:

```
<!DOCTYPE html><html><head><meta charset="utf-8"></head><body>
<?php
  $im = imagecreate(150,150);
  $grau = imagecolorallocate($im, 192, 192, 192);
  imagefill ($im, 0, 0, $grau);
  $s = imagecolorallocate($im, 0, 0, 0);

  for($i=25; $i<=125; $i+=5)
     imagesetpixel($im, 25, $i, $s);

  imageline($im, 50, 25, 50, 125, $s);

  imagesetthickness($im, 10);
  imageline($im, 75, 25, 75, 125, $s);
  imagesetthickness($im, 1);

  $w = imagecolorallocate($im, 255, 255, 255);
  $style = array($s, $s, $s, $s, $s, $s, $s,
                 $w, $w, $w, $w, $w, $w, $w);
  imagesetstyle($im, $style);
  imageline($im, 100, 25, 100, 125, IMG_COLOR_STYLED);
```

15

```
    imagedashedline($im, 125, 25, 125, 125, $s);

    imagejpeg($im, "im_test.jpg");
    imagedestroy($im);
?>
<img src="im_test.jpg">
</body></html>
```

Listing 15.13 Datei im_linie.php

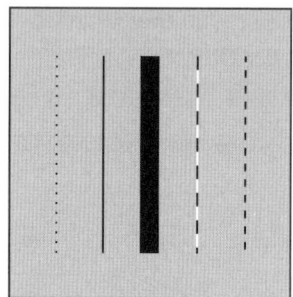

Abbildung 15.13 Linien und Pixel

Erläuterung:

imagesetpixel() ▶ Die Funktion imagesetpixel() setzt ein einzelnes Pixel. Sie benötigt vier Parameter: die Referenz auf das Grafikobjekt, die x- und y-Koordinaten des einzelnen Pixels und die Farbe des Pixels. Im vorliegenden Beispiel wird zur Verdeutlichung mithilfe einer Schleife eine Pixelreihe gesetzt.

imageline() ▶ Die Funktion imageline() zieht eine Linie. Sie benötigt sechs Parameter: die Referenz auf das Grafikobjekt, die x- und y-Koordinaten des Startpunkts und des Endpunkts der Linie und die Farbe der Linie.

imagesetthickness() ▶ Die Funktion imagesetthickness() bestimmt die Dicke von Linien, mit denen nachfolgende Objekte gezeichnet werden. Sie benötigt zwei Parameter: die Referenz auf das Grafikobjekt und die Dicke der Linie in Pixeln. Im vorliegenden Beispiel wird die Dicke zunächst auf 10 und nach dem Ziehen einer Linie wieder auf 1 gesetzt. Ohne Zurücksetzen würden alle weiteren Objekte mit Linien der Dicke 10 gezeichnet werden.

imagesetstyle() ▶ Die Funktion imagesetstyle() bestimmt die Art von Linien, mit denen nachfolgende Objekte gezeichnet werden. Sie benötigt zwei Parameter:

die Referenz auf das Grafikobjekt und ein Farben-Array für das Style-Element. Im vorliegenden Beispiel wird festgelegt, dass das Style-Element aus sieben schwarzen und sieben weißen Pixeln besteht. Falls als letzter Parameter der Funktion `imageline()` die Konstante `IMG_COLOR_STYLED` statt einer Farbangabe eingesetzt wird, wird die Linie mit den gewählten Style-Elementen gezogen.

▶ Die Funktion `imagedashedline()` zeichnet eine gepunktete Linie. Sie benötigt die gleichen Parameter wie die Funktion `imageline()`.

imagedashedline()

15.5.4   Füllen mit Farbe

Objekte bzw. Kombinationen von Objekten innerhalb einer Grafik können mit Farben gefüllt werden. Ein Beispiel sehen Sie in Abbildung 15.14. Der Programmcode:

```
<!DOCTYPE html><html><head><meta charset="utf-8"></head><body>
<?php
   $im = imagecreate(250,200);
   $grau = imagecolorallocate($im, 192, 192, 192);
   imagefill ($im, 0, 0, $grau);
   $s = imagecolorallocate($im, 0, 0, 0);
   $w = imagecolorallocate($im, 255, 255, 255);
   $r = imagecolorallocate($im, 255, 0, 0);

   imagerectangle($im, 0, 0, 249, 199, $s);
   imageellipse($im, 100, 100, 100, 100, $s);
   imageellipse($im, 150, 100, 100, 100, $s);
   imagerectangle($im, 120, 90, 130, 110, $r);

   imagefilltoborder($im, 125, 100, $s, $w);
   imagefilltoborder($im, 1, 1, $s, $w);

   imagejpeg($im, "im_test.jpg");
   imagedestroy($im);
?>
<img src="im_test.jpg">
</body></html>
```

Listing 15.14 Datei im_fuellen.php

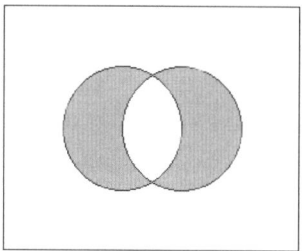

Abbildung 15.14 Füllen mit Farbe

Erläuterung:

▶ Zunächst werden zwei Kreise gezeichnet, die sich überlappen, und ein Rechteck am Rand der Grafik. Zur Verdeutlichung wird ein weiteres kleines rotes Rechteck innerhalb des Überlappungsbereichs gezeichnet. Dieses Rechteck ist in der endgültigen Grafik nicht mehr zu sehen, da es durch die Füllung gelöscht wird.

imagefilltoborder() ▶ Die Funktion imagefilltoborder() füllt Teile einer Grafik mit Farbe. Sie benötigt fünf Parameter: die Referenz auf das Grafikobjekt, die x- und y-Koordinaten des Startpunkts, die Grenzfarbe sowie die Füllfarbe. Jeder Pixel der Grafik wird, beginnend mit dem Startpunkt, in der Füllfarbe gefüllt. Sobald beim Füllen die Grenzfarbe oder der Rand der Grafik erreicht wird, wird in dieser Richtung nicht weiter gefüllt.

▶ Falls sich also der Startpunkt innerhalb eines mit der Grenzfarbe geschlossenen Bereichs befindet, wird nur dieser Bereich gefüllt. Im vorliegenden Beispiel sind zwei Bereiche geschlossen: der Überlappungsbereich der beiden Kreise und der Bereich außerhalb der beiden Kreise.

▶ Beim Füllen wird das rote Rechteck innerhalb des Überlappungsbereichs ignoriert (das heißt übermalt), da es nicht die Grenzfarbe hat.

[»]   **Hinweis**

Das große umgebende Rechteck wäre nicht nötig gewesen, es dient hier nur der Verdeutlichung.

15.6 Beispielprojekte

Das Zusammenspiel und die Vorteile verschiedener grafischer Möglichkeiten sehen Sie in den zwei nachfolgenden Beispielprojekten.

15.6.1 Darstellung eines Aktienkurses

Es folgt die Darstellung eines Aktienkurses. Dieses einfache Programm arbeitet mit zufälligen Daten. Normalerweise stammen die Daten aus einer Datenbank, die vorher mit realen Börsenkursen gefüllt wird. Abbildung 15.15 zeigt die Darstellung des Aktienkurses.

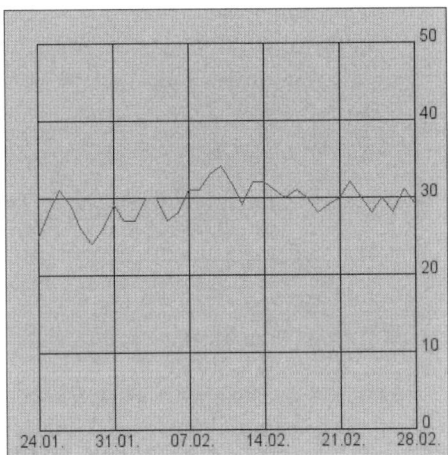

Abbildung 15.15 Aktienkurs

Es werden die Tageskurse der letzten fünf Wochen, ausgehend vom 28. Februar 2016, dargestellt. Auf der x-Achse wird für jede Woche ein Datum angegeben, auf der y-Achse wird der Kurswert in Stufen von jeweils 10 € dargestellt. Der Programmcode:

```
<!DOCTYPE html><html><head><meta charset="utf-8"></head><body>
<?php
    // Grafik erzeugen
    $im = imagecreate(400,400);

    // Farben, Schriftart
    $grau = imagecolorallocate($im, 192, 192, 192);
    imagefill ($im, 0, 0, $grau);
    $s = imagecolorallocate($im, 0, 0, 0);
    $r = imagecolorallocate($im, 255, 0, 0);
    $schriftart = "arial.ttf";

    // Startdatum
    $ds = "28.02.2016";
```

```
$datum = mktime(0, 0, 0, substr($ds,3,2), substr($ds,0,2),
    substr($ds,6,4));
$datum = strtotime("-35 day", $datum);

// Kurse
srand((double)microtime()*1000000);
$kurs[0] = 25;
for($i=1; $i<36; $i++)
{
    $kurs[$i] = $kurs[$i-1] + rand(-3,3);
    if($kurs[$i]<1)
        $kurs[$i] = 1;
}

// Gitternetz, Beschriftung
for($i=0; $i<6; $i++)
{
    imageline($im, 30, 30 + $i * 340/5, 370, 30 + $i * 340/5, $s);
    imagettftext($im, 11, 0, 375, 30 + $i * 340/5, $s,
        $schriftart, 50-$i*10);
    imageline($im, 30 + $i * 340/5, 30, 30 + $i * 340/5, 370, $s);
    imagettftext($im, 11, 0, 12 + $i * 340/5, 385, $s,
        $schriftart, date("d.m.",$datum));
    $datum = strtotime("+7 day", $datum);
}

// Kurs darstellen
for($i=0; $i<35; $i++)
    imageline($im, 30 + $i * 340/35, 370 - $kurs[$i] * 340/50,
        30 + ($i+1) * 340/35, 370 - $kurs[$i+1] * 340/50, $r);

// Grafik darstellen und Speicher freigeben
imagejpeg($im, "im_test.jpg");
imagedestroy($im);
?>
<img src="im_test.jpg">
</body></html>
```

Listing 15.15 Datei im_aktie.php

Erläuterung:

▶ Es wird eine Grafik der Größe 400 × 400 Pixel erzeugt.

▶ Die Farben Grau (Hintergrund), Schwarz (Gitternetz und Beschriftung) und Rot (Kursverlauf) werden der Farbpalette der Grafik hinzugefügt. Die TrueType-Schriftart Arial wird eingeführt.

▶ In der Variablen $ds wird das Enddatum für den Kursverlauf festgelegt. Dieses würde im Normalfall aus dem Systemdatum (Kursverlauf bis heute) oder aus einer Benutzereingabe (Kursverlauf bis zum ausgewählten Tag) generiert. Das Datum wird mit der Funktion mktime() in das Datumsformat konvertiert, mit dem PHP arbeiten und rechnen kann. Aus dem Enddatum wird mit der Funktion strtotime() das Startdatum (35 Tage = 5 Wochen vorher) erzeugt.

▶ Die Werte für den Kursverlauf werden in ein Array geschrieben. Der Startwert ist 25. Die per Zufallszahlengenerator erzeugten Änderungswerte liegen zwischen +3 und –3 pro Tag, wobei der Kurs nicht unter den Wert 1 fallen kann. Die Kurswerte würden im Normalfall aus einer Datenbank in das Array geschrieben.

▶ Es werden mithilfe einer Schleife nacheinander:
  – sechs senkrechte Gitternetzlinien zur Datumsorientierung gezeichnet,
  – sechs Beschriftungen für die y-Achse (Kurswerte 0 bis 50) gesetzt,
  – sechs waagerechte Gitternetzlinien zur Kurswertorientierung gezeichnet,
  – sechs Beschriftungen für die x-Achse (Datum alle sieben Tage) gesetzt und
  – das Datum um sieben Tage erhöht.

▶ Mithilfe einer weiteren Schleife werden 35 Linien für den Kursverlauf gezogen, jeweils vom Kurswert eines Tages zum Kurswert des nächsten Tages.

▶ Zum Schluss wird die Grafik gezeichnet und der Speicher wieder freigegeben.

15.6.2   Erstellung eines CAPTCHAS

Bei einem *CAPTCHA* handelt es sich um einen Test, mit dessen Hilfe unterschieden werden soll, ob die eingetragenen Daten in einem Formular von einem Computerprogramm oder von einem Menschen stammen.

Eine Möglichkeit für ein CAPTCHA bietet eine Grafik, in der Zeichen so dargestellt werden, dass sie nur von Menschen und nicht von Programmen erkannt werden können. Ein Beispiel mit gedrehten, zufälligen Zeichen sehen Sie in Abbildung 15.16.

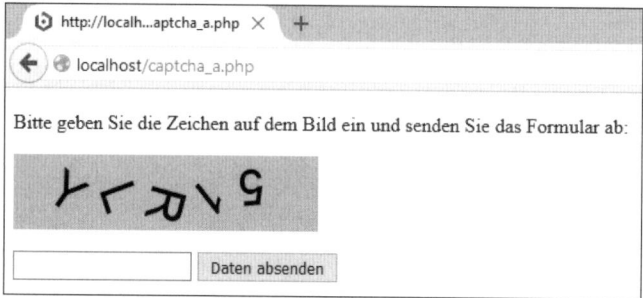

Abbildung 15.16 Formular mit CAPTCHA-Grafik

Nach der Eingabe der richtigen Zeichen, hier »YLR15«, erscheint die Bestätigung, dass die Zeichen richtig erkannt werden und der weitere Nutzinhalt des Formulars (hier nicht dargestellt) ordnungsgemäß übermittelt und gespeichert wird (siehe Abbildung 15.17).

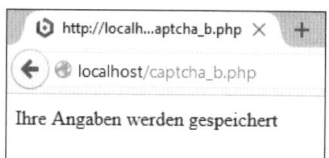

Abbildung 15.17 Bestätigung

Es folgt das Programm:

```
<!DOCTYPE html><html><head><meta charset="utf-8"></head><body>
<?php
    // graues Bild, schwarze Schrift
    $im = imagecreate(250, 60);
    $grau = imagecolorallocate($im, 192, 192, 192);
    imagefill($im, 0, 0, $grau);
    $schwarz = imagecolorallocate($im, 0, 0, 0);

    // ohne verwechselbare Zeichen, Zahlen doppelt
    $allezeichen = "ABCDEFGHIJKLPQRSTUVXY12345781234578";
    $laenge = strlen($allezeichen);
```

```
$text = "";

// 5 Zeichen
for($i=1; $i<=5; $i++)
{
    $index = floor(lcg_value() * $laenge);
    $zeichen = substr($allezeichen, $index, 1);
    $text .= $zeichen;
    // Referenz, Schriftgröße, Winkel, x, y, Farbe, Schrift, Text
    imagettftext ($im, 30, -35 * $i, 45 * $i - 20, 40 - $i * 6,
        $schwarz, "arial.ttf", $zeichen);
}

// Speichern
imagepng($im, "captcha.png");
imagedestroy($im);

// Formular
echo "<form action='captcha_b.php' method='post'>";
echo "<p>Bitte geben Sie die Zeichen auf dem Bild ein"
    . " und senden Sie das Formular ab:</p>";
echo "<input name='bildtext' type='hidden' value='"
    . md5($text) . "'>";
echo "<p><img src='captcha.png'></p>";
echo "<p><input name='eingabe'> <input type='submit'></p>";
echo "</form>";
?>
</body></html>
```

Listing 15.16 Datei captcha_a.php

Erläuterung:

▶ Zunächst wird ein Bild der Größe 250 × 60 Pixel erzeugt, das mit einem hellgrauen Hintergrund gefüllt wird. Die Farbe für die Zeichen wird auf Schwarz gestellt.

▶ Eine Zeichenkette wird mit den möglichen darstellbaren Zeichen gefüllt. Dabei werden einige leicht verwechselbare Zeichenkombinationen weggelassen, z. B. M und W, O und 0 oder 6 und 9. Die verbleibenden Ziffern werden doppelt aufgeführt, sodass die Wahrscheinlichkeit ihrer zufälligen Auswahl ansteigt.

▶ Es folgt die Ausgabe von 5 Zeichen innerhalb der Grafik mithilfe einer Schleife. Mit diesen 5 Zeichen wird gleichzeitig eine Zeichenkette gefüllt. Diese Zeichenkette soll später mit der Eingabe des Benutzers verglichen werden.

▶ Die Funktion lcg_value() liefert einen zufälligen Wert zwischen 0 und 1. Dieser Wert wird mit der Anzahl der darstellbaren Zeichen multipliziert. Die Funktion floor() führt zur nächstniedrigeren ganzen Zahl. Mithilfe dieser zufälligen ganzen Zahl wird ein bestimmtes Zeichen aus den darstellbaren Zeichen ausgewählt.

▶ Dieses Zeichen wird ausgegeben. Die laufende Nummer des Zeichens, von 0 bis 4, wird dabei für die Berechnung der Position und des Drehwinkels genutzt. Anschließend wird das Grafikobjekt in der Datei *captcha.png* gespeichert.

▶ Es folgt die Ausgabe eines Formulars. Darin gibt es ein verstecktes Feld, in dem die zufällig erstellte Zeichenkette übermittelt wird. Sie wird mithilfe der Funktion md5() verschlüsselt, sodass sie nicht im Quelltext der Internetseite erkannt werden kann. Außerdem gibt es natürlich ein Eingabefeld für den Benutzer.

Nach dem Absenden des Formulars erscheint die zweite Seite mit einer Bestätigung oder einer Ablehnung. Der dazugehörige Code ist recht kurz:

```
<!DOCTYPE html><html><head><meta charset="utf-8"></head><body>
<?php
    if($_POST["bildtext"] == md5($_POST["eingabe"]))
        echo "Ihre Angaben werden gespeichert";
    else
        echo "Ihre Angaben werden nicht gespeichert";
?>
</body></html>
```

Listing 15.17 Datei captcha_b.php

Die zufällige verschlüsselte Zeichenkette wird mit der verschlüsselten Eingabe des Benutzers verglichen. Sind sie gleich, kann der weitere Nutzinhalt des Formulars (hier nicht dargestellt) ordnungsgemäß gespeichert werden.

Kapitel 16
PDF-Dateien erstellen

Die frei verfügbare und frei nutzbare Bibliothek *fpdf* ermöglicht es Ihnen, eigene PDF-Objekte zu erstellen. Diese Objekte können unmittelbar als PDF-Objekt im Browser angezeigt oder als PDF-Datei gespeichert werden. Es handelt sich bei der Bibliothek fpdf nicht um eine Sammlung von Funktionen, sondern von Klassen. Zum Erstellen von PDF-Dateien mit PHP sind daher Kenntnisse der objektorientierten Programmierung erforderlich.

PDF-Dateien sind weitverbreitet und dienen der Darstellung von Dokumenten, die Texte und Grafiken beinhalten. Zum Betrachten der PDF-Dateien wird lediglich ein PDF-Reader benötigt.

16.1 Installation

Sie finden die Bibliothek fpdf im gleichnamigen Unterverzeichnis auf dem Datenträger zum Buch. Unter Ubuntu Linux und macOS werden zur Erstellung der PDF-Dateien zunächst Schreibrechte benötigt. Bei den meisten Website-Providern wird Linux genutzt. Dort werden Ihnen normalerweise Schreibrechte innerhalb Ihrer Domain gegeben.

Sie können die fpdf-Bibliothek auch von der Website *http://www.fpdf.org* herunterladen. In den Beispielen in diesem Abschnitt wird davon ausgegangen, dass die notwendigen Dateien (als wichtigste *fpdf.php*) jeweils im Unterverzeichnis *fpdf* des aktuellen PHP-Programms bereitstehen. Dies erleichtert die Portierung Ihrer Programme auf einen Webserver.

16.2 PDF-Dokument erzeugen

In einem ersten Beispiel soll ein einfaches PDF-Objekt mit einer leeren Seite erzeugt werden:

```
<!DOCTYPE html><html><head><meta charset="utf-8"></head><body>
<?php
require("fpdf/fpdf.php");

$pdf = new FPDF();
$pdf->AddPage();
$pdf->Output("pdf_test.pdf", "F");
// header("Location: pdf_test.pdf");
?>
</body></html>
```

Listing 16.1 Datei pdf_einfach.php

Im Browser wird nichts angezeigt. Die PDF-Datei *pdf_test.pdf* ist im selben Verzeichnis gespeichert und kann mit einem PDF-Reader betrachtet werden (siehe Abbildung 16.1). Für die PHP-Programme in diesem Kapitel wird die fpdf-Bibliothek in der Version 1.8.1 vom Dezember 2015 eingesetzt.

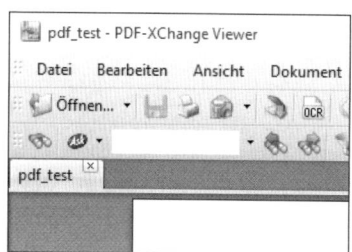

Abbildung 16.1 PDF-Datei im PDF-Reader

Erläuterung:

require()
▶ Die Datei *fpdf.php* im Unterverzeichnis *fpdf* wird mit der Funktion require() eingebunden (siehe Abschnitt 1.11.6). Sie beinhaltet die Klasse FPDF.

new FPDF()
▶ Die Anweisung $pdf = new FPDF() erzeugt ein neues Objekt der Klasse FPDF. Der dabei verwendete Konstruktor hat drei optionale Parameter: die Seitenausrichtung ("P" = Hochformat, "L" = Querformat), die Maßeinheit für Größenangaben ("pt" = Point, "mm", "cm", "in" = Inch) und das Seitenformat ("A3", "A4", "A5", "Letter", "Legal"). Die Default-Werte sind "P", "mm" und "A4". Das gleiche Objekt kann also mit der Anweisung $pdf = new FPDF("P", "mm", "A4") erzeugt werden. Mit $pdf können Sie auf das Objekt zugreifen.

▶ Die Methode AddPage() erzeugt eine Seite. Sie hat einen optionalen Parameter für die Seitenausrichtung ("P", "L"). Wird dieser nicht angegeben,
wird die Ausrichtung genommen, die mit dem Konstruktor gewählt
wird.

AddPage()

▶ Die Methode Output() dient der Ausgabe des PDF-Objekts. Sie hat zwei
Zeichenkettenparameter: eine Zeichenkette mit dem Dateinamen (mit
der Dateiendung .pdf) und ein Ziel ("I" = Darstellung im Browser, "D" =
Herunterladen im Browser mit dem Dateinamen, "F" = Speichern mit
dem Dateinamen, "S" = Rückgabe als String).

Output()

> **Hinweis**
>
> Falls Sie versuchen, eine Datei zu erzeugen, während sie noch in einem
> PDF-Reader geöffnet ist, schlägt die Erzeugung fehl.

[«]

In Abbildung 16.2 sehen Sie die Ansicht, wenn die nachfolgende Zeile hinzugefügt wird, damit die PDF-Datei direkt im Browser angezeigt wird (sofern dieser dazu in der Lage ist).

```
header("Location: pdf_test.pdf");
```

Abbildung 16.2 PDF-Datei im Browser

16

16.3   Text in Zelle

Zur Anzeige von Text gibt es Standardfonts und zusätzliche geladene
Fonts. Ein Beispiel mit Standardfont sieht wie in Abbildung 16.3 aus.

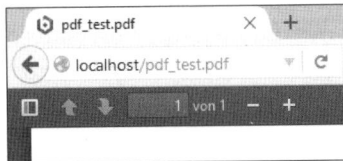

Abbildung 16.3 PDF-Datei mit Standardfont

Der Programmcode:

```
<!DOCTYPE html><html><head><meta charset="utf-8"></head><body>
<?php
require("fpdf/fpdf.php");

$pdf = new FPDF();
$pdf->SetFont("Helvetica", "B", 24);
$pdf->AddPage();
$pdf->Cell(50, 20, "Hallo");
$pdf->Output("pdf_test.pdf", "F");
?>
</body></html>
```

Listing 16.2 Datei pdf_zelle.php

Erläuterung:

SetFont() ▸ Die Methode SetFont() legt die Schriftart fest. Sie kann bereits vor der ersten Seite aufgerufen werden und gilt nachfolgendfür das Dokument, bis sie wieder geändert wird. Sie hat drei Parameter, wobei die beiden letzten optional sind:

– Der erste Parameter bezeichnet den Font. Unter Windows sind intern u. a. die Schriftarten "Helvetica", "Courier" und "Times" bereits vorhanden.

– Der zweite Parameter legt den Schriftschnitt fest ("B" = fett, "I" = kursiv, "U" = unterstrichen). Die Buchstaben können beliebig kombiniert werden.

– Mit dem dritten Parameter wird die Größe der Schrift in Punkten gewählt; der Default-Wert beträgt 12.

Im vorliegenden Beispiel wird Helvetica, fett, 24 Punkt, verwendet. Die zugehörige PHP-Fontdatei (*helveticab.php*) muss im Unterverzeichnis *fpdf/font* vorhanden sein.

Cell() ▸ Die Methode Cell() erzeugt eine rechteckige Zelle, gegebenenfalls mit Text. Sie hat acht Parameter, davon sind alle außer dem ersten optional. Die erste Zelle einer Seite wird links oben mit jeweils 1 cm Abstand zum Seitenrand erzeugt.

– Die Parameter 1 bis 3 legen die Breite, die Höhe und den Text fest. Falls die Breite 0 beträgt, erstreckt sich die Zelle bis zum rechten Rand.

Passt der Text nicht vollständig in die Zelle, wird über den Rand der Zelle und gegebenenfalls der Seite hinausgeschrieben! Eine Alternative bietet die Methode Write(); dazu später mehr.

- Der vierte Parameter dient der Festlegung des Randes (0 = kein Rand, 1 = alle Ränder, "L" = Rand links, "T" = Rand oben, "R" = Rand rechts, "B" = Rand unten). Die Buchstaben können Sie beliebig kombinieren, der Default-Wert beträgt 0.

- Der fünfte Parameter legt die nächste Schreibposition nach der Zelle fest (0 = rechts von der Zelle, 1 = nach Zeilenumbruch in der nächsten Zeile, 2 = unter der Zelle). Der Default-Wert ist 0.

- Der sechste Parameter bestimmt die Ausrichtung des Textes ("L" = links, "C" = zentriert, "R" = rechts). Der Default-Wert ist "L".

- Mit dem siebten Parameter wird festgehalten, ob die Zelle gefüllt wird (0 = keine Füllung, 1 = Füllung). Der Default-Wert ist 0.

- Der letzte Parameter dient der Wahl eines Hyperlinks (mehr dazu in Abschnitt 16.8).

16.4   Fließtext, Schriftparameter

Die Methode Cell() bietet einige Möglichkeiten zur Textgestaltung und Textumrandung, allerdings wird der Text gegebenenfalls über den Rand der Zelle hinausgeschrieben. Die Methode Write() hingegen schreibt Fließtext und fügt automatisch einen Zeilenumbruch ein, falls der Text zu lang wird. Ein Beispiel zeigt Abbildung 16.4.

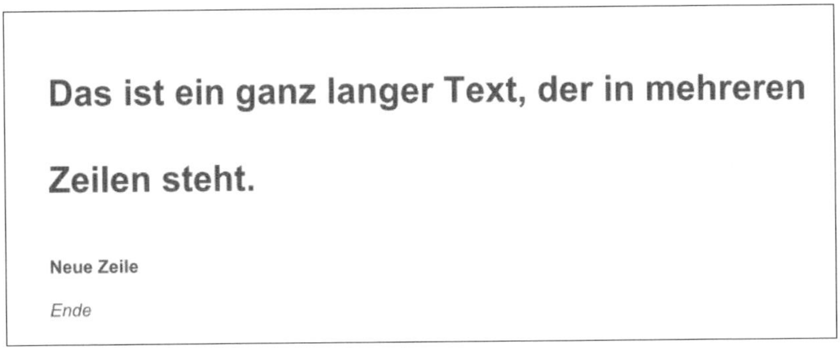

Write()

Das ist ein ganz langer Text, der in mehreren Zeilen steht.

Neue Zeile

Ende

Abbildung 16.4 Fließtext

Der Programmcode:

```
<!DOCTYPE html><html><head><meta charset="utf-8"></head><body>
<?php
require("fpdf/fpdf.php");

$pdf = new FPDF();
$pdf->SetFont("Helvetica", "B", 24);
$pdf->SetTextColor(255, 0, 0);

$pdf->AddPage();
$text = "Das ist ein ganz langer Text, "
    . "der in mehreren Zeilen steht.";
$pdf->Write(20, $text);

$pdf->SetFontSize(12);
$pdf->Ln();
$pdf->Write(20, "Neue Zeile");

$pdf->SetFont("","I");
$pdf->Ln(10);
$pdf->Write(20, "Ende");

$pdf->Output("pdf_test.pdf", "F");
?>
</body></html>
```

Listing 16.3 Datei pdf_schrift.php

Erläuterung:

SetTextColor()
- ▶ Mit der Methode SetTextColor() wird die Schriftfarbe festgelegt. Sie kann bereits vor der ersten Seite aufgerufen werden und gilt nachfolgend für das Dokument, bis sie wieder geändert wird. Sie hat drei Parameter: die Rot-, Grün- und Blauanteile jeweils mit Werten zwischen 0 und 255.

- ▶ Die Methode Write() gibt Text an der aktuellen Position aus. Beim Erreichen des rechten Seitenrandes wird ein Zeilenumbruch erzeugt. Nach der Ausgabe ist die aktuelle Position unmittelbar hinter dem Text. Die Methode hat drei Parameter, davon ist der letzte optional:

- Die Parameter 1 und 2 legen die Zeilenhöhe und den Text fest.

- Der letzte Parameter dient der Wahl eines Hyperlinks.

▶ Falls nur die Schriftgröße geändert werden soll, muss nicht die Methode SetFont() aufgerufen werden; die Methode SetFontSize() reicht hier aus. Die restlichen Einstellungen werden übernommen. Der einzige Parameter gibt die Größe der Schrift in Punkt an.

SetFontSize()

▶ Die Methode Ln() erzeugt einen Zeilenumbruch. Sie ist z. B. in Verbindung mit der Methode Write() sinnvoll, da diese keinen Zeilenumbruch am Ende des Textes erzeugt. Ln() hat einen einzigen, optionalen Parameter: die Zeilenhöhe. Wird kein Parameter angegeben, wird die Zeilenhöhe der letzten Ausgabe übernommen.

Ln()

▶ Falls nur der Schriftschnitt geändert werden soll, können Sie als ersten Parameter der Methode SetFont() eine leere Zeichenkette angeben. Die restlichen Einstellungen werden übernommen. Hier wird lediglich von »fett« auf »kursiv« gewechselt. Die zugehörige PHP-Fontdatei (*helvetiui.php*) muss im Unterverzeichnis *fpdf/font* vorhanden sein.

16.5   Tabelle

Tabellen lassen sich mit der Methode Cell() zusammensetzen. Mit einer individuellen Einstellung von Schriftfarbe, Schriftschnitt, Linienfarbe, Liniendicke und Füllung der Zellen lassen sich größere Datenmengen übersichtlich darstellen. Eine Tabelle könnte wie in Abbildung 16.5 aussehen.

Winkel	im Bogenmass	Sinus(Winkel)
10	0.175	0.174
20	0.349	0.342
30	0.524	0.500

Abbildung 16.5 Beispieltabelle (Ausschnitt)

Der Programmcode:

```
<!DOCTYPE html><html><head><meta charset="utf-8"></head><body>
<?php
require("fpdf/fpdf.php");
```

```
$pdf = new FPDF();
$pdf->AddPage();

/* Einstellung für Überschrift */
$pdf->SetFont("Helvetica", "B", 11);
$pdf->SetLineWidth(0.4);
$pdf->SetDrawColor(255, 0, 255);
$pdf->SetFillColor(192, 192, 192);
$pdf->SetTextColor(255, 0, 0);

/* Überschrift */
$pdf->Cell(30, 10, "Winkel", "LTR", 0, "C", 1);
$pdf->Cell(40, 10, "im Bogenmass", "LTR", 0, "C", 1);
$pdf->Cell(60, 10, "Sinus(Winkel)", "LTR", 0, "C", 1);
$pdf->Ln();

/* Einstellung für Tabelle */
$pdf->SetFont("", "");
$pdf->SetLineWidth(0.2);
$pdf->SetDrawColor(0, 0, 0);

/* Tabelle */
for($w=10; $w<=90; $w=$w+10)
{
  /* Zeilen abwechselnd gestalten */
  if($w%20==0)
  {
    $pdf->SetFillColor(0, 0, 255);
    $pdf->SetTextColor(255, 255, 255);
  }
  else
  {
    $pdf->SetFillColor(255, 255, 255);
    $pdf->SetTextColor(0, 0, 0);
  }

  /* Werte */
  $wb = $w / 180 * M_PI;
  $pdf->Cell(30, 10, $w, "LR", 0, "C", 1);
```

```
  $pdf->Cell(40, 10, number_format($wb,3), "LR", 0, "R", 1);
  $pdf->Cell(60, 10, number_format(sin($wb),3), "LR", 0, "R", 1);
  $pdf->Ln();
}

$pdf->Output("pdf_test.pdf", "F");
?>
</body></html>
```

Listing 16.4 Datei pdf_tabelle.php

Erläuterung:

▶ Die Methode SetLineWidth() dient der Einstellung der Liniendicke bei Zellen oder geometrischen Objekten. Der einzige Parameter ist der Wert für die Dicke. Ohne Einstellung beträgt die Liniendicke 0,2 mm.   **SetLineWidth()**

▶ Die Methode SetDrawColor() wird zur Einstellung der Linienfarbe bei Zellen oder geometrischen Objekten verwendet. Sie hat drei Parameter: die Rot-, Grün- und Blauanteile, jeweils mit Werten zwischen 0 und 255.   **SetDrawColor()**

▶ Mit der Methode SetFillColor() wird die Füllfarbe bei Zellen oder gefüllten geometrischen Objekten eingestellt. Sie hat drei Parameter: die Rot-, Grün- und Blauanteile, jeweils mit Werten zwischen 0 und 255.   **SetFillColor()**

▶ Es wird eine Tabelle mit drei Spalten dargestellt. Jede Zelle wird rechts neben die Vorgängerzelle gesetzt. Nach jeweils drei Zellen wird mithilfe der Methode Ln() die Zeile gewechselt.

▶ Die Zellen der Überschrift haben einen grauen Hintergrund und eine magentafarbene Rahmenlinie der Dicke 0,4 mm als linke, rechte und obere Begrenzung. Der Text ist in Fettschrift und zentriert gesetzt.

▶ Die Zeilen der restlichen Tabelle haben abwechselnd schwarze Schrift auf weißem Hintergrund und weiße Schrift auf blauem Hintergrund. Sie verfügen über eine schwarze Rahmenlinie der Dicke 0,2 mm als linke und rechte Begrenzung der Zellen. Der Text ist in normaler Dicke gesetzt. Die erste Spalte ist zentriert, und die restlichen Spalten sind rechtsbündig ausgerichtet.

▶ Es kann sich, wie hier, um eine mathematische Tabelle oder um die Darstellung eines größeren Datenbestands handeln – z. B. aus einer Datenbank.

16.6   Kopf- und Fußzeile

Zum Füllen der Kopf- und Fußzeilen müssen die bereits vorhandenen Methoden der Klasse FPDF überschrieben werden. Daher müssen Sie zunächst eine abgeleitete Klasse erzeugen. In Abbildung 16.6 sehen Sie zunächst die Kopfzeile.

Abbildung 16.6 Kopfzeile und Text (Ausschnitt)

Es folgt die Fußzeile in Abbildung 16.7.

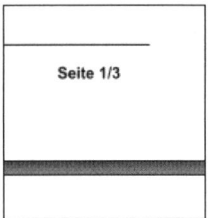

Abbildung 16.7 Fußzeile

Der Programmcode:

```
<!DOCTYPE html><html><head><meta charset="utf-8"></head><body>
<?php
require("fpdf/fpdf.php");

class MyPDF extends FPDF
{
  function Header()
  {
     $this->SetFont("Helvetica", "B", 16);
     $this->Cell(0, 20, "Kopfzeile", "B", 1, "C");
  }
```

```
    function Footer()
    {
        $this->SetY(-20);
        $this->SetFont("Helvetica", "B", 8);
        $this->Cell(0, 10, "Seite "
            . $this->PageNo() . "/{nb}", "T", 0, "R");
    }
}

$pdf = new MyPDF();
$pdf->AliasNbPages();
$pdf->AddPage();
$pdf->SetFont("Helvetica", "B", 12);
for($i=1;$i<=60;$i++)
    $pdf->Cell(0, 10, "Zeile: " . $i, 0, 1);
$pdf->Output("pdf_test.pdf", "F");
?>
</body></html>
```

Listing 16.5 Datei pdf_kopf.php

Erläuterung:

▶ Die Klasse MyPDF wird von der Klasse FPDF abgeleitet. Die Methoden Header() und Footer() der Klasse FPDF werden überschrieben.

▶ In der Methode Header() für die Kopfzeile wird gewählt: Header()

  – Schrift Helvetica, fett, Größe 16. Sie bleibt für die Kopfzeilen aller Seiten erhalten, unabhängig von der Schrift für die Fußzeile oder für den eigentlichen Text.

  – Zelle mit der Breite 0, unterer Rahmenlinie und zentrierter Ausrichtung. Daher erstreckt sich die Zelle über die gesamte Breite, und die Kopfzeile wird vollständig nach unten mit einer Linie begrenzt; der Text steht mittig.

▶ In der Methode Footer() für die Fußzeile wird gewählt: Footer()

  – Schrift Helvetica, fett, Größe 8. Sie bleibt für die Fußzeilen aller Seiten erhalten, unabhängig von der Schrift für die Kopfzeile oder für den eigentlichen Text.

  – Die Methode SetY() setzt die Schreibposition auf einen absoluten   SetY()
  Wert. Ist dieser negativ, wird vom unteren Rand aus gemessen. Wird

die Methode nicht aufgerufen, wird die letzte Fußzeile ans Ende des Textes und nicht ans Ende der letzten Seite gesetzt!

{nb}, PageNo()   – Zelle mit der Breite 0, obere Rahmenlinie und rechtsbündige Ausrichtung. Daher erstreckt sich die Zelle über die gesamte Breite, die Fußzeile wird vollständig nach oben mit einer Linie begrenzt, und der Text steht rechts. Der Text beinhaltet u. a. die laufende Seitennummer (Methode `PageNo()`) sowie die Gesamtanzahl der Seiten im Dokument. Dazu dient der Platzhalter `{nb}` in Verbindung mit der Methode `AliasNbPages`.

▶ Die Anweisung `$pdf = new MyPDF()` erzeugt ein neues Objekt der abgeleiteten Klasse `MyPDF`.

AliasNbPages()   ▶ Die Methode `AliasNbPages()` sorgt dafür, dass die Gesamtanzahl der Seiten im Dokument zur Verfügung steht.

▶ Die Schrift `Helvetica`, fett, Größe 12 wird gewählt. Sie bleibt für den eigentlichen Text aller Seiten erhalten, unabhängig von der Schrift für die Kopfzeile oder die Fußzeile.

▶ Es werden insgesamt 60 Zeilen ausgegeben. Sobald eine Zelle den unteren Seitenrand erreicht, wird automatisch ein Seitenumbruch vorgenommen.

16.7   Bild aus Datei laden

Das Einfügen eines Bildes aus einer Datei ist recht einfach. Ein Beispiel zeigt Abbildung 16.8.

Abbildung 16.8 Bilder in PDF-Datei

Das Programm dazu:

```
<!DOCTYPE html><html><head><meta charset="utf-8"></head><body>
<?php
require("fpdf/fpdf.php");

$pdf = new FPDF();
$pdf->AddPage();
$pdf->Image("im_blume.jpg", 50, 10, 30);
$pdf->Image("im_work.gif", 20, 10);
$pdf->Output("pdf_test.pdf", "F");
?>
</body></html>
```

Listing 16.6 Datei pdf_bild.php

Erläuterung:

Die Methode Image() dient dem Einbinden eines Bildes. Sie hat sieben Para-   Image()
meter, davon sind die ersten drei zwingend:

▶ Diese drei Parameter legen den Dateinamen sowie die x- und y-Position
fest.

▶ Der vierte Parameter dient der Angabe der Breite, falls das Bild vergrößert oder verkleinert dargestellt wird. Wird der Wert nicht angegeben oder ist 0, wird die Originalbreite genommen.

▶ Der fünfte Parameter legt die Höhe fest. Falls der Wert nicht angegeben
wird oder 0 ist, wird die Höhe passend zur Breite genommen.

▶ Mit dem sechsten Parameter kann der Bildtyp (JPG, JPEG, PNG, GIF) bestimmt werden. Wird keiner angegeben, wird der Typ aus der Dateiendung bestimmt.

▶ Der letzte Parameter dient der Wahl eines Hyperlinks.

16.8 Hyperlinks

Hyperlinks können auf interne Ziele innerhalb des PDF-Dokuments oder
auf externe Ziele, also andere URLs, verweisen. Ausgangspunkt eines Hyperlinks kann ein Text, eine Zelle, ein Bild oder ein Rechteck ähnlich wie bei
einer Image-Map sein. Zunächst sehen Sie in Abbildung 16.9 ein Beispiel
mit einem internen Textlink auf Seite 1 des Dokuments, der zu Seite 2 führt.

```
Inhalt:

zu Seite 2

Ende Inhalt
```

Abbildung 16.9 Text-Hyperlink

Der Programmcode:

```php
<!DOCTYPE html><html><head><meta charset="utf-8"></head><body>
<?php
require("fpdf/fpdf.php");

$pdf = new FPDF();
$pdf->SetFont("Helvetica", "", 11);

$pdf->AddPage();
$pdf->Write(10, "Inhalt:");
$pdf->Ln();

/* Start des Hyperlinks */
$pdf->SetFont("", "U");
$seite2 = $pdf->AddLink();
$pdf->Write(10, "zu Seite 2", $seite2);
$pdf->SetFont("", "");
$pdf->Ln();

$pdf->Write(10, "Ende Inhalt");

/* Ziel des Hyperlinks */
$pdf->AddPage();
$pdf->SetLink($seite2);

$pdf->Write(10, "Seite 2");
$pdf->Output("pdf_test.pdf", "F");
?>
</body></html>
```

Listing 16.7 Datei pdf_link1.php

Erläuterung:

▶ Vor der ersten Seite wird eine der üblichen Schriften eingestellt. Unmittelbar vor dem Link wird auf *Unterstrichen* gewechselt, damit der Text als anklickbar erkannt wird. Dazu benötigen Sie übrigens keine separate PHP-Fontdatei. Es genügt die Datei für *Normaltext* (= nicht unterstrichen).

▶ Die Methode AddLink() erzeugt einen Link und liefert dessen ID zurück.   **AddLink()**

▶ Mit der Methode Write() wird ein Text auf die erste Seite geschrieben. Als dritter Parameter nach Zeilenhöhe und Textinhalt wird die soeben ermittelte Link-ID notiert. Damit erreichen Sie, dass der Textinhalt anklickbar ist und als Startpunkt des Links dient. Sobald sich der Mauszeiger im PDF-Dokument über dem Link befindet, ändert sich sein Aussehen.

▶ Unmittelbar nach dem Link wird auf *Nicht Unterstrichen* zurückgewechselt.

▶ Auf der zweiten Seite wird mit der Methode SetLink() der Zielpunkt des   **SetLink()** Links eingerichtet. Einziger Parameter ist die Link-ID. Damit erreichen Sie, dass dieser Punkt auf der zweiten Seite direkt per Klick von dem unterstrichenen Text der ersten Seite aus erreicht werden kann.

16

In Abbildung 16.10 sehen Sie ein Beispiel mit einem externen Ziel sowie einer Zelle, einem Bild und einem Bildbereich als Startpunkte.

Der Programmcode:

```php
<!DOCTYPE html><html><head><meta charset="utf-8"></head><body>
<?php
require("fpdf/fpdf.php");

$pdf = new FPDF();
$pdf->SetFont("Helvetica", "", 11);

$pdf->AddPage();
$pdf->Write(10, "Seite 1");
$pdf->Ln();

/* Externer Hyperlink */
$pdf->SetFont("", "U");
$pdf->Write(10, "extern", "http://localhost");
```

```php
$pdf->Ln();

/* Hyperlink in einer Zelle */
$seite2 = $pdf->AddLink();
$pdf->Cell(40, 10, "zu Seite 2", 1, 1, "C", 0, $seite2);
$pdf->SetFont("", "");

/* Bild als Hyperlink */
$pdf->Image("im_blume.jpg", 65, 10, 20, 0, "", $seite2);

/* Hyperlink innerhalb eines Bildes */
$pdf->Image("im_blume.jpg", 100, 10, 20);
$pdf->Link(100, 10, 20, 15, $seite2);

/* Ziel des Hyperlinks */
$pdf->AddPage();
$pdf->SetLink($seite2);

$pdf->Write(10, "Seite 2");
$pdf->Output("pdf_test.pdf", "F");
?>
</body></html>
```

Listing 16.8 Datei pdf_link2.php

Abbildung 16.10 Verschiedene Hyperlink-Möglichkeiten

Erläuterung:

▶ Als Erstes ist ein Textlink eingerichtet, hier zur Startseite des Webservers (*http://localhost*). Eine Link-ID wird bei einem externen Link nicht benötigt.

▶ Es folgt ein interner Hyperlink in einer Zelle. Der letzte Parameter der Methode Cell() ist die Link-ID.

▶ Das erste Bild stellt einen Hyperlink zum gleichen Ziel dar. Der letzte Parameter der Methode Image() ist wiederum die Link-ID. Sobald sich der Mauszeiger im PDF-Dokument über dem Bild befindet, ändert sich sein Aussehen.

▶ Mithilfe der Methode Link() ist der obere Bereich des zweiten Bildes als Hyperlink eingerichtet. Die Methode hat fünf Parameter, die alle angegeben werden müssen: die x- und y-Koordinaten der oberen linken Ecke des Bereichs, die Breite und Höhe des Bereichs sowie die Link-ID. Die Koordinaten stimmen mit den Koordinaten des Bildes überein. Als Breite wird die Breite des Bildes gewählt. Sobald sich der Mauszeiger im PDF-Dokument über dem betreffenden Bildbereich befindet, ändert sich sein Aussehen wieder.

Link()

Bei der Positionierung eines solchen Hyperlinks sollten Sie darauf achten, dass er in einem Bildteil liegt, der intuitiv als Link zu erkennen ist. Eine Landkarte, auf der Sie einzelne Städte oder Regionen anklicken können, ist ein gutes Beispiel hierfür.

16.9   Linie, Rechteck, Position

Sie können auch in PDF-Dateien einfache geometrische Objekte wie eine Linie oder ein Rechteck zeichnen. Im Zusammenhang mit Text kann es dabei nützlich sein, die aktuelle Position zu bestimmen bzw. zu setzen. Abbildung 16.11 zeigt ein Beispiel mit einer Linie, einem Rechteck und einem gefüllten Rechteck. Der Programmcode:

```
<!DOCTYPE html><html><head><meta charset="utf-8"></head><body>
<?php
require("fpdf/fpdf.php");

$pdf = new FPDF();
$pdf->SetFont("Helvetica", "", 11);
$pdf->SetLineWidth(1);

/* Linie */
$pdf->AddPage();
$pdf->Ln();
$x = $pdf->GetX();
$y = $pdf->GetY();
```

16

```php
$pdf->Line($x, $y, $x+15, $y+10);

/* Rechteck */
$pdf->SetY($y+15);
$pdf->Ln();
$x = $pdf->GetX();
$y = $pdf->GetY();
$pdf->Rect($x, $y, 15, 10);

/* Gefülltes Rechteck */
$pdf->SetY($y+15);
$pdf->Ln();
$x = $pdf->GetX();
$y = $pdf->GetY();
$pdf->SetFillColor(0, 0, 255);
$pdf->Rect($x, $y, 15, 10, "DF");

$pdf->Output("pdf_test.pdf", "F");
?>
</body></html>
```

Listing 16.9 Datei pdf_zeichnen.php

Erläuterung:

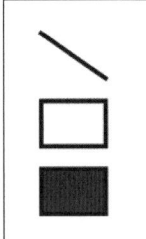

Abbildung 16.11 Linie, Rechteck und gefülltes Rechteck

SetLineWidth()

▶ Mithilfe der Methode SetLineWidth() wird zunächst die Linienstärke auf 1 mm gesetzt.

GetX(), GetY()

▶ Nach der Ausgabe eines Zeilenumbruchs wird jeweils die aktuelle Position bestimmt, damit an dieser Position gezeichnet werden kann. Dazu werden die beiden Methoden GetX() und GetY() eingesetzt, die die aktuellen x- und y-Koordinaten als Rückgabewert liefern.

▶ Die Methode `Line()` zeichnet eine Linie von einem Startpunkt zu einem   **Line()**
Zielpunkt. Die vier Parameter geben die x- und y-Koordinaten des Startpunkts und des Zielpunkts an.

▶ Die Methode `Rect()` zeichnet ein Rechteck. Die vier Parameter geben die   **Rect()**
x- und y-Koordinaten des Startpunkts sowie die Breite und Höhe des
Rechtecks an.

▶ Ein gefülltes Rechteck wird gezeichnet, indem im fünften Parameter `F`   **SetFillColor()**
angegeben wird. `D` steht für das Ziehen der Rahmenlinie und `F` für die
Füllung. Mit `SetFillColor()` wird vorher eine Füllfarbe angegeben.

▶ Neben der in diesem Beispiel verwendeten Methode `SetY()` gibt es noch   **SetX(), SetY(),**
die verwandten Methoden `SetX()` und `SetXY()` zum Setzen der Schreib-   **SetXY()**
position.

16

Kapitel 17
Automatisierter E-Mail-Versand

Bei vielen Websites besteht die Notwendigkeit, automatisierte E-Mails zu versenden. Diese dienen z. B. als Bestellbestätigungen, Statusinformationen oder zur Registrierung von Benutzern. In PHP wird zu diesem Zweck die Funktion mail() angeboten. Damit können Sie bereits einfache E-Mails versenden.

Automatisierte E-Mail

Falls Sie allerdings eine E-Mail im HTML-Format, eventuell auch mit Anhängen, versenden wollen, reicht die Funktion mail() nicht mehr aus. Daher wird in diesem Kapitel auch mit der frei verfügbaren Klasse PHPMailer gearbeitet. Die Version 5.2.16 von Juni 2016 dieser weitverbreiteten Klasse finden Sie auf dem Datenträger zum Buch.

PHP-Mailer

Am Ort der Ausführung des PHP-Skripts (z. B. auf der eigenen Website im Internet) muss ein laufender E-Mail-Server zur Weiterleitung der E-Mail zur Verfügung stehen.

17

17.1 Eine erste E-Mail

Zunächst eine einfache E-Mail mithilfe der Funktion mail():

```
<!DOCTYPE html><html><head><meta charset="utf-8"></head><body>
<?php
   mail("empfaenger@empf.de", "Betreff", "Nachricht");
?>
</body></html>
```

Listing 17.1 Datei mail_einfach.php

Die Funktion mail() benötigt mindestens drei Zeichenketten als Parameter: die E-Mail-Adresse des Empfängers, den Betreff der Nachricht und die Nachricht selbst.

mail()

Viele E-Mail-Server auf Websites verweigern allerdings das Versenden von E-Mails ohne die E-Mail-Adresse des Absenders. Dieses Problem wird im nächsten Abschnitt gelöst.

17.2   Eine E-Mail mit Header

Es folgt eine E-Mail mit Header:

```
<!DOCTYPE html><html><head><meta charset="utf-8"></head><body>
<?php
   mail("empfaenger@empf.de", "Betreff", "Nachricht",
       "From: absender@pmtest.de");
?>
</body></html>
```

Listing 17.2 Datei mail_header.php

From: Im vierten Parameter der Funktion mail() stehen weitere Informationen über die E-Mail, die für die Übermittlung innerhalb des E-Mail-Headers gedacht sind. Das kann z. B. die E-Mail-Adresse des Absenders sein, sie wird mit From: gekennzeichnet.

17.3   Ein E-Mail-Formular

Adresse nicht erkennbar Häufig wird zur Kontaktaufnahme auf Websites ein E-Mail-Formular eingesetzt (siehe Abbildung 17.1). Die E-Mail-Adresse des Empfängers ist damit nicht mehr direkt erkennbar. Dies schützt, z. B. zusammen mit einem CAPTCHA, vor ungebetenen automatisierten Spam-Mails.

Es könnten außerdem weitere Formularelemente genutzt werden, um die E-Mail-Anfrage unmittelbar an die richtigen Stellen des Empfängers zu leiten und einige Fragen bereits im Vorfeld zu klären.

Es folgt zunächst der Code des Formulars:

```
<!DOCTYPE html><html><head><meta charset="utf-8"></head><body>
<h2>Formularinhalt mailen</h2>
<form action = "mail_formular.php" method = "post">
   <p><input name="absender"> Ihre E-Mail-Adresse</p>
   <p><input name="betreff"> Ihr Betreff</p>
   <p><textarea name="nachricht" cols="50" rows="5"></textarea>
```

```
        Ihre Nachricht</p>
    <p><input type="submit"> <input type="reset"></p>
</form>
</body></html>
```

Listing 17.3 Datei mail_formular.htm

Abbildung 17.1 E-Mail-Formular

Im vorliegenden Beispiel gibt es zwei Texteingabefelder, jeweils eines für die E-Mail-Adresse des Absenders und den Betreff-Text, sowie eine Text-area für die eigentliche Nachricht.

Der Code der dazugehörigen PHP-Datei:

```
<!DOCTYPE html><html><head><meta charset="utf-8"></head><body>
<?php
    mail("empfaenger@empf.de", $_POST["betreff"],
        $_POST["nachricht"], "From: " . $_POST["absender"]);
?>
</body></html>
```

Listing 17.4 Datei mail_formular.php

Die Inhalte der drei Formularfelder für Absender, Betreff und Nachricht stehen nach dem Senden des Formulars innerhalb des Felds $_POST zur Verfügung. Sie werden für die dazugehörigen, bereits bekannten Parameter der Funktion mail() genutzt.

17.4 E-Mails mit PHPMailer

Die Dateien des Projekts PHPMailer dienen dem komfortablen Senden von E-Mails im Text- oder HTML-Format, eventuell auch mit Anhängen. Dies ist mithilfe der Funktion mail() zwar auch möglich, allerdings recht aufwendig.

Im nachfolgenden Beispiel wird davon ausgegangen, dass die Dateien des PHPMailer-Projekts im untergeordneten Verzeichnis *phpmailer* stehen.

Zunächst das Beispiel:

```php
<!DOCTYPE html><html><head><meta charset="utf-8"></head><body>
<?php
include("phpmailer/class.phpmailer.php");

$mail             = new PHPMailer();
$mail->From       = "absender@pmtest.de";
$mail->FromName   = "Arnold Absender";
$mail->Subject    = "Betreff der Mail";
$mail->Body       = "<table border='1'>"
   . "<tr><td>Das ist <b>fett</b></td></tr></table>";
$mail->AltBody    = "Nur Text";

$mail->AddAddress("empfaenger@empf.de");
// $mail->AddCC("nocheinempfaenger@empf.de");
// $mail->AddBCC("derbccempfaenger@empf.de");
$mail->AddReplyTo("beantworter@pmtest.de");
$mail->AddAttachment("mail_word.doc");
$mail->AddAttachment("mail_excel.xls");

if($mail->Send())
   echo "oK";
?>
</body></html>
```

Listing 17.5 Datei mail_pm.php

Es handelt sich um eine HTML-Mail. Im HTML-Code finden Sie eine Tabelle mit einer Zelle, darin ein Text, teilweise in Fettschrift. Es werden zwei Dateien unterschiedlichen Typs als Anhang gesendet: eine MS Word-Datei und eine MS Excel-Datei.

Zunächst wird die Datei *class.phpmailer.php* aus dem untergeordneten **Klasse**
Verzeichnis *phpmailer* eingebunden. Damit steht die Klasse `PHPMailer` zur
Verfügung. Mit `new` wird ein neues Objekt dieser Klasse erzeugt und eine
Referenz auf dieses Objekt zurückgeliefert.

In den Eigenschaften `From` und `FromName` werden die E-Mail-Adresse und der
Name des Absenders notiert, und in der Eigenschaft `Subject` steht der Betreff. Die Eigenschaft `Body` speichert den eigentlichen E-Mail-Text, hier im
HTML-Format. Falls der E-Mail-Client des Empfängers keine HTML-Mails
verarbeiten kann, sieht er nur den Wert der Eigenschaft `AltBody`.

Die Methoden `AddAddress()`, `AddCC()` und `AddBCC()` dienen der Aufnahme **Adressen und**
der Empfängeradressen für Original und Kopie der E-Mail. `AddReplyTo()` **Anhang**
sorgt dafür, dass eine Antwort auf diese E-Mail nicht an den Absender, sondern an die hier angegebene Adresse gesendet wird. Die Methode `Add-`
`Attachment()` wird genutzt, um eine oder mehrere Dateien als Anhang der
E-Mail hinzuzufügen. Im Beispiel wird davon ausgegangen, dass sich die
Dateien im selben Verzeichnis wie dieses PHP-Programm befinden.

Zu guter Letzt wird die E-Mail mithilfe der Methode `Send()` gesendet. Im Er- **Send()**
folgsfall wird eine Bestätigung ausgegeben. Das Ergebnis sehen Sie in Abbildung 17.2 in MS Outlook.

17

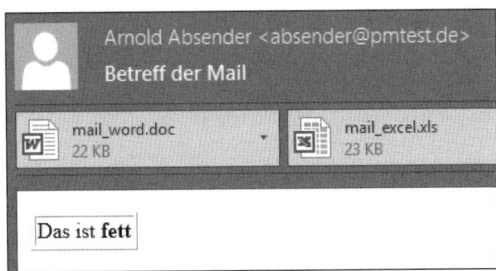

Abbildung 17.2 Ergebnis des Programms in MS Outlook 2010

Kapitel 18
Beispielprojekte

In diesem Kapitel beschreibe ich einige typische Anwendungsprojekte: einen Chat, ein Blog und ein Forum. Besonderen Wert lege ich dabei auf das Zusammenspiel von PHP, JavaScript und CSS.

18.1 Projekt »Chat«

Es soll eine Anwendung geschrieben werden, mit deren Hilfe ein einfacher Chat in eine Website integriert werden kann. Dazu gibt es im Internet bereits vorgefertigte Lösungen. Hier kommt es aber auf die Entwicklung mit den erlernten Mitteln und auf das Verständnis des Zusammenspiels der einzelnen Komponenten an. Die Chat-Anwendung wird in zwei Versionen angeboten:

- einer Version »Textdatei«, die auf Websites ohne Datenbankanbindung **Textdatei** eingesetzt werden kann (*chat_text.php*)

- einer Version »Datenbank«, die eine MySQL-Datenbankanbindung nutzt **Datenbank** (*chat_db.php*)

Beide Versionen beschreibe ich im Folgenden parallel. Damit sind die Gemeinsamkeiten bzw. Unterschiede deutlicher erkennbar. Außerdem spreche ich mögliche individuelle Erweiterungen an, die eine Standardanwendung nicht bieten kann.

18.1.1 Frame-Aufbau

Beide Versionen haben den gleichen Frame-Aufbau. Sie unterscheiden sich nur in der Form der Datenabspeicherung. In der Version »Textdatei« werden die bisherigen Chat-Beiträge bei der Darstellung aufsteigend sortiert. In der Version »Datenbank« wird die Darstellung in absteigender Form ermöglicht, sodass der neueste Beitrag oben steht. In Abbildung 18.1 sehen Sie zunächst eine Gesamtdarstellung in der Version »Textdatei«.

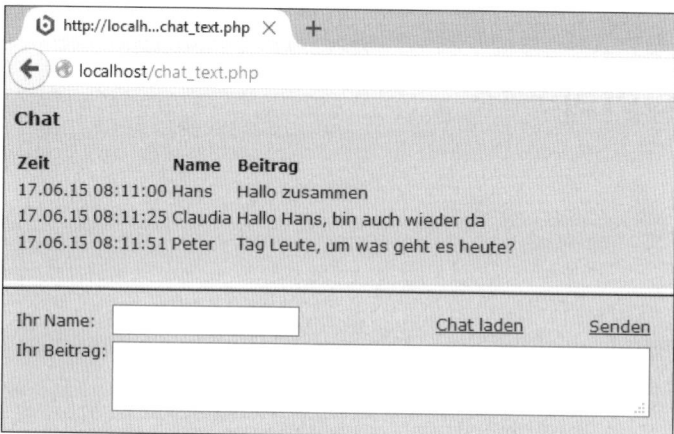

Abbildung 18.1 Ausgabe, gesamt

Es wird eine Aufteilung in Frames vorgenommen. Dazu dient eine Frame-Steuerdatei:

Frame-Steuerdatei
```
<!DOCTYPE html><html>
<frameset rows="4*,*">
   <frame src="chat_text_aus.php" name="ausgabe">
   <frame src="chat_text_ein.php" name="eingabe">
</frameset>
</html>
```

Listing 18.1 Datei chat_text.php (analog zu chat_db.php)

Erläuterung:

▶ Die Aufteilung der beiden Frame-Zeilen wird im Verhältnis 4:1 vorgenommen. Die Grenze zwischen den beiden Frames wird nur für die obige Darstellung verschoben.

▶ Im oberen Frame werden die bisherigen Beiträge ausgegeben, das Programm befindet sich in den Dateien *chat_text_aus.php* bzw. *chat_db_aus.php*. Der Frame hat den Namen ausgabe.

▶ Im unteren Frame können neue Beiträge eingegeben werden, das Programm befindet sich in *chat_text_ein.php* bzw. *chat_db_ein.php*. Der Frame hat den Namen eingabe.

18.1.2   CSS-Formatierung

Beide Dateien binden in beiden Versionen jeweils die folgende CSS-Datei
zur einheitlichen Formatierung ein:

```
body,td {font-family: Verdana; font-size: 9pt;
        background-color:#d0dce0; color:#00008b}
a:link    {font-family: Verdana; font-size: 9pt; color: #0000ff}
a:visited {font-family: Verdana; font-size: 9pt; color: #0000ff}
a:hover   {font-family: Verdana; font-size: 9pt; color: #ff0000}
```

Listing 18.2 Datei chat.css

Erläuterung:

▶ Es wird für das gesamte Dokument und für die Tabellenzellen die   **Zentrale**
  Schriftart Verdana in der Größe 9 Punkt und in der Farbe Mittelblau ge-   **Formatierung**
  wählt. Der Hintergrund ist hellblau.

▶ Ein Hyperlink wird in der gleichen Formatierung dargestellt, allerdings
  mit Unterstreichung. Wenn der Benutzer mit dem Mauszeiger über den
  Link fährt, wird dieser rot eingefärbt.

18.1.3   Ausgabe, Version »Textdatei«

Die bisherigen Beiträge werden im oberen Frame durch das folgende Pro-   **Inhalte lesen**
gramm aus der Textdatei gelesen und auf dem Bildschirm ausgegeben: **und ausgeben**

18

```
<!DOCTYPE html><html><head><meta charset="utf-8">
<link rel="stylesheet" type="text/css" href="chat.css">
</head>
<body>
<h3>Chat</h3>
<?php
/* Datei mit Chat-Daten auslesen */
$fp = @fopen("chat_text.txt","r");
if($fp)
{
   echo "<table><tr><td><b>Zeit</b></td>"
     . "<td><b>Name</b></td>"
     . "<td><b>Beitrag</b></td></tr>";
```

```
       /* Alle Zeilen lesen und ausgeben */
       while(!feof($fp))
       {
          $tabzeile = fgets($fp,200);
          echo "$tabzeile";
       }

       echo "</table>";
       fclose($fp);
    }
    ?>
    </body></html>
```

Listing 18.3 Datei chat_text_aus.php

Erläuterung:

▶ Zunächst wird die CSS-Formatierungsdatei eingebunden.

▶ Im PHP-Teil wird die Datei mit den Beiträgen (*chat_text.txt*) zum Lesen geöffnet. Das Zeichen @ (Silence-Operator) vor der Funktion `fopen()` dient dazu, eine eventuelle Ausgabe der Funktion zu unterdrücken.

▶ Falls dieser Vorgang erfolgreich ist, wird eine dreispaltige Tabelle mit den Überschriften `Zeit`, `Name` und `Beitrag` begonnen.

▶ Alle Zeilen der Textdatei werden mithilfe der `while`-Schleife gelesen. Jede Zeile beinhaltet die Formatierungen für die HTML-Tabelle und wird vollständig ausgegeben.

18.1.4   Darstellung der Textdatei

Die Textdatei hat den in Abbildung 18.2 gezeigten Aufbau. Jede Zeile ist bereits eine vollständige HTML-Tabellenzeile.

```
 chat_text.txt - Editor

Datei  Bearbeiten  Format  Ansicht  ?
<tr><td>17.06.15 08:11:00</td><td>Hans</td><td>Hallo zusammen</td></tr>
<tr><td>17.06.15 08:11:25</td><td>Claudia</td><td>Hallo Hans, bin auch wieder da</td></tr>
<tr><td>17.06.15 08:11:51</td><td>Peter</td><td>Tag Leute, um was geht es heute?</td></tr>
```

Abbildung 18.2 Textdatei chat_text.txt

18.1.5 Ausgabe, Version »Datenbank«

Den Aufbau der Datenbank inklusive der Tabelle beschreibe ich im nächsten Abschnitt. Die bisherigen Beiträge werden im oberen Frame durch das folgende Programm aus der Datenbank gelesen und auf dem Bildschirm ausgegeben:

```php
<!DOCTYPE html><html><head><meta charset="utf-8">
<link rel="stylesheet" type="text/css" href="chat.css">
</head>

<body>
<h3>Chat</h3>
<?php
/* Datenbank mit Chat-Daten auslesen */
$con = mysqli_connect("", "root", "", "chat");
$res = mysqli_query($con,"SELECT * FROM daten ORDER BY zeit DESC");

if(mysqli_num_rows($res)>0)
{
   echo "<table><tr><td><b>Zeit</b></td>"
     . "<td><b>Name</b></td>"
     . "<td><b>Beitrag</b></td></tr>";

   while($dsatz = mysqli_fetch_assoc($res))
   {
     $z = $dsatz["zeit"];
     $zs = substr($z,8,2) . "." . substr($z,5,2) . "."
        . substr($z,0,4) . " " . substr($z,11);
     echo "<tr><td>$zs</td><td>" . $dsatz["nick"] . "</td>"
        . "<td>" . $dsatz["beitrag"] . "</td></tr>";
   }
   mysqli_close($con);

   echo "</table>";
}
?>
</body></html>
```

Listing 18.4 Datei chat_db_aus.php

Datenbank lesen und ausgeben

Erläuterung:

▶ Zunächst wird die CSS-Formatierungsdatei eingebunden.

▶ Im PHP-Teil werden aus der Datenbank chat alle Datensätze aus der Tabelle daten geholt. Diese sind auf Basis des Feldes zeit absteigend sortiert, sodass der neueste Beitrag der erste Beitrag ist.

▶ Falls Datensätze vorhanden sind, wird eine dreispaltige Tabelle mit den Überschriften Zeit, Name und Beitrag begonnen.

▶ Alle Datensätze werden mithilfe der while-Schleife und der Funktion mysqli_fetch_assoc() im assoziativen Feld $dsatz gespeichert.

▶ Der automatisch erstellte MySQL-Timestamp im Datenfeld zeit wird zerlegt, damit er formatiert ausgegeben werden kann.

▶ Die drei Angaben jedes Datensatzes werden als HTML-Tabellenzeile ausgegeben.

18.1.6 Darstellung der Datenbanktabellen

Die Struktur der Tabelle chat sehen Sie in Abbildung 18.3.

Abbildung 18.3 Tabellenstruktur »chat«

Einige Beispieldaten werden in Abbildung 18.4 dargestellt.

Abbildung 18.4 Daten in der Tabelle »chat«

[»] **Hinweis**

Zur Erzeugung der Datenbank inklusive der Tabelle können Sie statt phpMyAdmin auch das PHP-Programm *chat_db_neu.php* verwenden.

18.1.7   Eingabe, Head

Die Datei *chat_text_ein.php* bzw. *chat_db_ein.php* mit dem Programm zur Eingabe eines neuen Beitrags ist etwas umfangreicher, daher stelle ich sie nachfolgend in drei Teilen dar:

▶ Teil 1: Head mit CSS und JavaScript-Funktionen. Dieser ist für beide Versionen fast gleich.

▶ Teil 2: PHP-Abschnitt zum Speichern eines neuen Beitrags. Dieser unterscheidet sich und wird daher in zwei Versionen erläutert.

▶ Teil 3: Formular zum Eingeben eines neuen Beitrags. Dieses ist für beide Versionen gleich.

Es folgt Teil 1, also der Head mit CSS und JavaScript-Funktionen. Er ist für beide Versionen fast gleich; nachfolgend sehen Sie den Programmcode für die Version »Textdatei«:

```
<!DOCTYPE html><html><head><meta charset="utf-8">
<link rel="stylesheet" type="text/css" href="chat.css">

<script type="text/javascript">
/* Beitrag senden, falls Name und Beitrag vorhanden */
function send()
{
   if(document.f.nick.value != "" && document.f.beitrag.value !="")
      document.f.submit();
}

/* Chat-Anzeige aktualisieren */
function reload()
{
   parent.ausgabe.location.href = "chat_text_aus.php";
}
</script>
</head>
```

Listing 18.5 Datei chat_text_ein.php bzw. chat_db_ein.php, Teil 1

Erläuterung:

▶ Zunächst wird die CSS-Formatierungsdatei eingebunden.

▶ Im JavaScript-Teil wird mithilfe der Funktion send() überprüft, ob der Benutzer seinen (Nick-)Namen und einen Beitrag in die beiden Formularfelder eingetragen hat. Falls ja, wird das Formular abgesendet.

▶ Die Funktion reload() dient dem neuen Laden des oberen Frames, also der Ausgabeseite. Dies geschieht sowohl »automatisch« nach dem Eintragen des neuen Beitrags als auch beim Betätigen des Links CHAT LADEN ohne Eingabe eines neuen Beitrags. Die geladene Datei ist *chat_text_aus.php* bzw. *chat_db_aus.php*.

[»]   Hinweis

Der JavaScript-Verweis auf ein Dokument wird über das Objekt location und die Eigenschaft href realisiert. Der Eigenschaft wird ein Wert zugewiesen. In diesem Fall handelt es sich um das gleiche Dokument, das bereits angezeigt wird; es wird also nur neu geladen.

Da das Dokument in einem anderen Frame geladen werden soll, muss der Frame über das festgelegte Wort parent, gefolgt vom Namen des Frames (ausgabe), angesprochen werden. Dieser Name wird in der Frame-Steuerdatei festgelegt.

18.1.8   Eingabe, PHP zum Speichern, Version »Textdatei«

Es folgt Teil 2, der PHP-Abschnitt zum Speichern eines neuen Beitrags in einer Textdatei:

```
<body>
<?php
/* Anhängen des neuen Textes, falls vorhanden */
if(isset($_POST["beitrag"]))
{
    $fp = @fopen("chat_text.txt","a");
    if($fp)
    {
        $jetzt = date("d.m.y H:i:s");
        $tabzeile =  "<tr><td>$jetzt</td><td>" . $_POST["nick"]
            . "</td><td>" . $_POST["beitrag"] . "</td></tr>\n";
        fputs($fp,$tabzeile);
    }
    fclose($fp);
```

```
    /* Chat-Anzeige aktualisieren */
    echo "<script type='text/javascript'>reload();</script>";
}
?>
```

Listing 18.6 Datei chat_text_ein.php, Teil 2

Erläuterung:

▶ Falls es keinen Beitrag gibt, wird in diesem Teil nichts ausgeführt. Dies ist beim ersten Aufruf der Seite der Fall.

▶ Die Datei mit den Beiträgen (*chat_text.txt*) wird zum Anhängen geöffnet. Das aktuelle Datum und die aktuelle Uhrzeit werden ermittelt und zusammen mit dem (Nick-)Namen des Benutzers und seinem Beitrag in die Datei geschrieben.

▶ Diese drei Angaben werden in eine HTML-Tabellenzeile eingebettet, sodass die betreffende Zeile beim späteren Lesevorgang unmittelbar ausgegeben werden kann (siehe oben). Damit der Entwickler die Inhalte der Textdatei besser kontrollieren kann, wird am Ende ein Zeilenumbruch eingefügt.

▶ Nach dem Schreibvorgang wird der Ausgabe-Frame durch die eigene JavaScript-Funktion `reload()` neu geladen, damit der neu eingegebene Beitrag unmittelbar zu sehen ist.

18

18.1.9 Eingabe, PHP zum Speichern, Version »Datenbank«

Es folgt Teil 2, der PHP-Abschnitt zum Speichern eines neuen Beitrags in einer Datenbank:

Datenbank-speicherung

```
<body>
<?php
/* Anhängen des neuen Textes, falls vorhanden */
if(isset($_POST["beitrag"]))
{
    $con = mysqli_connect("", "root", "", "chat");
    mysqli_query($con, "INSERT INTO daten (nick, beitrag) VALUES "
        . "('" . $_POST["nick"] . "', '" . $_POST["beitrag"] . "')");
    mysqli_close($con);
```

```
    /* Chat-Anzeige aktualisieren */
    echo "<script type='text/javascript'>reload();</script>";
  }
?>
```

Listing 18.7 Datei chat_db_ein.php, Teil 2

Erläuterung:

▶ Falls es keinen Beitrag gibt, der neu abzuspeichern ist, wird in diesem Teil nichts ausgeführt. Dies ist beim ersten Aufruf der Seite der Fall.

▶ Mithilfe der SQL-Anweisung INSERT INTO werden der (Nick-)Name des Benutzers und sein Beitrag in die Tabelle daten der Datenbank chat geschrieben. Diese Tabelle beinhaltet ein drittes Feld vom Typ Timestamp. In diesem Feld werden bei der Erzeugung des Datensatzes von MySQL automatisch das aktuelle Datum und die aktuelle Uhrzeit eingetragen.

▶ Nach dem Schreibvorgang wird der Ausgabe-Frame durch die eigene JavaScript-Funktion reload() neu geladen, damit der eingegebene Beitrag unmittelbar zu sehen ist.

18.1.10   Eingabe, Formular

Es folgt Teil 3, das Eingabeformular. Es ist für beide Versionen fast gleich, nachfolgend sehen Sie die Version »Textdatei«:

```
<form name="f" action="chat_text_ein.php" method="post">
<table>
  <tr>
    <td>Ihr Name:</td>
    <td><input name="nick"
    <?php
      if(isset($_POST["nick"]))
        echo "value='" . $_POST["nick"] . "'";
    ?>
    size="20"></td>
    <td align="center">
        <a href="javascript:reload();">Chat laden</a></td>
    <td align="right"><a href="javascript:send();">Senden</a></td>
  </tr>
```

```
<tr>
  <td valign="top">Ihr Beitrag:</td>
  <td colspan="3"><textarea cols="50"
        rows="2" name="beitrag"></textarea></td>
</tr>
</table>
</form>
</body></html>
```

Listing 18.8 Datei chat_text_ein.php bzw. chat_db_ein.php, Teil 3

Erläuterung:

▶ Das Eingabeformular hat einen Namen (f), dieser wird für JavaScript benötigt. Es ruft die gleiche Datei wieder auf, also *chat_text_ein.php* bzw. *chat_db_ein.php*. Nach dem Absenden steht das Eingabefenster also erneut zur Verfügung.

▶ Die Formularelemente sind in eine kleine Tabelle eingebettet.

▶ In der oberen Tabellenzeile steht das Eingabefeld für den (Nick-)Namen. Der Benutzer muss seinen Namen nur einmal eintragen. Nach dem Absenden sorgt PHP dafür, dass der gleiche Name wieder übernommen wird (value='$nick').

▶ Es folgt der Hyperlink zum Laden des Chats (ohne Beitrag), der die eigene JavaScript-Funktion reload() aufruft.

▶ Anschließend folgt der Hyperlink für das Senden eines Beitrags, der die eigene JavaScript-Funktion send() aufruft.

Beitrag senden

▶ In der unteren Tabellenzeile nimmt eine Textarea der Größe 50 × 2 die neuen Beiträge auf. Diese Werte sind nur für Abbildung 18.1 gewählt. Sinnvoller wäre z. B. 90 × 3.

18.1.11   Mögliche Erweiterungen

Das Programm könnte um die folgenden Features erweitert werden:

Der Benutzer, der an einem Chat teilnehmen möchte, gelangt zunächst zu einer Login-Seite. Dort meldet er sich mit seinem (Nick-)Namen und seinem Passwort an und bestimmt, an welcher Chat-Gruppe er teilnehmen möchte.

Ideen
Alle anwesenden Teilnehmer jeder Chat-Gruppe werden angezeigt, sodass man sich einen Überblick darüber verschaffen kann, wie gut die jeweilige Chat-Gruppe besucht ist und ob Bekannte dabei sind. Ein neu hinzukommender Benutzer, der noch kein Passwort hat, wird auf eine Seite zur Neuanmeldung verwiesen. Hier trägt er seine persönlichen Daten ein, soweit diese für die Chat-Anmeldung relevant sind.

Es ist eine Administrationsseite für einen Moderator vorhanden. Dieser kann Folgendes:

▶ alle Chat-Beiträge sehen

▶ eigene Beiträge und Hinweise senden

▶ Beiträge, die die gesetzten Regeln verletzen, gegebenenfalls löschen

▶ Benutzer temporär oder permanent ausschließen

▶ Neuanmeldungen bearbeiten und die neuen Benutzer benachrichtigen

Ausgehend von der Version »Datenbank« wird eine zusätzliche Tabelle für die Benutzer benötigt. Hier werden die folgenden Angaben gespeichert: persönliche Daten, Nickname, Passwort, Anwesenheitsvermerk (anwesend, wenn ja, in welchem Chat), Benutzerstatus (neu, normal, gesperrt).

Die Tabelle daten wird um ein Feld gruppe erweitert. Bei der Ausgabe werden mit der SQL-Anweisung nur die Beiträge aus der betreffenden Gruppe ausgewählt.

18.2   Projekt »Blog«

Reisetagebuch
Es soll eine Anwendung erstellt werden, mit deren Hilfe ein einfaches Blog, z. B. für ein Reisetagebuch, in eine Website integriert werden kann.

Bilder verkleinern
Der Blog-Betreiber kann Texte und Bilder hochladen. Die Bilder werden nach dem Hochladen auf eine einheitliche Breite (bzw. Höhe) von 320 Pixeln verkleinert. Dies ermöglicht eine weiterhin informative Darstellung, gleichzeitig verringert es die Ladezeit für die Blog-Betrachter. Die Einträge sind absteigend nach Zeit sortiert, sodass der Blog-Betrachter die Bilder und Texte zu den neuesten Reiseerlebnissen immer als Erstes sieht. Zunächst die Darstellung des Blogs, wie ihn die Betrachter sehen, in Abbildung 18.5.

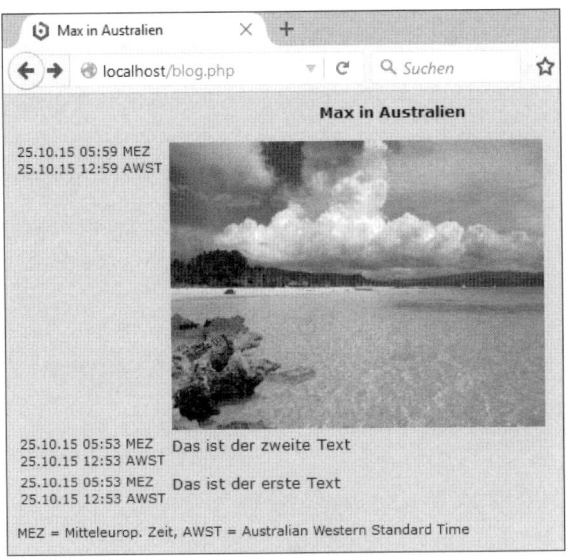

Abbildung 18.5 Blog, für die Betrachter

Sie erkennen, dass jeder Eintrag mit zwei Zeitinformationen versehen ist. Dabei handelt es sich um die Zeit, zu der der jeweilige Eintrag vorgenommen wird und nach der die Einträge absteigend sortiert werden. Einerseits wird die Ortszeit des Betrachters in MEZ (mitteleuropäische Zeit) dargestellt, und andererseits können Sie die Ortszeit des Betreibers ablesen: in AWST (Australian Western Standard Time). In unserem Beispiel befindet sich der Betreiber Max in Westaustralien.

Zwei Zeitzonen

Der Blog-Betreiber hat eine Eingabeseite für seine Beiträge (siehe Abbildung 18.6). Er hat zwei verschiedene Möglichkeiten: Im oberen Teil kann er einen längeren Text von maximal 1.000 Zeichen Länge eingeben und senden, und im unteren Teil kann er ein Bild auswählen und es hochladen. Das Bild wird anschließend auf dem Webserver auf eine Breite (bzw. Höhe) von 320 Pixeln verkleinert.

Text oder Bild

18

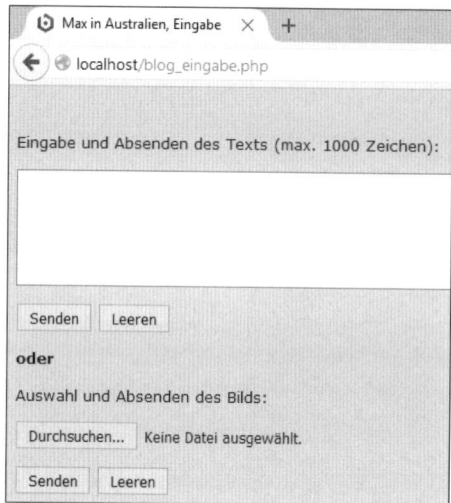

Abbildung 18.6 Blog, für den Betreiber

18.2.1   Aufbau der Datenbank

Die Texte und die Namen der Bilder werden in einer Datenbank gespeichert. In Abbildung 18.7 sehen Sie die Struktur der Datenbanktabelle.

Abbildung 18.7 Blog, Tabellenstruktur

Erläuterung:

id ▶ Auf dem Feld id liegt ein Primärschlüssel, außerdem verfügt es über die Eigenschaft AUTO_INCREMENT, (abgekürzt: A_I). Die Einträge bekommen im Feld id also eine eindeutige Nummer, die automatisch immer um 1 höher liegt als die bisherige größte Nummer.

zeit ▶ Das Feld zeit ist vom Typ timestamp. Bei jeder Erzeugung eines Datensatzes wird hier die aktuelle Systemzeit eingetragen.

▶ Im Feld art steht entweder eine 0 für einen Texteintrag oder eine 1 für einen Bildeintrag.

art

▶ Im Feld text steht entweder der eingetragene Text oder der Name der Bilddatei.

text

Einige Beispieleinträge sehen Sie in Abbildung 18.8.

id	zeit	art	text
1	2015-10-25 05:53:04	0	Das ist der erste Text
2	2015-10-25 05:53:35	0	Das ist der zweite Text
3	2015-10-25 05:59:30	1	blog_20151025055930.jpg

Abbildung 18.8 Blog, einige Beispieldaten

Sie können erkennen, dass der Name der Bilddatei geändert wird. Sie beinhaltet das Datum und die Zeit, zu der der Eintrag vorgenommen wird. Damit hat jede Bilddatei einen eindeutigen Namen, unabhängig von dem Namen, der von der digitalen Kamera vergeben wird.

Eindeutiger Name

Hinweis

Zur Erzeugung der Datenbank inklusive der Tabelle können Sie statt php-MyAdmin auch das PHP-Programm *blog_db_neu.php* verwenden.

[«]

18

18.2.2 Blog für den Betrachter, Programmcode

Es folgt der Code der Datei, die die Seite für den Betrachter erzeugt:

```
<!DOCTYPE html><html><head><meta charset="utf-8">
<title>Max in Australien</title>
<style type="text/css">
   body,td    {font-family:Verdana; font-size:10pt;
               background-color:#ffee00; color:#00008b}
   .li        {font-size:8pt}
</style>
</head>
<body>
<p align="center"><b>Max in Australien</b></p>
<table border="0" width="100%">
<?php
```

```
/* DB-Abfrage */
$con = mysqli_connect("", "root", "", "blog");
$res = mysqli_query($con, "SELECT * FROM blogdaten"
  . " ORDER BY zeit DESC");

while($dsatz = mysqli_fetch_assoc($res))
{
  /* Zeiten */
  $z = $dsatz["zeit"];
  $zeit = mktime(substr($z,11,2), substr($z,14,2),
    substr($z,17,2), substr($z,5,2), substr($z,8,2),
    substr($z,0,4));
  $awst = strtotime("+7 hour", $zeit);

  /* Ausgabe */
  echo "<tr>";
  echo "<td valign='top' class='li'>" . date("d.m.y H:i", $zeit)
    . " MEZ<br>" . date("d.m.y H:i", $awst) . " AWST</td>";
  if($dsatz["art"] == 1)
    echo "<td valign='top' width='20%'>"
      . "<img src='" . $dsatz["text"] . "'></td>";
  else
    echo "<td valign='top' width='80%'>"
      . $dsatz["text"] . "</td>";
  echo "</tr>";
}
mysqli_close($con);

echo "</table>";
?>

<p class="li">MEZ = Mitteleurop. Zeit,
AWST = Australian Western Standard Time</p>
</body></html>
```

Listing 18.9 Datei blog.php

Erläuterung:

CSS ▶ Der Head beginnt zunächst mit dem Titel und den CSS-Einstellungen.
Die »australische« Hintergrundfarbe ist #ff9900. Die CSS-Klasse li wird

mit einer etwas kleineren Schrift eingestellt. Sie wird in der linken Spalte für die Zeitangaben benutzt.

▶ Die Ergebnisse der Datenbankabfrage sind absteigend nach Zeit sortiert.

▶ Der Eintrag im Feld zeit wird gelesen und in eine Zeitvariable umgewandelt. Damit lässt sich der Wert für die um sieben Stunden verschobene westaustralische Ortszeit ermitteln. Anschließend werden beide Zeitangaben in die linke Spalte geschrieben.

Zeitverschiebung

▶ In der rechten Spalte wird der eigentliche Inhalt des Blogs ausgegeben, entweder der Text oder das Bild, abhängig vom Eintrag im Feld art.

Inhalt

▶ Unterhalb der Tabelle folgt noch eine Erklärung zu den Zeitzonen, ebenfalls in kleinerer Schrift dank der CSS-Klasse li.

18.2.3   Blog für den Betreiber, Programmcode

Es folgt der Code der Datei, die die Seite für den Betreiber erzeugt. Zunächst der Dokument-Head:

```
<!DOCTYPE html><html><head><meta charset="utf-8">
<title>Max in Australien, Eingabe</title>
<style type="text/css">
   body,td {font-family:Verdana; font-size:10pt;
            background-color:#ffee00; color:#00008b}
   .li     {font-size:8pt}
</style>
<?php
  if (isset($_POST["gesendet"]))
  {
    $con = mysqli_connect("", "root", "", "blog");

    /* Einfügen des Textes */
    if($_POST["art"] == 0)
      mysqli_query($con, "INSERT INTO blogdaten (art, text)"
        . " VALUES (0, '" . $_POST["text"] . "')");

    /* Einfügen des Bildes */
    else
    {
      /* Neuer Name */
      $fn = $_FILES["upfile"]["name"];
```

```
$fn_teile = explode(".", $fn);
$fn_endung = $fn_teile[count($fn_teile) - 1];
if(strtolower($fn_endung) == "jpg")
{
  $fn = "blog_" . date("YmdHis") . "." . $fn_endung;

  /* In DB einfügen, Bild kopieren */
  copy($_FILES["upfile"]["tmp_name"], $fn);
  mysqli_query($con, "INSERT INTO blogdaten (art, text)"
    . " VALUES (1, '$fn')");

  /* Originalbildgröße ermitteln */
  $info = getimagesize($fn);
  $width_alt = $info[0];
  $height_alt = $info[1];

  /* Neue Bildgröße festlegen */
  if($width_alt > $height_alt)
  {
    $width_neu = 320;
    $height_neu = ceil($height_alt *
      $width_neu / $width_alt);
  }
  else
  {
    $height_neu = 240;
    $width_neu =ceil($width_alt * $height_neu / $height_alt);
  }

  /* Altes und neues Grafikobjekt erzeugen */
  $im_alt = imagecreatefromjpeg($fn);
  $im_neu = imagecreatetruecolor($width_neu, $height_neu);

  /* Bild in neue Größe kopieren, speichern */
  imagecopyresampled($im_neu, $im_alt, 0, 0, 0, 0,
    $width_neu, $height_neu, $width_alt, $height_alt);
  imagejpeg($im_neu, $fn);

  /* Grafikobjekte löschen */
  imagedestroy($im_alt);
```

```
      imagedestroy($im_neu);
   }
   else
      echo "<p><font color='#ff0000'>Bild wurde nicht "
         . "hochgeladen, muss vom Typ JPG sein!</font></p>";

   mysqli_close($con);
   }
 }
?>
</head>
```

Listing 18.10 Datei blog_eingabe.php, oberer Teil

Erläuterung:

▶ Nach Überschrift und CSS folgt die Abfrage, ob die Datei mit oder ohne eingegebene und gesendete Daten aufgerufen wird.

Gesendete Daten

▶ Falls es sich um einen gesendeten Text handelt, wird dieser mithilfe der SQL-Anweisung INSERT INTO in die Datenbank eingefügt.

Text speichern

▶ Falls es sich hingegen um ein hochgeladenes Bild handelt, wird zunächst ein neuer Name für dieses Bild (nur vom Typ JPG) ermittelt. Dieser beinhaltet die aktuelle Zeit inklusive Angabe der Sekunde. Unter diesem eindeutigen Namen wird das hochgeladene Bild mithilfe des superglobalen Arrays $_FILES aus dem temporären Serververzeichnis in das Anwendungsverzeichnis auf dem Server kopiert. Der neue Name wird außerdem in der Datenbank abgelegt, damit das Bild später für den Betrachter auf der Seite *blog.php* dargestellt werden kann.

Bild hochladen

18

▶ Wenn Sie das Bild in Originalgröße darstellen wollten, müssten keine weiteren Aktionen erfolgen. Allerdings soll es auf eine Breite (bzw. Höhe) von 320 Pixeln verkleinert werden.

▶ Dazu wird zunächst die aktuelle Größe des Bildes mithilfe der Funktion getimagesize() festgestellt. Diese Funktion liefert ein Array mit Bildinformationen.

getimagesize()

▶ Abhängig davon, ob das Bild im Querformat oder im Hochformat aufgenommen wird, wird die Größe des neuen Bildes festgelegt. Falls es sich z. B. um ein Bild im Querformat handelt, ist die Breite größer als die Höhe. Die neue Breite wird auf 320 Pixel festgelegt. Die neue Höhe wird passend dazu aus den alten Daten ermittelt.

Bildformat

imagecreate-
truecolor()

▶ Nun werden zwei Grafikobjekte erschaffen. Das Grafikobjekt des alten Bildes basiert auf der alten Bilddatei und wird »klassisch« mithilfe der Funktion imagecreatefromjpeg() erzeugt. Das Grafikobjekt für das neue Bild ist zunächst schwarz und wird mithilfe der Funktion imagecreate-truecolor() in der gewünschten neuen Größe erzeugt.

imagecopy-
resampled()

▶ Der entscheidende Schritt wird mithilfe der Funktion imagecopyresampled() durchgeführt. Damit wird das alte Grafikobjekt bei gleichzeitiger Größenänderung in das neue Grafikobjekt überführt. Dabei werden die Bildpixel gleichmäßig interpoliert. Die Funktion benötigt insgesamt zehn Parameter: die Grafikobjekte, die Breite, die Höhe und die Koordinaten, und zwar jeweils des alten und des neuen Bildes.

Speichern

▶ Schließlich wird die neue Bilddatei mithilfe der Funktion imagejpeg() gespeichert, und die beiden nicht mehr benötigten Grafikobjekte werden zerstört.

Als Letztes folgt der Dokument-Body der Datei, die die Seite für den Betreiber erzeugt:

```
<body>
<p align="center"><b>Max in Australien, Eingabe</b></p>

<form action="blog_eingabe.php" method="post">
   <input type="hidden" name="art" value="0">
   <p>Eingabe und Absenden des Texts (max. 1000 Zeichen):</p>
   <p><textarea name="text" rows="5" cols="80"></textarea></p>
   <p><input type="submit" name="gesendet" value="Senden">
   <input type="reset" value="Leeren"></p>
</form>

<p><b>oder</b></p>

<form enctype="multipart/form-data"
      action="blog_eingabe.php" method="post">
   <input type="hidden" name="art" value="1">
   <p>Auswahl und Absenden des Bilds:</p>
   <p><input name="upfile" type="file"></p>
   <p><input type="submit" name="gesendet" value="Senden">
```

```
    <input type="reset" value="Leeren"></p>
</form>
</body></html>
```

Listing 18.11 Datei blog_eingabe.php, unterer Teil

Erläuterung:

▶ Der Body umfasst zwei Formulare; beide Formulare rufen wiederum die gleiche Datei auf.

▶ Das erste Formular beinhaltet eine Textarea zur Eingabe eines längeren Textes mit dem Namen `text`.

Textarea

▶ Das zweite Formular beinhaltet ein Element für den Datei-Upload mit dem Namen `upfile`.

Upload-Element

▶ Bei beiden Formularen hat die Submit-Schaltfläche den Namen `gesendet`. Daher wird beim Laden der Seite bemerkt, ob sie mit oder ohne gesendete Daten aufgerufen wird.

18.3   Projekt »Forum«

Sie finden das Bonuskapitel »Projekt ›Forum‹« als PDF-Datei auf dem Buch-Datenträger. Dort beschreibe ich ausführlich ein umfangreiches Projekt, mit dessen Hilfe ein individuelles Forum für eine geschlossene Benutzergruppe geschaffen werden soll.

Bonuskapitel
»Projekt ›Forum‹«

18

Anhang A
HTML für PHP

Die Sprache HTML bildet die Grundlage für die Programmierung mit PHP. In diesem Kapitel finden Sie eine Kurzeinführung in die Bestandteile von HTML, die zum Bearbeiten von PHP-Programmen notwendig sind. Dies sind: Dokumentaufbau, Formulare und Tabellen. Bei Bedarf finden Sie ein Bonuskapitel mit einer ausführlichen HTML-Anleitung in Form einer PDF-Datei auf dem Datenträger zum Buch.

Bonuskapitel »HTML ausführlich«

Mithilfe von HTML (*Hypertext Markup Language*) werden Dokumente im Internet dargestellt. Innerhalb der Dokumente sind Zeichen, Wörter und ganze Bereiche durch HTML-Befehle markiert. Ein Webbrowser formatiert den Text gemäß den Markierungen und stellt ihn auf dem Bildschirm dar. Einzelne Bereiche des Dokuments können als Hypertext markiert werden. Dadurch wird es möglich, diese Bereiche mit anderen Bereichen oder anderen Dokumenten zu verknüpfen. Die Verknüpfungen werden Hyperlinks oder einfach Links genannt.

Hypertext

Zum Erlernen der Programmiersprache PHP, zum Ausprobieren der Beispiele und zum Lösen der Übungsaufgaben müssen Sie nur wenige Grundlagen von HTML beherrschen, die in diesem Abschnitt vermittelt werden. Sie benötigen zum Testen einen Texteditor und einen Webbrowser. Zum Erzeugen ansprechender Websites, also mehrerer miteinander verknüpfter Seiten mit Bildern, formatierten Tabellen und Frames, sind allerdings weitergehende Kenntnisse notwendig.

> **Hinweis**
> Normalerweise haben moderne Browser keine Probleme mit der Darstellung deutscher Umlaute. Die Anzeige der Umlaute kann aber (je nach Einstellung des Browsers) davon abhängen, welche Webseite Sie unmittelbar zuvor angesteuert haben.

[«]

A.1   Die erste Seite

Betrachten wir in Abbildung A.1 ein erstes Beispiel.

Abbildung A.1 Erste Internetseite

Nachfolgend der HTML-Programmcode:

```
<!DOCTYPE html><html>
<head>
   <meta charset="utf-8">
   <title>Meine erste Internetseite</title>
</head>
<body>
   Das ist der Text meiner ersten Internetseite
</body>
</html>
```

Listing A.1 Datei erste.htm

Container
Innerhalb einer HTML-Seite befinden sich Texte und Markierungen, die in spitze Klammern eingefasst sind (< und >). Viele dieser Markierungen sind sogenannte *Container*, das heißt, es gibt jeweils eine Anfangs- und eine Endmarkierung. Bei der Endmarkierung wird ein zusätzlicher Forward-Slash (Schrägstrich /) eingefügt.

html, head, body
Mithilfe von `<!DOCTYPE html>` wird festgelegt, dass es sich um ein HTML-Dokument handelt. Innerhalb des Containers `<html>` befindet sich das gesamte Dokument. Es besteht aus den Containern `<head>` und `<body>`. Im Container `<head>` können sich Angaben über das Dokument befinden, wie z. B. der Titel innerhalb des Containers `<title>` oder auch die sogenannten Metaangaben. Die wichtigste Metaangabe dient zur Festlegung der Zeichencodierung. Aufgrund ihrer weiten Verbreitung und aufgrund des großen zugrunde liegenden Zeichensatzes Unicode empfiehlt es sich, die Codierung UTF-8 zu verwenden. Im Container `<body>` befindet sich der eigentliche Inhalt des Dokuments.

Zur besseren Kompatibilität mit den Standards sollten Sie alle Markierungen in Kleinbuchstaben schreiben. Es gibt auch einige leere Elemente, also Elemente, die keinen Container bilden. Beispiele hierfür sind der Zeilenumbruch `<br>`, die Metaangabe `<meta ...>`, die horizontale Linie `<hr>` und das Eingabefeld in einem Formular `<input ...>`.

Kleinbuchstaben

Es wird häufig mit Einrückungen gearbeitet. Damit wird die Struktur eines Dokuments im HTML-Code für den Entwickler besser erkennbar.

Einrückung

Übung »erste«

Geben Sie das angegebene Beispiel mithilfe eines Texteditors ein. Achten Sie dabei besonders auf das korrekte Setzen der spitzen Klammern und Schrägstriche. Speichern Sie das Dokument unter dem Dateinamen *erstes.htm* in einem Verzeichnis Ihrer Wahl ab. Starten Sie einen Webbrowser, laden Sie anschließend die Datei und überprüfen Sie die korrekte Darstellung der Titelzeile und des Dokumentinhalts.

[🖉]

Adresse in Screenshots

Die Adresse des Webservers ist *http://localhost*. Die Funktionsweise aller Dateien, sowohl der HTML-Dateien als auch der PHP-Dateien, wird über den Webserver kontrolliert, obwohl dies bei reinen HTML-Dateien nicht notwendig wäre. Daher lautet die Adresse im Screenshot für das erste Beispielprogramm *http://localhost/erstes.htm*.

localhost

A.2   Formulare

Eine besondere Stärke von PHP ist die einfache Auswertung von Formularinhalten. Durch eine solche Auswertung wird die Informationsübermittlung vom Betrachter der Website zum Webserver ermöglicht. Dem Betrachter wird zunächst ein Formular vorgelegt, in dem er eigene Einträge vornehmen bzw. unter vorgefertigten Einträgen auswählen kann. Er füllt das Formular aus, sendet es ab und erhält eine Antwort vom Webserver. Ein Beispiel für eine HTML-Datei mit einem Eingabeformular sehen Sie in Abbildung A.2.

Daten senden

Der HTML-Programmcode:

```
<!DOCTYPE html><html><head><meta charset="utf-8"></head>
<body>
    <p>Bitte Ihren Namen eintragen und das Formular absenden</p>
    <form>
        <input size="30"> Vorname <p>
        <input size="30"> Nachname <p>
        <input type="submit">
        <input type="reset">
    </form>
</body>
</html>
```

Listing A.2 Datei form.htm

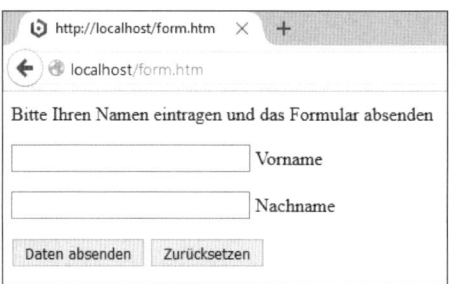

Abbildung A.2 Formular

In diesem Formular kann der Betrachter zwei Einträge vornehmen und das Formular mithilfe der Schaltfläche DATEN ABSENDEN zum Webserver schicken. Der Webserver wird allerdings noch nicht antworten, da es dort kein passendes Serverprogramm gibt. Zumindest können Sie aber bereits den Aufbau eines Formulars erkennen. Falls der Betrachter den Anfangszustand des Formulars wiederherstellen möchte, z. B. weil er Fehleingaben gemacht hat, kann er die Schaltfläche ZURÜCKSETZEN betätigen.

submit, reset   Innerhalb des `<body>`-Containers befindet sich ein `<form>`-Container mit den Formularelementen. Dabei handelt es sich um zwei Eingabefelder für Text in der Größe 30 (`<input size="30">`), eine Schaltfläche zum Absenden (`<input type="submit">`) und eine Schaltfläche zum Zurücksetzen (`<input type="reset">`) des Formulars.

Bei der Markierung <input> werden erstmalig Attribute und Werte verwendet. Eine Markierung kann mehrere Attribute (also Eigenschaften) haben. Hier sind dies type und size. Die Eigenschaften haben Werte, hier der Wert 30 für die Größe (size) des Eingabefelds und der Wert submit bzw. reset für den Typ (type) des Eingabefelds. Ein Wert wird dem zugehörigen Attribut immer per Gleichheitszeichen zugewiesen.

Die Markierung <p> erzeugt einen Absatz, der eine eigene Absatzformatierung haben kann. Mit <br> können Sie einen einfachen Zeilenumbruch erzeugen. Dabei entsteht kein Abstand zur Vorgängerzeile, wie dies bei einem Absatz der Fall ist.

In den Beispielen dieses Abschnitts wird der erste Teil der HTML-Markierungen aus Platzgründen innerhalb einer Zeile notiert.

Übung »form«   [✎]

Geben Sie das angegebene Beispiel mithilfe eines Texteditors ein und speichern Sie es unter dem Dateinamen *form.htm* ab. Betrachten Sie das Dokument anschließend mithilfe eines beliebigen Webbrowsers.

Übung »u_form«   [✎]

Erweitern Sie das Beispiel dahingehend, dass eine ganze Adresse eingegeben werden kann (Datei *u_form.htm*). Es soll zusätzlich vier weitere, gleich große Eingabefelder für die Angaben zu Straße, Hausnummer, Postleitzahl und Ort innerhalb des Formulars geben. Die Seite soll wie in Abbildung A.3 aussehen.

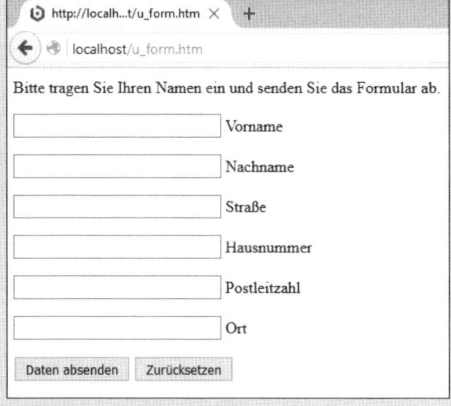

Abbildung A.3 Ergebnis der Übung »u_form«

A.3   Tabellen

table, tr, td   Tabellen dienen der übersichtlichen Darstellung größerer Datenmengen und der mehrspaltigen Ausgabe in Dokumenten. Sie eignen sich besonders zur Ausgabe von Datenbankinhalten. Eine Tabelle besteht aus mehreren Containern. Die gesamte Tabelle steht im Container `<table>`, eine Zeile einer Tabelle steht im Container `<tr>`, und eine Zelle innerhalb einer Zeile steht im Container `<td>`.

Ein Beispiel:

```
<!DOCTYPE html><html><head><meta charset="utf-8"></head>
<body>
    <table border>
        <tr>
            <td>Berlin</td>
            <td>Paris</td>
            <td>Madrid</td>
        </tr>
        <tr>
            <td>Deutschland</td>
            <td>Frankreich</td>
            <td>Spanien</td>
        </tr>
    </table>
</body>
</html>
```

Listing A.3 Datei tabelle.htm

Diese Tabelle besitzt einen Rahmen (Attribut `border` innerhalb des Containers `<table>`), zwei Zeilen (Container `<tr>`) und drei Zellen pro Zeile (Container `<td>`). Insgesamt sieht die Tabelle wie in Abbildung A.4 aus.

Abbildung A.4 Tabelle

Übung »tabelle«

Geben Sie das angegebene Beispiel mithilfe eines Texteditors ein und speichern Sie es unter dem Dateinamen *tabelle.htm*. Betrachten Sie das Dokument anschließend mithilfe eines beliebigen Webbrowsers.

Übung »u_tabelle«

Verändern Sie das Beispiel. Fügen Sie noch eine weitere Stadt/Land-Kombination hinzu und drehen Sie die Tabelle (Datei *u_tabelle.htm*). Die Tabelle soll wie in Abbildung A.5 aussehen.

Abbildung A.5 Ergebnis der Übung »u_tabelle«

A.4   Hyperlinks

Hyperlinks verbinden HTML-Dokumente. Der Betrachter muss einen Hyperlink nur mit der Maus anklicken, und schon gelangt er zu einer anderen Seite.

Ein Hyperlink befindet sich innerhalb des Containers `<a> ... </a>`. Der Wert des Attributs `href` gibt das Ziel des Hyperlinks an, auch Verweisziel genannt. Nehmen wir zunächst einmal vereinfachend an, dass sich alle beteiligten Dateien innerhalb desselben Verzeichnisses befinden. Durch Anklicken des Hyperlinks im folgenden Beispiel (siehe Abbildung A.6) gelangt der Betrachter zur ersten Beispielseite dieses Abschnitts.

`<a href = ... > ... </a>`

```
<!DOCTYPE html><html><head><meta charset="utf-8"></head>
<body>
    <p>Zur <a href = "erste.htm">ersten</a> Datei</p>
```

```
            <p>Klicken Sie auf den Link</p>
        </body>
    </html>
```

Listing A.4 Datei link.htm

Abbildung A.6 Hyperlink

Auch Bilder können als Hyperlinks dienen (siehe das Bonuskapitel »HTML ausführlich« auf dem Datenträger zum Buch). Ziele von Hyperlinks können ebenfalls PHP-Programme sein (siehe Abschnitt 2.4.6).

[∥]   **Übung »u_link«**

Erweitern Sie das oben angegebene Beispiel. Fügen Sie vier weitere Hyperlinks hinzu, die zu den restlichen Dateien dieses Abschnitts führen sollen (*form.htm*, *u_form.htm*, *tabelle.htm* und *u_tabelle.htm*). Die Seite soll wie in Abbildung A.7 aussehen.

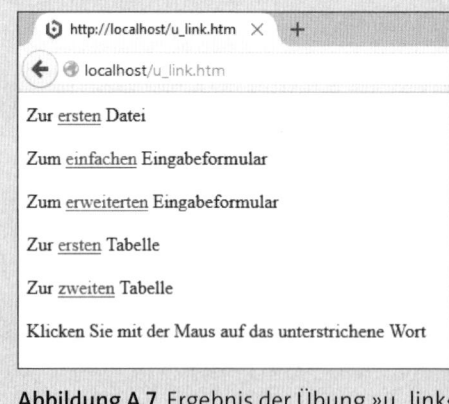

Abbildung A.7 Ergebnis der Übung »u_link«

Anhang B
Installationen und Hilfestellungen

Dieses Kapitel beschreibt zunächst die Installation von fertigen Paketen, die Sie für Ihre Programmierung mithilfe von PHP und MySQL (bzw. seiner Abspaltung MariaDB) unter Windows, Ubuntu Linux oder macOS einsetzen können.

Zum Schreiben Ihrer Programme können Sie unter Windows den Editor Notepad++ nutzen. Er zeichnet sich u. a. durch die Syntaxhervorhebung für die verschiedenen Sprachen (wie z. B. HTML, PHP oder JavaScript) aus. Zum Austausch von Dateien mit Ihrer Website steht Ihnen der FTP-Client *FileZilla* zur Verfügung.

Nach der Erläuterung einiger Windows-Tastenkombinationen folgt eine Reihe von Unix-Befehlen, die Sie alltäglich in einem Terminal unter Ubuntu Linux, macOS oder anderen Unix-basierten Systemen benötigen.

Unter Windows können Sie mit dem Paket EasyPHP arbeiten, das MySQL beinhaltet. Unter Windows, Ubuntu Linux und macOS können Sie mit dem Paket XAMPP arbeiten, das MariaDB beinhaltet. Die Pakete umfassen neben dem genannten Datenbankserver u. a. einen Apache Webserver, die Sprache PHP mit ihren Bibliotheken und die Datenbank-Benutzeroberfläche phpMyAdmin. Sie sind fertig vorkonfiguriert.

Die hier beschriebene frei verfügbare Software finden Sie auf dem Datenträger zum Buch. Die Installationspakete erhalten Sie auch zum Download auf der Website *www.apachefriends.org* (XAMPP, mit PHP 7.1) bzw. *www.easyphp.org* (EasyPHP, zurzeit noch mit PHP 7.0).

B.1 Installationen unter Windows

Es folgt die Installation der beiden Pakete EasyPHP und XAMPP.

B.1.1   Installation des Pakets EasyPHP

Installationsdatei   Auf dem Datenträger zum Buch finden Sie das Paket *EasyPHP* in der ausführbaren Datei *EasyPHP-Devserver-16.1.1-setup.exe*.

Durch den Aufruf der Datei beginnen Sie mit der Installation. Sie können die vorgeschlagenen Installationsoptionen bestätigen. Nur beim Zielverzeichnis empfehle ich, *C:\EasyPHP* zu wählen.

Anwendung starten   Starten Sie nach der Installation die Anwendung *EasyPHP Devserver 16.1.1*. Anschließend erscheint das zugehörige Icon in der Taskleiste, wie in Abbildung B.1 zu sehen.

Abbildung B.1 Icon in der Taskleiste

Nach einem Klick auf das Icon erscheint ein Kontextmenü, u. a. mit den Menüpunkten OPEN DASHBOARD zum Aufruf der Verwaltung von EasyPHP und EXIT zum Beenden von EasyPHP.

Dashboard   Öffnen Sie das Dashboard. Es wird im Browser über die Adresse *http://127.0.0.1:1111/index.php* angezeigt. Auf der Hauptseite stehen u. a. zwei Links zum Starten des Webservers (HTTP Server) und des Datenbankservers (Database Server) zur Verfügung, siehe Abbildung B.2.

Abbildung B.2 Beide Server starten

Webserver starten   Nach Betätigung des ersten Links können Sie den Webserver auswählen. Hier steht nur der Apache Webserver zur Verfügung. Anschließend können Sie sich in der Liste PHP VERSION zwischen einer Version von PHP 5 und einer Version von PHP 7 entscheiden. Nach Betätigung des Start-Links (siehe Abbildung B.3) ist der Webserver gestartet.

Neben dem Eintrag DOCUMENT ROOT können Sie in Abbildung B.3 das Hauptverzeichnis des Webservers erkennen. Nach einer Installation von

EasyPHP im Verzeichnis *C:\EasyPHP* handelt es sich dabei um *C:\Easy-PHP\eds-www*.

Abbildung B.3 Webserver starten

HTML-Dateien und PHP-Programme, die Sie in diesem Verzeichnis ablegen, können Sie nun über den Webserver in Ihrem Browser über die Adresse *http://localhost* erreichen.

Kehren Sie zur Hauptseite des Dashboards zurück. Nach Betätigung des zweiten Links (siehe Abbildung B.2) können Sie den Datenbankserver auswählen. Hier steht nur der MySQL Datenbankserver zur Verfügung. Nach Betätigung des Start-Links (siehe Abbildung B.4) ist der Datenbankserver gestartet.

Datenbankserver starten

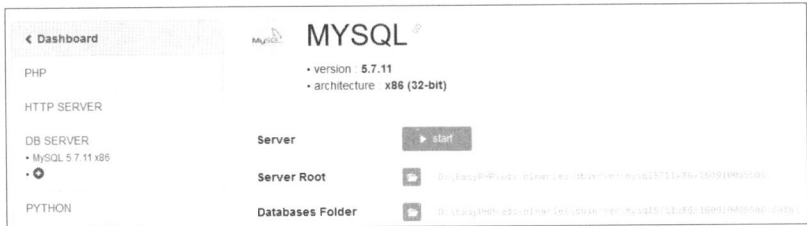

Abbildung B.4 Datenbankserver starten

Im Dashboard werden jetzt zwei Links zum Stoppen der beiden Server angezeigt, siehe Abbildung B.5.

Abbildung B.5 Beide Server stoppen

Server stoppen Nach Ihrer Arbeit mit PHP und MySQL können Sie beide Server über die Hauptseite des Dashboards stoppen. Dazu sind jeweils wieder zwei Klicks auf die entsprechenden Links notwendig. Anschließend können Sie die Anwendung EasyPHP über das Menü des Icons in der Taskleiste beenden, siehe Abbildung B.1.

Falsche Anzeige Es kann passieren, dass nach einem Neustart Ihres Rechners in der Hauptseite des Dashboards die Links zum Stoppen statt der Links zum Starten erscheinen und die Server dennoch nicht gestartet sind. In diesem Fall müssen Sie dennoch den Vorgang zum Stoppen der beiden Server durchführen und anschließend den Vorgang zum Starten.

phpMyAdmin Im Verzeichnis *C:\EasyPHP\eds-modules* finden Sie ein Verzeichnis, dessen Name aus dem Wort *phpmyadmin* und einer Ziffernfolge besteht, z. B. *phpmyadmin4551*. Kopieren Sie das gesamte Verzeichnis in das Verzeichnis *C:\EasyPHP\eds-www* und benennen Sie es um in *phpmyadmin*, also ohne die Ziffernfolge am Ende. Ihre Datenbanken können Sie nun in der Benutzeroberfläche phpMyAdmin bearbeiten, die Sie in Ihrem Browser über die Adresse *http://localhost/phpmyadmin* erreichen.

php.ini, Zeitzone Überprüfen Sie in der Datei *php.ini* die Einstellung der Zeitzone. Wie finden Sie diese Datei? Öffnen Sie das Verzeichnis *C:\EasyPHP\eds-binaries\php*. Hier finden Sie Unterverzeichnisse für die verschiedenen PHP-Versionen, jeweils mit der zugehörigen Datei *php.ini*. Wechseln Sie in das Verzeichnis der PHP-Version, die Sie nutzen. Öffnen Sie die Datei *php.ini* mit einem Editor. Suchen Sie die Zeile, die mit `date.timezone` beginnt. Dort sollte, ohne ein Semikolon am Anfang der Zeile stehen: `date.timezone = "Europe/Berlin"` oder `date.timezone = "Europe/Paris"`. Speichern Sie die Datei und führen Sie für den Apache Webserver einen Neustart durch, damit die Einstellung wirksam wird.

phpinfo() Zum Testen einer erfolgreichen Installation können Sie das nachfolgende PHP-Programm verwenden. Sie können es mithilfe eines Editors schreiben und in der Datei *C:\EasyPHP\eds-www\phpinfo.php* speichern:

```php
<?php
    phpinfo();
?>
```

Listing B.1 Datei phpinfo.php

Nach Eingabe der zugehörigen Adresse *http://localhost/phpinfo.php* im Browser erscheinen dank der Funktion `phpinfo()` Informationen über die installierte PHP-Version.

Sollte sich der Apache Webserver einmal nicht starten lassen, kann das daran liegen, dass aufgrund von Programmfehlern die Datei *error.log* zu groß geworden ist. Ersetzen Sie sie in diesem Fall durch eine leere Textdatei mit demselben Namen. Sie finden die Datei im Verzeichnis *C:\EasyPHP\eds-binaries\httpserver\apacheX\logs*. Das X steht für eine Zeichenfolge, die den jeweils genutzten Webserver kennzeichnet.

error.log

Sollte sich die Anwendung EasyPHP einmal nicht starten lassen, weil eine Datei mit dem Namen *MSVCRT110.dll* fehlt, müssen Sie die passende Version der *Visual C++ Redistributable für Visual Studio* installieren. Sie bietet eine Laufzeitumgebung für Programme, die mit Visual Studio entwickelt wurden, das betrifft z. B. das Programm EasyPHP selber. Sie steht zum Download für *Visual Studio 2015*, *Visual Studio 2013* und *Visual Studio 2012* bereit, jeweils in einer 32-Bit-Version und einer 64-Bit-Version. In naher Zukunft wird es sie vermutlich auch für Visual Studio 2017 geben. Die verschiedenen Versionen können parallel installiert werden.

Redistributable

B.1.2   Installation des Pakets XAMPP

Auf dem Datenträger zum Buch finden Sie das Paket *XAMPP* in der ausführbaren Datei *xampp-win32-7.1.1-0-VC14-installer.exe*.

Installationsdatei

Durch den Aufruf der Datei beginnen Sie mit der Installation. In manchen Fällen erscheinen zu Beginn zwei Warnungen, u. a. bezüglich eines laufenden Antivirus-Programms. Hier können Sie fortfahren. Sie können die vorgeschlagenen Installationsoptionen bestätigen. Nur beim Zielverzeichnis empfehle ich, *C:\xampp* zu wählen.

Starten Sie nach der Installation die Anwendung *XAMPP Control Panel*. Im Control Panel starten und stoppen Sie den Apache Webserver über die Schaltfläche rechts neben dem Begriff *Apache*. Den MariaDB-Datenbankserver starten und stoppen Sie über die Schaltfläche rechts neben dem Begriff *MySQL*.

XAMPP Control Panel

Nachdem der Webserver gestartet ist, können Sie HTML-Dateien und PHP-Programme, die Sie im Verzeichnis *C:\xampp\htdocs* ablegen, über den Webserver in Ihrem Browser über die Adresse *http://localhost* erreichen. Nachdem der Datenbankserver gestartet ist, können Sie Ihre Datenbanken in der Benutzeroberfläche phpMyAdmin bearbeiten, die Sie in Ihrem Browser über die Adresse *http://localhost/phpmyadmin* erreichen.

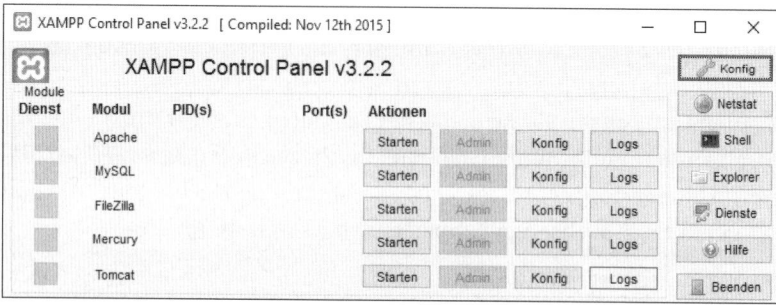

Abbildung B.6 XAMPP Control Panel

php.ini, Zeitzone   Überprüfen Sie in der Datei *C:\xampp\php\php.ini* die Einstellung der Zeitzone. Öffnen Sie sie mit einem Editor. Suchen Sie die Zeile, die mit `date.timezone` beginnt. Dort sollte, ohne ein Semikolon am Anfang der Zeile stehen: `date.timezone = "Europe/Berlin"` oder `date.timezone = "Europe/Paris"`. Speichern Sie die Datei und führen Sie für den Apache Webserver einen Neustart durch, damit die Einstellung wirksam wird.

phpinfo()   Zum Testen einer erfolgreichen Installation können Sie das nachfolgende PHP-Programm verwenden. Sie können es mithilfe eines Editors schreiben und in der Datei *C:\xampp\htdocs\phpinfo.php* speichern:

```php
<?php
    phpinfo();
?>
```

Listing B.2 Datei phpinfo.php

Nach Eingabe der zugehörigen Adresse *http://localhost/phpinfo.php* im Browser erscheinen dank der Funktion `phpinfo()` Informationen über die installierte PHP-Version.

Beenden Sie die Anwendung *XAMPP Control Panel* nach dem Stoppen der beiden Server über die Schaltfläche BEENDEN.

Deinstallation   Vor der Installation einer neueren Version von XAMPP müssen Sie die alte Version deinstallieren. Sichern Sie vorher Ihre eigenen PHP-Programme aus dem Verzeichnis *C:\xampp\htdocs* und den darunterliegenden Verzeichnissen. Sichern Sie auch Ihre eigenen MySQL-Datenbanken aus dem Verzeichnis *C:\xampp\htdocs\mysql\data*.

B.1.3   FTP-Client FileZilla

Nachfolgend erläutere ich die Installation und Bedienung des FTP-Clients   FileZilla
FileZilla. Nach dem Aufruf der Installationsdatei vom Datenträger zum
Buch können Sie einfach den Installationsschritten folgen. Dabei können
Sie alle Komponenten inklusive des Desktop-Icons einschließen. Nach dem
Start des Programms können Sie den Bildschirm etwas übersichtlicher ge-
stalten, indem Sie über das Menü ANSICHT die folgenden Fenster ausschal-
ten:

▶ STATUSLEISTEN FÜR VERZEICHNISANZEIGE

▶ QUICKCONNECT-LEISTE

▶ LOKALER VERZEICHNISBAUM

▶ SERVER-VERZEICHNISBAUM

▶ TRANSFER-WARTESCHLANGE

Anschließend rufen Sie den Menüpunkt DATEI • SERVERMANAGER auf,
um die Daten der Verbindung zum FTP-Server der eigenen Website einzutragen.

Im Dialogfeld SERVERMANAGER klicken Sie zunächst auf die Schaltfläche
NEUER SERVER und tragen anschließend auf der linken Seite einen selbst
gewählten Namen für die neue Verbindung ein. Auf der rechten Seite
wählen Sie die Verbindungsart NORMAL aus und tragen den Namen des
FTP-Servers, Ihre User-ID und Ihr Passwort ein (siehe Abbildung B.7).

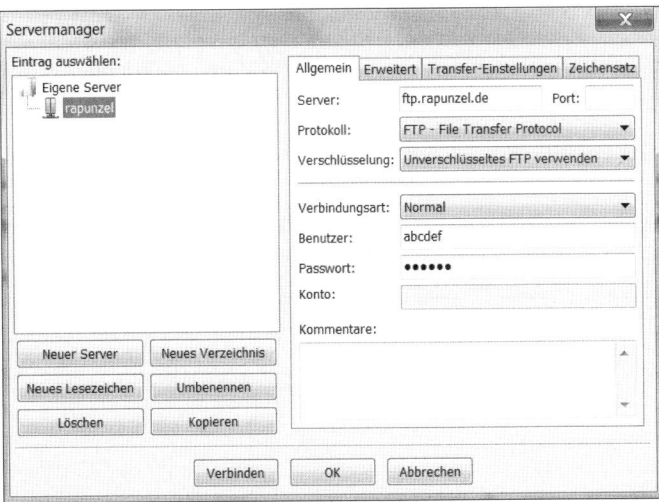

Abbildung B.7 Neue Verbindung eintragen

Anschließend können Sie über die Schaltfläche Verbinden unmittelbar eine Verbindung mit dem FTP-Server aufnehmen. Die Verbindungsdaten sind gespeichert und über den Servermanager weiterhin erreichbar.

Im linken Fenster werden die Dateien und Verzeichnisse des lokalen PCs und im rechten Fenster die Dateien und Verzeichnisse auf dem FTP-Server für die Website im Internet angezeigt. Wenn Sie die gewünschten Dateien markiert haben, können Sie über das Kontextmenü (rechte Maustaste) die Dateien und Verzeichnisse zwischen den beiden Orten transferieren. Außerdem können Sie Verzeichnisse an beiden Orten erzeugen und löschen sowie Dateien löschen.

B.2   Installation unter Ubuntu Linux

Installationsdatei Auf dem Datenträger zum Buch finden Sie das Paket *XAMPP* in der Datei *xampp-linux-7.1.1-0-installer.run* für eine 32-Bit-Version von Ubuntu Linux und die Datei *xampp-linux-x64-7.1.1-0-installer.run* für eine 64-Bit-Version von Ubuntu Linux.

Start Öffnen Sie zur Eingabe der Installationsbefehle einen Terminal. Starten Sie die Installation mit:

```
sudo ./xampp-linux-7.1.1-0-installer.run
```

bzw. mit:

```
sudo ./xampp-linux-x64-7.1.1-0-installer.run
```

Sie können die vorgeschlagenen Installationsoptionen bestätigen. XAMPP wird im Verzeichnis */opt/lampp* installiert.

Manage Servers Am Ende der Installation können Sie das Häkchen bei Launch Xampp stehen lassen. Damit wird ein Dialogfeld zum Verwalten der Server aufgerufen. Auf der Registerkarte Manage Servers haben Sie die Möglichkeit, den Apache Webserver und den MariaDB-Datenbankserver (über MySQL) auszuwählen und rechts über die jeweiligen Schaltflächen zu starten und zu stoppen. Das Dialogfeld zum Verwalten der Server können Sie auch direkt wie folgt aufrufen:

```
sudo /opt/lampp/manager-linux.run
```

bzw. mit

```
sudo /opt/lampp/manager-linux-x64.run
```

Sie können die Startseite des lokalen Webservers in Ihrem Browser über die Adresse *http://localhost* erreichen. Die Benutzeroberfläche phpMyAdmin rufen Sie über die Adresse *http://localhost/phpmyadmin* auf. Ihre HTML-Dateien und PHP-Programme können Sie im Verzeichnis */opt/lampp/htdocs* und in den darunterliegenden Verzeichnissen speichern. Ein Beispiel: Zur Erstellung der Datei *phpinfo.php* (siehe unten) rufen Sie den Editor *gedit* wie folgt auf:

```
sudo gedit /opt/lampp/htdocs/phpinfo.php
```

Lassen Sie sich dabei nicht von eventuellen Warnungen bezüglich des Editors *gedit* irritieren.

Überprüfen Sie, ob die richtige Zeitzone eingestellt ist. Dazu müssen Sie die Datei *php.ini* wie folgt mit *gedit* öffnen:

Zeitzone

```
sudo gedit /opt/lampp/etc/php.ini
```

Suchen Sie die Zeile, die mit `date.timezone` beginnt. Dort sollte, ohne ein Semikolon am Anfang der Zeile stehen: `date.timezone = "Europe/Berlin"` oder `date.timezone = "Europe/Paris"`. Speichern Sie die Datei und führen Sie für den Apache Webserver einen Neustart durch, damit die Einstellung wirksam wird.

Zum Testen einer erfolgreichen Installation können Sie das nachfolgende PHP-Programm verwenden. Es wird in der Datei */opt/lampp/htdocs/phpinfo.php* gespeichert:

phpinfo()

```php
<?php
   phpinfo();
?>
```

Listing B.3 Datei phpinfo.php

Nach Eingabe der zugehörigen Adresse *http://localhost/phpinfo.php* im Browser erscheinen dank der Funktion `phpinfo()` Informationen über die installierte PHP-Version.

Vor der Installation einer neueren Version des Pakets *XAMPP* müssen Sie die alte Version entfernen. Sichern Sie vorher Ihre eigenen PHP-Programme aus dem Verzeichnis */opt/lampp/htdocs* und den darunterliegenden Verzeichnissen. Sichern Sie auch Ihre eigenen MySQL-Datenbanken aus

Deinstallation

dem Verzeichnis */opt/lampp/var/mysql*. Anschließend können Sie die alte
Version wie folgt entfernen:

```
sudo /opt/lampp/uninstall
```

Schreibrechte Zur Erstellung oder Änderung von Dateien (z. B. von einfachen Textdatei-
en, SQLite3-Datenbankdateien, Bilddateien oder PDF-Dateien) sowie von
Verzeichnissen werden zunächst Schreibrechte benötigt. Bei den meisten
Website-Providern wird Linux genutzt. Dort werden Ihnen normalerweise
Schreibrechte innerhalb Ihrer Domain gegeben.

B.3   Installation für macOS auf dem Mac

Installationsdatei Auf dem Datenträger zum Buch finden Sie das Paket *XAMPP* für macOS in
der Installationsdatei *xampp-osx-7.1.1-0-installer.dmg*.

Start Durch einen Doppelklick auf diese Datei wird ein neues Laufwerk angelegt.
Nun können Sie die Installationsdatei aufrufen, die sich auf dem neuen
Laufwerk befindet. Sie können die vorgeschlagenen Installationsoptionen
bestätigen. XAMPP wird im Verzeichnis */Applications/XAMPP* installiert,
was im Finder dem Verzeichnis *Programme/XAMPP* entspricht.

Manage Servers Am Ende der Installation können Sie das Häkchen bei LAUNCH XAMPP stehen lassen. Damit wird ein Dialogfeld zum Verwalten der Server aufgerufen. Auf der Registerkarte MANAGE SERVERS haben Sie die Möglichkeit, den
Apache Webserver und den MariaDB-Datenbankserver (über MySQL) auszuwählen und rechts über die jeweiligen Schaltflächen zu starten und zu
stoppen. Das Dialogfeld zum Verwalten der Server können Sie auch über
Programme/XAMPP/manager-osx aufrufen.

Sie können die Startseite des lokalen Webservers in Ihrem Browser über die
Adresse *http://localhost* erreichen. Die Benutzeroberfläche phpMyAdmin
rufen Sie über die Adresse *http://localhost/phpmyadmin* auf. Ihre HTML-
Dateien und PHP-Programme können Sie im Verzeichnis *Programme/
XAMPP/htdocs* und in den darunterliegenden Verzeichnissen speichern.

php.ini, Zeitzone Überprüfen Sie, ob die richtige Zeitzone eingestellt ist. Öffnen Sie dazu die
Datei *Programme/XAMPP/xampfiles/etc/php.ini* mit einem Editor, z. B.
mithilfe von TextWrangler aus dem App Store. Suchen Sie die Zeile, die mit
`date.timezone` beginnt. Dort sollte, ohne ein Semikolon am Anfang der
Zeile stehen: `date.timezone = "Europe/Berlin"` oder `date.timezone = "Euro-`

pe/Paris". Speichern Sie die Datei und führen Sie für den Apache Webserver einen Neustart durch, damit die Einstellung wirksam wird.

Zum Testen einer erfolgreichen Installation können Sie das nachfolgende PHP-Programm mithilfe eines Editors erstellen. Es wird in der Datei *Programme/XAMPP/htdocs/phpinfo.php* gespeichert:

phpinfo()

```php
<?php
   phpinfo();
?>
```

Listing B.4 Datei phpinfo.php

Nach Eingabe der zugehörigen Adresse *http://localhost/phpinfo.php* im Browser erscheinen dank der Funktion `phpinfo()` Informationen über die installierte PHP-Version.

Vor der Installation einer neueren Version des Pakets *XAMPP* müssen Sie die alte Version entfernen. Sichern Sie vorher Ihre eigenen PHP-Programme aus dem Verzeichnis *Programme/XAMPP/htdocs* und den darunterliegenden Verzeichnissen. Sichern Sie auch Ihre eigenen MySQL-Datenbanken aus dem Verzeichnis *Programme/XAMPP/xamppfiles/var/mysql*.

Deinstallation

Zur Erstellung oder Änderung von Dateien (z. B. von einfachen Textdateien, SQLite3-Datenbankdateien, Bilddateien oder PDF-Dateien) sowie von Verzeichnissen werden zunächst Schreibrechte benötigt.

Schreibrechte

B.4   Windows – einige Tastenkombinationen

Unter Windows 8 lassen sich einige häufiger benutzte Befehle mithilfe der ⊞-Taste durchführen:

Windows-Taste

▶ ⊞ + E : Windows-Explorer

▶ ⊞ + I : Einstellungen, u. a. SYSTEMSTEUERUNG

▶ ⊞ + R : Ausführen, anschließend z. B. cmd für den Kommandozeilenmodus

▶ ⊞ + X : Systemmenü, u. a. COMPUTERVERWALTUNG

Nach einem Klick auf den Desktop können Sie Windows mithilfe der Tastenkombination Alt + F4 herunterfahren.

B.5   Unix-Befehle

Kommandozeile Zur Verwaltung von Verzeichnissen und Dateien unter dem Betriebssystem Unix oder einem seiner Abkömmlinge, wie z. B. Ubuntu Linux, macOS oder Raspbian, können Sie mit Kommandozeilenbefehlen arbeiten. Diese können Sie in einem Terminal unter den genannten Betriebssystemen eingeben.

Groß- und Kleinschreibung In diesem Abschnitt lernen Sie die nützlichen Befehle ls, mkdir, rmdir, cd, cp, mv und rm kennen. Achten Sie auf den Unterschied zwischen Groß- und Kleinschreibung. Ein Beispiel: Es kann zwei verschiedene Dateien mit den Namen *hallo.txt* und *Hallo.txt* geben.

B.5.1   Inhalt eines Verzeichnisses

Hierarchie Unix-Systeme verfügen wie Windows-Systeme über eine Hierarchie von Verzeichnissen. Das bedeutet, es gibt ein Hauptverzeichnis, und darunter kann es Unterverzeichnisse geben. Diese können wiederum Unterverzeichnisse haben usw.

.. und . Mit .. (zwei Punkten) wird immer das jeweils übergeordnete Verzeichnis angesprochen, mit . (einem einzelnen Punkt) das aktuelle Verzeichnis. Diese Bezeichnungen kommen nachfolgend bei einigen Befehlen zum Einsatz.

ls -l Mithilfe des Befehls ls -l können Sie sich eine Liste der Dateien und Unterverzeichnisse des aktuellen Verzeichnisses in ausführlicher Form anzeigen lassen. Dies kann eine nützliche Kontrolle nach jeder Veränderung sein. Eine Beispielausgabe:

```
-rw-r--r-- 1 theis theis   12 Dez  3 08:52 hallo.txt
-rw-r--r-- 1 theis theis   12 Dez  3 08:51 gruss.txt
drwxr-xr-x 2 theis theis 4096 Dez  3 08:57 haus
```

Sie sehen zwei Dateien mit der Endung *.txt* und ein Unterverzeichnis. Die wichtigsten Informationen dazu:

Verzeichnis ▶ Falls in der ersten Spalte ein d (für *directory*) steht, handelt es sich um ein Unterverzeichnis.

rwx ▶ Im Unterschied zu Windows sind die Rechte klar unterteilt. Nicht jeder Benutzer darf alles. Nach dem d (oder -) folgen die Rechte bezüglich des Eintrags. Dabei steht r (für *read*) für das Leserecht, w (für *write*) für das Schreibrecht und x (für *execute*) für das Ausführungsrecht z. B. eines Programms.

- Diese Rechte werden dreimal nacheinander aufgelistet: zuerst für den aktuellen Benutzer, anschließend für die Arbeitsgruppe des aktuellen Benutzers und zuletzt für alle Benutzer des Systems.

  Benutzer, Gruppe, andere

- Sie sehen die Größe der Dateien. In diesem Fall sind es jeweils 12 Byte für die beiden Textdateien. Außerdem sehen Sie Datum und Uhrzeit der letzten Änderung.

  Größe, Zeitpunkt

Alle Dateien und Verzeichnisse, deren Name mit einem Punkt beginnt, sind versteckt. Mithilfe des Befehls ls -al listen Sie auch versteckte Dateien und Verzeichnisse auf.

B.5.2   Verzeichnis anlegen, wechseln und löschen

Der Befehl mkdir (für *make directory*) dient dem Anlegen eines neuen Verzeichnisses unterhalb des aktuellen Verzeichnisses. Ein Beispiel:

mkdir

- mkdir meineTexte: Anlegen des Unterverzeichnisses *meineTexte* relativ zum aktuellen Verzeichnis.

Mit dem Befehl cd (für *change directory*) wechseln Sie das Verzeichnis. Einige Beispiele:

cd

- cd meineTexte: Wechsel in das Unterverzeichnis *meineTexte* relativ zum aktuellen Verzeichnis.

- cd ..: Wechsel in das übergeordnete Verzeichnis.

- cd (ohne weitere Angaben): Wechsel in Ihr Heimatverzeichnis, unabhängig vom aktuellen Verzeichnis.

- cd /usr/bin: Wechsel in das absolute Verzeichnis *usr/bin*, unabhängig vom aktuellen Verzeichnis.

Der Befehl rmdir (für *remove directory*) dient dem Löschen eines leeren Unterverzeichnisses, das sich unterhalb des aktuellen Verzeichnisses befindet. Zum Löschen von Dateien aus einem Verzeichnis verweise ich auf den nächsten Abschnitt. Ein Beispiel:

rmdir

- rmdir meineTexte: Löschen des Unterverzeichnisses *meineTexte*, falls es leer ist.

B.5.3   Datei kopieren, verschieben und löschen

Textbasierte Dateien, wie z. B. PHP-Programme, können Sie mit einem Editor anlegen, z. B. *gedit*.

Editor

cp   Zum Kopieren von Dateien nutzen Sie den Befehl `cp` (für *copy*). Es werden immer zwei Angaben benötigt, zum einen für die Quelle und zum anderen für das Ziel der Kopieraktion. Einige Beispiele:

- ► `cp hallo.txt gruss.txt`: Kopieren der Datei *hallo.txt* in die Datei *gruss.txt* innerhalb des aktuellen Verzeichnisses.

- ► `cp hallo.txt ..`: Kopieren der Datei *hallo.txt* in das übergeordnete Verzeichnis.

- ► `cp hallo.txt ../nochMehrTexte`: Kopieren der Datei *hallo.txt* in das Verzeichnis *nochMehrTexte*, das sich unter demselben übergeordneten Verzeichnis wie das aktuelle Verzeichnis befindet.

- ► `cp ../hallo.txt .`: Kopieren der Datei *hallo.txt* aus dem übergeordneten Verzeichnis in das aktuelle Verzeichnis. Beachten Sie den einzelnen Punkt am Ende des Befehls.

- ► `cp ../*.txt .`: Kopieren aller Dateien mit der Endung *.txt* aus dem übergeordneten Verzeichnis in das aktuelle Verzeichnis.

- ► `cp ../nochMehrTexte/hallo.txt .`: Kopieren der Datei *hallo.txt* aus dem Verzeichnis *nochMehrTexte* (siehe oben) in das aktuelle Verzeichnis.

mv   Mithilfe des Befehls `mv` (für *move*) können Sie Dateien umbenennen bzw. verschieben. Die Benutzung ist der von `cp` sehr ähnlich. Einige Beispiele:

- ► `mv hallo.txt gruss.txt`: Umbenennen der Datei *hallo.txt* in die Datei *gruss.txt* innerhalb des aktuellen Verzeichnisses.

- ► `mv hallo.txt ..`: Verschieben der Datei *hallo.txt* in das übergeordnete Verzeichnis.

- ► `mv ../hallo.txt .`: Verschieben der Datei *hallo.txt* aus dem übergeordneten Verzeichnis in das aktuelle Verzeichnis.

- ► `mv ../*.txt .`: Verschieben aller Dateien mit der Endung *.txt* aus dem übergeordneten Verzeichnis in das aktuelle Verzeichnis.

rm   Zum Löschen von Dateien nutzen Sie den Befehl `rm` (für *remove*). Einige Beispiele:

- ► `rm hallo.txt`: Löschen der Datei *hallo.txt* innerhalb des aktuellen Verzeichnisses.

- ► `rm *.txt`: Löschen aller Dateien mit der Endung *.txt* innerhalb des aktuellen Verzeichnisses.

Index

G

597

Stefan Pröll, Eva Zangerle, Wolfgang Gassler

MySQL

Das umfassende Handbuch

Installation, Konfiguration, Administration, Programmierung: Dieses Handbuch bietet Ihnen alles, was Sie für den Einsatz von MySQL brauchen. Von Performance- und Abfrageoptimierung über Zusatz-Tools bis hin zu Sicherheit, Skalierbarkeit und die NoSQL-Integration behandeln die Autoren alle wichtigen Themen. Zahlreiche Tools und Praxistipps, die umfassende Befehlsreferenz und eine große Beispieldatenbank mit mehr als einer Million Datensätze auf DVD machen dieses Buch zu einem Must-have für alle, die MySQL einsetzen.

808 Seiten, gebunden, mit DVD, 49,90 Euro
ISBN 978-3-8362-3753-6
www.rheinwerk-verlag.de/3843

Das E-Book zum Buch

Sie haben das Buch gekauft und möchten es zusätzlich auch elektronisch lesen? Dann nutzen Sie Ihren Vorteil.
Zum Preis von nur 5 Euro bekommen Sie zum Buch zusätzlich das E-Book hinzu.

Dieses Angebot ist unverbindlich und gilt nur für Käufer der Buchausgabe.

So erhalten Sie das E-Book

1. Gehen Sie im Rheinwerk-Webshop auf die Seite: www.rheinwerk-verlag.de/E-Book-zum-Buch

2. Geben Sie dort den untenstehenden Registrierungscode ein.

3. Legen Sie dann das E-Book in den Warenkorb, und gehen Sie zur Kasse.

Ihr Registrierungscode

AKY0-3RG8-9WV1-7D54-3M

Sie haben noch Fragen? Dann lesen Sie weiter unter:
www.rheinwerk-verlag.de/E-Book-zum-Buch